21世纪普通高等教育规划教材·公共基础课系列

U0890732

东南亚、南亚经济概论

董　佳　主　编
王婷婷　杨　蔚　倪彩霞　副主编

上海财经大学出版社

图书在版编目(CIP)数据

东南亚、南亚经济概论/董佳主编．—上海：上海财经大学出版社，2019.2
(21 世纪普通高等教育规划教材・公共基础课系列)
ISBN 978-7-5642-3155-2/F・3155

Ⅰ.①东… Ⅱ.①董… Ⅲ.①经济概况-东南亚-高等学校-教材②经济概况-南亚-高等学校-教材 Ⅳ.①F133 ②F135

中国版本图书馆 CIP 数据核字(2018)第 264648 号

□ 责任编辑 黄 荟
□ 封面设计 晨 宇

东南亚、南亚经济概论

董 佳 主 编
王婷婷 杨 蔚 倪彩霞 副主编

上海财经大学出版社出版发行
(上海市中山北一路 369 号 邮编 200083)
网 址：http://www.sufep.com
电子邮箱：webmaster @ sufep.com
全国新华书店经销
启东市人民印刷有限公司印刷装订
2019 年 2 月第 1 版 2023 年 2 月第 2 次印刷

787mm×1092mm 1/16 14.75 印张 378 千字
印数：3 001—3 600 定价：45.00 元

21世纪普通高等教育规划教材

21 SHI JI PU TONG GAO DENG JIAO YU GUI HUA JIAO CAI

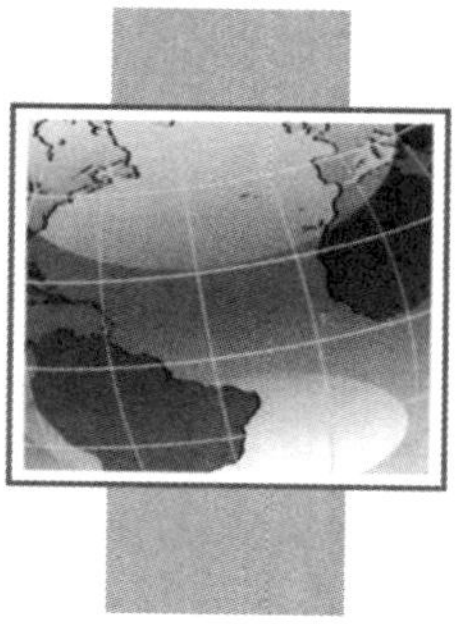

编委会

BIAN WEI HUI

总策划 宋 谨

编 委（排名不分先后）

石永恒 清华大学
郑甘澍 厦门大学
吴 迪 上海交通大学
张一贞 山西财经大学
江 林 中国人民大学
施 娟 吉林大学
吴国萍 东北师范大学
胡大立 江西财经大学
彭晓洁 江西财经大学
袁崇坚 云南大学
李少惠 兰州大学
黎江虹 中南财经政法大学
罗昌宏 武汉大学
徐艳兰 中南财经政法大学
吴秋生 山西财经大学
闫秀荣 哈尔滨师范大学
姚晓民 山西财经大学
夏兆敢 湖北工业大学
安 烨 东北师范大学
张昊民 上海大学
黄金火 湖北经济学院
李会青 山西大学商务学院
任月君 东北财经大学
蒲清泉 贵州大学
韩冬芳 山西大学商务学院
何传添 广东外语外贸大学
吴建斌 南京大学
张中强 西南财经大学
梁莱歆 中南大学
余海宗 西南财经大学
关玉荣 渤海大学
曹 刚 湖北工业大学
孟 昊 天津财经大学
齐 欣 天津财经大学
张颖萍 渤海大学
吴开松 中南民族大学
杜江萍 江西财经大学
盛洪昌 长春大学
刘丁酉 武汉大学
刘继森 广东外语外贸大学
张慧德 中南财经政法大学
屈 韬 广东商学院
尤正书 湖北大学
胡放之 湖北工业大学
李文新 湖北工业大学
张 洪 武汉理工大学
夏 露 湖北工业大学
牛彦秀 东北财经大学

前　言

当今全球化不断深化，国际金融危机深层次影响继续显现，国际投资贸易格局和多边投资贸易规则不断调整，各国面临的发展问题依然严峻。在2013年9月和10月，中国国家主席习近平先后提出建设“丝绸之路经济带”和“21世纪海上丝绸之路”的战略构想。共建“一带一路”旨在促进经济要素有序自由流动、资源高效配置和市场深度融合，推动沿线各国实现经济政策协调，开展更大范围、更高水平、更深层次的区域合作，共同打造开放、包容、均衡、普惠的区域经济合作架构，顺应世界多极化、经济全球化、文化多样化、社会信息化的潮流，秉持开放的区域合作精神，致力于维护全球自由贸易体系和开放型世界经济。

“丝绸之路经济带”战略涵盖东南亚、南亚、东北亚经济整合，并最终融合在一起通向欧洲，形成欧亚大陆经济整合的大趋势。“21世纪海上丝绸之路”战略是从海上联通欧、亚、非三个大陆和“丝绸之路经济带”，形成一个海上、陆地的闭环。根据“一带一路”构建框架：陆上依托国际大通道，以沿线中心城市为支撑，以重点经贸产业园区为合作平台，共同打造新亚欧大陆桥、中蒙俄、中国—中亚—西亚、中国—中南半岛等国际经济合作走廊；海上以重点港口为节点，共同建设通畅、安全、高效的运输大通道。中巴、孟中印缅两个经济走廊与推进“一带一路”建设关联紧密。

要进一步推动合作，取得更大进展，政府沟通、设施联通、贸易畅通、资金融通和民心相通是重要的基础和前提。而东南亚、南亚许多国家经济发展速度加快，市场需求不断扩大，已经成为国际市场中不容忽视的力量。需更加深刻地分析东南亚、南亚各国的经济、贸易投资关系，结合“一带一路”的构想，将为双方互利共赢提供理论依据。

东南亚地区11国均为“一带一路”倡议沿线国，分别是印度尼西亚、马来西亚、菲律宾、新加坡、泰国、文莱、越南、老挝、缅甸、柬埔寨、东帝汶。其中，老挝是东南亚唯一的内陆国，其余国家为临海国。越南、老挝、缅甸与中国陆上接壤，除东帝汶外，其余10国均为东盟成员国。东南亚地区自古以来就是“海上丝绸之路”的重要枢纽，是“一带一路”互联互通的重要路线。东南亚地区国家主要贸易伙伴国为中国、美国、日本等国。中国出口至东南亚地区的主要产品为机器制品、电气机械设备和零部件、塑料及其制品、钢铁、光学及医疗精密仪器、家具和床上用品等；中国从东南亚11国进口的主要产品为电气机械设备和零部件、矿石、机械器具及零件、电机电气设备、金属及其制品、塑料及其制品等。中国与东南亚地区国家地域相邻、经济结构相似，资源与东南亚地区国家互补，经贸往来频繁，文化较为相通。东南亚地区改善基础设施需求巨大，中国已成为越南、泰国、缅甸、马来西亚、新加坡、印度尼西亚第一大贸易伙伴。

南亚地区主要包括7个国家：印度、巴基斯坦、孟加拉国、斯里兰卡、尼泊尔、马尔代夫和不丹。其中，尼泊尔、不丹为内陆国，印度、巴基斯坦、孟加拉国为临海国，斯里兰卡、马尔代夫为岛国。从地理位置上看，南亚7国北壤中国，南面印度洋，西通中亚、非洲和欧洲，东接东南亚，优越的地理位置也使其成为“一带一路”的重要枢纽。南亚将成为我国通往印度洋直至非洲的中转站，对我国“一带一路”战略的推进有着不可替代的作用。南亚国家主要贸易伙伴国为东南亚和欧洲国家，而中国和美国在南亚贸易结构中占有较高的地位。中国出口至南亚地区的最主要产品为电机电气设备、机械设备及零件等；中国从南亚地区进口的主要产品为棉花、矿石、橡胶制品、塑料及其制品和其他纺织品等。中国在南亚国家的投资领域多为基础设施，如通信、水利电力、公路建设等，投资的领域相对集中。在“一带一路”倡议引领下，中巴经济走廊、孟中印缅经济走廊等一批重大项目正在积极推进，中国与南亚各国的经济合作不断加强，不仅有力地促进了有关国家的经济增长，也为深化南亚区域合作提供了新的强大动力。

本书从中国视角，全面地分析了东南亚、南亚18个国家的贸易投资关系。本书既介绍了各国的经济实力、资源禀赋、地域特征、人口状况、产业发展、社会文化背景等情况，又说明了各国的进出口贸易总量、结构、FDI、贸易情况。同时，还详细分析了各国在“一带一路”相关国家中的贸易关系和贸易地位，重点分析中国与各国贸易的关系。本书数据翔实、内容完整，可为大中专院校学生学习以及政府、企业拓展贸易投资方面提供理论支撑。

本书前言、第五章、第十章、第十四章、第十八章由董佳编写；第一章、第八章、第九章、第十一章、第十三章由王婷婷编写；第三章、第六章、第七章、第十七章由杨蔚编写；第二章、第四章、第十二章、第十五章、第十六章由倪彩霞编写。

编 者
2018年11月

目 录

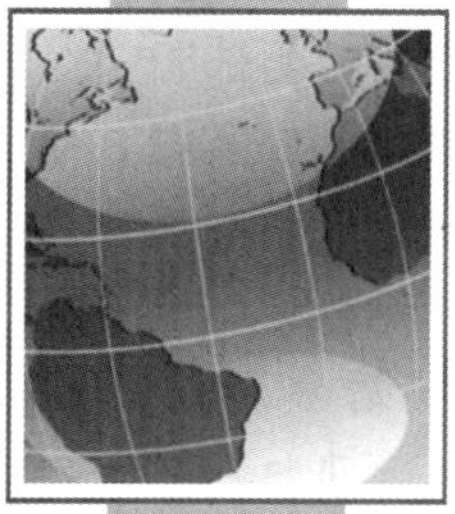

第一章 印度尼西亚 (Indonesia)

一、基本情况

印度尼西亚全称为印度尼西亚共和国(Republic of Indonesia),简称印尼。印度尼西亚历史悠久,爪哇是人类发源地之一,印尼是东南亚国家,首都为雅加达。印尼与巴布亚新几内亚、东帝汶和马来西亚等国家相接。它由约17 508个岛屿组成,是马来群岛的一部分,也是全世界最大的群岛国家,疆域横跨亚洲及大洋洲,别称“千岛之国”,也是多火山、多地震的国家。印尼面积较大的岛屿有加里曼丹岛、苏门答腊岛、伊里安岛、苏拉威西岛和爪哇岛。

(一)建国历程

伴随印度教的传入,早在公元前 2 世纪下半叶就出现了最早的奴隶制国家——叶调。7 世纪中期,苏门答腊和爪哇开始进入封建社会。以苏门答腊巴邻旁(巨港)为中心的室利佛逝王国,迅速发展为海上商业帝国。室利佛逝是当时东南亚佛教中心。13 世纪,罗登韦查耶建立麻喏巴歇王国,统一了印尼。16 世纪,伊斯兰教王国淡目灭掉了麻喏巴歇,印尼进入伊斯兰全盛时期。1511 年,葡萄牙舰队侵入印尼东部马鲁古群岛。1602 年,荷兰政府批准成立具有政府职权的联合东印度公司,并于 1619 年占领了雅加达,以它为基地,开始了长达 350 多年的对印尼和亚洲其他国家的殖民掠夺。其间,英国、西班牙、日本等国都曾经与荷兰对印尼进行争夺。1945 年日本投降后,印尼爆发革命,于同年 8 月 17 日宣布印尼独立。此后,印尼走上社会和经济振兴之路。

小知识

印度尼西亚国旗与国徽

国旗

印度尼西亚国旗(印尼语:Sang Merah Putih)别称“荣耀红白”,是一面由红、白两色横带组成的旗帜。长宽比例为 3∶2。这面旗帜是基于 13 世纪满者伯夷的旗帜设计的。1945 年 8 月 17 日首次升起,此后没有更改过。旗帜的设计很简单,是两条一样宽的横带,上面的横带是红色的,下面的横带是白色的。红色象征勇敢和正义,还象征印度尼西亚独立以后的繁荣昌盛;白色象征自由、公正、纯洁,还表达了印尼人民反对侵略、爱好和平的美好愿望。

国徽

印度尼西亚国徽是一只金色的、昂首展翅的印尼神鹰，象征印尼人民的光荣和胜利。8月17日是印尼独立日，神鹰尾部有8根羽毛表示8月，双翅上各有17根羽毛表示17日，从而纪念8月17日这个值得印尼人民骄傲的日子。神鹰胸前有一枚盾牌，盾面上有5幅图案：正中的金色五角星是伊斯兰教的象征，印尼大多数国民信奉伊斯兰教；水牛头展现人民主权；绿色椿树坚实刚劲，如同民族主义在印尼人民心中根深蒂固；棉桃和稻穗织出一片繁荣昌盛；金链环紧紧相扣，象征国内各种族一律平等。一条黑色横线横贯盾徽，表示赤道穿过印尼领土。神鹰双爪下的白色饰带上用古爪哇文书写着印尼格言"殊途同归"。

(二)自然地理和资源

印尼与巴布亚新几内亚、东帝汶和马来西亚等国家接壤，与泰国、新加坡、菲律宾、澳大利亚等国隔海相望。印尼地跨赤道，其70%以上领地位于南半球，因此是亚洲南半球最大的国家；东西长度在5 500公里以上，是除中国之外领土最广泛的亚洲国家。

印尼是马来群岛的一部分，也是全世界最大的群岛国家，疆域横跨亚洲及大洋洲，别称"千岛之国"，实际上印尼有约17 508个大小岛屿，是名副其实的万岛之国。印尼陆地总面积约为191.94万平方公里，面积不算特别大，然而世界前十三大岛中有5个为印尼的领土。例如，印尼东部大岛巴布亚岛，面积78.60万平方公里，相当于我国青海省与宁夏回族自治区的面积之和。巴布亚岛西侧属于印尼，东侧属于巴布亚新几内亚，总人口只有约1 500万。再如，印尼北部大岛加里曼丹岛，面积73.60万平方公里，比青海省稍大。加里曼丹岛南部属于印尼，北部是马来西亚和文莱，三国人口合计约为2 000万，是个地广人稀的大岛。其他面积较大的岛屿还有苏门答腊岛、苏拉威西岛和爪哇岛等。

由于印尼岛屿分布较为分散，地形、地貌比较复杂，各岛内部多崎岖山地和丘陵，仅沿海有狭窄平原，并有浅海和珊瑚环绕。岛内河流众多、水量丰沛，但都比较小。较大的河流有爪哇岛的梭罗河以及加里曼丹岛的巴里托河、卡普阿斯河、马哈坎河，其中梭罗河全长560公里。较大的湖泊有多巴湖、马宁焦湖、辛卡拉湖等，其中苏门答腊的多巴湖为印尼第一大湖。

独特的自然地理状况造就了印尼丰富的自然资源。印尼的石油、天然气和锡的储量在世界上占有重要地位。截至2010年底，印尼已探明天然气储量约为24 230兆亿立方米，主产于苏门答腊的阿伦和东加里曼丹的巴达克等地。印尼也是世界上生物资源最丰富的国家之一。据不完全统计，印尼约有40 000多种植物，其中药用植物和香料植物最为丰富。历史上印尼是欧洲人眼中的"香料群岛"的重要组成部分，出产的肉豆蔻、丁香等香料曾价比黄金，引发殖民者的争相抢夺。另外，印尼全国的森林面积为1.2亿公顷，其中永久林区1.12亿公顷、可转换林区 810 万公顷，森林覆盖率为 67.8%。各种热带名贵的树种，如铁木、檀木、乌木和柚木等均驰名世界。

(三)人口和人民生活

截至 2017 年底，印尼的总人口约为 2.64 亿，相对于 2000 年的 2.11 亿人口来说，印尼人口增长较快，年均增长率约为 1.3%。从人口性别构成来看，2017 年印尼的女性人口约为 1.31 亿，占总人口的 49.7%；男性人口约为 1.33 亿，占总人口的 50.3%。就人口年龄结构而言，15—64 岁的人口约占总人口的 67%，整体较为年轻化，为印尼的经济发展提供了充足的劳动力资源。

20 世纪 60 年代到金融危机前，印尼的经济发展较快，居民生活不断改善，贫困人口大幅度减少。但 1997 年金融危机引发一系列的衰退，失业问题严峻，粮食作物减产，导致贫困人口剧增。所以，政府不得不通过提供生活必需品和生产工具等措施，救助因金融危机致贫的家庭。2000 年后，情况已基本恢复稳定。2017 年，贫困人口从 1999 年的4 840万人减少到2 798万人(贫困率为 10.6%)。新生儿死亡率从 1990 年的 60‰下降到 2016 年的 13.7‰，同时人均预期寿命从 62 岁提高到 69 岁。

(四)政治环境

印尼是一个总统制共和国，现行宪法为《1945 年宪法》，规定“建国五基”(又称“潘查希拉”，即信仰神道、人道主义、民族主义、民主和社会公正)为立国基础，人民协商会议(以下简称“人协”)为最高权力机构，总统为国家元首、政府首脑和武装部队最高统帅。从 1999 年 10 月至今，人协对宪法进行了 3 次修改，主要包括规定总统和副总统只能连选连任 1 次、每任 5 年，以及减少总统权力、强化议会职能等。国会是印尼的国家立法机构，行使除起草和修改宪法、制定国家大政方针之外的一般立法权。国会无权解除总统职务，总统也不能宣布解散国会；但如总统违反宪法或人协决议，国会有权建议人协追究总统责任。

印尼实行多党制，主要的政党包括民主党、从业党、斗争民主党、公正福利党、国民使命党、民族复兴党、建设团结党、人民良心党、大印尼运动党与民主国民党等。在 2014 年的印尼总统大选中，斗争民主党的佐科·维多多获胜，成为印尼的现任总统。

二、经济环境

(一)经济概况

印度尼西亚是发展中国家，历史背景与东南亚各地一样，在独立初期产业结构落后，国内工业欠发达。从 20 世纪 60 年代后期开始，印度尼西亚通过开发石油和其他资源，实现了粮食自给和生产自立，经济发展开始提速。1997 年受亚洲金融危机重创，经济严重衰退，货币大幅贬值，1999 年底开始缓慢复苏。2003 年底，按计划结束国际货币基金组织(IMF)的经济监管。2004 年后，积极采取措施吸引外资、发展基础设施建设、整顿金融体系、扶持中小企业发展，取得积极成效。

从图 1—1 可以看出，从 2007 年到 2017 年 11 年以来，印尼经济总体稳定，GDP 总量呈较快增长态势，2017 年首次突破了万亿美元，比 2007 年 GDP 总量增长了 135%。GDP 增长率基本保持在 5%以上，但波动比较大。面对国际金融危机，2008 年 GDP 的增速约为 6%，但 2009 年 GDP 的增速只有约 4.6%。之后印尼政府很快做出调整，连续 3 年 GDP 增速超过 6%。根据世界银行的数据，印尼的人均 GDP 稳步增长，2011 年之后一直保持在3 500美元左右，2017 年人均 GDP 接近4 000美元，比 2007 年的人均 GDP 增长了 77.14%(见图 1—2)。应该说，目前印尼经济发展平稳，保持着比较良好的发展态势。

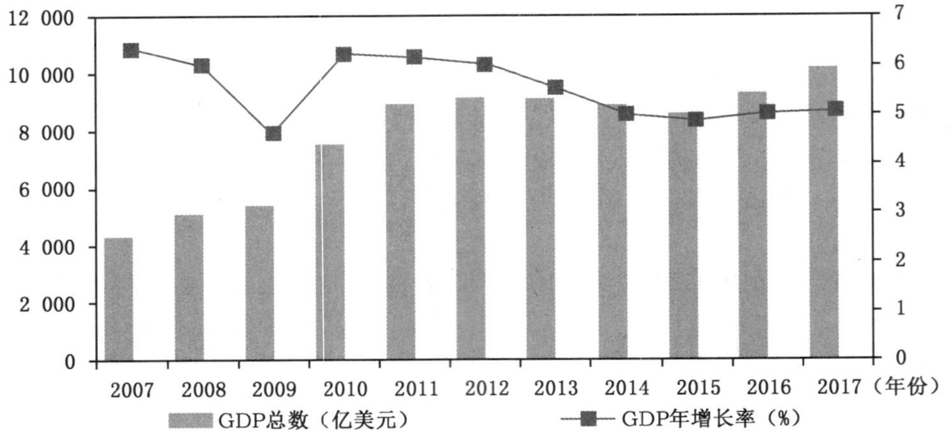

数据来源：世界银行数据库。

图 1—1　印度尼西亚 GDP 总数及增幅情况(2007—2017 年)

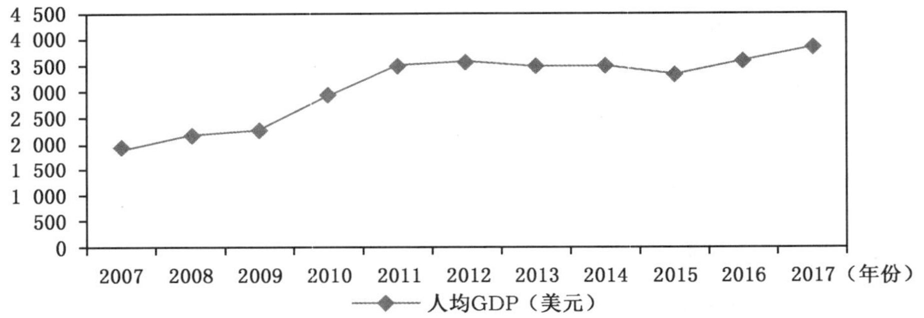

数据来源：世界银行数据库。

图 1—2　印度尼西亚人均 GDP(2007—2017 年)

(二)产业状况

1. 第一产业

由于独特的地理位置和资源禀赋，印尼是以农立国的发展中国家，可供农业使用的土地包括耕地、淡水地、林地等，占全国土地面积的 75%左右。在 20 世纪 90 年代，农业人口约占全国人口的 70%以上。当然，随着经济和社会的发展，农业的绝对核心地位也逐渐发生了变化。从表 1—1 中可以看出，2016 年农业人均增加值为2 715.8美元，比 2008 年的 682.9 美元增加了2 000多美元，增幅明显；农业增加值占 GDP 的比重从 2008 年到 2011 年维持在 15%左右，但到了 2012 年以后有所下降。农村人口的比重较大，2008 年前后超过了 50%，但有逐年下降的趋势。据估算，在农村人口中，从事农业的人口占就业总人口的比例从 2008 年的 41.11%下降到 2016 年的 31.82%，下降了将近 10 个百分点，降幅比较明显。

表 1—1　　印度尼西亚农业和农村发展情况(2008—2016 年)

指标 年份	农业人均增加值(美元)	农业占 GDP 的比重(%)	农村人口总量(亿)	农业就业人口占就业总数的比重(%)
2008	682.9	14.48	1.21	41.11
2009	709.7	15.29	1.21	40.47
2010	730.1	15.31	1.2	39.15
2011	—	16.88	1.2	37.19
2012	969.8	12.82	1.2	35.93
2013	1 017.55	14.43	1.19	34.98
2014	1 079	13.72	1.2	34.28
2015	2 628.6	13.52	1.19	33.04
2016	2 715.8	13.45	1.19	31.82

数据来源:新浪全球宏观经济数据库。

以农业为依托,印尼的农产品出口势头良好。据印尼农业部长阿姆兰・苏莱曼称,2017 年在农业部门的出口值达 440 兆盾,约合 301.9 亿美元,较 2016 年提高了 24%。在印尼的出口产品中,棕榈油的生产和出口表现非常抢眼。印度尼西亚是世界棕榈油生产最大、消费最多的国家,种植年增长率保持在 8%—13%。印尼的棕榈种植面积近 800 万公顷,产量在3 000万吨水平。从图 1—3 中可以看出,印尼棕榈油及其制品的生产和消费占到世界的 54%,其次是马来西亚、泰国等。棕榈油主要出口至中国、印度、欧盟等国家。从图 1—4 印尼对外贸易非油气产品占比中可以看出,2016 年棕榈油及其制品出口额为 147.53 亿美元,占出口总额的 11.23%,远超过其他非油气类产品,说明棕榈油及其制品的出口对于印尼的对外贸易而言具有举足轻重的地位。

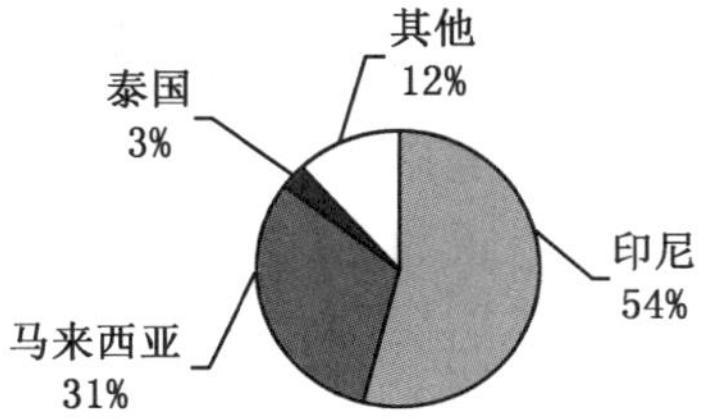

图 1—3　印尼棕榈油及其制品世界占比

另外,印尼海岸线蜿蜒曲折,长约 8.1 万公里,海域广阔,海域面积达 580 万平方公里,岛屿众多,岛内河流较多且短小的自然环境也决定了其渔业大国的地位。印尼捕捞业主要鱼货品种有金枪鱼、鱿鱼、鲨鱼、赤点石斑鱼及各种鲷科鱼类。主要鱼类分布在南中国海、巴厘岛、苏拉威西岛、扬德纳岛等附近海域。苏门答腊东岸的巴干西亚比亚是世界著名的大渔场。长期以来,由于受资金、捕捞设备和技术的限制,本国的海洋捕捞业发展比较缓慢,尤其是在基础设施上的落后极大地限制了印尼渔业的发展。近年来,印尼政府加大渔业发展投入比例,在渔业管理、道路修建、金融支持等方面做了大量工作,发展速度显著加快。据联合国粮农组织

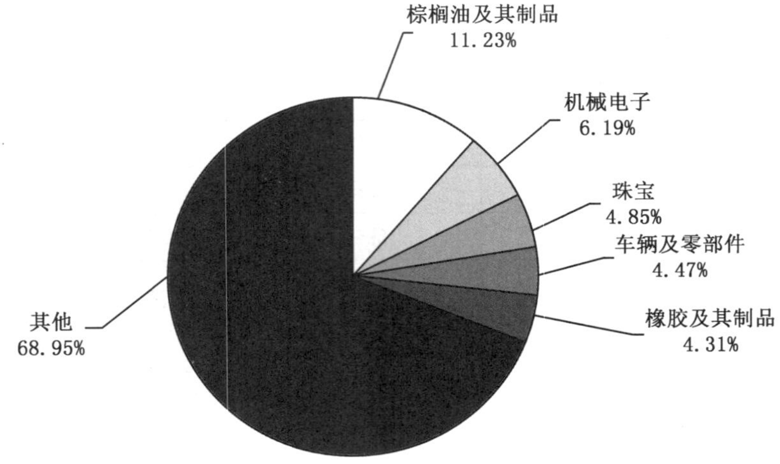

图 1—4　2016 年印尼非油气产品出口占比

(FAO)的报告显示,2016 年中国鱼类产量为1 520万吨,是主要鱼类生产国,而印尼紧随其后,产量 610 万吨。美国和俄罗斯名列第三和第四,产量分别约为 490 万吨和 450 万吨。在印尼人的日常生活中,鱼虾海货是印尼市场上最常见的商品(见图 1—5)。

图 1—5　某印尼农贸市场的摊位

2. 第二产业

伴随着油气产业的发展,目前印度尼西亚的工业已经形成了比较稳定的产业结构。苏西洛执政期间,提出印尼 2025 年将成为工业强国,其中,制造业成为经济发展中的支撑产业计划。表 1—2 显示了近 10 年印尼工业发展的一些重要指标。印尼工业的年增加值从 2010 年开始超过了3 000亿美元,2012 年更是突破了4 000亿美元,2013—2016 年有所回落,到了 2017 年虽然面临着油气产业发展速度减慢的情况,但得益于数字信息行业的快速增长等原因,2017 年的工业增加值达到3 998.31亿美元。工业的年均增长率约为 4.34%,比较稳定。制造业增加值从 2011 年开始一直保持在1 900亿美元左右,2017 年为2 047.26亿美元。制造业在第二产业的比重占到 50%左右,年均增长率约为 4.47%,略快于工业的增速。但制造业占整个 GDP 的比重有逐年下降的趋势,从 2008 年的 27.81%下降到 2017 年的 20.16%。从制造业产值对国内生产总值的贡献可以看出，印尼已属于半工业化国家[①]。可以说，目前制造业已经成为印尼的支柱产业，但是由于历史、制度等原因，印尼并不能完全吸收“亚洲四小龙”的工业发展优势，工业化结构主要集中在以油气生产加工为代表的资本密集型产业和以农产品、橡胶、纺织为代表的劳动密集型产业上，产业结构比较单一。另外，从工业就业人口占就业总数的比重来看，尽管近 10 年工业就业人口有所增加，但增幅较小，说明劳动力从农业生产转移到第二产业的速度比较缓慢，一定程度上减缓了印尼的工业化进程。

表 1—2　　**印度尼西亚工业发展情况(2008—2017 年)**

指标 年份	工业增加值(亿美元)	工业年增长率(%)	工业占GDP的比重(%)	制造业增加值(亿美元)	制造业年增长率(%)	制造业占GDP的比重(%)	工业就业人口占就业总数的比重(%)
2008	2 452.2	3.74	48.06	1 419.16	3.66	27.81	18.45
2009	2 571.21	3.59	47.65	1 422.09	2.21	26.36	18.3
2010	3 229.98	4.92	42.78	1 664.12	4.74	22.04	18.66
2011	3 921.33	6.35	43.91	1 943.18	6.26	21.76	19.99
2012	4 001.34	5.31	43.59	1 968.92	5.62	21.45	21.07
2013	3 890.61	4.34	42.64	1 918.92	4.37	21.03	20.95
2014	3 735.04	4.23	41.93	1 877.41	4.64	21.08	21.39
2015	3 447.54	2.99	40.05	1 806.57	4.33	20.99	22.04
2016	3 663.13	3.83	39.29	1 912.49	4.26	20.52	21.72
2017	3 998.31	4.09	39.37	2 047.26	4.27	20.16	21.72

数据来源：世界银行数据库。

从工业门类上看，长期以来，印尼是东南亚首屈一指的产油大国，也是全球液化天然气生产国，还曾是亚洲唯一的 OPEC 成员国，其油气产业在全球能源市场占有重要地位。在 20 世纪 80 年代，印尼的油气出口收入一度占到其出口总收入的 80%以上。但是由于长期开采、设备落后、管理不善等问题，印尼的油气产业亟须调整，为此，印尼政府进行了多项改革，包括修改石油法规、加大勘探科研投入、放宽市场准入、鼓励外国资本参与勘探开发等。

在非油气工业门类中，印尼的轻工业尚称发达，大部分民生用品均为印尼本地生产，食品、家用品、纺织成衣等产业均具备外销能力。但印尼基础工业薄弱，模具、电机、电子、金属与塑料加工产业较为落后，生产设备老旧，许多原料、零组件及模具均依赖进口。21 世纪以来，印尼的机械、汽车与零配件等产业发展迅速。据印尼汽车制造商协会统计，目前印尼共有 40 多个汽车组装生产厂，雇用约 2.7 万名员工，而汽车零件业共创造超过 30 万个就业机会。印尼的汽车销售量从 2007 年的 43 万辆增加到 2015 年的上百万辆。市场成长潜力如此庞大，使得印尼紧追中国大陆与印度，成为世界第三大汽车消费市场。印尼政府已将汽车装配及制造列为重点发展产业，前任工业部长 Hidayat 表示，未来 5 年印尼政府将积极推动汽车工业的发

① 联合国工业发展组织(UNIDO)的标准为：工业净产值占国内生产总值 30%以上的国家可列为工业化国家；20%—30%的国家为半工业化国家。

展，希望能取代泰国成为东南亚最大的车辆装配基地。但是，印尼在国产车领域起步较晚，为扶植印尼汽车产业成为龙头及减少燃料进口，印尼政府采取了很多措施。比如推出 Low Cost Green Car(LCGC)政策，规定只要符合 80%零配件在印尼生产的条件，政府便以税率减免方式，鼓励国产汽车制造商生产价格低于约7 500美元的廉价低油耗汽车。

3. 第三产业

自 20 世纪 60 年代以来，印尼服务业取得长足的发展，占国民经济的比重呈现出缓慢上升、窄幅波动的趋势。尤其是在 20 世纪 80 年代以后，服务业占 GDP 的比重突破 40%。1997 年，受亚洲金融危机的冲击，印尼的房地产市场和金融市场遭受重创，服务业产值比重衰退 16.5 个百分点，1998 年占 GDP 的比重跌至 36.7%。进入 21 世纪之后，印尼经济逐步恢复，金融业调整明显，旅游业发展迅速，服务业比重再次上调。从图 1—6 可以看出近 10 年来三大产业占 GDP 的比重趋势：农业占比较平稳，略有下降；工业所占比例从 2008 年的近 50%下降到 2017 年的低于 40%；而服务业发展较快，经历了 2008 年的次贷危机和欧债危机的小幅回落，2010 年以后印尼交通业、通信业等迅速发展，服务业增速连续 5 年突破了 7%，服务业占比从 2013 年开始超过工业，2017 年达到 47.38%，居三大产业之首。另外，从图 1—7 反映的就业情况来看，农业就业人数比例下降，工业就业人数比例相对稳定，而服务业就业人数上升明显，这说明农业人口更多地转移到了第三产业。据印尼人口普查的结果，截至 2015 年 8 月，印尼服务业的从业人口规模达到约6 049.5万人，比 10 年前增长了 52%。由于服务行业经营范围广泛，从业需求多样化，能容纳大量的劳动力，有效缓解了就业压力，服务业逐渐成为印尼提高经济效益、消除贫困的重要途径。

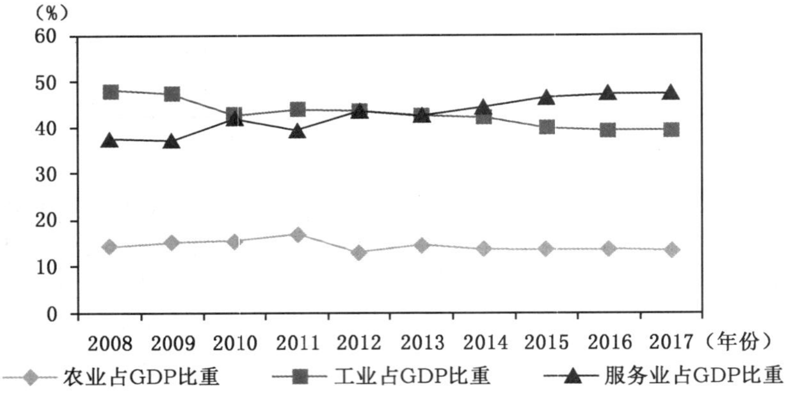

数据来源：世界银行数据库。

图 1—6　印度尼西亚三大产业占 GDP 情况(2008—2017 年)

根据印尼统计局的划分，印尼服务业主要有电、气、水的供应服务，建筑业，零售、餐饮和住宿行业，交通通信业，金融、房地产和商业服务，个人和政府服务六大部门。从对 GDP 的贡献率来看，印尼服务业各部门的发展程度不一。例如，2015 年印尼零售、餐饮和住宿行业占 GDP 的比重为 16.8%，占整体服务业的近 1/3，是印尼最大的服务部门。建筑业与个人和政府服务业是印尼第二和第三大服务部门。2000—2015 年，两者增长率均大于 GDP 增长率，产值比重分别升至 10.7%和 10.3%。而电、气、水的供应服务是印尼最小的服务部门，2015 年该部门产值仅占印尼 GDP 的 1.3%。2015 年，从事零售、餐饮和住宿行业的人数占到服务业就业总人数的 22.7%。所以，印尼的服务业以对从业人员知识技能要求较低的传统部门为主，金融、

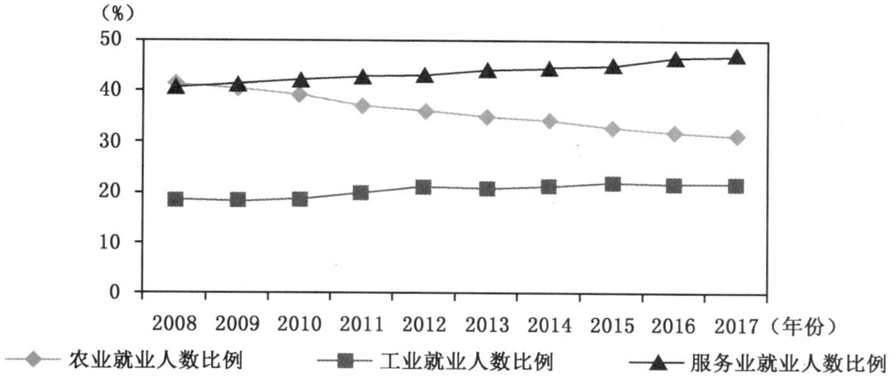

数据来源:世界银行数据库。

图 1—7　印度尼西亚三大产业就业人数占总就业人口的比重(2008—2017 年)

通信、娱乐等现代服务业的水平还比较低。

(三)外贸情况

印尼实行积极的对外开放政策,放宽对外资的限制,简化出口手续。自 1980 年以来,印尼的对外贸易一直保持较稳定的高增长:1980—1990 年年均增长率为 8.1%;1991—2002 年年均增长率为 7.4%;2003—2007 年年均增长率在 9%以上。近 10 年来印尼的对外贸易总体而言增长情况良好,货物和服务的进出口情况如图 1—8 所示。2008—2009 年因受次贷危机的影响,货物和服务的进出口受到较大冲击,出口和进口均衰退到1 500亿美元以下,2010 年逐步调整,2011—2014 年进出口均高于2 000亿美元,但 2012—2014 年由于印尼经济的发展对于机械设备等大宗商品的需求较大,而国内生产能力有限,所以货物和服务的进口大于出口。2015—2016 年由于全球经济发展放缓和大宗商品价格下跌等原因,印尼的进出口受到一定阻碍,略有下降趋势。2017 年印尼对外贸易情况有所改善,货物和服务出口2 068.74亿美元,同比增长 16.05%,进口1 946.32亿美元,同比增长 13.97%,且出超呈扩大的趋势。总体而言,近 10 年印尼货物和服务出口年均增长率为 4.21%,进口年均增长率为 3.87%,出口增长略快于进口。

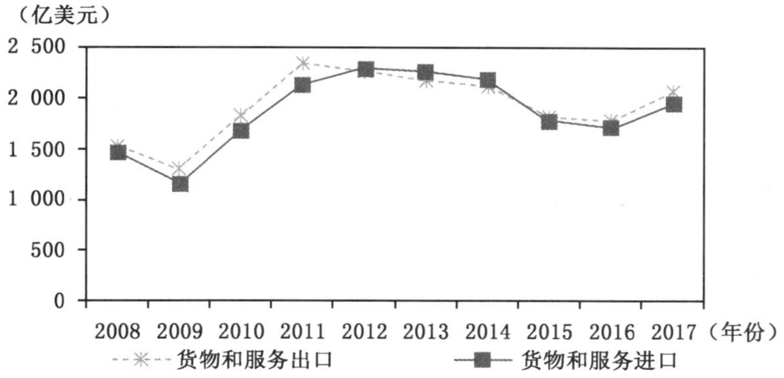

数据来源:世界银行数据库。

图 1—8　印度尼西亚货物和服务进出口情况(2008—2017 年)

从对外贸易的商品门类来看，印尼的主要出口产品包括石油、天然气、纺织品和成衣、木材、手工艺品、棕榈油、橡胶等，以资源型商品和轻工制品为主；主要进口产品包括机械运输设备、化工产品、汽车及零配件、钢铁等。

三、社会文化环境

（一）民族和宗教

印尼民族众多，据估算大概有 300 多个民族，其中爪哇族人口占 45%，巽他族占 14%，马都拉族占 7.5%，马来族占 7.5%，华人约占人口总数的 5%，超过1 000万人。民族语言共有 200 多种，官方语言为印尼语。英语教育在印尼受到重视，特别是在高等学校、官方对外交流等场合中是重要的通用语言。

印尼政府主张宗教信仰自由，认为人民的宗教信仰是建立国家的基础，国家要求每一个印尼人都应该信奉神灵。所以，历届印尼政府都积极支持各种宗教活动，兴建宗教场所。主要的宗教有伊斯兰教、天主教、印度教、佛教等。印尼约 87%的人口信奉伊斯兰教，是世界上穆斯林人口最多的国家；6.1%的人口信奉基督教，3.6%的人口信奉天主教，其余信奉印度教、佛教和原始拜物教等。

（二）社会生活习俗

印尼民族众多而且具有浓郁的宗教信仰，各民族都保持着在婚、丧、嫁、娶、衣、食、住、行方面各自的传统，各民族之间有一定的差异。

尤其是如果与印尼人有商务往来，应熟悉那里的风土人情，这对于双方交往是很有帮助的。一般来说，印尼人的一个显著特点就是重深交、讲旧情，老朋友在一起可以推心置腹。所以与印尼人交往，不要指望一两次见面就有结果，要着眼于将来，应把印尼商人当作你的朋友，充分展现出你的真诚，才能获得他们的信赖。另外，印尼人喜欢客人到他们的家中做客访问，可增加感情交流，这是加深与印尼人交往的重要方式。所以商业谈判如果能选择在印尼人的家中进行，可以消除主客之间的隔阂，交易洽谈的效果更佳。印尼人很懂礼貌，不喜欢讲别人的坏话，自然也不喜欢那些讲别人坏话的人。与印尼人见面可以握手，也可以点点头。在印尼，一般商务访问穿西服、打领带、穿长裤即可。访问政府办公厅应穿西装，须事先预约，并准时赴约。

另外，印尼人喜欢笑，心情舒坦就笑，顺利完成某件事就笑，笑是他们的另一种语言。他们也喜欢开玩笑，他们甚至认为"笑口常开"是社交上的一种礼貌，所以和印尼人相处不可愁眉苦脸。在印尼，具有良好教养的人，在彼此初次相识时，应马上把自己的名片送给对方。在社交场合对印尼人的称谓要多加小心，他们的姓名、头衔、职务要介绍准确，通常不宜直接询问印尼人的姓名，因为印尼人姓名有长有短，其长度往往与他们的富裕程度成正比，穷人只有一个名字，中层人士多有两个名字，而富人则会有一长串名字；印尼人男子有互称"兄弟"的习惯，妇女则往往互称"姐妹"；与有身份的人打交道最好以其正式头衔相称。

印尼人的穿着打扮属于朴素保守型，讲究干净整洁。平时男子一般穿蜡染长袖衫，下身裹以纱笼；女子一般身穿纱笼，或配以与纱笼色调一致的披肩或腰带。在商务或对外交往中，印尼男子常穿白衬衫、长西裤，并配以领带；女子一般会穿深色的外套，并配以裙子。

印尼人以大米为主食，副食则主要为牛肉、鸡肉、鸭肉、鱼肉和虾等。印度尼西亚穆斯林的饮食严守教规。他们不饮酒和其他一切含有酒精的饮料，不吃猪肉、自死之物、动物的血和未诵安拉之名宰杀之物等。用餐时用右手抓取食物享用，绝对不用左手取食。印尼日常饮料有红茶或咖啡。参加印尼人的宴请要注意：一是需等主人宣布开始；二是用餐不宜说话过多；三是不要对菜肴提出某些特殊的要求。另外，用餐完毕应当在盘子里余下少许食物，表示已经吃好了。

（三）节日

印尼有众多的节日和纪念日，就印尼的民族解放运动而言，有 3 个重要节日。一是 8 月 17 日的独立日。这是印尼人民的领袖苏加诺于 1945 年向全世界宣布独立的纪念日，也是印尼的国庆节。二是 10 月 5 日的建军节。1945 年的这一天，总参谋长乌立甫·苏摩哈佐少将把 1945 年 8 月 22 日成立的“人民治安组织”改名为“印尼共和国军”，以后便定此日为建军节，每年的这一天，必举行隆重的阅兵仪式。三是 11 月 10 日的烈士节，或叫英雄节。1945 年的这一天，为荷兰卷土重来先作安排的英军进攻泗水，苏托莫号召泗水军民起来奋勇抵抗，在武器装备极其悬殊的情况下激战了 15 天，广大华侨也坚决和印尼军民并肩战斗，捍卫了印尼的独立和尊严。

作为穆斯林众多的国家，印尼的很多节日与伊斯兰教有关。其中，印尼人民最主要的节日就是开斋节。按照伊斯兰教规的规定，每年伊斯兰教历的 9 月为斋戒月，结束后也就是伊斯兰教历的 10 月 1 日即为开斋节。这天一大早，人们穿新衣裳出门，互相祝福或请求宽恕，全国放假，到处充满节日气氛。印尼宗教部还特别举行开斋节仪式，总统和重要官员也会前往参加。

四、与中国的贸易关系

（一）印尼与中国的经贸关系

印尼和中国同是人口和资源大国，在产业和进出口商品上有很强的互补性。得益于《中国—东盟全面经济合作框架协议货物贸易协议》及中国与印尼战略合作伙伴的建立，双边贸易自 1990 年恢复建交后呈快速发展的态势。从 2008 年至今，贸易额每年递增基本都在 20%以上。目前中国和印尼的双边贸易额已从 1990 年恢复建交时的 11.8 亿美元增长到 2017 年的 585.7 亿美元，增长近 50 倍。

与总体情况类似，2017 年印尼与中国的双边贸易成绩斐然。据印尼统计局统计，2017 年印尼与中国双边货物进出口额为 585.7 亿美元，增长 23.1%。其中，印尼对中国出口 228.1 亿美元，增长 35.9%，占其出口总额的 13.6%；印尼自中国进口 357.7 亿美元，增长 16.1%，占其进口总额的 22.8%。印尼贸易逆差 129.6 亿美元。矿产品和动植物油脂是印尼对中国出口的两大主要商品，2017 年出口额分别为 75.4 亿美元和 32.6 亿美元，占印尼对中国出口总额的 33.1%和 14.3%。贱金属及其制品出口 25 亿美元，同比增长 102.6%，占印尼对中国出口总额的 11%，为印尼对中国的第三大类出口商品。就印尼进口商品而言，机电产品占据印尼自中国进口总额的半壁江山，2017 年进口 154.4 亿美元，增长 12.7%，占印尼自中国进口总额的 43.2%。贱金属及其制品、化工产品、纺织品及原料和塑料橡胶分居第二至第五大类进口商品，2017 年进口额分别为 42 亿美元、38.4 亿美元、33.2 亿美元和 16.3 亿美元。在上述产品方面，日本、美国、韩国和泰国等是中国的主要竞争对手。

（二）中国对印尼的对外投资

作为中国“一带一路”战略部署中的重要组成部分，“21 世纪海上丝绸之路”倡议与印尼的“全球海洋支点”战略、“陆上经济走廊”战略高度契合，给中国企业投资印尼带来新的机遇。20 世纪 90 年代中国和印尼建交初期，印尼的市场经济发展稍领先于中国，因此当时中国对印尼的经济合作政策以鼓励印尼资本投资于中国市场为主，中国企业到印尼投资微乎其微。1994

年，中国与印尼签署《关于促进和保护投资协议》，但双方投资合作进展缓慢，中国对印尼的投资主要集中在镍矿、煤矿等资源型项目上。2002 年，印尼总统梅加瓦蒂向中国企业开放了印尼能源市场，使中国企业得以参与石油和天然气开发。2003 年，中国对印尼投资累计为5 426 万美元；截至 2006 年，这一数值扩大到 2.25 亿美元。1990－2006 年可以看作中国对印尼投资逐渐起步的阶段。

2007－2012 年，中国对印尼的投资稳步发展。印尼苏西洛政府为提高吸引外资的竞争力，推出新的《投资法》、《经济特区法》，修改《矿产与煤炭法》、《电力法》等，从制度上为外国投资扫清障碍，允许外资进入绝大部分行业，享受与印尼投资者一样的国民待遇，并鼓励外资参与中小企业的投资项目，以推动新的经济增长点。这一时期，中国企业对印尼的投资稳步发展，2009 年新增直接投资 2.2 亿美元，增长 29%。截至 2010 年底，在印尼投资办厂的中国企业超过1 000家，投资累计超过 60 亿美元，纳税超过 10 亿美元，为印尼创造了 3 万多个就业岗位。这一阶段，中国企业投资印尼主要集中在基础设施领域，包括泗水—马都拉大桥、阿萨汉水电站、加迪格蒂大坝等项目。

2013 年，中国和印尼在雅加达发表了《中印(尼)全面战略伙伴关系未来规划》，将双边关系提升为全面战略伙伴关系，还签署了《中国和印尼经贸合作五年发展规划》等经贸合作文件，掀起中资企业在印尼投资的高潮。根据中国商务部的统计，2013 年度中国大陆企业对印尼直接投资流量 15.63 亿美元。2017 年，中国大陆企业对印尼直接投资流量 33.6 亿美元，仅次于新加坡和日本，成为印尼第三大投资来源地。这一阶段，中国企业对印尼的投资主要集中在能源、金融工业和基础设施等领域。在基础设施领域，雅万高铁是中印(尼)最大的投资合作项目。此外，中国企业积极投资印尼农业领域，主要为渔业、种植业(木薯、水稻、橡胶和棕榈)。

课后思考题

1. 印尼的基本国情和地理特点是什么？
2. 在印尼旅游、经商、从事公务活动时应注意哪些礼仪和禁忌？
3. 未来中国应该在哪些领域与印尼展开合作？中国对印尼的投资面临哪些机遇和挑战？

第二章 马来西亚 (Malaysia)

一、基本情况

马来西亚(Malaysia),简称大马。马来西亚被南中国海分为两个部分:位于马来半岛的马来西亚半岛(北接泰国,南部与新加坡隔着柔佛海峡)及位于加里曼丹岛北部的马来西亚沙砂(南接印度尼西亚,文莱国夹在沙巴州和砂拉越州之间)。

1957 年 8 月 31 日,联盟主席东姑阿都拉曼宣布马来亚联合邦独立;1963 年,马来亚联合邦联同新加坡、沙巴及砂拉越组成了马来西亚。首都为吉隆坡,联邦政府则位于布城。1965 年 8 月,新加坡退出马来西亚。

马来西亚是一个多民族、多元文化的国家。宪法规定伊斯兰教为国教,保护宗教信仰自由。政府系统密切仿照威斯敏斯特的议会制度和法律制度是基于普通法。国家对内外的最高代表被称为元首,而政府首脑是首相。

马来西亚是一个新兴的多元化经济国家。经济在 20 世纪 90 年代突飞猛进,为"亚洲四小虎"之一,是资本主义国家。马来西亚已成为亚洲地区引人注目的多元化新兴工业国家和世界新兴市场经济体。旅游业是马来西亚的第三大外汇收入来源,知识经济服务业也在同步扩张。

此外,马来西亚是东南亚国家联盟的创始国之一,是环印度洋区域合作联盟、亚洲太平洋经济合作组织、英联邦、不结盟运动和伊斯兰会议组织的成员国。主要参与的军事行动有五国联合防卫及联合国维和行动。

小知识

马来西亚国旗与国徽

国旗

马来西亚国旗又称为"辉煌条纹",是马来西亚的国家主权象征之一。国旗由 14 道红白相间的横条组成,左上角为蓝底加上黄色的新月及 14 芒星图案。这面旗帜自 1963 年 9 月 16 日马来西亚成立时正式开始启用。国旗呈横长方形,长与宽之比为 2∶1。主体部分由 14 道红白相间、宽度相等的横条组成。左上方有一深蓝色的长方形,上有一弯黄色新月和一颗14个尖角的黄色星。14道红白横条和14角星原代表全国14个州, 自新加坡在

1965 年独立后代表全国 13 个州和联邦直辖区。新月象征马来西亚的国教伊斯兰教。蓝色象征人民的团结及马来西亚与英联邦的关系(英国国旗以蓝色为旗底),黄色象征皇室,红色象征勇敢,白色象征纯洁。

国徽

马来西亚国徽中间为盾形徽,顶端的新月与星象征伊斯兰教。星的十四芒象征马来西亚的十三州与联邦政府之间的平等关系。盾牌上的五把马来短剑代表前马来属邦,即玻璃市、吉打、吉兰丹、登嘉楼及柔佛。红色、白色、黑色与黄色条纹代表前马来联邦,即霹雳、雪兰莪、森美兰及彭亨。其中,黑与白是彭亨州旗的颜色;红与黄是雪兰莪州旗的颜色;白、黄、黑是霹雳州旗的颜色;黄、黑、红是森美兰州旗的颜色。槟榔树及槟威大桥(红条纹左方)象征槟城。马六甲树(黄条纹右方)代表马六甲。沙巴州州徽(红条纹下方)代表沙巴,而砂拉越州州徽的犀鸟(黄条纹下方)代表砂拉越。大红花(红色朱槿)为马来西亚国花,它也象征马来西亚联邦政府。国徽两侧的护盾兽——马来亚虎——象征人民的勇敢与坚强。国徽下彩带的左右分别以罗马字母和爪夷文写着马来语的国家格言:团结就是力量(Bersekutu Bertambah Mutu)。彩带的黄色为皇室颜色。

(一)建国历程

早年的印度文明支配着马来西亚。从印度输入的印度教和佛教文化,主导了早期马来西亚的历史。

公元初,马来半岛建立了羯荼、狼牙修、古柔佛等古国。

15 世纪初,以马六甲为中心的满剌加王国统一。从 7 世纪到 14 世纪,在苏门答腊的三佛齐文明达到高峰,其影响力延伸至苏门答腊、爪哇、马来半岛和婆罗洲的大部分地区。

伊斯兰教早在 10 世纪传至马来西亚,但直到 14 世纪和 15 世纪三佛齐覆灭后不久,伊斯兰教才在马来半岛奠定根基。这个地区分裂成众多以伊斯兰教为主的苏丹国,其中最突出的是马六甲苏丹王朝。伊斯兰文化对马来人产生了深远影响,但是同时它也受到马来民族的影响。

1942—1945 年日本占领这个地区,马来亚被日本占领。虽然日本占领的时期相当短,但是它激起了马来亚和其他地区的反殖民民族主义。1957 年,多民族的马来亚联合邦宣告独立。

1959 年 6 月 3 日,英属的新加坡被英国殖民政府授予自治地位,英属砂拉越和英属北婆罗洲(沙巴州)也相继在 1963 年 7 月 22 日和 8 月 31 日被授予自治地位,三者在自治时期的国防、外交、财政、内政等事务仍由英国政府所掌管,但并未从法律上获得正式独立。经多次争论对抗,马来半岛 11 州、沙巴州、砂拉越州及新加坡终于于 1963 年 9 月 16 日组成马来西亚。

随着以华人为主导的新加坡的加盟,整个马来西亚华人人口数量也持续增长,当时华族约占马来西亚人口的42%，与马来族人口的比率不相上下。后来“马来人至上”的观念越来越强烈，他们认为马来族是马来西亚或马来亚的主人或特权者，华人和印度裔被认为是承蒙马来族的恩惠。马来族精英也开始惧怕以华人占多数的新加坡会削弱他们占多数的人口比例，并主宰马来西亚的政治及经济环境。

1965年8月8日，以巫统为首的国阵执政联盟利用其国会优势通过决议，将新加坡驱逐出马来西亚。8月9日，新加坡宣布退出马来西亚独立建国。政府的目标是“2020宏愿”，让马来西亚在2020年成为先进国家。然而，这留下了未解的问题：究竟马来西亚会在何时且如何充分实现第一世界的政治体系（多党民主制、自由的媒体、独立的司法审判，并恢复公民与政治自由），以齐头赶上它的经济成熟？

（二）人口状况

马来西亚统计局发布的数据显示，2016年马来西亚人口达3 166.07万。以族群来看，土著（马来人及原住民）共1 948.36万（61.54%），华裔共664.8万（21.00%），印裔共199.2万（6.29%），其他人口28.14万（0.89%），非国民325.56万（10.28%）。根据宪法定义，马来人是实行马来风俗（习惯法）和文化的穆斯林。他们在政治上具有主导权。土著地位也授予某些非马来的土著，包括泰人、高棉人、占族、沙巴和砂拉越的土著。非马来土著在砂拉越占一半以上人口，在沙巴超过2/3。半岛也存在着为数较少的原住民群体，在那里他们被统称为Orang Asli。关于谁能获得土著地位的各州法律规定有所不同。

这些年马来西亚人口总数持续增长，从2007年的2 662.6万增长到2016年的3 166.07万，但是年增长率持续下降，从年增长1.8%左右下降到年增长不足1.5%。具体分析如图2—1所示。

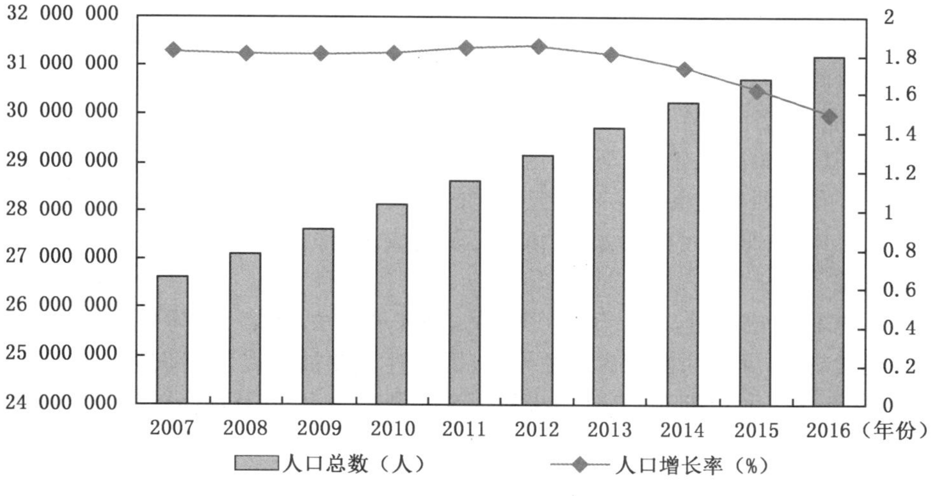

数据来源：世界银行数据库。

图2—1　马来西亚人口规模及增长情况

（三）地理环境

马来西亚地处北纬1°—7°、东经97°—120°，位于太平洋和印度洋之间。马来西亚国土面积330 257平方公里，海岸线总长4 192公里，是东南亚国家之一，全境被南中国海分成马来西亚半岛（简称半岛）和马来西亚沙砂（简称沙砂）两部分。

半岛位于马来半岛南部，北与泰国接壤，西濒马六甲海峡，东临南中国海，南濒柔佛海峡与新加坡毗邻，并建有两条长堤相通，半岛上共11州属；沙砂即沙巴州和砂拉越州，位于婆罗洲北部，文莱则夹于沙砂两州之间。

因位于赤道附近，属于热带雨林气候和热带季风气候，无明显的四季之分，一年之中的温差变化极小，平均温度在26℃—30℃之间，全年雨量充沛，3—6月及10月至次年2月是雨季。内地山区年均气温22℃—28℃，沿海平原为25℃—30℃。

地形主要是平原，地面平坦、起伏较小。半岛地势北高南低，其主干山脉蒂迪旺沙山脉将半岛分成了东西海岸；沙砂的沿海多为平原，内地多为森林覆盖的丘陵和山地，克罗克山脉由砂拉越向北延伸，穿过沙巴将沙巴分成东西海岸。马来西亚最高峰是高达4 101米的京那巴鲁山。

（四）资源禀赋

马来西亚国土的2/3被热带雨林所覆盖，有众多纵横交错的河流、高低错落的瀑布，全年降雨量充沛，因此拥有十分丰富的淡水资源，是世界上20多个人口超过2 000万的富水国之一。

马来西亚的能源矿藏主要是石油和天然气。目前马来西亚全国有37个油田，已探明蕴藏量41 096万吨，在东南亚为仅次于印度尼西亚的第二大产油国。马来西亚出产的原油含硫低、质量高，原油出口居各类原产品出口首位，主要出口到日本、美国、新加坡、泰国、菲律宾。

马来西亚的金属矿藏资源也极为丰富，拥有锡、铁、金、铜、铝、钛、银、钨、锌、锑、锰等，此外还有铀、钴等多种稀有金属资源。马来西亚的锡矿品位居世界第一，储藏量居世界第二位，曾是世界上第一大产锡国，出口量占了世界出口总量的36%。除锡、铁、金、铜、铝、钛以及石油、天然气外，绝大部分的矿物种类未被大规模开采。

（五）政治环境

1. 政治体制

马来西亚是君主立宪制国家，实行议会内阁制，国家最高法律是马来西亚联邦宪法。联邦宪法将国家的最高权力分成了立法权、行政权和司法权三个部分。三权分立既出现在联邦层面，也出现在州层面，各州都在联邦宪法之下拥有自己的州宪法。

君主即马来西亚最高元首，是马来西亚的国家元首，形式上拥有国家最高权力，但实权在马来西亚内阁。马来西亚内阁是马来西亚政府的行政部门，由马来西亚首相所领；马来西亚议会是最高立法机构，由最高元首、上议院和下议院组成；联邦法院是司法系统里最高的机构及最后的上诉法院。

1963年马来西亚成立后，将1957年颁布的《马来亚宪法》改名为《马来西亚联邦宪法》，后多次修订。宪法规定，元首为国家最高领导者、伊斯兰教领袖兼武装部队统帅，由统治者会议选举产生，任期5年。元首拥有立法、司法和行政的最高权力，以及任命首相、拒绝解散国会等权力。

议会也称国会，是最高立法机构。2003年5月，国会通过重新划分国会和州议会选区的动议，国会下议院议席从194个增至219个，除砂拉越以外的12个州议席从422个增至505个。议员任期5年。

2. 政党

马来西亚根据宪法实行多党制的政党制度，但实际实行的却并非典型的多党制，而是一种由几个政党联合组成政党联盟执政的制度。目前注册政党有40多个，由13个政党组成国民阵线联合执政。

3. 司法体制

马来西亚有三类司法系统，即民事法院、伊斯兰法院和特别法庭。

民事法院结构可分为高等法庭及低等法庭。低等法庭由推事庭及地方法庭组成，而高等法庭则由高庭（马来亚高级法院和婆罗洲高级法院）、上诉庭及联邦法院组成。1985 年后联邦法院成为马来西亚最高的法庭，之前其判决可以上诉到伦敦枢密院。伊斯兰法院受案范围仅限于家事法及宗教信仰。特别法庭专门审理涉及马来西亚最高元首的民刑事案件。

现任联邦法院首席大法官是莫哈末劳勿斯（Md Raus Sharif），总检察长为汤米·汤姆斯（Tommy Thomas）。

二、经济环境

（一）经济概况

20 世纪 70 年代以前，马来西亚以农业经济为主，依赖初级产品出口；70 年代以来，马来西亚不断调整产业结构，大力发展出口导向型经济，电子业、制造业、建筑业和服务业发展迅速。同时实施马来民族和原住民优先的“新经济政策”，旨在实现消除贫困、重组社会的目标。

20 世纪 80 年代中期，受世界经济衰退影响，马来西亚经济下滑。在政府采取鼓励私人投资和吸引外资等措施后，经济明显好转。1987 年之后，经济持续高速发展，到 1997 年亚洲金融危机爆发之前，年均 GDP 增长率一直保持在 8%以上。1991 年，时任总理马哈蒂尔提出“2020 宏愿”的跨世纪发展战略，旨在到 2020 年将马来西亚建成发达国家。1995 年，又提出“多媒体超级走廊”计划和“生物谷”计划，大力发展信息产业和生物科技。

1997 年的亚洲金融危机使马来西亚经济遭受严重打击，马币对美元汇率下跌幅度曾达 46%，股市综合指数下挫过半。1998 年，马来西亚经济出现 13 年来首次负增长（−7.5%），失业率和通货膨胀率上升。1998 年 9 月，马来西亚政府采取扩张性财政货币政策，出台多项资金、货币管制措施，其主要内容是对短期外资进行监管、将马币和美元汇率固定在 1 美元兑 3.8 马币、禁止岸外马币交易等。此后，马来西亚金融形势渐趋稳定，股指逐步回升。1999 年 2 月，马来西亚政府以征收撤资税取代对短期外资的管制，外资开始回流。马来西亚经济开始复苏，全年经济增长 5.4%。2000 年，马来西亚经济在 1999 年复苏基础上稳定增长，各项经济指数基本恢复到危机前水平，经济增长率达 8.5%。

21 世纪初的几年内，通过稳定汇率、重组银行债务、扩大内需和出口等政策，马来西亚经济保持较快速度增长。巴达维总理上任后，将重点转向农业等基础产业建设，带动乡村发展；积极推动消费和投资，把私营经济作为国家经济增长的主要动力；鼓励发展旅游和教育产业，推动经济多元化。2006 年 4 月，马来西亚政府第 9 个 5 年计划（2006−2010 年）获得国会通过，其主题是“共同迈向卓越、辉煌和昌盛”，施政重点是降低财政赤字、加强人力资源开发、加大农业投入、扶持中小企业、推动旅游业发展。2007 年，马来西亚政府相继实施北马输油管线、伊斯干达发展区、北部经济走廊和东海岸经济区等大型发展计划，以刺激经济发展和实现未来经济转型。

2008 年爆发的全球金融危机对马来西亚金融体系没有造成太大的直接影响，但其实体经济受到国际需求萎缩的影响较大。2008 年 10 月开始，马来西亚出口出现负增长，外国直接投资大幅下降。为减缓金融危机的冲击，马来西亚政府相继出台多项救市措施：拨款 50 亿马币扶持股市；推出总额达 670 亿马币（约 190 亿美元）的两套经济刺激计划；马来西亚央行 3 次下调基准利率至 2.0%；对居民存款实施全额担保等。这些举措增强了市场信心，阻止了马来西亚经济的进一步下滑。2008 年，马来西亚 GDP 仍增长 4.6%。

2009年4月，纳吉布总理上任后，除继续实行经济刺激方案外，还着手进一步开放服务业和金融业。先后撤销27个服务业领域的外资股权限制等，以放宽外资准入、改善投资环境。

2010年6月，马来西亚政府公布第10个5年计划（2011—2015年），将私营经济和以创新为主导的行业作为引领国家经济腾飞的主动力，并逐步改革被认为偏高的国内补贴制度，以减轻政府财政负担。第10个5年计划共拨出2 300亿马币用于发展支出，其中55%用于发展经济。2010年下半年，纳吉布总理又提出经济转型计划，推出包括批发零售、旅游、商业服务、电子电器、教育、医疗保健等在内的12个国家关键经济领域的发展目标，具体措施包括推出总值1 380亿美元和670亿马币的共150项“切入点计划”，预计到2020年将创造330万个新的就业机会。

2011年，国际经济形势依然严峻，发达经济体疲弱不振，日本地震、海啸和泰国洪灾等自然灾害使亚洲制造业供应链被打乱，马来西亚经济受到一定负面影响。尽管如此，随着马来西亚经济转型计划重点项目的稳步推进，私人及外来投资大幅增长，国内需求强劲，马来西亚经济整体表现良好。2011年，马来西亚GDP实现5.1%的增长，高于其他发展水平相当的国家（如泰国、墨西哥和俄罗斯）。

2012年以来，由于主要市场需求减少，马来西亚出口下降，经济增长主要靠强劲的内需以及投资拉动。在私人领域稳定支撑下，国内消费和投资持续扩张，不断推动经济增长。2012—2013年，马来西亚GDP分别增长5.6%和4.7%。其间，马来西亚加快实现“2020宏愿”，稳步推进经济转型计划重点项目，部分措施包括自2014年1月起在全国实施最低工资，以及于2015年4月开征6%的货品和服务税（GST）。

马来西亚根据自身具体经济状况每5年出台经济发展计划，即马来西亚计划，俗称5年计划。第一个大马计划始于1956年。最新的大马计划于2015年公布，是迈入“2020宏愿”前的最后一个5年计划。该计划总体预期国内生产总值在2016—2020年间每年增长介于5%—6%，使人均收入年增7.9%，在2020年达到1.569万美元，成为先进经济体。

以下是2007—2016年马来西亚GDP及人均GDP变化情况。从图2—2、图2—3可知，在全球经济和金融危机的严重影响下，2009年马来西亚的经济萎缩了1.7%，与2008年国内

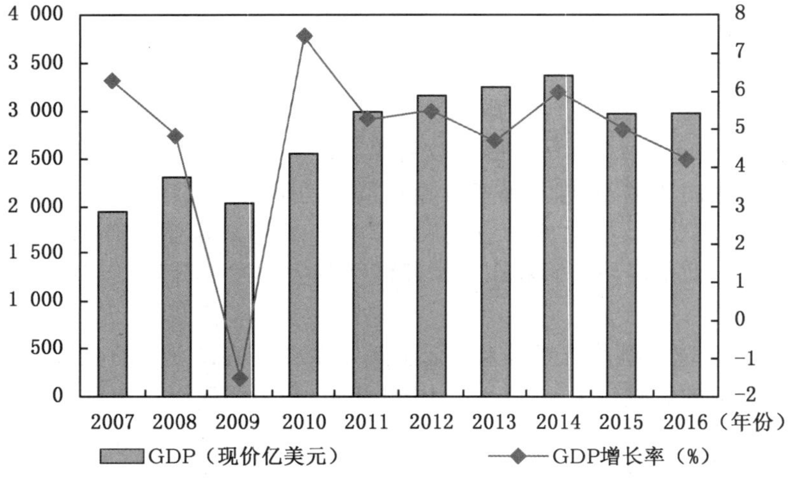

数据来源：世界银行数据库。

图2—2　马来西亚GDP总数及增幅情况（2007—2016年）

生产总值4.6%的增幅相比略有降低。以出口导向型的电气和电子产品为主的制造业部门是受金融危机影响的重灾区，在2009年收缩了9.3%。马来西亚政府颁布的包括两个财政刺激计划在内的经济振兴措施在某种程度上有助于减轻全球经济衰退的严重影响，并有助于防止马来西亚经济跌入衰退期。政府的刺激措施的积极影响促使服务业和建筑业等行业在2009年触底反弹，分别增长了2.6%和5.7%。从2010年开始马来西亚经济快速增长，在连续强劲增长了5年之后，2015年经济出现滑坡，这与国际油价大跌和商品及服务税(GST)的引进有关，另一方面，马来西亚货币令吉持续走弱，国内政局的不确定性和液化天然气价格的走低进一步削弱了马来西亚的能源投资，导致政府支出有所减少，对国内需求也存在一定的抑制作用。

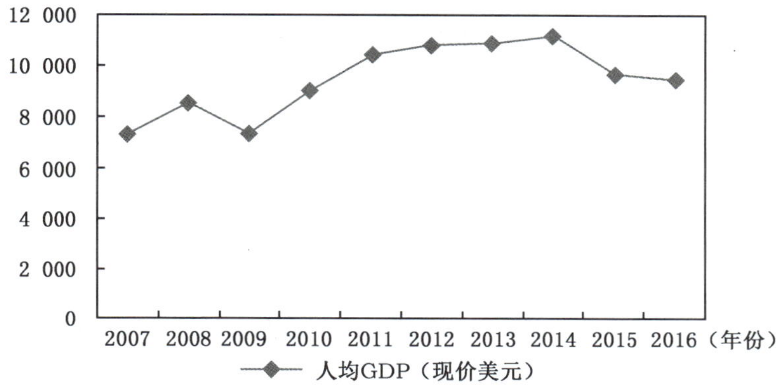

数据来源：世界银行数据库。

图2—3 马来西亚人均GDP(2007—2016年)

(二)产业状况

1. 工业

马来西亚政府鼓励以本国原料为主的加工工业，重点发展电子、汽车、钢铁、石油化工和纺织品等。2006年制造业销售收入5 113亿令吉，增长11.2%，就业人数108万。马来西亚工业主要是原料主导型的加工工业，近些年来在电子、汽车以及钢铁方面发展非常迅猛。马来西亚工业发展很快，从事工业的就业人数也逐渐增多。如今马来西亚将出口导向型作为发展经济的重中之重，将工业发展成为技术密集型工业，增加工业产品的附加值，因此在建筑业、制造业和电子业都取得长足发展。

马来西亚是生产和出口半导体、视听器材、空调、橡胶产品及人造油产品，并居于世界领导地位的国家。马来西亚工业经过多年的高速发展，已经形成了相当规模且完整的工业体系。国产小汽车在东亚一带享有盛誉。马来西亚也把重点放在推介资讯科技上，它以多媒体超级走廊计划大举开放通信、网上资讯、电子商务、数码广播科技等市场。

2. 农业

产品以经济作物为主，主要有棕油、橡胶、水稻、蔬菜、可可、椰子、胡椒等，产量和出口量居世界前列，在马来西亚国民经济中占重要地位。20世纪70年代以后，随着工业化程度的提高，农业占GDP的比重逐年下降。2013年，农业产值559.1亿马币，同比增长2.1%，占GDP比重5.2%；出口额642.3亿马币，同比下降17%，占出口总额的8.9%。

(1)棕油：马来西亚是世界上第二大棕油及其相关制品生产国，出口量约占全球总量的

50%，但占比呈逐年下降趋势。2013年，棕油产量为1 922万吨，同比增长2.3%。原棕油全年平均本地交易价格为每吨2 371马币，同比下降14.2%。棕油出口1 782万吨，同比下降0.4%，出口金额417.7亿马币，同比下降21.3%，占出口总额的5.8%。其中对中国出口365万吨，至此，中国已连续12年成为马来西亚棕油出口的最大目的地。其他主要出口市场还包括印度、欧盟、中东、巴基斯坦、美国和日本等。

(2)橡胶：马来西亚是全球第三大天然橡胶生产国和出口国，第一大橡胶手套、橡胶导管及乳胶线出口国，第五大橡胶消费国。20世纪90年代初，马来西亚天然橡胶的产量和出口量开始萎缩。2002年以来，随着国际市场对橡胶需求的增加，国际胶价回升，马来西亚橡胶业开始复苏。2013年，天然橡胶产量为83万吨，同比下降9.8%。年平均价格为每吨7 746.8马币，同比下降24.1%。橡胶出口84.6万吨，同比增长9.7%，出口金额70.3亿马币，同比下降10.6%，占出口总额的1.0%。主要出口国家(或地区)为中国、欧盟、中东、美国、巴西和韩国等。

3. 矿业

马来西亚采矿业以开采石油、天然气为主。石油和天然气行业管理及开采均由马来西亚国家石油公司(PETRONAS)控制。2008－2011年，受金融危机影响，矿业呈现负增长。2012—2013年，因维护原因于2011年关闭的部分石油开采设施重新恢复生产，以及沙巴州近海油田原油产量增加，马来西亚矿业呈现缓慢增长。2013年，矿业产值637.7亿马币，同比增长0.5%，占GDP的8.1%；出口金额964.9亿马币，同比增长3.8%，占出口总额的13.4%。2015年，马来西亚石油产量为2.5亿桶，天然气产量为68.2亿立方米。

(1)原油：马来西亚石油储量丰富，截至2010年，已探明原油储量59亿桶。2013年，马来西亚生产原油2.08亿桶，同比下降2.3%；出口金额316.4亿马币，同比下降1.0%，占出口总额的4.4%。主要出口目的地为澳大利亚、印度、泰国、日本及新西兰等。

(2)天然气：马来西亚天然气储量丰富，截至2010年，已探明天然气储量2.59万亿立方米。2013年，日产天然气58.9亿立方英尺(约合1.67亿立方米)。马来西亚是世界第三大液化天然气出口国，2013年液化天然气出口2 525.2万吨，出口金额591.9亿马币，同比增长5.5%，创历史新高。主要出口至日本、韩国和中国台湾等。

(3)锡：马来西亚曾是世界产锡大国，但近年来锡矿的储量和产量逐年下降，在国民经济中的比重越来越低。2013年，锡出口3.6万吨，同比下降2.2%，出口金额25.3亿马币，同比增长4.8%。

4. 制造业

马来西亚于1957年独立后，制造业以利用本国资源发展加工制造业为主，随着电子、石油、机械、钢铁、化工及汽车制造等行业的深入发展，传统的初级产品加工业地位逐步下降，制造业成为马来西亚国民经济发展的主要动力。近年来，马来西亚制造业发展平稳，但占GDP的比重逐年降低。2013年，制造业产值为1 930.1亿马币，同比增长3.4%，占GDP的24.5%；出口金额5 496.1亿马币，同比增长5.7%，占出口总额的76.4%。出口产品中，电子、机械、石油、化工分别占25.9%、10.8%、9.3%和7.2%。主要出口市场包括东盟(30.8%)、中国内地(14.0%)、欧盟(10.3%)、美国(9.8%)、日本(6.1%)以及中国香港(5.6%)等。

电子制造业发展迅速，已经成长为国民经济的重要支柱产业。马来西亚电子制造业主要涵盖电子元件和电路板制造、消费电子产品制造、计算机和周边设备制造、通信设备制造等领域。2010年，马来西亚电子制造业总产值为539.7亿美元，增加值为96.4亿美元，占制造业的比重为 17.9%，从业人员 31.4 万人。其中，电子元件和电路板制造产业总产值为 284.1 亿美元，消费电子产品制造产业总产值为 125.8 亿美元，计算机和周边设备制造产业总产值为 94.1 亿美元，通信设备制造产业总产值为 35.7 亿美元。世界上有 1/3 的半导体是在槟城装配的，众多的电子供应商、采购商和制造商聚集在槟城，使今日的槟城有“东方硅谷”之称。

汽车产业被认为是最重要、最具战略意义的行业之一。2011 年，马来西亚汽车销量达到 60 万辆，位居印度尼西亚、泰国之后，是东盟第三大汽车市场。马来西亚主要有三个汽车制造商：宝腾(Proton)、派洛多(Perodua)和韩国 KIA。其中，宝腾是马来西亚民族汽车工业的标志，是马来西亚最大的汽车公司；而派洛多是马来西亚于 1993 年成立的，主要同日本的大发、丰田合作，是马来西亚第二大民族汽车品牌。马来西亚汽车市场由马来西亚民族汽车控制，宝腾和派洛多每年占据该国 90%的汽车市场份额，这是马来西亚汽车市场的一大特点。此外，马来西亚汽车市场的另一特点是乘用车销量远高于商用车，2011 年马来西亚乘用车销量达 53.5 万辆，而商用车仅为 6.5 万辆。数据显示，2010 年马来西亚汽车产业总产值达到 70.3 亿美元，其中乘用车总产值为 69.7 亿美元，商用车总产值为 0.6 亿美元。

5. 建筑业

20 世纪 90 年代初期，马来西亚建筑市场蓬勃发展，1997 年亚洲金融危机之前，年均增长 14.8%。金融危机爆发后，该行业受到重创。2006 年，马来西亚宣布执行第 9 个 5 年计划，启动部分政府工程和公共项目，建筑业开始缓慢复苏。2008 年，马来西亚政府为应对国际金融危机推出了 670 亿马币的财政刺激计划，对马来西亚建筑业起到了积极的推动作用。2009—2013 年，建筑业产值保持增长态势。2013 年总产值 294.2 亿马币，同比增长 10.9%，占 GDP 比重的 3.7%。

6. 服务业

为促进经济多元化增长，从 20 世纪 90 年代初开始，马来西亚政府积极鼓励服务业发展，服务业逐渐成为马来西亚经济的重要支柱产业，吸收超过 50%的就业人口。目前，服务业在国民经济中的地位越来越重要，占 GDP 的比重从 1990 年的 46.8%提高至 2013 年的 55.2%，为马来西亚经济结构中最大的产业部门。2013 年产值为4 340.0亿马币，同比增长 5.9%。主要行业包括批发零售(占 GDP 的 14.5%)、金融保险(9.1%)、政府服务(8.3%)、房地产和商业服务(5.6%)、通信(4.0%)、运输仓储(3.6%)等。

总之，马来西亚政府多年来一直致力于经济改革，促进产业结构升级，将经济发展重心从制造业转移到服务业。经过多年积累，马来西亚服务业比重不断上升，为全国经济贡献了 55%的国内生产总值，预计到 2020 年，服务业将贡献 60%的国内生产总值。马来西亚三大产业中，服务业占据较大份额，约占 50%，其次是工业，而农业所占的比重基本维持在 10%左右(见表 2—1)。

表 2—1 **马来西亚产业情况(2007—2016 年)** 单位：亿美元、%

指标 \ 年份	2007	2008	2009	2010	2011	2012	2013	2014	2015	2016
农业增加值	193.3	230	186.5	257.3	341.3	308	294.6	300	250.8	256.7
农业占 GDP 比重	9.99	9.97	9.22	10.09	11.45	9.79	9.11	8.87	8.46	8.66
工业增加值	817.1	990.6	778	1 033	1 187	1 262	1 289	1 350	1 159	1 137

续表

指标 \ 年份	2007	2008	2009	2010	2011	2012	2013	2014	2015	2016
工业占GDP比重	42.22	42.92	38.46	40.5	39.82	40.14	39.89	39.92	39.1	38.34
服务业增加值	887	1 046	1 016	1 260	1 452	1 574	1 649	1 730	1 312	1 651
服务业占GDP比重	45.82	45.30	50.25	49.41	48.72	50.07	51.01	51.17	44.3	55.68

数据来源：世界银行数据库。

（三）外贸情况

马来西亚对外贸易在国民经济中占重要地位，自1995年以来，外贸依存度达150%以上。从1998年起，马来西亚连续16年保持贸易顺差。21世纪以来，马来西亚对外贸易增长较快，2001—2008年对外贸易平均增速在25%以上。2009年，马来西亚对外贸易额受全球金融危机影响较大，外贸总额降幅达16.6%。2010年，马来西亚外贸恢复强劲，外贸总额11 686亿马币，同比增长18.3%，接近危机前2008年的水平。2011—2013年，在全球经济总体不景气的背景下，马来西亚对外贸易仍取得较好的成绩。

2013年，外贸总额达到13 688.8亿马币，同比增长4.5%，创历史最高纪录。其中，出口额达7 198.2亿马币，同比增长2.4%；进口额达6 490.7亿马币，同比增长7.0%。其中，出口产品主要是电气电子产品、棕油及棕油制品、石油及石油制品、液化天然气、木材及木材制品等。其中，工业制成品占76.4%，矿产品占13.4%，农业类产品占8.9%。前十大出口市场依次为新加坡、中国内地、日本、欧盟、美国、泰国、印尼、中国香港、澳大利亚和韩国。进口产品主要是电子电器、机械设备及零配件、化学化工品等，半成品、生产材料及消费品分别占58.4%、15.2%和7.3%。前十大进口来源地依次为中国大陆、新加坡、欧盟、日本、美国、泰国、中国台湾、韩国、印尼和越南。

马来西亚政府一直欢迎外商在制造业领域的投资。20世纪70年代在推行出口导向型政策后，欧美和日本部分制造加工业转移到马来西亚。1997年亚洲金融危机爆发后，马来西亚受到较大冲击，尽管采取了征收撤资税等措施，外来投资还是呈下滑趋势。进入21世纪，随着对贸易、投资的不断开放，以及谨慎的宏观经济政策的实施和在关键领域采取结构改革，马来西亚经济得以恢复并取得较大发展，外商投资日趋活跃，目前已成为推动马来西亚经济发展的重要因素。

2013年全球外国直接投资增长11%，东南亚国家仅为2.4%。与之相比，马来西亚吸引外资表现出色，2013年外来直接投资额创新高，达387.7亿马币，同比增长24%。吸引外资的主要领域为制造业（占37.6%）、服务业（占28.8%）及矿业（占28.7%）。服务业则主要集中在金融保险及信息通信行业。前五大外资来源地分别为日本、新加坡、荷兰、中国香港及英属维尔京群岛。

2015年主要出口市场为新加坡、中国、日本，主要进口来源国为中国、新加坡、美国。马来西亚是世界第十八大贸易国。主要进口机械运输设备、食品、烟草和燃料等。

从表2—2可知，马来西亚近年来进出口额基本相差不大，且略有出超。但是，2016年无论是进口额还是出口额都急剧下降，受全球增长放缓影响较大。

表 2—2　　近年对外贸易情况　　单位：亿林吉特

年份	2011	2012	2013	2014	2015	2016
进口额	5 742	6 074	6 486.4	6 830.2	6 511.3	1 808.2
出口额	6 946	7 022	7 200.4	7 661.3	7 398.5	2 006.2
出超	1 204	948	714	831.1	887.2	197.9

数据来源：IMF。

三、社会文化环境

(一)民族和宗教

马来西亚主要民族有马来族、华族、印度族等。其中，马来人占 55%，华人占 24%，印度人占 7.3%。马来人的祖先大约在公元前 3000 年和公元前 1000 年先后分两批自亚洲大陆迁移而来，经与土著融合，分别形成原马来人和新马来人，成为今日马来人的直系祖先。马来人属蒙古人种，马来语属南岛语系，他们信奉伊斯兰教。根据宪法定义，马来人是实行马来风俗和文化的穆斯林，他们在政治上具有主导权。华人大多是来自中国东南沿海的福建、广东等省的汉族人。早在唐代，就有商人和僧侣侨居此地，但大批移入是在 19 世纪以后。20 世纪 40 年代末，随着新中国的成立，新的华人几乎不再移入。今天，80%以上的马来西亚华人是当地出生的华裔。华人属蒙古人种，华语属汉藏语系，华人大多信奉佛教和道教。印度人移入马来西亚也很久了，自公元初年起，伴随着印度教的传播，就开始有印度僧侣移居马来半岛，但大批印度人迁入是在 19 世纪以后。其中，80%以上的印度人属于泰米尔人，他们属于欧罗巴—尼格罗混合人种类型，也称达罗毗荼类型。泰米尔语属达罗毗荼语系。

马来西亚是个以农立国的民族，因此维持着许多原始信仰，特别是各民族浓厚的宗教色彩。其宗教融合了伊斯兰教、印度教、佛教，其中以印度教影响尤为深远。由于多民族的长期共同生活，形成一种多元的文化特色。

(二)语言

官方语言为马来语，英语在过去较长的一段时间曾经是实际上的官方语言，在 1969 年种族骚乱“五一三”事件发生后，马来语才成为主要语言。然而在许多领域，英语依然是一种活跃的第二语言。

马来西亚英语也称为马来西亚标准英语，是源自英国英语的一种英语型态，日常很少正式使用这个名称，除非是与教育有关的讨论。马来西亚式英语(Manglish)也被广泛使用，它是一种口语化的英语形式，受马来语、华语方言及泰米尔语的影响很深。政府不鼓励错误使用马来语，并对那些混合马来语和英语的公共标示牌处以罚款。

由于马来西亚华人坚持捍卫华文小学、华文独立中学与国民中学华文课程，并有华文报纸与媒体以及华社组织的支持(华教、华文媒体、会党合称马来西亚华人三大精神支柱)，一般都能使用流利的汉语交谈。在平常生活以及非正式场合下，多数的华人惯用混合各种方言、英语和马来语的“罗惹式华语”。在华文学校、广播电视、公开正式场合或演说时，则使用标准华语。而一些粤语等方言电台，如 988、MyFM 等，则会在某些时段说方言，避免各籍贯的华人忘了自己的根源。

华人迁居马来西亚数百年，其祖居地大多位于福建、广东、广西、海南等地。所以各种方言也随着祖先南来，且在马来西亚继续流传。仍为人们所使用的方言，依据祖居地由北而南排列，包括闽清话、兴化话、闽南语、客家语、潮州话、粤语、海南话等。在乡村地区，同一方言群聚居较多，会有较单一的方言。在市镇地区，虽有1—2种强势方言，但人们多通晓各种方言，能够快速转换对答。

为规范华语使用，马来西亚华语规范理事会于2004年2月13日宣告成立。

（三）教育

马来西亚政府努力塑造以马来文化为基础的国家文化，推行“国民教育政策”，重视马来语的普及教育。华文教育比较普遍，有较完整的华文教育体系。2007年，15岁以上人口识字率91.9%，入学率71.5%。全国共有470多家公共图书馆，藏书1 130万册。

小学学校分为3种，包括以马来文为主要教学媒介语的国民小学，然后还有以华文或泰米尔文为主要媒介语的国民小学。中学则分为两种，即国民中学和华文独立中学。国民中学属国立学校，主要教学媒介语为马来文，为5年制，即中一至中五，前3年属于初中，后2年属于高中，高中分为理科、商科和文科。此类学校学生在中三时报考PMR，中五时报考SPM。此外，还设有中学预备班与大学先修班。中学预备班是让学术成绩不达标上中一的学生就读的。而大学先修班分为两种：中六和Matric预科班。中六报考STPM，预科班以学期鉴定。华文独立中学（简称独中）的主要教学媒介语为华文，属私立学校，为6年制（高、初中各3年），高中分学科上课，一般分理科和文商科，有条件的独中也开办技职教育班。该校学生于初三及高三时必须参加华文独立中学统一考试（UEC）。从中学进入大学可通过不同途径，如A-Level、大学基础班、专业文凭等。

高等教育体系方面分为公立（包括公立大学、公立学院和技术职业学院）和私立（包括私立大学、私立大学学院、私立学院和外国大学分校）。公立的大学和部分学院、私立的大学和大学学院具有颁发本校大专或以上文凭资格。马来西亚高校所开设课程需经教育部以及国家学术鉴定局双重核准，后者还负责对课程质量的监督审查。现有公立大学20所、私立大学43所、大学学院10所、私立院校3所。马来西亚高校大多以英文授课，部分私立院校设立了与国际接轨的双联课程，引进英、美、加、澳、新西兰等国高等教育课程，学生毕业可获颁这些国家高校的大学本科及以上文凭，该文凭受到世界多数国家认可。

（四）重要节日

政府规定的全国性节日包括元旦、穆罕默德诞辰、春节（华人）、劳动节、卫塞节、最高元首诞辰、开斋节（穆斯林）、国庆日（又称独立日，8月31日）、马来西亚日、哈芝节（穆斯林）、回历元旦、圣诞节。除少数日期固定外，其余的具体日期由政府在前一年统一公布。除全国性节日外，各州还有自己规定的节假日。

（五）衣着服饰

马来人男女传统礼服分别是：男士为无领上衣，下着长裤，腰围短纱笼，头戴宋谷帽，脚穿皮鞋；女士礼服也为上衣和纱笼，衣宽如袍，头披单色鲜艳纱巾。除皇室成员外，一般不穿黄色衣饰。打工族为了工作穿着方便，一般着轻便的西服，只在工余在家或探亲访友或重大节日时，才着传统服装。在各种正式场合，男士着装除民族服装或西服外，可穿长袖巴迪衫。巴迪衫是一种蜡染花布做成的长袖上衣，质地薄而凉爽，现已渐渐取代传统的马来礼服，成为马来西亚国服。

（六）饮食习惯

马来菜主食为米，食物调料会常使用一种名为chichalok的虾酱，这是用虾发酵并配合香辛料及辣椒调制而成的。另外，家常菜还有炸鸡、炸鱼及咖喱牛肉等。

马来西亚是一个美食天堂。多元文化的天然优势造就了马来西亚拥有许多特殊美食。来自该国境内和周边地区的许多文化，包括中国、印度、泰国、爪哇和苏门答腊，对这里的饮食有着极大影响。这里有形形色色辛辣的马来食、色香味俱全的中餐、南北印度风味美食以及娘惹与葡萄牙美食。人人喜爱的沙爹(satay)、椰浆饭(nasi lemak)、干咖喱牛肉(rendang)、印度抛饼(roti canai)、叻沙(laksa)、马来西亚鸡饭(nasi ayam)、各式炒面(mee goreng)和炒饭(nasi goreng)以及西方美食应有尽有。

(七)社交与禁忌

1. 接待礼仪

传统上，马来人在见面时会用双手握住对方的双手互相摩擦，然后将右手往心窝点一点。对不相熟的女士则不可随便伸手要求握手，男子应该向女子点头或稍行鞠躬礼，并且主动致以口头问候。但现在西式的握手问好在马来西亚是最普遍的见面礼，在马来人、华人或印度人之间都可通用无阻。

马来人忌食猪肉、饮酒。在马来餐厅，餐桌上通常有个水壶，其用途是用来洗手的。一般马来人都是用右手抓饭来吃，所以餐前及餐后洗手是马来人餐桌上的礼节。

除非主人允许，否则不管是到访马来人、华人或印度人的家，都需在入门前先脱鞋子。到马来人家做客，如果主人安排坐在地板上的垫子上，男性应盘腿而坐，女性则应把腿偏向左边而坐。

2. 称呼礼仪

同家族的马来人没有固定的姓，所以不以姓氏作为称呼用途。马来人名字的第一个部分是他们自己的名字，第二个部分是他们父亲的名字，两者之间隔着“bin”(男士用)或“binti”(女士用)，有时会省略。

在非正式的场合，对小辈可较为亲昵地称呼为 Adik 或 Dik，意为弟弟或妹妹，名字则可省略。对年纪较大的男士可称为 Pakcik，意为伯父；女士为 Makcik，意为伯母。在日常场合，用 Encik 加名称呼男性，意为某某先生；用 Cik 加名称呼女性，意为某某女士。

在较为正式的场合，用 Tuan 加名来尊称男士，用 Puan 加名来尊称女士。此外，对拥有马来西亚封衔(常见的如拿督、丹斯里等)的人可尊称其封号或封号加姓名。

3. 风俗禁忌

马来人的习俗与中国相异处甚多，所以必须加以留意，以免无意中犯了禁忌，造成失礼或引起误会与无谓的纷争。主要有：马来人视左手为不洁，因此见面握手时，一定要用右手，平时接、递东西时，也必须用右手，在不得不用左手时，一定要说声“对不起”；马来人认为，以食指指人是对人的一种污辱，所以切勿以食指指人；对女士不可先伸出手要求握手；头被认为是神圣的部位，在亲近儿童时，不可触摸他的头部，否则会引起不快；与伊斯兰教徒共餐时，不要劝酒，要避免点猪肉做的菜肴；无论是进入马来人的清真寺还是华人或印度人的寺庙，进门前都要先脱掉鞋子，穿着必须整洁适宜，凡是穿着短裙、短裤及半袖衫的人禁止进入清真寺。

按照穆斯林的风俗，每年回历 9 月为斋月，其间除幼儿和病人外，日出后到日落前不得进食、喝水，不得举行娱乐活动。斋戒 1 个月后迎来开斋节。节日期间，最高元首、总理和马来西亚政府部长等都举行开门迎宾活动。

四、与中国的贸易关系

中、马两国之间有着悠久的历史往来。早在公元前 2 世纪，中国商人就去马来半岛从事商业活动。1974年5月31日，马、中两国建交，马来西亚成为东盟中第一个与中国建交的国家。中、马建交以来，两国不断拓展和深化双边关系，给双方带来实实在在的利益，也为促进两国和本地区的繁荣与进步发挥了重要作用。双方将进一步加强在广泛领域的协调与合作，共同促进两国和本地区的和平、稳定、安全、和谐与发展。

1999年，两国签署关于未来双边合作框架的联合声明。2004年，两国领导人就发展中、马战略性合作达成共识。2013年，两国建立全面战略伙伴关系。两国高层互访和接触频繁。

据马来西亚统计局统计，2017年马来西亚货物进出口额为4 131.9亿美元，比上年(下同)增长15.2%。其中，出口2 179.4亿美元，增长14.7%；进口1 952.4亿美元，增长15.7%。贸易顺差227.0亿美元，增长6.7%。

从对外贸易国别看，2017年马来西亚对其主要贸易伙伴出口均出现不同程度的增长，其中对前三大出口国新加坡、中国、美国的出口额分别为315.8亿美元、294.2亿美元和206.6亿美元，占马来西亚出口总额的14.5%、13.5%和9.5%，增长14.3%、23.8%和6.5%。2017年马来西亚自中国、新加坡和美国分别进口383.3亿美元、216.3亿美元和161.1亿美元，占其进口总额的19.6%、11.1%和8.3%，增长11.6%、23.7%和19.8%。

2017年马来西亚前三大贸易逆差来源国和地区依次为中国大陆、中国台湾省和韩国，逆差额分别为89.2亿美元、72.5亿美元和18.0亿美元；贸易顺差主要来自新加坡、中国香港和美国，顺差额依次为99.5亿美元、79.0亿美元和45.5亿美元。

马来西亚主要出口商品有机电产品、矿产品和塑料橡胶，2017年出口额分别为927.5亿美元、350.5亿美元和147.2亿美元，占其出口总额的42.6%、16.1%和6.8%，增长15.4%、23.2%和16.2%。马来西亚主要进口商品为机电产品、矿产品和贱金属及其制品，2017年进口额分别为776.2亿美元、272.1亿美元和163.1亿美元，增长16.5%、40.8%和10.7%，占其进口总额的39.8%、13.9%和8.4%。

据马来西亚统计局公布的数据显示，2017年马来西亚与中国双边货物进出口额为677.5亿美元，增长16.6%。其中，马来西亚对中国出口294.2亿美元，增长23.8%；从中国进口383.3亿美元，增长11.6%。马来西亚与中国的贸易逆差为89.2亿美元。

马来西亚对中国出口量最大的商品有机电产品、矿产品和塑料橡胶，2017年上述三大类商品的出口额依次为130.1亿美元、59.0亿美元和32.3亿美元，占马来西亚对中国出口总额的44.2%、20.1%和11.0%，增长17.5%、53.8%和41.7%。在马来西亚的前十大类进口商品中，来自中国的机电产品、贱金属及其制品和化工产品在马来西亚市场中占据优势地位，进口额为189.2亿美元、40.8亿美元和26.4亿美元，机电产品增长17.2%，贱金属及其制品下降4.4%，化工产品增长14.9%。在马来西亚市场上，中国的化工品、塑料制品、光学仪器和食品等仍面临着来自日本、美国、法国、新加坡等国家的竞争。

(一)中国对马来西亚的出口情况

2007—2016年总体来看，中国对马来西亚出口额不断增加，但增长速率逐步放缓。从图2—4中可看出，2014年和2015年中国对马来西亚出口增幅均有缩小，其中2014年中国对马来西亚出口额达到近年来最高值为4 635 339万美元，2016年仅为3 767 178万美元，出口额开始下滑。

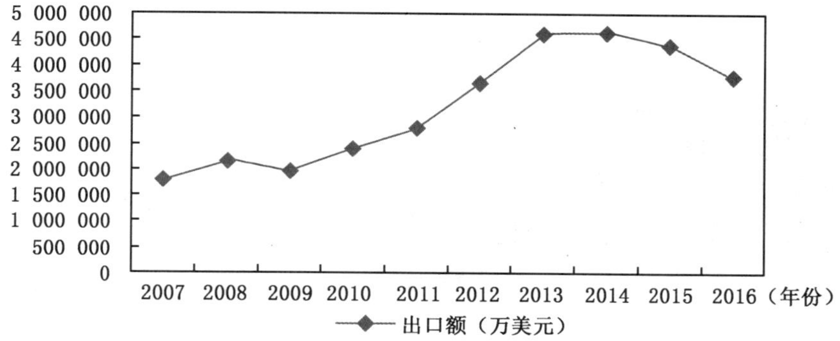

数据来源:《中国统计年鉴》。

图 2—4　中国对马来西亚的出口数额(2007—2016 年)

(二)中国从马来西亚进口的情况

2007—2016 年总体来看,中国从马来西亚进口货物数额自 2010 年开始快速增加,到 2011 年达到最高6 213 671万美元,2013 年开始进口额逐年下降(见图 2—5)。

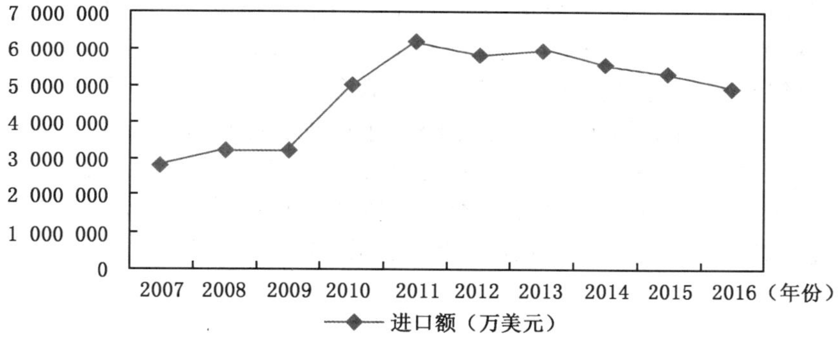

数据来源:《中国统计年鉴》。

图 2—5　中国从马来西亚进口的数额(2007—2016 年)

课后思考题

1. 马来西亚的国情特点是什么?
2. "一带一路"倡议对马来西亚的影响有哪些?
3. 中国企业在马来西亚的投资环境如何?

第三章
菲律宾
(Philippines)

一、基本情况

菲律宾共和国(Republic of the Philippines),简称菲律宾,位于西太平洋,是东南亚一个多民族群岛国家,面积29.97万平方公里,人口约1.03亿(2016年)。菲律宾历史悠久,其祖先是亚洲大陆的移民,14世纪前后建立了海上强国苏禄王国,但16世纪后期开始屡遭西方国家侵略和占领,直到1946年才宣告独立。菲律宾岛屿众多、资源丰富、种族与文化多样,融合了许多东西方的风俗习惯,除了菲律宾土著文化外,还有马来文化、印度文化、华夏文化和伊斯兰文化。菲律宾是东盟(ASEAN)主要成员国,是亚太经合组织(APEC)的成员之一,也是发展中国家、新兴工业国家及世界的新兴市场之一,但贫富差距很大。目前,菲律宾政局总体稳定,经济保持快速增长。2017年,菲律宾国内生产总值3 135.95亿美元,增长6.7%,人均GDP 2 989美元,增长5.1%。

小知识

菲律宾国旗与国徽

国旗

菲律宾国旗呈长方形,长宽之比为2∶1。旗面左侧为白色等边三角形,内有放射着8束光芒的黄色太阳,3颗黄色的五角星分别在三角形的3个角上。右侧为蓝、红两色的直角梯形,平时蓝色在上,战时红色在上。太阳象征自由,8道较长的光束代表最初起义的8个省,其余光束代表其他省。3颗五角星代表三大地区:吕宋、萨马、棉兰老。蓝色象征忠心、诚实、正直,红色象征勇气,白色象征和平与纯洁。

国徽

菲律宾国徽的图案、意义与国旗相同。盾徽下半部分增加了两个动物图案:左下部分是蓝地上的白头鹰,说明美国对这个群岛的统治;右下部分红地上的金狮则来源于西班牙占领时期纹徽的图案。自由的光芒照耀这两个殖民主义的标记,象征菲律宾人民经过艰苦卓绝的斗争终于彻底摆脱了殖民主义统治,获得独立和自由。

（一）建国历程

14 世纪之前，菲律宾群岛上未形成国家，多以土著部落形式存在。据《吴时外国传》记载，最早到达菲律宾群岛的国家力量是中国三国时期的东吴。14 世纪前后，菲律宾出现了由土著部落和马来族移民构成的一些割据王国，其中最著名的是 14 世纪 70 年代兴起的海上强国苏禄王国。

1521 年，麦哲伦率领西班牙远征队到达菲律宾群岛。此后，西班牙逐步侵占菲律宾，并统治长达 300 多年。1896 年，"美西"战争爆发，美国打败西班牙。1896 年 8 月，美国和菲律宾军队发动"马尼拉之战"取得胜利。1898 年 6 月 12 日，菲律宾宣告独立，成立菲律宾共和国。同年，美国依据对西班牙战争后签订的《巴黎条约》占领菲律宾。1942 年，日本偷袭珍珠港，并占领了马尼拉，建立了对菲律宾的法西斯统治。第二次世界大战结束后，菲律宾再次沦为美国殖民地。战后菲律宾人民要求民族独立的呼声高涨，1946 年 7 月 4 日，美国被迫同意菲律宾独立。

菲律宾独立后，自由党和国民党轮流执政。1965 年，马科斯就任第二次世界大战后第六任总统，并三次连任。1983 年 8 月，反对党领导人贝尼尼奥・阿基诺被谋杀，导致政局动荡。1986 年 2 月 7 日，提前举行总统选举，贝尼尼奥・阿基诺的夫人科拉松・阿基诺在民众、天主教会和军队的支持下出任总统。此后，拉莫斯和埃斯特拉达先后按宪制当选总统。2001 年 1 月，埃斯特拉达因受贿丑闻被迫下台，副总统阿罗约继任总统。2004 年 6 月，阿罗约再次当选总统。2010 年 6 月，自由党候选人阿基诺三世就任菲律宾第 15 任总统。2016 年 5 月，民主人民力量党候选人罗德里戈・杜特尔特当选菲律宾第 16 任总统，并于 6 月 30 日就任，任期至 2022 年。

（二）人口状况

2016 年，菲律宾总人口 1.03 亿。马来族占全国人口的 85%以上，包括他加禄人、伊洛克人、邦班牙人、维萨亚人和比科尔人等；少数民族及外来后裔有华人、阿拉伯人、印度人、西班牙人和美国人，还有为数不多的原住民。

近些年来，菲律宾人口规模总体呈稳定增长趋势，年增长率稳定在 1.60%左右，最近 3 年人口年增长率呈下降态势。2007 年人口总数是8 930万，2014 年突破 1 亿大关，成为世界上第 12 个人口过亿的国家（见图 3－1）。2016 年增长到 1.03 亿，比 2007 年增加了1 410多万人。菲律宾人口委员会调查显示，菲律宾人口增长率为 2.04%，虽然低于 20 世纪 80 年代的 2.36%，但仍高居亚洲第一位。菲律宾总生育率为 3.2 人，意味着一对夫妇平均有 3－4 名子女。但大部分人丁众多的家庭来自贫穷阶层，而富有的民众反而平均只有 2－3 名子女。

（三）地理环境

菲律宾位于亚洲东南部，北纬 4°35′与北纬 21°08′之间，东经 116°55′与东经 126°37′之间。

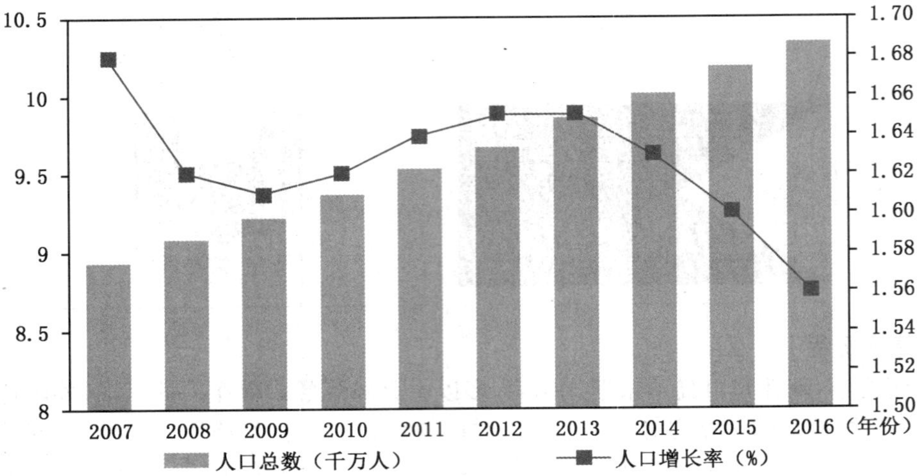

数据来源：世界银行数据库。

图 3—1　菲律宾人口规模及增长情况

菲律宾从北到南长达1 000公里，北邻中国台湾和中国大陆、日本、朝鲜半岛；西接泰、越、柬、老、缅、印；东临太平洋；南部和西南与印尼、马来西亚隔海相望。菲律宾是亚洲、大洋洲两大陆和太平洋之间以及东亚和南亚之间的桥梁，其地理位置有重要的战略意义。

菲律宾由7 100多个岛屿组成，其中2 773个已有名称，其余的尚未起名，有人居住的约1 000个，被称为“千岛之国”。菲律宾群岛中有 11 个大岛占全国总面积的 94%。按照地形和岛屿排列情况，通常将群岛分为吕宋岛（菲第一大岛，面积为104 688平方公里）、维萨亚群岛、棉兰老岛（菲第二大岛，面积为97 530平方公里）、巴拉望岛和苏禄群岛。群岛从南至北呈花状散开，构成了菲律宾通向加里曼丹的两条岛链。

菲律宾群岛多山，各岛都有山，境内山地面积占总面积的 2/3 以上，海陆对比很明显，西侧中国南海，深达5 000公尺以上，东侧太平洋，深达6 000公尺以上。菲律宾不仅多山，而且火山众多、地震频繁。最高的山是阿波火山（Mount Apo），该山是菲律宾的制高点，海拔2 953米，位于棉兰老岛。菲律宾境内地势最低洼的地方是位于棉兰老岛东海岸的“菲律宾海沟”，该处深达10 540公尺，为世界最深的海沟。菲律宾最有名的平原是吕宋平原，有“菲律宾粮仓”之美称。菲律宾海拔最高的地区是位于北吕宋的本格特高原（Benguet），其上坐落着菲律宾著名的消暑胜地城市碧瑶（Baguio），在棉兰老岛也有 7 处高原，海拔高度不等。

菲律宾海岸线蜿蜒曲折，总长18 533公里，颇多天然良港。菲律宾群岛遍布河流，最长的河流是卡格扬河（Cagayan），流经亚洲最著名的烟草生产地区卡格扬峡谷。拉古纳湖，又称贝湖（Laguna de Bay），是菲律宾最大的淡水湖，位于吕宋岛内湖省（Laguna）和黎刹省（Rizal）的环绕之中。

菲律宾属热带海洋性气候，高温多雨、阳光充足、湿度大，全年平均气温为 26.6℃上下。一年分干季和湿季两季：湿季为 5－10 月，高温多雨；干季为 11 月至次年 4 月，炎热干燥。菲律宾雨量充沛，年平均降雨量2 000毫米。菲律宾国土南北狭长，东西有山脉分隔，因此南部与北部、东海岸与西海岸之间的气候均有差别。

小知识

马尼拉市

马尼拉(Manila)是菲律宾共和国的首都,也是全国最大的城市和政治、经济、文化、交通中心。它地处菲律宾群岛中最大的岛屿即吕宋岛西岸,也称“小吕宋”,濒临天然的优良港湾——马尼拉湾。

马尼拉建在巴石河两岸,河流把城市分成两大部分。1976 年 11 月,菲律宾政府决定把马尼拉、奎松、卡洛奥坎、帕萨伊 4 个市与玛卡蒂等 13 个区合并,组成大马尼拉市,面积达 638.6 平方公里。马尼拉现有人口1 287.7万(2015 年),是亚洲最大的城市之一,也是亚洲最欧化的城市,有人称之为“亚洲的纽约”。

马尼拉是一座具有悠久历史的城市。它在印度文明、中国文明及中亚古文明的基础上,融合西班牙、美国的西洋文明,形成东西合璧的文化。1571 年,西班牙殖民者黎盖斯比从马尼拉登陆,入侵并占领了菲律宾。自那时起,这里便成了西班牙殖民统治当局的首府。1898 年,美国人打进马尼拉,取代了西班牙对菲律宾的统治,随后又征服了附近的尼格罗族,把四周的乡镇和地区并入马尼拉,使马尼拉逐渐扩大。1901 年 7 月 31 日,马尼拉被辟为菲律宾的特别城市,成了美国统治菲律宾的基地。从此,巴石河北岸的商业区内,大银行、大公司、大饭店等高楼大厦拔地而起。1942 年,日本取代了美国在菲律宾的位置。第二次世界大战中,马尼拉遭到严重破坏,城堡要塞周围的建筑物全部被炮火摧毁。1946 年 7 月 4 日,菲律宾正式独立,将马尼拉定为首都。今天的马尼拉是一座市容整洁的热带花园城市,也是一座国际性的商埠。

马尼拉是菲律宾的经济中心,它集中了全国半数以上的工业企业,主要有纺织、榨油、碾米、制糖、烟草、麻绳、冶金企业等,产值占全国的 60%。近年来,跨国公司利用当地的人力资源优势,纷纷将呼叫中心等设在马尼拉,形成独具特色的全球服务外包基地。马尼拉还是菲律宾的重要交通枢纽和贸易港口,全国出口货物的 1/3 和进口货物的 4/5 集中在这里。

马尼拉的面貌既古老又年轻,地处亚洲又十分欧化。马尼拉是一座富有浓厚热带情调的城市,也是东南亚地区著名的旅游胜地,城内可供游览的名胜很多,如罗哈斯(Roxas)海滨大道(日落大道)、市中心的黎刹尔公园、圣・奥古斯丁教堂和马尼拉大教堂等。马尼拉还有一些著名街区,也是旅游者观光的地方,如马卡蒂(Makati)街、阿亚拉(Ayala)街等金融商业街。阿亚拉街原是西班牙财阀阿亚拉的私有土地,经过多年的不断扩建发展成为今日菲律宾最繁荣的商业中心。这里集中了许多公司、商店、电影院和马尼拉第一流的饭店,不少外国大使馆也在这个地区。此外,马尼拉还集中了许多所高等学府,最著名的有菲律宾大学(University of the Philippines)、菲律宾亚洲管理学院(Asian Institute of Management)、雅典耀大学(Ateneo De Manila University)等,菲律宾的许多杰出人物毕业于这些学府。

(四)资源禀赋

菲律宾地貌复杂多样,山脉、平原、高原、峡谷、湖泊、大河、火山、草原、森林等诸多形态孕育了丰富的自然资源。主要的自然资源有:

1. 植物资源

由于土壤肥沃、气候良好、雨量充沛,菲律宾境内植物生长繁茂,野生植物有近万种,其中高等植物有2 500余种,主要有松柏、竹子、龙脑香、红树、松树等,还有乌木、红木、檀木等名贵木材。菲律宾的花卉、水果也十分丰富,花卉品种达数千种之多,其中热带兰花和茉莉花最为出名,茉莉花是菲律宾的国花。菲律宾由于盛产热带水果,富有"太平洋果盘"的美称。菲律宾的椰子、香蕉、芒果、菠萝和榴莲世界闻名,椰子产量居世界第一位,香蕉产量居亚洲第一位。

2. 矿产资源

由于地处火山地带,土地肥沃,火成岩和变质岩的广泛分布形成了多种金属矿藏。菲律宾境内矿产资源主要有铜、金、银、铁、铬、镍等 20 余种。其中,铜蕴藏量约 48 亿吨、镍 10.9 亿吨、金 1.36 亿吨。此外,菲律宾地热资源丰富,预计有 20.9 亿桶原油标准能源。巴拉望岛西北部海域有石油储量约 3.5 亿桶。

3. 水产资源

菲律宾群岛多、海岸线长,水产资源极其丰富。菲律宾海岸有 61 个自然港,马尼拉湾是世界上最好的港湾之一,水域达 770 平方公里。菲律宾的鱼类品种,有名字的就达2 400多种,还有许多没有名字的鱼类。菲律宾盛产贝、螺、蟹、虾、珍珠和食用海藻,金枪鱼资源居世界前列。已开发的海水、淡水渔场面积2 080平方公里。

(五)政治环境

1. 政治体制

根据现行宪法,菲律宾政治为总统共和制,实行行政、立法、司法三权分立。总统由选民直接选举产生,任期 6 年,不得连任。总统既是国家元首,又是政府首脑兼武装部队总司令。总统有权代表国家,有权组阁,有权任免高级将领,不对国会负责;无权解散国会,不得任意拘捕反对派。本届政府内阁于 2016 年 6 月组成,截至 2018 年 3 月,内阁成员 33 名,杜特尔特为菲律宾第 16 任总统。除南部地区存在恐怖主义和分裂活动外,菲律宾政局总体稳定。

国会是菲律宾最高立法机构,由参、众两院组成。参议院由 24 名议员组成,由全国直接选举产生,任期 6 年,每 3 年改选 1/2,可连任两届。众议院由 250 名议员组成,其中,200 名由各省、市按人口比例分配,从全国各选区选出,25 名由参选获胜政党委派,另外 25 名由总统任命。众议员任期 3 年,可连任 3 届。本届国会于 2016 年 7 月选举产生。现任参议长皮门特尔，众议长阿尔瓦雷兹。

2. 政党

菲律宾有大小政党100余个，大多数为地方性小党。主要政党和团体有：

(1)民主人民力量党(PDP-LAPAN)：执政党。成立于1982年，由前参议长阿奎里诺·皮门特尔二世(现任参议长皮门特尔三世之父)为反对马科斯独裁政权创建而成，成员主要来自菲律宾南部达沃市、卡加延省等地区。

(2)自由党：由菲律宾第5任总统曼努埃尔·罗哈斯于1946年创立，早期成员主要是从菲律宾国家主义党内分裂出来的自由派人士。2010年推选阿基诺三世参加总统大选，最终获胜并当选菲律宾第15任总统。2016年，该党候选人莱妮·罗布雷多当选菲律宾第16任副总统。

(3)基督教穆斯林民主力量党：系前总统拉莫斯于1991年底创立，由人民力量党、全国基督教民主联盟、菲律宾穆斯林民主联盟、团结党等整合而成。1992年该党在大选中获胜，成为执政党。1998年大选中败于菲律宾民众奋斗党联盟。2001年阿罗约就任总统后，该党成为执政联盟的核心。

(4)民族主义人民联盟：是前总统埃斯特拉达的执政联盟即民众奋斗党(LAMP)成员之一。2000年10月，埃斯特拉达被弹劾后，该党成为独立党派。现为众议院第二大党。

(5)摩洛民族解放阵线(简称"摩解")：南部穆斯林武装组织。1968年创立，旨在于棉兰老地区建立独立的伊斯兰国家。1987年南部各省举行公投，建立由棉兰老岛4省组成的"棉兰老穆斯林自治区"(ARMM)，密苏阿里任主席。

(6)摩洛伊斯兰解放阵线(简称"摩伊解")：菲律宾最大的穆斯林反政府组织。现有武装力量1.25万人，主要活跃在棉兰老岛。1978年，以哈希姆·萨拉马为首的强硬派从"摩解"脱离后建立"摩伊解"。2012年10月，菲律宾政府宣布同"摩伊解"达成和平框架协议，这标志着菲律宾向着结束南部棉兰老地区持续多年的民族冲突迈出重要一步。2014年3月正式签署此和平协议。

(7)菲律宾共产党：成立于1930年，1967年发生分裂。1968年，在何塞·西逊主持下进行改组重建，此后发展迅速。1969年，菲律宾共产党在中吕宋建立新人民军，开展武装斗争。新人民军现有1.1万人。2002年，菲律宾政府将新人民军宣布为恐怖组织，并促使美国和欧盟也将新人民军列为国际恐怖组织，冻结其海外资产。2016年8月，菲律宾总统杜特尔特派出和谈小组同菲律宾共产党在奥斯陆达成10点共识，但由于双方立场差异较大且不时爆发冲突，和谈再度陷入停滞。

3. 司法体制

司法权属最高法院和各级法院。最高法院由1名首席法官和14名陪审法官组成，均由总统任命，拥有最高司法权；下设上诉法院、地方法院和市镇法院。现任首席大法官为利亚·塞雷诺(Maria Lourdes Sereno)。检察工作由司法部检察长办公室负责，总检察长为何塞·卡利达(Jose Calida)。

二、经济环境

(一)经济概况

菲律宾独立前是个落后的农业国家。20世纪60年代后期采取开放政策，积极吸引外资，经济发展取得显著成效，1982年被世界银行列为"中等收入国家"。20世纪80年代后，受西方经济衰退和自身政局动荡影响，经济发展明显放缓。90年代初，拉莫斯政府采取一系列振兴经济措施，经济开始全面复苏，并保持较高增长速度。1997年爆发的亚洲金融危机对菲律宾冲击不大，但其经济增速再度放缓。杜特尔特总统执政后，加大对基础设施建设和农业的投入，推进税制改革，经济保持高速增长。菲律宾为发展中国家、新兴工业国家及世界的新兴市场之一，但贫富差距很大。菲律宾实行出口导向型经济模式，第三产业在国民经济中地位突出，农业和制造业也占相当比重。

近10年来，菲律宾经济起起落落，但年均增长率达5%以上。2009年，受全球金融危机影响，GDP下降至1 683.35亿美元，增长率仅为1.15%。2010年，由于全球经济复苏带动其出口增长及选举支出的拉动，GDP增长率反弹至7.63%，达到近20年来的最高纪录。2012年以来，菲律宾经济实现高速增长，平均增长率达6%以上。最新数据显示，2017年菲律宾GDP 3 135.95亿美元，同比增长6.68%，继续保持高速增长态势。而根据菲律宾财政部1月初设定的增长目标，2018年该国经济增长预计将达到7%—8%。具体经济情况见图3—2、图3—3。

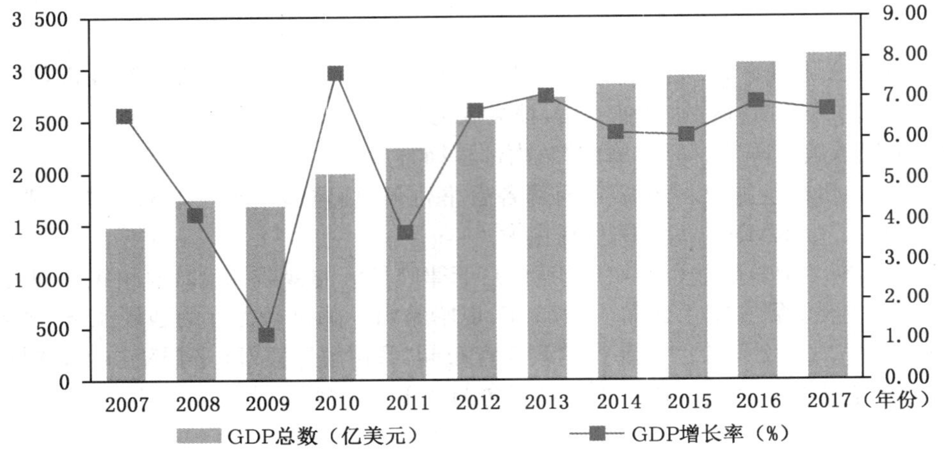

数据来源：世界银行数据库。

图3—2 菲律宾GDP总数及增幅情况(2007—2017年)

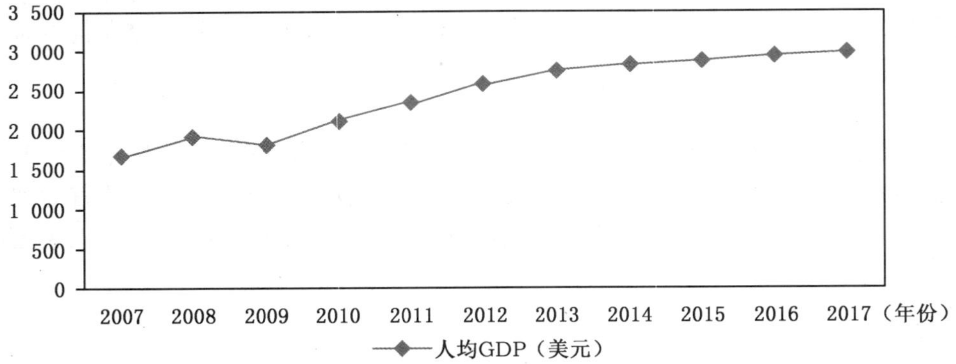

数据来源：世界银行数据库。

图3—3 菲律宾人均GDP(2007—2017年)

(二)产业状况

经过长期的努力和经济结构的调整,菲律宾的产业结构进入高级化阶段,三种产业结构比重呈现“三二一”特征。其中,第一产业对 GDP 的贡献稳定在 10%左右;第二产业对 GDP 的拉动作用下降;第三产业处于成长阶段,比重不断上升,逐渐成为经济发展的主要动力(见表 3—1)。

表 3—1　菲律宾三种产业情况(2007—2016 年)　单位:亿美元、%

指标＼年份	2007	2008	2009	2010	2011	2012	2013	2014	2015	2016
农业增加值	186.7	230.7	220.2	245.8	285.1	296	305.6	321.7	299.7	294.2
农业占 GDP 比重	12.5	13.24	13.08	12.31	12.72	11.83	11.24	11.3	10.27	9.65
工业增加值	493.7	572.7	533.8	650	702.6	781.4	847.1	894	901.9	939.9
工业占 GDP 比重	33.05	32.88	31.71	32.57	31.35	31.25	31.15	31.39	30.89	30.84
服务业增加值	813.3	938.5	929.4	1 100.1	1 253.7	1 423.5	1 566.6	1 632.1	1 718	1 814.5
服务业占 GDP 比重	54.45	53.88	55.21	55.12	55.93	56.92	57.61	57.31	58.84	59.51

数据来源:世界银行数据库。

1. 第一产业

菲律宾第一产业主要包括农业、林业和渔业。2016 年农林渔业产值为 294.23 亿美元,占 GDP 比重的 9.65%。其中,农林业产值为 255.33 亿美元,占 GDP 的 8.37%;渔业产值为 38.9 亿美元,占 GDP 的 1.28%。主要出口产品为椰子油、香蕉、鱼和虾、糖及糖制品、椰丝、菠萝和菠萝汁、未加工烟草、天然橡胶、椰子粉粕和海藻。

2. 第二产业

菲律宾第二产业主要包括矿业、制造业、建筑业和电力等产业。2016 年工业产值为 939.88 亿美元,同比增长 8.5%,占 GDP 比重的 30.84%。其中,矿业、制造业、建筑业和电力能源产值分别为 24.07 亿美元、598.93 亿美元、220.98 亿美元和 95.9 亿美元,分别占 GDP 比重的 0.8%、19.64%、7.25%和 3.15%。

3. 第三产业

菲律宾服务业对整体经济增长的贡献举足轻重。2016 年服务业产值约为 7.85 万亿比索,比上年增长 8.1%,占国内生产总值的 59.51%。菲律宾是全球主要劳务输出国之一,在海外工作的劳工有1 000多万,每年的外汇收入在 200 多亿美元左右。2016 年菲律宾海外劳工汇款达 269 亿美元,同比增长 5%,占 GDP 的 7.3%。服务外包(BPO)可谓菲律宾服务业“皇冠上的明珠”,最知名的外包国家是印度。2015 年,菲律宾国内上千家 BPO 公司产值达 220 亿美元,同比增长 16.4%,吸收就业 120 万人。预计菲律宾 BPO 行业收入不久将超过外劳汇款,成为菲律宾第一大创汇来源。旅游业是菲律宾外汇收入的重要来源之一,每年接待外国游客的增长率在 10%左右。2017 年,接待游客达到 600 万以上。

(三)外贸情况

外贸在菲律宾经济中占有重要的地位。过去传统出口产品有椰子、糖、矿产品、木材等,进口产品有石油、机械化工、金属材料、棉纱、合成纤维等。由于政府实行多元化发展政策,近年来进出口产品结构发生显著变化。目前电子产品、成衣、化肥等出口额超过传统商品出口额;

消费品进口比重下降，生产资料进口比重增加。

菲律宾于 1979 年 12 月加入《关税及贸易总协定》，1995 年 1 月成为世界贸易组织的创始会员。菲律宾与 150 个国家和地区有贸易关系，主要的贸易伙伴是美国、日本及欧洲国家。作为东盟成员国之一，菲律宾先后与中国、韩国、澳大利亚、新西兰和印度 5 国签订了自由贸易协议与经济一体化协议，涉及商品与服务。

2016 年菲律宾对外贸易额为1 373.9亿美元，比上年增长 5.8%。其中，出口 562.3 亿美元，同比下降 4.4%；进口 811.6 亿美元，同比增长 14.2%。近年来，菲律宾政府积极发展对外贸易，促进出口商品多样化和外贸市场多元化，进出口商品结构发生显著变化。非传统出口商品如成衣、电子产品、工艺品、家具、化肥等的出口额，已赶超矿产品、原材料等传统商品出口额。

三、社会文化环境

菲律宾从宗教、宗族、历史上考量都呈现出丰富多样的文化内涵。西班牙人带来了天主教和南欧建筑，至今深刻影响着菲律宾。华人带来了中国式的建筑和文化习俗。美国人除了让英语成为其官方语言之外，也在音乐、建筑等多方面影响了菲律宾。还有原始土著部落文化和伊斯兰文化等，各种文化和种族在菲律宾交织，创造出一个文化多元共存的奇妙菲律宾。

（一）民族和宗教

菲律宾是一个多民族的国家，有 90 多个民族。主要民族有比萨扬人、他加禄人、伊洛克人、比科尔人、卡加延人等，共占全国总人口的 85%以上。少数民族有华人、印度尼西亚人、阿拉伯人、印度人、西班牙人和美国人，还有为数不多的土著民族。

菲律宾居民约 85%信奉天主教，5%信奉伊斯兰教，少数人信奉独立教和基督教新教，土著居民多信奉原始宗教，华人多信奉佛教。这里和西方国家一样不会错过任何一个天主教节日，遍布各地大大小小的天主教堂更是使得天主教文化在菲律宾茁壮生长。建筑也呈现出欧陆风情与本地传统建筑完美融合的状态。换一个角度，偏远的山村依旧能接触到巫医、通灵、洞穴丧葬、木乃伊等充满原始味道的传统宗教体验，依旧能看到最传统的本地体育竞技——斗鸡。传统的土著部落还在深山丛林里过着千年未变的生活。比天主教更早出现的伊斯兰教也仍旧存在着。

（二）语言

由于独特的地理位置、多元的民族文化和历史原因，菲律宾语言相当复杂和多样，有 70 多种语言。1959 年，菲律宾政府正式宣布以他加禄语（Tagalog）为基础的菲律宾语是国语，后来菲律宾宪法规定菲律宾语和英语为官方语言。与菲律宾语相比较，在政府文告、外交谈判、国际学术交流等正式场合和正式文件中大多使用英语。英语在菲律宾十分普及，受过中学教育的人能比较熟练地运用英语。普通人在日常谈话中也会不同程度地掺杂英语，即所谓的 Taglish，一般来说，受教育程度越高的夹英语越多。英语被广泛用于教育、金融和贸易领域。

（三）教育

菲律宾的教育事业在东南亚国家中是发展比较早也比较发达的。16 世纪西班牙殖民者来到菲律宾后，便开始在各地兴办教会学校。1863 年，西班牙开始在菲律宾普及初等教育，建立中等职业学校、师范学校和技术学校。美国占领菲律宾后，开始推行美国式的教育制度，使用美国课本和英语教学。1611 年，美国在亚洲建立的第一所大学就在菲律宾马尼拉，即圣托马斯大学，到现在已有 407 年的历史了，是亚洲最古老的大学。到 1946 年，已经形成了从初级教育到高等教育比较完整的教育体系。菲律宾独立后，政府重视教育，宪法规定中小学实行义务教育，鼓励私人办学，为私立学校提供长期低息贷款，并免征财产税，但是初、中等教育以政府办学为主。

菲律宾小学为6年制，分为示范小学、一般小学和乡村小学。中学为4年制，前2年的课程统一有语文、英语、数学、社会科学、工艺和家政，后2年的课程则分为普通科与职业科。高等学校分为公立高等院校和私立高等院校，私立高等院校的学生数占全国高等院校学生数的90%。目前，菲律宾有3 000多所大学，光马尼拉就有300多所大学。著名的高等学府有菲律宾大学、阿塔尼奥大学、东方大学、远东大学和圣托马斯大学等。

（四）医疗

菲律宾实行全民医疗保险制度，但分布不均匀，政府用于医疗卫生的支出占GDP的比例相对偏低。据菲律宾有关部门2015年统计，在马尼拉1亿人口中，只有3 000多万人能享受到卫生保健服务，大部分无业或失业人员享受不到任何卫生保健服务。在现有的医疗设施方面，政府每年预算97亿比索（约合1.76亿美元）用于72所国家级公立医院，但由于大部分资金用于日常开支，很多公立医院无法满足设备的及时更新，致使许多设备超期服务落后破旧。公立医院面对的人群多是低收入者，医疗条件相对差一点，菲律宾中高收入人群和富人使用的是私人诊所或者是私立医院。

（五）重要节日

菲律宾民族众多，因此节日也非常多。菲律宾是世界上节日最多的国家之一，全国各民族大大小小的节日有几百个，其中全国性的节日也有20多个。下面介绍几个菲律宾重要的节日：

1. 新年（New Year's Day）

公历元旦是菲律宾的新年，既有西方的风气，也有传统的习尚。从除夕开始，菲律宾全国各地的城市街道上到处燃放烟火，洋溢着热闹欢乐的气氛。新年除夕与家人团聚是菲律宾的传统习惯。1月份的第一个星期天，相当于我国的春节。市民汇集于各区教堂，充满虔诚和期望，参加新年的第一个弥撒。这段时间是菲律宾旅游的高峰，度假区的酒店常常一房难求。

2. 阿提阿提汗狂欢节（Ati-Atihan）

地方性节日，是班乃岛的卡利博镇举行的狂欢节，是菲律宾最出名、最疯狂的节日。在这个为荣耀耶稣圣婴、庆祝种族和平而举行的庆典上，大家穿着奇装异服，全身抹黑，在镇上舞蹈狂欢、击鼓作乐。活动历时一周，通常在1月的第三个星期举行。

3. 春节

地方性节日，中国农历春节期间，在马尼拉等华裔聚集地区有大规模的春节庆祝活动，其中包括舞龙、烟花表演等。

4. 复活节（Easter）

在每年3月29日举行。节日里最富特色的活动是自我鞭笞赎罪和钉十字架。这一天，数以千计的戴头兜的忏悔者在大街小巷、乡间泥路上蜿蜒而行，其中许多人用嵌着碎玻璃的竹棒边走边打自己的背，为自己的罪孽"赎罪"，并祈求上帝的保佑。

5. 巴丹日（Araw ng Kagitingan）

节期是4月9日，菲律宾人民会在这一天缅怀在第二次世界大战中为保卫菲律宾而牺牲的战士。

6. 五月花节

在5月最后一个星期日举行。节日那天，少女们身着纯洁的白衣围绕着圣母玛利亚肖像游行、抛洒鲜花。这个可以纯净心灵的习俗已经延续了几百年。

7. 独立日(Independence Day)

于每年6月12日举行，是菲律宾的国庆节，纪念菲律宾在1898年6月12日脱离西班牙独立，结束长期的殖民统治。这天，首都马尼拉市举行庆祝活动，如举行体育比赛和文艺演出，总统还将为庆祝独立日发表讲话。

8. 万圣节(亡人节)

11月1日举行。这天，人们会带着食物等祭品前往公墓，悼念死去的亲朋，并通宵守夜。华人称这天为“番子清明”。

9. 圣诞节(Christmas Day)

节期是12月25日，但各种活动从12月16日就开始了，一直持续到翌年1月6日，是世界上最长的圣诞节。

10. 英雄节(Rizal Day)

节期是12月30日，举国同庆，纪念菲律宾伟大的民族英雄何塞·黎刹殉难。

小知识

水牛节

水牛节是菲律宾的奎松省和黎刹省举行庆祝丰收的节日，每年5月14日至15日举行。古老的水牛节源于对丰产神的崇拜，由于当地人后改信天主教，这个节日又同保护神圣·伊西德罗融合在一起。

水牛节前夕，牛主人要把水牛擦洗得干干净净，并在牛角和牛蹄上涂上“圣油”。节日开始时，主人在牛颈上套上花环或彩布条，牵到教堂外面，先由牧师为水牛祈祷，然后带着水牛参加赛跑和选拔。赛跑是在田野进行的，到了终点，水牛随着主人的口令声表演前腿屈膝等动作。选拔水牛的标准分为力气、体态、牛角长度和使役技术等。中选的水牛主人可以获得物质奖励。

第二天活动转向城镇，成群结队的牛车边缘挂着象征丰收的瓜果，车上坐着身穿民族服装的农家子弟。凡是牛队经过的街道都经过一番装饰，无论是栅栏还是窗户上，都挂着彩条、水果及各式食品，如香蕉、菠萝、芒果、烤鱼、烤猪等。当水牛队伍经过时，沿街人家即把竹架上的食物降低，以此表示赐福。最有趣的是，孩子们争相往一些高大的竹竿顶上爬，以获得竹竿顶上挂着的糖果和纸币。水牛经过教堂时，要按口令做前腿下跪的姿势，游行队伍前面抬着伊西德罗神像，后面是管弦乐队和载着妙龄女郎的彩车。最后，人们簇拥着神像进入教堂，以祈祷的形式表示感恩。

(六)衣着服饰

西班牙殖民者入侵菲律宾前，菲律宾人穿用棉纱、麻纤维制成的衣服。男人穿的上衣称“康岗”，无领、短袖，下身用一条叫“巴哈”的布裹着腹部，上衣下摆略低于腰。衣服的颜色多为蓝色或黑色，只有尊长着红色的衣服。现在菲律宾人的服装变化很大，西装在中上层人士中广泛流行，而老百姓的衣着则比较简单。男子上身穿衬衣，喜用白色，下身穿西装裤；女子喜欢穿无领连衣裙。大部分青年着西式皮鞋，老年人仍穿用木头、麻或草做成的拖鞋。

菲律宾穆斯林男子着短外衣和宽大的长裤，围一条纱笼(一种花围裙)作为腰带。到麦加朝圣过的信徒头上围一条白色头巾或戴一顶白帽子。妇女穿紧身的短袖背心，钉上两层金属纽扣，穿紧脚口的宽大裤子，或穿裙子。妇女像马来人一样结发，有时裹着颜色鲜艳的头巾，她们戴手镯、项链和耳环。

图 3—4 菲律宾服饰

菲律宾男子的国服叫“巴隆他加禄”衬衣(见图 3—4)。这是一种丝质紧身衬衣，长可及臀，领口如同一般可以扎领带的衬衫，长袖，袖口如同西服上装。前领口直到下襟两侧都有抽丝镂空图案，花纹各异，颇为大方。女子的国服叫“特尔诺”。这是一种圆领短袖连衣裙。由于它两袖挺直，两边高出肩稍许，宛如蝴蝶展翅，所以也叫“蝴蝶服”。这种服装结合了许多西欧国家，特别是西班牙妇女服装的特点，并经过三四百年的沿革，而成为菲律宾妇女的国服。

少数民族的穿戴各不相同。如伊富高人男子往往上身袒露，下身围一条 T 形花布；女子穿着类似裙子，颜色鲜艳。丁冈人衣服极为简单，男子普遍仅在腹部围一块布，有的也穿前襟分开的上衣；女子穿短上衣，用布缠绕腹部。矮黑人的服装最为原始，男、女均用布或树叶围于腰间。

(七)饮食习惯

菲律宾人的主食是大米、玉米。农民在煮饭前才舂米。米饭是放在瓦缸或竹筒里煮，用手抓饭进食。菲律宾人最喜欢吃的是椰子汁煮木薯、椰子汁煮饭，然后用香蕉叶包饭。玉米作为食物，先是晒干，磨成粉，然后做成各种食品。城市中上层人士大多吃西餐。菲律宾穆斯林的主食是大米，有时也吃玉米和薯粉，佐以蔬菜和水果等。按照伊斯兰教教规，他们不吃猪肉，不喝烈性酒。他们和其他马来人一样喜欢吃鱼，不喝牛奶；烹调很简单，喜欢使用刺激性的调味品；进食时用手抓。咀嚼槟榔的习惯在菲律宾穆斯林中非常流行。

(八)社交与禁忌

在菲律宾，日常见面，无论男女都行握手礼，男人之间有时也拍肩膀。菲律宾人一般较随和，无论何时何地，他们都显得愉快、乐观，好像从不知道忧愁为何物。跟他们打交道，你就不能“面无表情”，或是“三缄其口”。你若是面无表情或一声不发，他们会认为你不怀好意，或是不愿意跟他们打交道。在菲律宾上门做客时，不能拒绝主人的茶点。出席宴会时，尤其是家庭宴请，要尽量学着菲律宾人，放得轻松自在些；否则，若是显得很严肃，或者老是一本正经的话，反而会使女主人担心，也就失礼了。菲律宾人的家庭观念很强，他们喜欢别人谈论他们的家庭。值得注意的是，有些菲律宾人不那么喜欢美国那一套。有一些菲律宾家庭，进屋要脱鞋，客人要看主人怎么做。如果你带了礼物，到主人家时再送，过后最好寄上一封简短的感谢信。菲律宾人能歌善舞，喜爱斗鸡。他们崇尚茉莉花，将其视为忠于祖国、忠于爱情和表达友谊的象征，常把茉莉花环挂到贵宾脖子上。

菲律宾人与其他一些东南亚国家的人一样，忌讳左手传递东西或抓取食物。他们认为使用左手是对他人的极大不敬。菲律宾人不爱吃生姜，也不喜欢吃兽类内脏和腥味大的东西，对整条鱼也不感兴趣。菲律宾人忌讳“13”和“星期五”。

四、与中国的贸易关系

中国与菲律宾早在公元10世纪就有贸易往来，1975年6月9日正式建交，属于大使级外交关系。近年来，双方友好交往不断增多。

2017年，中菲双边贸易额512.8亿美元，同比增长8.5%。其中，中国出口额320.4亿美元，增长7.4%；进口额192.3亿美元，增长10.5%。中国对菲律宾直接投资额为5 384万美元，同比增长67.2%；菲律宾对华投资500万美元，同比下降93.6%。截至2017年底，中方对菲律宾累计投资7.7亿美元，菲律宾对华累计投资33.1亿美元，中方在菲律宾累计承包工程合同额213.3亿美元，完成营业额150.4亿美元。目前，中国已经成为菲律宾第一大贸易伙伴、第一大进口来源地和第四大出口目的地。

(一)中国对菲律宾的出口情况

2007—2017年，中国出口菲律宾货物快速增长(见图3—5)。2009年受国际金融危机影响，中国出口菲律宾出现下滑，同比下降5.9%，为85.91亿美元。其他年份均保持持续增长。2017年，中国对菲律宾的出口额为320.4亿美元，同比增长7.4%，比2007年增长327.31%。中国出口菲律宾的主要货物为机器制品、钢铁、除汽车外的运输工具及玩具与体育用品。

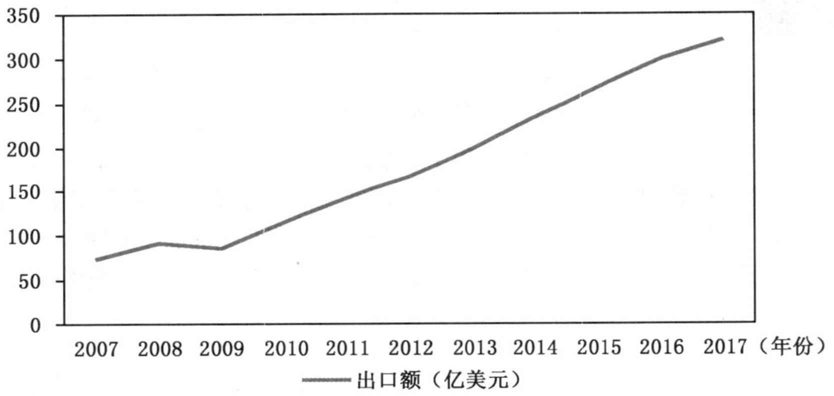

数据来源：《中国统计年鉴》。

图3—5 中国对菲律宾的出口数额(2007—2017年)

(二)中国从菲律宾进口的情况

2007—2017年，中国自菲律宾进口货物数额呈波动状(见图3—6)。2007年进口额为231.18亿美元，是10年来的最高额；2009年进口额为119.48亿美元，是10年来的最低额，同比下降38.74%。其他进口额下降的年份还有2008年(同比下降15.63%)、2013年(同比下降7.44%)、2015年(同比下降9.62%)和2016年(同比下降8.28%)。2017年，中国从菲律宾的进口额为192.3亿美元，同比增长10.5%，比2007年下降了16.82%。中国自菲律宾进口的主要货物为电气机械设备和零部件、机器制品、矿石、矿渣、灰以及矿物制品等。

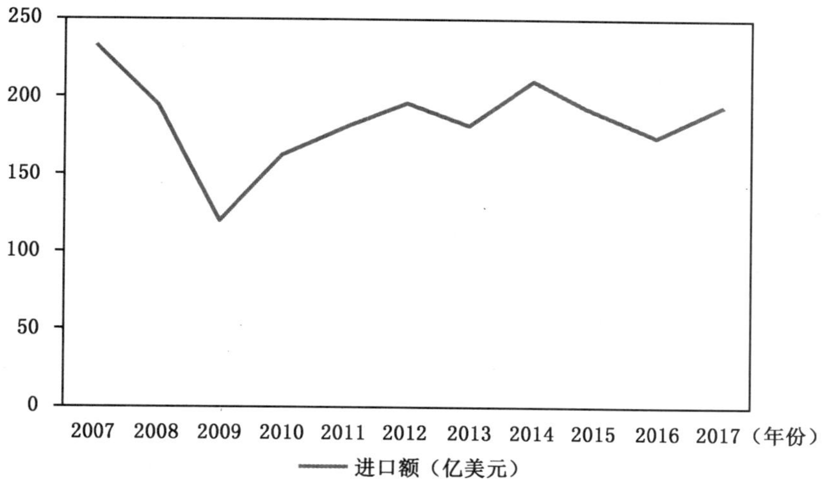

数据来源:《中国统计年鉴》。

图 3—6　中国从菲律宾进口的数额(2007—2017 年)

课后思考题

1. 菲律宾的地理、环境和市场有何特点？
2. 菲律宾当前面临的主要经济问题是什么？
3. 中国与菲律宾的贸易、投资前景如何？

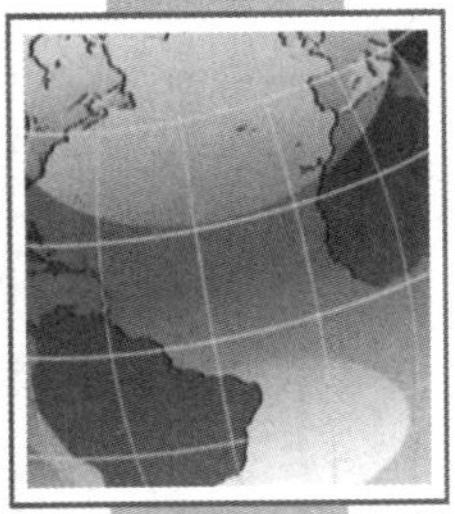

第四章
新加坡
(Singapore)

一、基本情况

新加坡共和国(Republic of Singapore),简称新加坡,旧称新嘉坡、星洲或星岛,别称狮城,是东南亚的一个岛国,政治体制实行议会共和制。新加坡北隔柔佛海峡与马来西亚为邻,南隔新加坡海峡与印度尼西亚相望,毗邻马六甲海峡南口,国土除新加坡岛(占全国面积的88.5%)之外,还包括周围63个小岛。

新加坡8世纪属室利佛逝;14世纪始属于拜里米苏拉建立的马六甲苏丹王朝;18—19世纪属柔佛王国;19世纪初被英国占为殖民地;1942年2月15日,新加坡被侵略的日军占领;1963年加入马来西亚;1965年新加坡正式独立。

新加坡是一个多元文化的移民国家,促进种族和谐是政府治国的核心政策,新加坡以稳定的政局、廉洁高效的政府而著称,是全球最国际化的国家之一。

新加坡是一个较为发达的资本主义国家,被誉为"亚洲四小龙"之一,其经济模式被称为"国家资本主义"。根据2017年的全球金融中心指数(GFCI)排名报告,新加坡是继纽约、伦敦、中国香港之后的第四大国际金融中心,也是亚洲重要的服务和航运中心之一。

新加坡是东南亚国家联盟(ASEAN)成员国之一,也是世界贸易组织(WTO)、英联邦(The Commonwealth)以及亚洲太平洋经济合作组织(APEC)成员经济体之一。

小知识

新加坡国旗与国徽

国旗

新加坡国旗又称星月旗,于1965年8月9日正式成为新加坡共和国的国旗。1959年,当时新加坡在大英帝国统治下组成自治政府,星月旗随后成为自治政府的官方旗帜,1965年新加坡独立后它被选为国旗。新加坡国旗由红、白两个平行相等的长方形组成,长与宽之比为3∶2,左上角有一弯白色新月以及5颗白色五角星。

国徽

新加坡国徽由盾徽、狮子、老虎等图案组成。红色的盾面上镶有白色的新月和五角星,其寓意与国旗相同。红盾左侧是一头狮子，这是新加坡的象征，新加坡在马来语中是“狮子城”的意思；右侧是一只老虎，象征新加坡与马来西亚之间历史上的联系。红盾下方为金色的棕榈枝叶，底部的蓝色饰带上用马来文写着“前进吧，新加坡！”

(一)建国历程

新加坡历史可追溯至3世纪，当时已有土著居住，其最早文献记载源自3世纪东吴将领康泰所著的《吴时外国传》，据新加坡学者许云樵考证，蒲罗中是马来语“Pulau Ujong”之对音。蒲罗中是新加坡岛最古老的名称，意为“马来半岛末端的岛屿”，比淡马锡（明朝把新加坡称作“淡马锡”）早1 000多年。1320年，元朝派人到一个叫“龙牙门”的地方寻找大象，这或许指的是吉宝海港。

1330年前后，一名叫汪大渊的中国人到来，称这个居留地为“龙头”，并说已经有中国人在此居住。最早把新加坡叫做淡马锡（或海城）的称谓出现于1365年的《爪哇史颂》。新加坡岛开始受到重视是在14世纪，来自室利佛逝的王子拜里米苏拉在该区域建立了马六甲苏丹王朝，后来葡萄牙人在1613年焚毁了河口的据点。此后的两个世纪内并没有关于新加坡的史料。

1824年新加坡沦为英国殖民地，成为英国在远东的转口贸易商埠和在东南亚的主要军事基地。1942年被日本占领。1945年日本投降后，英国恢复殖民统治，次年划为直属殖民地。1959年实现自治，成为自治邦，英国保留国防、外交、修改宪法、宣布紧急状态等权力。1963年9月16日，与马来亚、沙巴、砂拉越共同组成马来西亚联邦。1965年8月9日，新加坡脱离马来西亚，成为一个有主权、民主和独立的国家。同年12月22日，新加坡成为共和国，尤索夫·宾·伊萨克出任首任总统。建国以后，新加坡人民的集体危机感成为经济奇迹原动力，靠着勤奋的打拼在逆境中求得生存。

新加坡在建国后寻求国际承认，于1965年9月21日加入联合国。同年10月，新加坡加入英联邦。1967年，新加坡协立东盟。作为一个蕞尔小国，世界对于新加坡是否能继续存在表示疑问，除了主权纠纷，其他重要的问题包括住宅短缺、缺乏土地与天然资源。失业率当时高达12%。

新加坡为了求存求活，开始一连串的措施来发展工业及经济。于1961年设立的经济发展局致力于实行国家经济发展方针，重视制造业，裕廊工业区正式成立，并在加冷、大巴窑等地建立轻工业基地。为了吸引外资，政府决定给予外国企业优惠。同年，经济发展局重组，裕廊镇管理局以及新加坡发展银行也在该年成立。工业化之迅速使得新加坡的制造业在10年内成为世界主要电子产品出口国。虽然新加坡在国内政治上的自由空间逐渐被压制，经济上却取得高速发展，很快成为东南亚重要的金融和转口贸易中心，成为当时的“亚洲四小龙”之一。与此同时，人民的生活水平也得到大幅度提高，住房、教育、交通等问题都得到解决。

(二)人口状况

截至2016年6月，新加坡常住总人口为560.73万，其中居民393.36万（包括340.89万公民和 52.46 万永久居民)，非本地居民 167.37 万。总人口增长率 1.3%，人口密度7 797人/平方公里，性别比例为男 963：女1 000。居民平均预期寿命 82.7 岁，其中男 80.4 岁、女 84.9 岁，年龄中位数 40 岁，65 岁及以上人口占 12.4%。

新加坡人主要是由近 100 多年来从欧亚地区迁移而来的移民及其后裔组成的。其移民社会的特性加上殖民统治的历史和地理位置的影响，使得新加坡呈现出多元文化的社会特色。

图 4—1 是历年来新加坡人口规模和增长变化情况。从 2007 年到 2016 年人口总体规模基本没有变化，人口增长率近年来保持在 1%左右，人口增长缓慢。

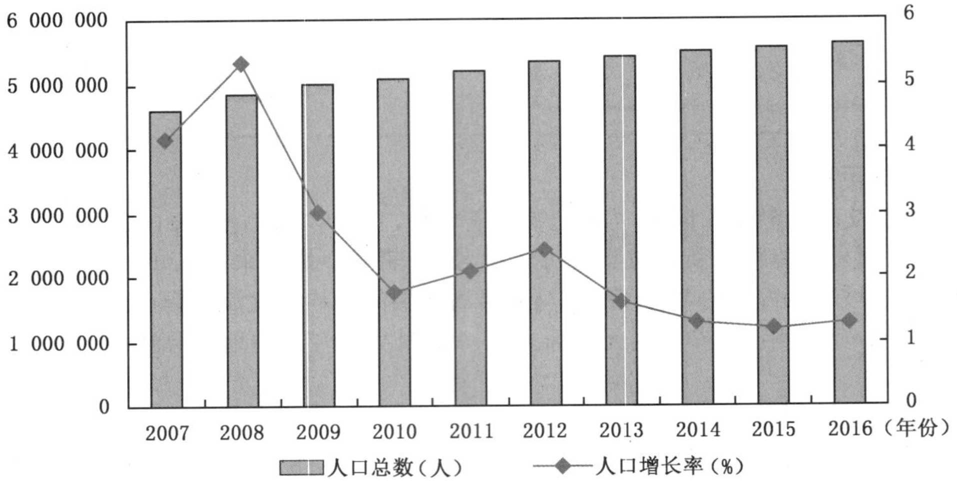

数据来源：世界银行数据库。

图 4—1　新加坡人口规模及增长情况

(三)地理环境

新加坡位于北纬 1°18′，东经 103°51′，毗邻马六甲海峡南口，北隔狭窄的柔佛海峡与马来西亚紧邻，并在北部和西部边境建有新柔长堤和第二通道相通，南隔新加坡海峡与印尼的民丹岛和巴淡岛等岛屿都有轮渡联系。新加坡的土地面积是 718.3 平方公里，海岸线总长 200 余公里，全国由新加坡岛、圣约翰岛、龟屿、圣淘沙岛、姐妹岛、炯岛等 60 余个岛屿组成，最大的 3 个外岛为裕廊岛、德光岛和乌敏岛。由于填海工程形成新的陆域，将增添额外 100 平方公里的土地。新加坡的标准时间为 UTC+8，较其地理位置时间快 1 小时。

新加坡地势起伏和缓，其西部和中部地区由丘陵地构成，大多数被树林覆盖，东部以及沿海地带都是平原，地理最高点为武吉知马，高 163 米。

新加坡河流由于地形所限，都颇为短小，全岛共有 32 条主要河流，包括克兰芝河、榜鹅河、实龙岗河等，最长的河道则是加冷河。大部分的河流改造成蓄水池为居民提供饮用水源。

新加坡地处热带，长年受赤道低压带控制，为赤道多雨气候，气温年温差和日温差小。平均温度在 23℃—34℃，年均降雨量在2 400毫米左右，湿度介于 65%—90%。每年 11 月至次年 1—3 月左右为雨季，受较潮湿的东北季候风影响，天气不稳定，通常在下午会有雷阵雨，平均低温徘徊在 24℃—25℃。6—9 月则吹西南风，最为干燥。在季候风交替月，也就是 4—5 月以及 10—11 月，地面风弱多变，阳光酷热，岛内的最高温度可以达到 35℃。

(四)资源禀赋

新加坡国土面积小，物产资源匮乏。除岛中部武吉知马的锡矿、辉钼矿和绿泥石的小矿藏外，其他矿产资源匮乏，锡矿也在早年被采尽。此外，新加坡农业受地形、河流等因素制约，农业耕地面积小，粮食依赖进口，连淡水也主要靠从国外引入。虽然四面环海，但渔业资源并不丰富，年产仅 1 万余吨。新加坡植物资源比较丰富，且多属热带低地常绿植物。植物品种多达2 000种以上，其中椰子、油棕、橡胶是经济价值较高的作物。普遍种植著名的热带观赏花卉胡姬花（即兰花），胡姬花每年被大量销往欧、美、日、澳和中国香港等国家和地区，是该国重要的出口创汇商品之一。

1. 森林资源

新加坡约有 23%的国土属于森林或自然保护区，而都市化缩小了雨林面积，森林主要分布于武吉知马自然保护区以及其他 3 个保护区、西部地段和离岸岛屿。

2. 水资源

新加坡建有 17 个蓄水池为市民储存淡水。其中，中央集水区自然保护区位于新加坡的地理中心，占地约3 000公顷。该保护区拥有麦里芝蓄水池、实里达蓄水池上段、贝雅士蓄水池上段和下段等水库。其土地除了用来收集雨水，还发挥着重要的城市“绿肺”功能。为减少对外来水源的依赖，新加坡通过大型蓄水计划，以及海水淡化和循环再利用等技术，使得水源供应更加多元化，逐步迈向水供自给自足的目标。随着最大的大泉海水淡化厂的落成，当前可提供超过 60%的用水需求。

（五）政治环境

1. 政治体制

根据《新加坡宪法》，新加坡实行议会共和制。总统为国家名义元首，储备国家第二把钥匙，由全民选举产生，任期 6 年。总统委任议会多数党领袖为总理。总统有权否决政府财政预算和公共部门职位任命，可审查政府行使内部安全法令及宗教和谐法令所赋予的权力以及调查贪污案件。总统顾问理事会受委向总统提供咨询与建议。总统在行使某些职权，如主要公务员任命时，必须先征求总统顾问理事会的意见。总统和议会共同行使立法权。议会称国会，实行一院制。议员由公民投票选举产生，任期 5 年，占国会议席多数的政党组建政府。

1963 年 9 月，新加坡并入马来西亚后，颁布了州宪法。1965 年 12 月，州宪法经修改成为新加坡共和国宪法，并规定马来西亚宪法中的一些条文适用于新加坡。

人民行动党长期执政，地位稳固。李光耀是该党的首任秘书长，也是新加坡的第一任总理。李光耀 1923 年生于新加坡，籍贯广东省大埔县。他自新加坡 1965 年独立后长期担任总理，1990 年交权给第二任总理吴作栋。1993 年新加坡举行独立后首次总统全民选举，原副总理、新加坡职工总会秘书长王鼎昌当选为首位民选总统。2004 年 8 月，李显龙接替吴作栋出任总理，是第三任总理，2006 年 5 月大选后连任总理。2015 年 9 月 11 日，人民行动党再次赢得大选，李显龙再度接任总理一职。

哈莉玛・雅各布是新加坡第八任总统。曾任新加坡社会发展、青年和体育部政务部长，是新加坡第九任国会议长，也是新加坡历史上首位女议长。2017 年 9 月 13 日，新加坡总选举官宣布，新加坡总统选举唯一候选人、前国会议长哈莉玛自动当选该国第八任总统。她也是新加坡首位女总统。

2. 政党

已注册的政党共 24 个。主要有：

(1)人民行动党：执政党。1954 年 11 月由李光耀、方水双、林清祥等人发起成立。党的纲领是维护种族和谐，树立国民归属感；建立健全的民主制度，确保国会拥有多元种族代表，努力建立一个多元种族、多元文化和多元宗教的社会。人民行动党从1959年至今一直保持执政党地位。李光耀长期任该党秘书长，1990年吴作栋接任。2004年12月，李显龙接替吴作栋出任该党秘书长。现任党主席许文远。现有83个国会议席。

(2)新加坡工人党：最大反对党。1957年11月由新加坡首席部长大卫・马绍尔创立。主张和平、非暴力的议会斗争。1971年重建领导机构，提出废除雇佣制，修改国内治安法，恢复言论和结社自由。1981年起，在大选中数次赢得议席。该党现于阿裕尼集选区以及后港单选区拥有6个议席，其中包括新加坡首位反对党女议员，连同非选区3议员共有9席。秘书长刘程强，主席林瑞莲，近年有陈硕茂议员等其他新成员的加盟。

3. 司法体制

新加坡设最高法院和总检察署。最高法院由高庭和上诉庭组成。1994年，废除上诉至英国枢密院的规定，确定最高法院上诉庭为终审法庭。最高法院大法官由总理推荐、总统委任。大法官为陈锡强，总检察长为桑德莱什・麦农。

二、经济环境

(一)经济概况

新加坡属外贸驱动型经济，以电子、石油化工、金融、航运、服务业为主，高度依赖美、日、欧和周边市场，外贸总额是GDP的4倍。经济长期高速增长，1960—1984年间GDP年均增长9%。1997年受到亚洲金融危机冲击，但并不严重。2001年受全球经济放缓影响，经济出现2%的负增长，陷入独立之后最严重的衰退。为刺激经济发展，政府提出"打造新的新加坡"，努力向知识经济转型，并成立经济重组委员会，全面检讨经济发展政策，积极与世界主要经济体商签自由贸易协定。根据2017年的全球金融中心指数(GFCI)排名报告，新加坡是全球第四大国际金融中心。

受世界经济复苏乏力及新加坡经济转型的影响，近年来新加坡经济增长有所放缓。由图4—2、图4—3可知，2009年GDP增长率降到历年最低，是负值。之后快速上升，在2010年达到最高15%左右，2013—2016年GDP增长率分别为5.0%、3.6%、1.9%和2.0%，2016年第

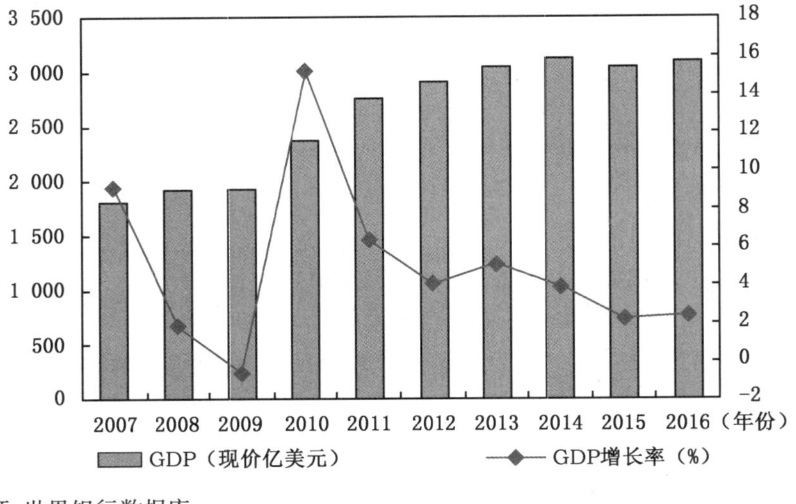

数据来源：世界银行数据库。

图4—2 新加坡GDP总数及增幅情况(2007—2016年)

四季度以来略有起色。从宏观经济基本面来看，主要指标表现尚好：失业率保持在2%左右的历史低位；CPI由负转正，通缩及通胀压力不大；PMI连续多月处于扩张范围；金融环境稳定，政府收支平衡；进出口贸易恢复性增长；对外投资和吸收外资稳定增长；内债可控，无外债，不存在不可预期的系统性经济风险；政府尚有众多调控经济的手段未使用。从微观层面来看，大部分企业对短期内经济走势非常谨慎，民众消费支出意愿趋于保守。总体上，新加坡经济进入低速增长阶段。政府预计，2017年经济增长率在1%—3%。

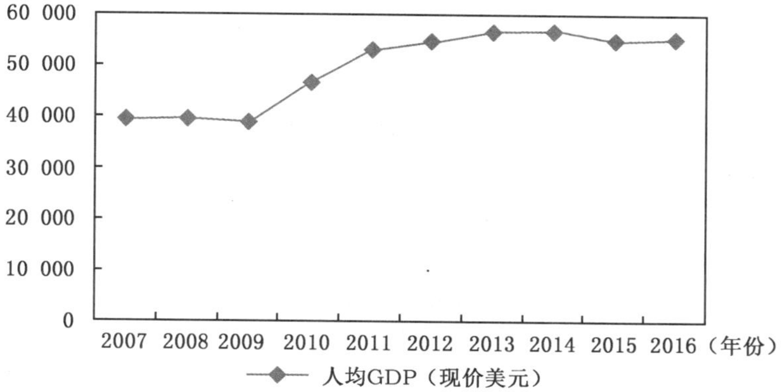

数据来源：世界银行数据库。

图4—3 新加坡人均GDP(2007—2016年)

(二)产业状况

服务业与制造业是新加坡的支柱产业。根据新加坡贸工部数据显示，2015年新加坡国内生产总值4 020亿新元，其中服务业约占69%，制造业约占20%。

1. 工业

1961年，新加坡政府为加快工业化过程、促进经济发展，创建了裕廊工业区。该区的面积为70平方公里，包含了来自各地的跨国公司和本地的高技术制造业公司。新加坡政府根据地理环境的不同，将新加坡东北部划为新兴工业和无污染工业区，沿海的西南部、裕廊岛和毛广岛等划为港口和重工业区，中部划为轻工业和一般工业区。新加坡的工业主要包括制造业和建筑业。2012年产值为1 085.5亿新元，占国内生产总值的25.1%。制造业主要包括石化工业、电子工业、精密工程业、海事工程业、生物医药业。其中，石化工业、电子工业、生物医药业在制造业中占比较高，分别占2015年制造业总产值的14.8%、26.7%、19.9%。迄今新加坡已经成为东南亚最大的修造船基地之一，以及世界第三大炼油中心。

2. 农业

农业园区位于林厝港和双溪登雅，拥有可耕地面积600多公顷，产值占国民经济总量不到0.1%。农业中保持高产值出口性农产品的生产，如种植兰花、热带观赏鱼批发养殖、鸡蛋及奶牛生产、蔬菜种植，还有养鱼场。截至2014年12月，新加坡有50个蔬菜农场、3个鸡蛋农场，以及126个陆地和沿海养鱼场。蔬菜产量大约占总消耗量的12%，鸡蛋和鱼类产量各占本地消耗量的26%和8%。

3. 服务业

新加坡的服务业扮演着重要的经济角色，主要包括批发零售业、商业服务业、金融保险业、运输仓储业、资讯通信业、旅游业。其中，批发零售业、商业服务业、金融保险业在国民经济中占比较高，分别占2015年GDP的15.6%、15.5%、12.6%。

新加坡商业服务业包括不动产、法律、会计、咨询、IT服务等行业。交通与通信行业包括水陆空交通及运输，也包括传统的邮政服务和新兴的电信服务业。金融服务业则包括银行、证券(股票、债券、期货)、保险、资产管理等门类，可以说正是依托这几大服务业的发展，新加坡才确立了其亚洲金融中心、航运中心、贸易中心的地位。2012年产值为2 780.7亿新元，占国内生产总值的64.3%。

4. 旅游业

新加坡的旅游业占GDP的比重超过3%，旅游业是新加坡外汇主要来源之一。游客主要来自东盟国家、中国、澳洲、印度和日本等地。据新加坡旅游局统计，新加坡在2014年接待的外国旅客总数5年来首次下降至1 510万人次，比前年少了3%。旅游收益则与前年同期一样，保持在235亿新元。

近年来新加坡三大产业占比情况见表4—1、表4—2。农业占比不足1%，工业占比约为25%，而服务业占比高达70%左右。

表4—1　　新加坡产业情况(2007—2016年)　　单位：亿美元、%

指标 \ 年份	2007	2008	2009	2010	2011	2012	2013	2014	2015	2016
农业增加值	0.8	0.8	0.8	0.9	1	1	1	1	0.9	0.9
农业占GDP比重	0.04	0.04	0.04	0.04	0.03	0.03	0.03	0.03	0.03	0.03
工业增加值	498	497.8	509.5	616.9	682.7	716.2	704.9	748.4	737.4	734.9
工业占GDP比重	27.7	25.9	26.5	26.1	24.7	24.6	23.2	24	24.2	23.7

数据来源：世界银行数据库。

表4—2　　新加坡服务业产业情况(2007—2014年)　　单位：亿美元、%

指标 \ 年份	2007	2008	2009	2010	2011	2012	2013	2014
服务业增加值	1 198 059	1 323 060	1 317 957	1 614 945	1 899 564	1 979 287	2 098 305	2 181 880
服务业占GDP比重	70.61	72.63	72.09	72.33	73.56	73.29	74.86	75.02

数据来源：世界银行数据库。

(三)外贸情况

1. 贸易

外贸是新加坡国民经济的重要支柱，进出口的商品包括加工石油产品、化学品、消费品、机器之零件及附件、数据处理机及零件、电信设备和药品等。主要贸易伙伴有马来西亚、泰国、中国、日本、澳大利亚、韩国、美国、欧盟、印尼等。

从表4—3可知，新加坡对外贸易额总体平稳，出口额稳步增加，且略有出超。

表 4—3　新加坡对外贸易　单位:亿新元

年份 指标	2009	2010	2011	2012	2013	2014
出口额	3 911.2	4 788.4	5 147.4	5 103.3	5 132	5 189.2
进口额	3 562.9	4 232.2	4 596.6	4 755.5	4 668.4	4 637.7
差额	348.3	556.2	550.8	347	463.6	551.5

数据来源:IMF。

2. 服务贸易

2015 年新加坡服务贸易额4 167亿新元,增长 5.1%。其中出口2 043亿新元,增长 5.1%,进口2 124亿新元,增长 5.2%,贸易逆差 81.2 亿新元。

新加坡服务贸易伙伴主要为欧盟(占 14.8%)、美国(占 14.4%)、东盟(占 7.3%)、中国(占 5.5%)和日本(占 5.2%)。2015 年前五大出口市场依次为美国、日本、澳大利亚、中国和英国;前五大进口来源地依次为美国、荷兰、中国内地、中国香港和日本。2014 年以来,中国为新加坡第二大服务贸易伙伴。

新加坡服务贸易主要出口类别为运输(占 32.1%)、商业服务(占 25.1%)、金融(占 14.2%)、旅游(占 11.2%)和维修服务(占 4.5%);主要进口类别为运输(占 31.5%)、商业服务(占 29.2%)、旅游(占 14.3%)、知识产权(占 12.1%)和电讯信息(占 5.4%)。

3. 货物贸易

2016 年新加坡货物贸易额 8 460.7 亿新元,下降 4.3%。其中出口4 553.5亿新元,下降 4.4%,进口3 907.3亿新元,下降 4.2%,贸易顺差 646.2 亿新元。

新加坡货物贸易伙伴主要集中在邻近的东南亚地区以及中国、日本、韩国和美国。主要出口市场为中国内地、中国香港、马来西亚、印度尼西亚、美国、中国台湾、日本和韩国;主要进口来源地为中国内地、马来西亚、美国、中国台湾、日本、韩国、印度尼西亚和德国。中国为新加坡第一大货物贸易伙伴、第一大出口市场和第一大进口来源地。

2016 年新加坡主要出口商品为电子元器件(占 28.5%)、成品油(占 11%)、计算机等办公设备(占 5.4%)、有机化工品(占 4.4%)、电信设备(占 3.9%)等;主要进口商品为电子元器件(占 24.6%)、成品油(占 16.5%)、计算机等办公设备(占 4.5%)、电信设备(占 3.9%)和精密仪器(占 3%)等。

4. 吸收外资

截至 2015 年末,新加坡累计吸收外国直接投资12 353.9亿新元,比上年末增长 11.8%。外资主要来源于欧盟(占 23.3%)、美国(占 19.7%)、日本(占 9%)、英属维尔京群岛(占 8.2%)和开曼群岛(占 8%)。来自中国的直接投资存量为 184.98 亿新元,同比增长 11.92%,占新加坡吸收外资总额的 1.5%,中国在新加坡外资来源地中列第 17 位。

新加坡吸收外资的行业流向主要为金融保险业(占 50.3%)、批发零售业(占 17.2%)、制造业(占 14.4%)、商业服务业(占 7.3%)、运输仓储业(占 3.7%)和房地产业(占 3.5%)。

5. 对外投资

截至 2015 年末,新加坡累计对外直接投资6 368.4亿新元,比上年末增长 2.5%。对外投资目的地主要为东盟(占 19.2%)、中国内地(占 18.7%)、欧盟(占 13.3%)、开曼群岛(占 9.7%)、中国香港(占 8%)和印度尼西亚(占 7.2%)。中国为新加坡第一大对外投资目的国。

新加坡对外直接投资的行业主要为金融保险业(占51%)、制造业(占18.2%)、批发零售业(占8.2%)、房地产业(占7.1%)、信息通信业(占4.1%)和运输仓储业(占2.8%)。

三、社会文化环境

新加坡是一个多民族国家,也是一个多元文化相融合的国度,包括华人文化、马来文化、印度文化、土生华人文化和欧亚文化。各种族人群有着不同的宗教文化、饮食文化、艺术和节庆等。新加坡除了本国的国庆节外,各民族还有自己的节日,在新加坡的日历上印有公历、中国的农历、穆斯林的回历和南印度泰米尔的历法。

(一)民族和宗教

新加坡公民主要以四大族群来区分:华人占了人口的74.2%,还有马来族(13.3%)、印度裔(9.1%)和欧亚裔/混血(3.4%)公民。大多数新加坡华人的祖先源自中国南方,尤其是福建省、广东省和海南省,其中四成是闽南人,其次为潮汕人、广府人、莆仙人(莆田人)、海南人、福州人、客家人,还有峇峇、娘惹等。新加坡人口密度7 697人/平方公里,人类发展指数为0.901。

新加坡提倡宗教与族群之间的互相容忍和包容精神,实行宗教自由政策,确认新加坡为多宗教国。根据2010年的人口调查,其中有宗教信仰的新加坡人占了人口的83%。新加坡确实称得上是多宗教融汇的大熔炉,这里有着各式各样的宗教建筑,许多历史悠久的寺庙已被列为国家古迹,而且每年都有不同的庆祝活动。

1. 佛教与道教

新加坡佛教是全国第一大宗教,约占人口的33%。新加坡境内寺庙林立,属于北传佛教的寺院超过150所,南传上座部佛教寺院约有20余所,其中新加坡双林寺既是新加坡第一座寺院,也是最大的丛林之一。新加坡道教占了人口的11%,境内共有大小庙宇300余座。早年南来谋生的华人移民带来了他们的宗教信仰与习俗,潮侨和闽帮所创建的粤海清庙和天福宫还收藏有光绪帝御赐的墨宝,他们也获颁联合国教科文组织亚太文化遗产保存奖状。

此外,四马路观音堂也是新加坡香火最鼎盛的庙宇之一,庙堂内几乎每天都有人潮。

2. 基督教

新加坡基督教徒(新教和天主教)占总人口的18%,在新加坡草创初期,海峡华人族群、海外传教士和西方商人对两个教会的发展作出独特贡献,新加坡天主教教会也先后开办学校、医院、公益组织等来维护弱势族群的利益。两个教会最早修建的教堂是亚美尼亚教堂和圣安德烈教堂。

3. 伊斯兰教

新加坡伊斯兰教徒占总人口的15%,约有65万人。马来人或巴基斯坦血统的信徒基本上属于伊斯兰教的逊尼派,另外也有少部分的印度人和华人信奉回教。新加坡建有回教堂共80座,当中较为著名的有哈贾法蒂玛回教堂和苏丹回教堂。

4. 印度教

新加坡印度教的信徒约10万人,占总人口的5%。有大约30座印度寺庙,大部分以南印度的风格为主,其中,马里安曼兴都庙和斯里尼瓦沙柏鲁马兴都庙都属于新加坡的国家保护文物。

5. 锡克教与其他

新加坡锡克教徒合计只有2万余人。锡克教在新加坡有7座锡克庙,比如中央锡克庙,是

1.5 万名锡克教徒的主要圣地。犹太教在新加坡则设有 2 个会堂，其中马海阿贝犹太庙建于 1878 年，是东南亚最古老的犹太会堂。

（二）语言

新加坡是一个多语言的国家，拥有 4 种官方语言，即英语、马来语、华语和泰米尔语。基于和马来西亚的历史渊源，《新加坡宪法》明定马来语为新加坡的国语，主要是尊重新加坡原住民所使用的语言。出于对内在和外在因素的考量，新加坡采用英语作为主要的通行语和教学语。

（三）教育

新加坡重视多元文化发展，注意保留各民族传统文化，同时鼓励向新加坡统一民族文化演变。教育强调双语、体育、道德教育，创新和独立思考能力并重。2015 年底共有各类学校 381 所，在校学生 65.68 万人，教师 4.85 万人。新加坡国立大学、南洋理工大学、管理大学等国际知名。2017 财年教育预算 129 亿新元，占预算总支出的 17.2%，占 GDP 的 3%。

新加坡的社会背景、人口结构、语言环境以及教育制度都有其独特性。新加坡的华文教育从开创华侨私塾崇文阁算起，至今已有 150 余年的历史。但从 20 世纪 80 年代起，政府逐步统一了语文源流学校，所有学生不分种族都以英语为第一语文，英语也是主要的教学媒介语。

就华文而言，新加坡有 11 所特选学校，比如德明政府中学、华侨中学、立化中学等，它们早期是传统的华校，经政府同意，将华文和英文同时并列为第一语文来授课。这些学校负责培养讲华语的文化专才，同时也背负着传授中华文化的使命。

新加坡中小学校一般采用半天制，而初级学院、大学专科和理工学院则沿用开放全日制。现有 350 多所中小学、10 多所初级学院、1 所高中、3 所工艺教育学院、9 所公立高等院校[新加坡理工学院、义安理工学院、淡马锡理工学院、新加坡南洋理工学院、共和理工学院、新加坡国立大学、南洋理工大学(2014 年 QS 亚洲大学最新排名为国大第 1 位以及南大第 7 位)、新加坡科技设计大学、新加坡管理大学]。

2003 年后，新加坡 6 年小学教育对国民是强制性的。小学一年级到四年级是基础教育阶段，所有课程为必修课，有 4 门主课，包括英文、华文、数学和科学，其他课程还包括音乐、美术、公民教育、社会以及体育。学生从小学三年级开始学习科学。六年级学生必须参加小学离校考试，根据考试成绩进入不同的中学，选修不同的课程。

1. 小学（6 年制）

六年级学生需要参加小学离校考试（PSLE），考试科目为英文、华文、数学和科学。华文和英文各占 100 分，数学和科学各占 50 分，总分为 300 分。

2. 中学

新加坡中学教育备有特别和快捷课程，还有普通学术或工艺班，当中一半以上的中学生被分派到快捷课程，小部分学生修读特别课程，还有大约 30%修读普通（学术或工艺）课程。中学生修读的科目包括英语、华语（特别课程的学生可以选择高级母语和英语两者之一作为第一语文）、数学、科学（包括化学、物理学和生物学）、人文（包括历史和地理）、英国文学、美术、技术、家政、公民教育、体育和音乐。在中学毕业后，半数以上的学生将进入中学以后的教育中心，如理工学院和工艺教育学院，而其中只有一部分能够最终进入大学；其余大约 15%的毕业生则进入初级学院和高中，其中大多数将进入大学。

（1）中学（4 年制）：特别和快捷班。第四年必须参加全国统一新加坡剑桥 O 水准考试，成绩将决定升高中、初级学院和理工学院。

（2）中学（5 年制）：学术及工艺班。学术班的学生在中四必须参加剑桥 N 水准考试，通过后才能升上中五参加剑桥O水准考试。工艺班的学生有两门主课，即英文和数学，第四年必须参加剑桥N水准考试，大多数学生在N水准考试后不再修读第五年课程，而直接进入技术学院。

3. 工艺教育学院(2年制)

考取技术文凭(ITE证书课程)。

4. 高中(3年制)/初级学院(2年制)

考取剑桥A水准文凭，成绩将决定大学的去向。

5. 理工学院

3年制的大专课程(文凭课程)，包括理论和实习。成绩优秀的毕业生将豁免大学第一年课程。

6. 大学

除了医学、法学等专科外，一般需要3年时间来考获普通学位，荣誉学位需4年。

7. 私立学院

新加坡的私立学院提供两种课程：预科的课程以及学位的课程。其中，学位课程都是与国外大学合作办学，颁发的是国外大学文凭。新加坡教育部在2010年开始实施一个全新私立院校认证资格，叫"教育信托保障计划"(EduTrust Scheme)。整个计划主要探讨以下领域：私立教育机构的财务管理和健康；强调学术性流程，例如课程设计和发展、学生跟进和发展、学生评估和教师的筛选以及本地学生的学费保护。该计划为较好的私立教育机构提供了一条途径，以凸显其在管理和提供教育服务的关键领域具备良好的水平。

(四)重要节日

1. 华人新年

同中国春节。这是一个重要的节日，也有许多独特的习俗，如家家户户要大扫除，门上要贴春联，要倒贴"福"字，除夕夜全家老小要在一起吃团圆饭，孩子们要守岁以期延长寿命，到了午夜时分家长们要祭神拜祖先，大年初一开始小辈要带着橘子给长辈拜年，长辈要给小孩"红包"——压岁钱。过年时要穿新衣，说吉利话，吃的东西也很讲究，如鱼象征年年有余、年糕代表年年高升、发菜代表发财、橘子代表吉利等。一般华人大年初一不扫地，否则好运气会被扫掉。过年时，华人都喜欢去牛车水采购年货。春节期间，也有社团组成的舞狮、舞龙队作精彩表演。政府也举办"春到河畔迎新年"、妆艺大游行等活动，增添了浓郁的节日气氛。

2. 泰米尔新年

4—5月间。

3. 卫塞节

5月的月圆日。农历四月十五是佛祖释迦牟尼的诞辰、成道及涅槃纪念日。新加坡佛教总会在节日的前几天就开始举行一连串的庆祝会，各佛教团体及寺庙张灯结彩、大放光明，象征佛陀的光辉世世代代照耀人间。

4. 国庆节

8月9日。

5. 开斋节

开斋节是伊斯兰教节日。在伊斯兰教历10月1日。中国新疆地区称肉孜节(Roza，波斯语，意为斋戒)。按伊斯兰教法规定，伊斯兰教历每年9月为斋戒月。凡成年健康的穆斯林都应全月封斋，即每日从拂晓前至日落禁止饮食和房事等。封斋第29日傍晚如见新月，次日即为开斋节;如不见,则再封一日,共为 30 日,第二日为开斋节,庆祝一个月的斋功圆满完成。

6. 圣诞节

12 月 25 日。

新加坡法定公共节日共计 11 天,除上述外,还有元旦、复活节、哈芝节、劳动节等。

(五)衣着服饰

新加坡服饰的特点,每个民族都有所差异。马来人男子头戴一顶叫“宋谷”的无边帽,上身穿一种无领、袖子宽大的衣服,下身穿长及足踝的纱笼;女子上衣宽大如袍,下穿纱笼。华人的日常着装多为长衫、长裤、连衣裙或旗袍,马来人最爱穿“巴汝”、纱笼,锡克人则是男子缠头、女子身披纱丽。政府部门对其职员的穿着要求较严格,在工作时间不准穿奇装异服。

在许多公共场所,穿着过分随便者,例如,穿牛仔装、运动装、沙滩装、低胸装、露背装、露脐装的人,往往会被禁止入内。

(六)饮食习惯

新加坡美食是最有代表性的亚洲美食之一,在世界上越来越为人称道。在新加坡,不但有中国、马来西亚、印度三大民族各自的代表风味,还兼具日本、法国、意大利、西班牙等其他各国美食佳肴,可说是美食者的乐园。

在此可以品尝世界上的各种美味佳肴。中国、马来西亚、印度、印尼等亚洲各国的名菜都汇集于此,久而久之,就发展成了一种独特的亚洲美食代表。

当然,新加坡也有它土生土长的菜,这就是由长住马来西亚、新加坡的华侨融合中国菜与马来菜所发展出来的家常菜,主要是中国菜与东南亚菜式风味的混合体,也称为娘惹菜(Nyonya)。娘惹菜更是成为一种代表新加坡的饮食文化,而在马来西亚也能吃到很多的娘惹菜,如甜酱猪蹄、煎猪肉片、竹笋炖猪肉等。喜食甜品的人也可以在娘惹菜中找到知音,比如由香蕉叶、椰浆、香兰叶、糯米和糖精制而成的娘惹糕。

新加坡华人的饮食与我国基本相同,菜肴以闽粤风味为主。印度血统者忌食牛肉,忌用左手进食;穆斯林忌食猪肉,不吸烟、不喝酒。

由于新加坡人多为华人,而新加坡华人绝大多数又祖籍广东、福建、海南和上海等地,因此他们在饮食习惯上与其他“龙的传人”可以说是大同小异,中餐通常是他们的最佳选择。口味上喜欢清淡,偏爱甜味,讲究营养。他们平日爱吃米饭和各种生猛海鲜,对于面食不太喜欢。粤菜、闽菜和上海菜都很受他们的欢迎。海南鸡饭、肉骨茶等都是他们日常饮食的代表。

(七)社交与禁忌

新加坡是一个多民族国家,也是一个多元文化相融合的国度,包括华人文化、马来文化、印度文化、土生华人文化和欧亚文化。各种族人群有着不同的宗教文化、饮食文化、艺术和节庆等。

1. 接待礼仪

新加坡人见面、告别都行握手礼,华裔老人中还有相互作揖的习惯,马来人行摸手礼,而印度人行合十礼。在一般情况下,他们对于西式的拥抱或亲吻是不太习惯的。即使男女之间表达情感,若要如此也不受新加坡人的赞许。在待人接物方面,新加坡人特别强调笑脸迎客、彬彬有礼。对新加坡人而言,在人际交往中讲究礼貌、以礼待人,不但是每个人所应具备的基本修养,而且已经成为国家和社会对每个人所提出的一项必须遵守的基本行为准则。

2. 称呼礼仪

不论什么民族,都可以先生、小姐、太太相称。商务交往中,名片必不可少。大多数新加坡人用双手递交名片，外来者应注意这一礼节，也用双手递交或接受名片。接到名片后，应放在桌子前方或放入前面的口袋，不要在名片上写字或放入后面的口袋。新加坡政府规定，官员不使用名片。

3. 风俗禁忌

在社交场合或商谈时，忌跷二郎腿，尤其忌讳将鞋底朝向他人，忌谈个人性格、当地政治和种族关系等问题。到清真寺参观，到新加坡人家里做客，忌穿鞋进入。新加坡人视黑色、紫色为不吉利，黑、白、黄为禁忌色。在新加坡，禁止使用宗教词语和象征性标志。

在政务活动和商务交往中，新加坡人的着装讲究郑重其事。男子一般要穿白色长袖衬衫和深色西裤，并且打上领带，而会见政府官员时宜穿西装；女子则穿套装或深色长裙，一般遮住上臂，也可穿裙子或长裤。在对外交往中，新加坡人则大多按照国际惯例要穿深色的西装或套裙，并穿皮鞋。因为新加坡气候湿热，一般着装比较随意。但在公共场所，穿着也不能过于随便，尤其不能穿露肩、露背、露脐等服装。

新加坡华人大多喜欢饮茶。当客人到来时，新加坡人通常都会以茶相待。每逢春节来临之际，新加坡人还会经常在清茶中加入橄榄后饮用，并且称之为“元宝茶”。他们认为，喝这种茶可以令人“财运亨通”。平时，新加坡华人还有经常饮用加入一定配方的中药制成的补酒的嗜好。鹿茸酒、人参酒都是他们常饮的杯中之物。

在新加坡，商务交往中常相互宴请，应邀赴约要准时，迟到会给人留下极坏的印象。如不能及时到达，必须预先通知对方，以表示尊重。新加坡官员不接受社交性宴请，因此与他们打交道时要慎重。

在设宴款待新加坡人时，务必在安排菜单方面注意因民族而异。必须谨记，马来人忌食猪肉、狗肉、自死之物和动物的血，不吃贝壳类动物，并且不饮酒；印度人则绝对不吃牛肉。在用餐时，不论是马来人还是印度人，都不用刀叉、筷子，而惯于用右手直接抓取食物，他们绝对忌用左手取用食物。

小知识

娘惹服饰

早年华人下南洋娶马来人为妻子，生下的女儿就叫娘惹，是娘惹文化的代表之一。娘惹服饰是在马来传统服装的基础上，改成西洋风格的低胸衬肩，再加上中国传统的花边修饰。娘惹装多为轻纱制作，颜色不仅有中国传统的大红、粉红，还有马来人的吉祥色土耳其绿。而点缀的图案多为中国传统的花鸟鱼虫或龙凤呈祥。娘惹鞋就是娘惹们利用闲暇时间手工制作的串珠鞋，将彩色的小珠子用线钉在鞋面上，图案十分精致，工艺也极其复杂。娘惹出嫁前还要亲手做几双娘惹鞋送给婆家，以示贤惠。在新加坡，很多传统的手工艺小店还在出售纯手工的娘惹服饰，虽然价格不菲，却是新加坡最具文化代表的商品。

娘惹姑娘们个个心灵手巧，懂得刺绣、裁衣还有烹饪。她们喜欢鲜艳的颜色，喜欢用绣花、珠绣点缀衣服。传统的娘惹装包括：

首先是颜色鲜艳并且有绣花的上衣，又叫 kebaya。注意，上衣是没有扣子的！而是用精美的别针，既起到了扣子的作用，又起到了装饰的作用。

其次是和上衣绣花搭配的纱笼，纱笼就是裹裙，英文是 sarong。一般应依据上衣绣花的颜色挑选纱笼，而不是上衣的颜色，那样穿起来会很奇怪。

最后是珠绣鞋。真正的娘惹装一定要搭配一双做工精细的娘惹珠绣鞋。珠绣鞋都是手工制作,依据图案、材料的不同,价钱在新币 250—400 不等。

到新加坡人家里做客,宜带上鲜花、巧克力等礼物,也可以送包装精美的家庭工艺品。

四、与中国的贸易关系

中新互为重要的经贸合作伙伴,近年来双边经贸合作取得长足发展,合作领域日益广泛,合作机制逐步健全,合作层次不断提高,合作内容与各自国家发展战略的结合日趋紧密。自 2009 年《中新自由贸易协定》正式实施以来,双边经贸合作进入更为密切、成熟的新阶段,成为双边关系的“压舱石”和“推进器”。

据新方统计,目前中国为新加坡第一大货物贸易伙伴(自 2013 年起)、第二大服务贸易伙伴(自 2014 年起)、对外投资第一大目的国(自 2007 年起)。据中方统计,2013 年以来新加坡成为中国第一大外资来源国、第三大外派劳务市场,2015 年起新加坡成为中国第二大对外直接投资目的国;同时,以单个国家和地区计,新加坡在中国全球货物贸易和服务贸易伙伴中,也均排名第 10 名左右。

同时,新加坡在我国建设“一带一路”特别是“21 世纪海上丝绸之路”中可以发挥积极的平台和支点作用。据中方统计,2016 年新加坡对华投资占“一带一路”沿线国家对华投资总额的 85.2%,中国对新加坡投资占中国对“一带一路”沿线国家投资总额的 28.9%,中新货物贸易额占中国与“一带一路”沿线国家贸易总额的 8%,同时新加坡也是中国在“一带一路”沿线国家中的第一大服务贸易伙伴。

继苏州工业园和天津生态城之后,中新第三个政府间合作项目以“现代互联互通和现代服务经济”为主题,面向中国西部地区,项目运营中心落户重庆市。此外,中新自贸协定升级谈判也正在进行。自贸协定的升级和第三个项目的实施,将为双边经贸合作提供更坚实的制度保障和更广阔的发展空间,中新经贸合作前景广阔,大有可为。

中新双边经贸合作的特点十分突出:一是双边经贸合作规模远超新加坡自身市场体量,新加坡在中国各类对外经贸合作伙伴中均名列前茅;二是中新各领域经贸合作具有前瞻性、创新性和引领作用,对两国企业实施国际化经营战略和各自经济转型升级均发挥了积极的促进作用;三是新加坡作为中国企业“走出去”的平台优势明显,越来越多的中国企业在新加坡设立区域总部乃至国际总部，与新加坡企业“联合走出去”，开展对“一带一路”沿线国家和地区的投资合作；四是双边经贸合作机制多、层级高、领域广，目前中新两国已建立了4个副总理级（中央政治局常委）经贸合作机制，以及涉及商务政策磋商、双向投资、劳务合作、服务贸易等诸多领域的部门间合作机制，另外中国8个地方省市还与新加坡相关部门间建立了省部经贸合作机制，为双边经贸发展创造了良好的环境；五是多边合作作用突出，新加坡是东盟重要成员国，在国际经贸活动中表现活跃，中新加强在多边领域的协调合作，对促进中国—东盟自贸区、APEC自贸区和RCEP的发展，维护自由贸易体制，促进区域和世界繁荣稳定等方面意义重大。

（一）2017年新加坡货物贸易概况

据新加坡国际企业发展局统计，2017年新加坡货物进出口额为7 011.7亿美元，比上年（下同）增长14.4%。其中，出口3 733.7亿美元，增长13.2%；进口3 278.0亿美元，增长15.8%。贸易顺差455.6亿美元，下降2.8%。

分国别（地区）看，2017年新加坡对中国内地、中国香港、马来西亚和印度尼西亚的出口额分别为540.7亿美元、460.4亿美元、396.3亿美元和279.6亿美元，增长26.2%、10.6%、13.2%和8.4%，占其出口总额的14.5%、12.3%、10.6%和7.5%；自中国内地、马来西亚、美国和中国台湾省的进口额分别为453.7亿美元、388.7亿美元、344.7亿美元和271.7亿美元，增长12.3%、20.5%、12.8%和16.6%，占其进口总额的13.8%、11.9%、10.5%和8.3%。新加坡前五大贸易顺差来源地依次是中国香港、印度尼西亚、越南、中国内地和泰国，2017年顺差额分别为416.0亿美元、128.2亿美元、89.3亿美元、87.0亿美元和75.1亿美元。贸易逆差主要来自美国、中国台湾省和沙特阿拉伯，2017年逆差额分别为110.1亿美元、105.7亿美元和83.4亿美元，增长21.7%、23.4%和13.9%。

分商品看，机电产品、矿产品和化工产品是新加坡的主要出口商品，2017年出口额分别为1 765.6亿美元、479.1亿美元和370.0亿美元，增长7.6%、27.6%和8.1%，占新加坡出口总额的47.3%、12.8%和9.9%。机电产品中，电机和电气产品出口1 241.7亿美元，增长8.1%；机械设备出口523.9亿美元，增长6.5%。机电产品和矿产品是新加坡前两大类进口商品，2017年进口额分别为1 383.8亿美元和734.3亿美元，增长8.7%和41.6%，占新加坡进口总额的42.2%和22.4%。

（二）2017年中新双边贸易概况

据新加坡国际企业发展局统计，2017年全年中国与新加坡双边货物进出口额为994.3亿美元，增长19.5%。其中，新加坡对中国出口540.7亿美元，增长26.2%，占其出口总额的14.5%，提升1.5个百分点；新加坡自中国进口453.7亿美元，增长12.3%，占其进口总额的13.8%，下降0.4个百分点。新加坡贸易顺差87.0亿美元，增长254.7%。

机电产品一直是新加坡对中国出口的主力产品，2017年出口额为250.1亿美元，增长5.3%，占其对中国出口总额的46.3%。化工产品、矿产品和塑料橡胶是对中国出口的第二至第四大类商品，2017年出口额分别为60.8亿美元、55.9亿美元和54.9亿美元，占新加坡对中国出口总额的11.3%、10.3%和10.2%，增长87.2%、30.0%和18.7%。

机电产品是新加坡自中国进口的首位商品，2017年进口288.8亿美元，增长18.3%，占新加坡自中国进口总额的63.7%。机电产品中，电机和电气产品进口191.4亿美元，增长21.4%；机械设备进口97.4亿美元，增长12.6%。矿产品和贱金属及其制品是新加坡自中国进口的第二和第三大类商品，2017年分别进口49.9亿美元和22.5亿美元，占新加坡自中国进口总额的11.0%和5.0%，矿产品增长29.7%，贱金属及其制品下降20.6%。除上述产品外，化工产品、光学钟表医疗设备和纺织品及原料等也是新加坡自中国进口的主要大类商品，2017年合计占新加坡自中国进口总额的8.7%。中国是新加坡机电产品、贱金属及其制品、纺织品及原料和家具玩具的首位进口来源地，占其市场份额的20.9%、22.4%、27.8%和36.8%，中国大陆产品竞争者主要来自中国台湾省、马来西亚和日本等。

(三)近年来中新进出口贸易情况

1. 中国对新加坡的出口情况

2007—2016年总体来看，中国对新加坡的出口额呈波浪式增加，但增长速率很不稳定。从图4—4中可看出，2008年中国对新加坡的出口额为3 230 581万美元，2009年出口额开始下降为3 005 194万美元，之后逐年上升，直到2015年出口额达到5 194 244万美元，2016年又开始有所下降。

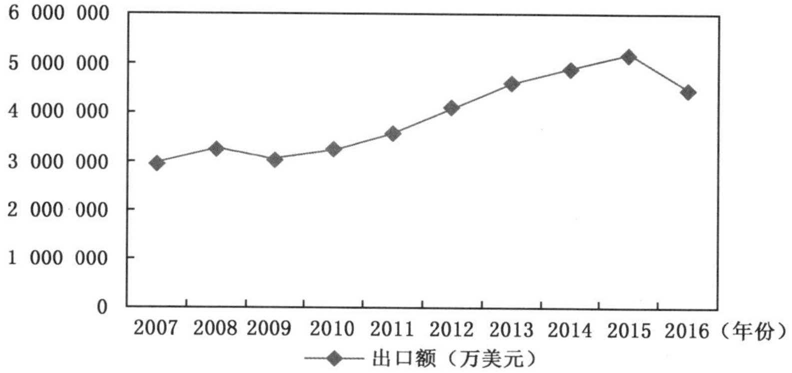

数据来源：《中国统计年鉴》。

图4—4 中国对新加坡的出口数额(2007—2016年)

2. 中国从新加坡进口的情况

2007—2016年总体来看，中国从新加坡进口货物的数额呈波浪式增加。从图4—5中可看出，2008年中国从新加坡进口货物小幅增加后，2009年下降幅度较大，基本与2007年进口额持平。之后中国从新加坡进口货物额稳步上升，2014年进口额达到历史最高为3 082 873万美元，2015年开始进口额不断下滑。

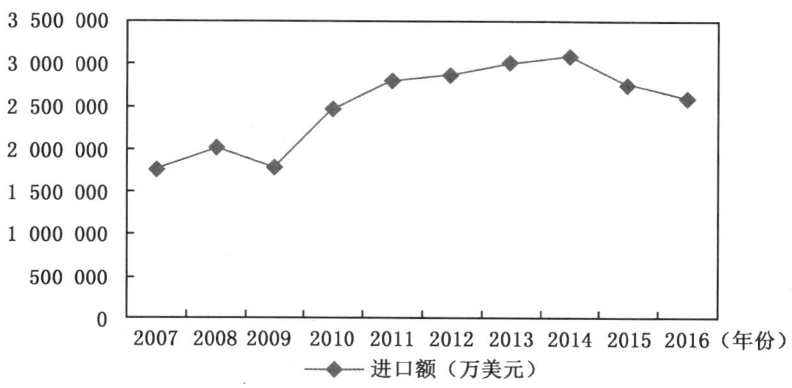

数据来源：《中国统计年鉴》。

图4—5 中国从新加坡进口的数额(2007—2016年)

课后思考题

1. 新加坡成为全球金融中心的原因是什么？
2. 新加坡目前主要的贸易政策是什么？
3. 新加坡投资风险有哪些？

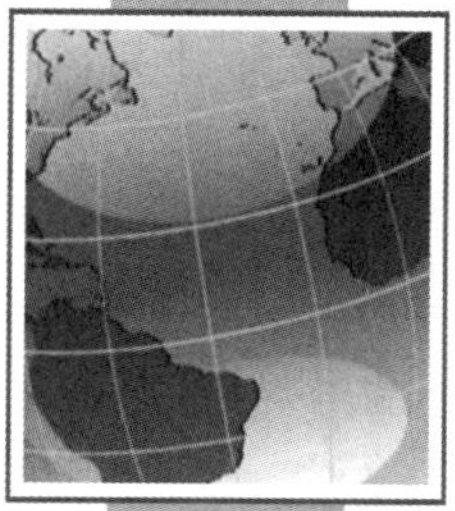

第五章 泰国 (Thailand)

一、基本情况

泰王国(Kingdom of Thailand),简称泰国,是一个位于东南亚的君主立宪制国家。泰国位于中南半岛中部,其西部和北部与缅甸、安达曼海接壤,东北边是老挝,东南边是柬埔寨,南边狭长的半岛与马来西亚相连。泰国旧名暹罗,1949 年 5 月 11 日,泰国人用自己民族的名称把“暹罗”改为“泰”,主要是取其“自由”之意。泰语为国语。

泰国实行自由经济政策,在 20 世纪 90 年代经济发展较快,跻身成为“亚洲四小虎”之一,但在“九八经济危机”中受重大挫折,之后陷入衰退和停滞。泰国是世界新兴工业国家和世界新兴市场经济体之一。制造业、农业和旅游业是经济的主要部门。泰国是亚洲唯一的粮食净出口国,是世界五大农产品出口国之一。电子工业等制造业发展迅速,产业结构变化明显,汽车业是支柱产业,泰国是东南亚汽车制造中心和东盟最大的汽车市场。

泰国是世界闻名的旅游胜地之一。泰国是佛教之国,大多数泰国人信奉四面佛。佛教徒占全国人口的九成以上。泰国是东南亚国家联盟成员国和创始国之一,同时也是亚太经济合作组织、亚欧会议和世界贸易组织成员。

首都曼谷是全国政治、经济、文化中心和现代与传统相交融的大都市,依然保留着标志辉煌传统的名胜古迹。金碧辉煌的大王宫、镂金镶玉的玉佛寺、庄严肃穆的金佛寺和四面佛等名胜古迹吸引了大批游客前往观光,使游人流连忘返。

小知识

泰国国旗与国徽

国旗

泰国国旗是一面三色旗,呈长方形,长与宽之比为 3∶2。由红、白、蓝、白、红 5 条横带组成,蓝带比红、白带宽 1 倍。上下方为红色,蓝色居中,蓝色上下方为白色。蓝色宽度相当于两个红色或两个白色长方形的宽度。红色代表民族和象征各族人民的力量与献身精神。泰国以佛教为国教,白色代表宗教,象征宗教的纯洁。泰国是君主立宪政体国家,国王是至高无上的，蓝色代表王室。蓝色居中象征王室在各族人民和纯洁的宗教之中。

国徽

图案是一只大鹏鸟，鸟背上蹲坐着那莱王。传说中大鹏鸟是一种带有双翼的神灵，那莱王是传说中的守护神。

（一）建国历程

1. 素可泰时期

泰国已有700多年的历史和文化，原名暹罗。

公元1238年建立了素可泰王朝，开始形成较为统一的国家。先后经历了素可泰王朝、大城王朝、吞武里王朝和曼谷王朝。泰国北部的素可泰，是泰国历史上第一个独立王朝即素可泰王朝（公元1238—1356年）的都城，素可泰在泰语中意为“幸福的黎明”，原来只是柬埔寨吴哥王朝下辖的一个城市；后来当地泰族人起义，攻城掠地，在这里创建起泰国的开国王朝。历史记载，素可泰王朝时期的泰国繁荣昌盛，疆域远远超过现版图，尤其是兰甘杏大帝在位时首创泰国文字和暹罗最早的宋加洛陶瓷业，开创了泰国历史的新纪元。南宋末年，宰相陈宜中兵败走占城，以后又转避暹罗，终老暹地。

2. 大城时期

元代国势强盛，锐意向外发展，东南亚各国纷纷向元廷朝贡，泰国也不例外。1350年，乌通王在大城府建都，脱离素可泰王国宣布独立，建立阿瑜陀耶王国，不久后吞并素可泰王国，被中国明朝封为暹罗国王。1767年，缅甸军队攻陷大城，阿瑜陀耶王国灭亡。大城时代历417年，共有33位君主。

3. 吞武里时期

阿瑜陀耶王国灭亡后郑信重建王国，将首都南迁至吞武里。郑信将军决定将都城从大城迁移到靠近海的地点，这样有利于对外贸易，保证武器的采购，并且万一缅甸重新进犯，便于防守和撤退。他在湄南河西岸的吞武里建立了新都城。郑信的统治并不是一帆风顺的。大城沦陷后缺少中央权威，导致王朝迅速瓦解，郑信统一各府的统治覆灭了。

4. 曼谷时期

郑信死后，查库里将军成为查库里王朝的第一世国王，即拉玛一世，从1782年统治到1809年。他即位的第一项举措就是将王室都城从吞武里迁到河对岸的曼谷，并建造了大王宫。拉玛二世国王（1809—1824）继续修建工作。拉玛三世国王（1824—1851）重新开始了同西方国家的联系，并发展同中国的贸易。《国王与我》中的拉玛四世国王（1851—1868）与欧洲国家缔结条约，避免沦为殖民地，并建立了现代泰国。在他统治期间，开展了许多社会和经济改革。拉玛五世朱拉隆功国王(1869—1910)在19世纪末大量吸收西方经验进行社会改革。1896年,英、法达成利益妥协,间接使得暹罗成为东南亚唯一没有沦为殖民地的国家。朱拉隆功国王继承父亲进行改革,废除奴隶制,改进公共福利和行政制度。拉玛六世国王(1910—1925)推行义务教育和其他教育方面的改革。拉玛七世国王(1925—1935)统治期间,泰国从君主专制政体转变为君主立宪政体。

1932年6月,人民党发动政变,建立君主立宪政体。1938年,銮披汶执政,泰国国王于1933年退位,由他的侄子阿南塔·玛希敦国王继位拉玛八世(1935—1946)。1939年6月由暹罗更名为泰国,意为"自由之地"。1939年起实行民主政治制度。1946年6月9日,拉玛八世在王宫不幸遭枪击身亡,而年仅19岁的王弟普密蓬继承王兄王位,成为拉玛九世。

第二次世界大战中暹罗倾向日本,1941年被日本占领,宣布加入轴心国。1941年12月7日,日本发动太平洋战争,日本和暹罗签订《日泰攻守同盟条约》。1942年1月25日,泰国宣布向英、美宣战,日本曾将部分在缅甸和马来亚半岛北部的占领地割让给暹罗。1945年8月15日,日本投降,暹罗随即在翌日宣布"暹罗1942年1月25日对英、美宣战宣言无效",暹罗的"宣战无效"宣言被同盟国承认。

第二次世界大战后,泰国成为美国在东南亚的主要军事盟国。在东南亚地区,泰国也是一个举足轻重的国家,首都曼谷是该区域中国际化程度很高的大都会区。另外,泰国是东盟创始国之一,对东南亚区内事务积极参与。

2016年10月13日,泰国国王普密蓬在曼谷诗里拉吉医院去世,享年88岁。

(二)人口状况

泰国人口规模呈现递增趋势(见图5—1),2017年泰国人口总数为6 904万人,在2005年基础上增加了361万人。全国农村人口较多,占总人口的47.33%。城镇人口比重有所上升,已从2005年的37.52%上升至2017年的52.67%(见图5—2)。全国共有30多个民族,泰族为主要民族,占人口总数的40%,其余为佬族、华族、马来族、高棉族,以及苗族、瑶族、桂族、汶族、克伦族、掸族、塞芒族、沙盖族等山地民族。90%以上的民众信仰佛教,马来族信奉伊斯兰教,还有少数民众信仰基督教、天主教、印度教和锡克教。

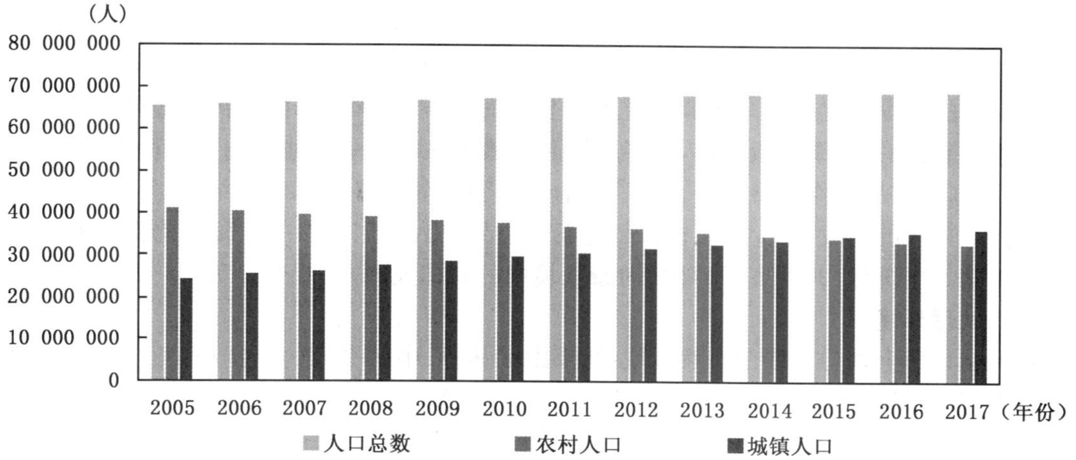

数据来源:世界银行数据库。

图5—1 泰国近几年人口增长状况(2005—2017年)

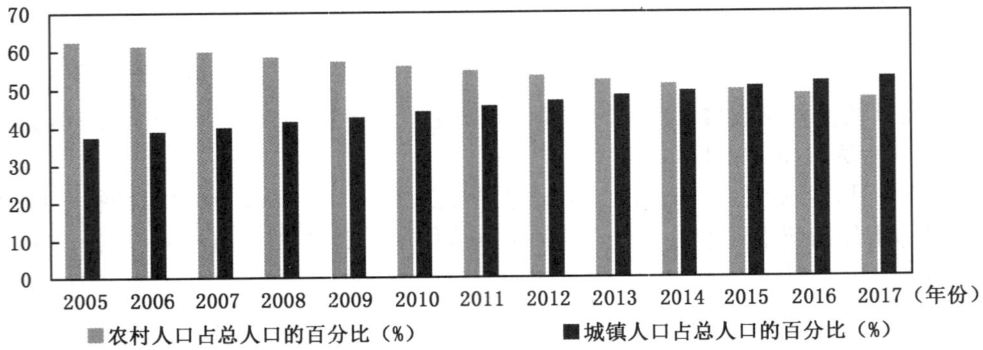

数据来源：世界银行数据库。

图 5—2　泰国近几年农村与城镇人口占总人口的比重(2005—2017 年)

泰人，在全国都有分布，占全国人口的 75%。根据其分布地区和方言，可分为中部泰人、东北部泰人、北部泰人和南部泰人。虽然中部泰人在政治、社会和文化方面拥有较大影响力，但人口数量并不占优势。根据 20 世纪 60 年代中期的统计，中部泰人和东北部泰人分别占人口总数的 32%和 30%；到了 90 年代中期，中部泰人的人口比例下降到 28%，而东北部泰人依然保持在 30%左右。

华人，在泰国华人约有 900 万，占全国人口的 14%，是除泰人之外最大的族群。华人大批移居泰国，主要集中在 19 世纪下半叶到 20 世纪 30 年代。历史上，华人的主要职业是充当中介，他们的足迹遍布泰国各个乡镇。现在，华人的主要居住地是曼谷和半岛的中部地区。华人的同化程度非常高，由于 20 世纪之前移居泰国的华人和华泰混血大多已经完全融入当地社会，因此并不被计算在华人人口之中。

马来人，在泰国马来人约有 200 万，其中 100 万聚居在泰国最南端的四府：北大年、也拉、陶公和沙敦(约占当地人口的 70%)。泰国的马来人信奉伊斯兰教，日常生活都遵循伊斯兰教规和习惯法行事。特别是在北大年、也拉、陶公三府的马来人，大多不会讲泰语，保持着传统的马来文化。

高棉人，泰国境内的高棉人可分为两类：古老居民和新近移民。他们主要分布在与老挝和柬埔寨接壤的泰国东北部和东南部几府。15 世纪时，高棉王国西部的大部分地区臣服于阿瑜陀耶王朝，当此地并入泰国版图后，许多高棉人依然居住在那里。他们的同化程度也非常高，主要讲泰语，或将泰语作为第一语言。宗教信仰几乎与泰人相同。20 世纪 70 年代，由于柬埔寨爆发旷日持久的内战，几十万高棉人越过泰柬边界进入泰国。这些新移民仍保留着自己的语言和文化。据统计，20 世纪 80 年代时泰国境内的高棉人有 60 万—80 万。

(三)地理环境

泰国从地形上划分为四个自然区域：北部山区丛林、中部平原的广阔稻田、东北部高原的半干旱农田，以及南部半岛的热带岛屿和较长的海岸线。国境大部分为低缓的山地和高原。地形多变，可分为西、中、东、南四个部分。

东北部是呵叻高原，这里夏季极干旱，雨季非常泥泞，不宜耕作。中部是昭披耶河(即湄南河)平原。由曼谷向北，地势逐步缓升，湄南河沿岸土地丰饶，是泰国主要农产地。曼谷以南为暹罗湾红树林地域，涨潮时没入水中，退潮后成为红树林沼泽地。泰国南部是西部山脉的延续，山脉再向南形成马来半岛，最狭处称为克拉地峡。

泰国的一般大众习惯将国家的疆域比作大象的头部，将北部视为“象冠”，东北地方代表“象耳”，暹罗湾代表“象口”，而南方的狭长地带则代表了“象鼻”。

泰国气候属于热带季风气候。全年分为热、雨、旱三季。年均气温 24℃－30℃，常年温度不低于 18℃，平均年降水量约1 000毫米。

11 月至次年 2 月受较凉的东北季风影响，比较干燥；3 月到 5 月气温最高，可达 40℃－42℃；7 月至 9 月受西南季候风影响，是雨季；10 月至 12 月偶有热带气旋从南中国海经过中南半岛吹袭泰国东部，但在暹罗湾形成的热带气旋为数甚少且一般在 20－35 个。

(四)资源禀赋

泰国资源丰富，主要有钾盐、褐煤、油页岩、天然气，还有锡、钨、锑、铅、锰、铁、锌、铜、镍、铬、重晶石、宝石和石油等。其中，钾盐储量4 367万吨，居世界第一。锡是泰国最重要的矿产，储量 150 万吨，居世界之首。油页岩储量约 187 万吨，褐煤储量约 20 亿吨。20 世纪 80 年代以来，泰国在泰国湾和内陆先后发现了天然气和石油。据民办银行估计，泰国天然气的最大储量为5 465亿立方米，石油(包括天然气冷凝液)的最大储量为 1.64 亿吨。在已发现的 15 个气田和油田中，天然气的总储量为3 659.5亿立方米，石油(包括天然气冷凝液)的总储量为2 559万吨。泰国是世界萤石的重要产地，萤石储量约1 150万吨；重晶石储量约3 553万吨。森林总面积1 440万公顷，覆盖率 25%。植物种类达 30 多万种。泰国的橡胶产量居世界首位，年达 210 万吨，占世界总产量的 1/3。

(五)政治环境

泰王国宪法规定，泰王国是以国王为国家元首的民主体制国家。宪法于 2007 年 8 月 24 日经普密蓬国王御准生效。分为总章、国王、公民权利、自由与义务、基本国策、议会、内阁、法院、权力监督、地方行政等 15 章 309 款。但在 2014 年 5 月 22 日因泰国军方宣布军事政变后暂停。现行宪法于 2017 年 4 月 6 日经哇集拉隆功国王批准生效，系泰国第 20 部宪法。

现任国王：玛哈·哇集拉隆功，出生于 1952 年 7 月 28 日，是已故泰国国王普密蓬·阿杜德和诗丽吉王后唯一的儿子。2016 年 12 月 1 日，在泰国曼谷律实宫，王储哇集拉隆功参加仪式，正式登基成为泰国新国王拉玛十世。

现任总理：巴育·詹欧差，出生于 1954 年 3 月 21 日。2014 年 5 月，泰国军事政变，陆军司令巴育担任代理总理。2014 年 8 月 25 日，时任泰国国王普密蓬·阿杜德(已故)签署御令，正式任命全国维持和平秩序委员会主席、陆军司令巴育为泰国第 29 任总理。

二、经济环境

(一)经济概况

泰国是一个新兴经济体，被认为是一个新兴工业化国家，它是亚洲发展速度较快的发展中国家，被称为“亚洲四小虎”之一。根据世界银行公布的 2017 年人均国民总收入数据分析，2017 年泰国人均 GDP 为6 593.82美元，属于中等偏上收入国家。

从图 5－3 中得知，在 2005－2008 年间，泰国经济持续增长。2005 年 GDP 为1 893.18亿美元，人均 GDP 为2 874.39美元。2008 年发生金融危机，各个行业受到了不同程度的影响。2009 年 GDP 增长率为－0.74%，人均 GDP 增长率为－1.3%。2009 年以来，泰国政府采取一系列方针政策，泰国走出经济危机，实现了经济增长。2010 年 GDP 增长率高达 7.51%。2013 年受国内政局问题的影响，GDP 持续下降。GDP 由 2013 年的4 233亿美元降至 2015 年的

4 014亿美元，人均 GDP 由 2013 年的6 168美元降至 2015 年的5 846美元（见图 5－3、图 5—4）。

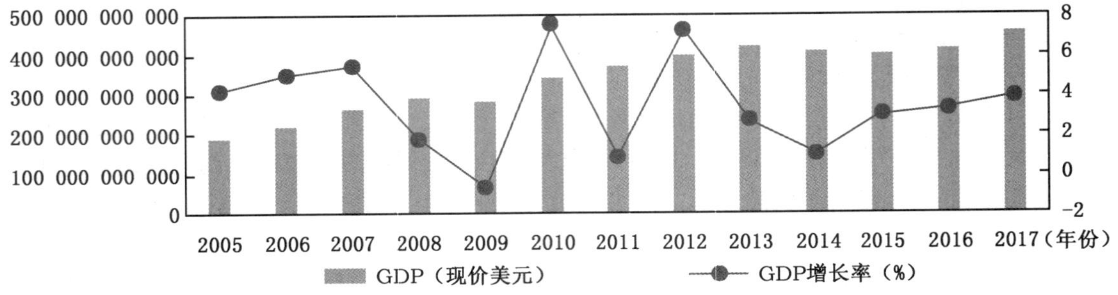

数据来源：世界银行数据库。

图 5—3　泰国 GDP 及增幅情况

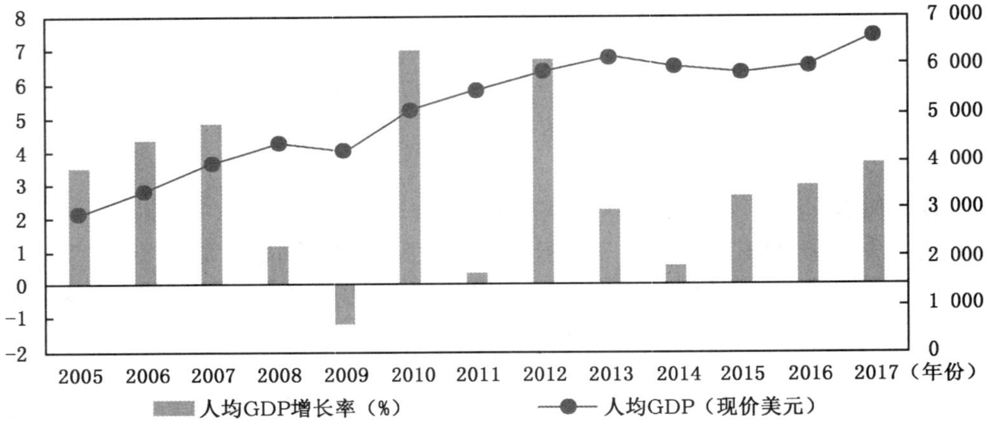

数据来源：世界银行数据库。

图 5—4　泰国人均 GDP 及增幅情况

泰国是东南亚第二大经济体，仅次于印尼，但其 2012 年人均国内生产总值只有5 390美元，在东南亚居中游位置，排在新加坡、文莱和马来西亚之后。截至 2013 年 3 月 29 日，国际储备总值1 712亿美元，金额是东南亚第二大，仅次于新加坡。泰国的对外贸易量也在东南亚排名第二，仅次于新加坡。工业和服务业是泰国国内生产总值的两个主要行业，前者占整体的 39.2％。农业占国内生产总值的 8.4％，低于贸易业（13.4％）和物流科技及通信业（9.8％），建筑及采矿业占国内生产总值的 4.3％，其他服务业包括金融、教育、酒店及餐厅等行业共占 24.9％。电信和新型服务贸易业是工业扩张和经济竞争力的焦点。

世界银行根据社会和发展指标，把泰国作为一个发展成功的重大案例。根据泰国经济和社会发展委员会的新定贫困线，生活在国家贫困线以下的人口比例从 1988 年的 65.26％降至 2011 年的 13.15％。2013 年首季的失业率为 0.7％，是世界上失业率第四低的国家，仅次于柬埔寨、摩纳哥和卡塔尔。2013 年上半年主要通胀率为 2.70％，而政策利率为 2.50％。

泰国实行自由经济政策，属外向型经济，较依赖美、日、欧等外部市场。20 世纪 80 年代，制造业尤其是电子工业发展迅速，经济持续高速增长。1996 年泰国被列为中等收入国家，

1997年亚洲金融危机后陷入衰退，1999年经济开始复苏。2003年7月提前两年还清金融危机期间国际货币基金组织提供的172亿美元贷款。

1963年起实施国家经济和社会发展5年计划。2017年开始第12个5年计划。2017年主要经济数据如下：国内生产总值为4 210亿美元；国内生产总值增长率为3.9%；汇率(全年均价)为1美元≈31.6铢；通货膨胀率为0.66%；失业率为1.3%。

(二)产业状况

泰国是世界新兴工业国家和世界新兴市场经济体之一。制造业、农业和旅游业是经济的主要部门，同时泰国是亚洲唯一的粮食净出口国，是世界五大农产品出口国之一。电子工业等制造业发展迅速，产业结构变化明显，汽车业是支柱产业，泰国是东南亚汽车制造中心和东盟最大的汽车市场。泰国三大产业结构比重呈现“三二一”特征。其中，第三产业对GDP的贡献较为稳定，为经济发展的主要动力。第一产业对GDP的贡献较小。第二产业和第三产业对国民经济的贡献度较高。2014年工业增加值占GDP的36.84%，服务业增加值占GDP的53.07%，农业增加值占GDP的百分比较小，为10.09%(见表5—1)。

表5—1　　泰国产业占GDP比重情况(2008—2017年)　　单位：%

指标＼年份	2008	2009	2010	2011	2012	2013	2014	2015	2016	2017
农业增加值占GDP的比重	10.08	9.79	10.53	11.59	11.51	11.32	10.09	8.99	8.50	8.66
工业增加值占GDP的比重	39.59	38.71	40.01	38.07	37.43	36.98	36.84	36.22	35.78	35.03
服务业增加值占GDP的比重	50.34	51.50	49.46	50.33	51.06	51.70	53.07	54.79	55.72	56.31

数据来源：世界银行数据库。

1. 第一产业

泰国是世界上稻谷和天然橡胶的最大出口国。农业是泰国的传统经济产业，农产品是泰国外汇收入的主要来源之一。泰国的农业是传统经济型农业，主要作物有稻米、玉米、木薯、橡胶、甘蔗、绿豆、麻、烟草、咖啡豆、棉花、棕油、椰子等。具体情况见表5—2、图5—5。

表5—2　　泰国农业增加值占GDP比重(2005—2017年)　　单位：亿美元、%

年份	农业增加值	农业增加值年增长率	农业增加值占GDP的比重
2005	174.14	—0.05	9.20
2006	208.59	3.93	9.41
2007	245.87	1.90	9.35
2008	293.58	2.93	10.08
2009	275.80	—0.24	9.79
2010	359.02	—0.46	10.53
2011	429.95	6.30	11.59
2012	457.47	2.71	11.51
2013	476.02	0.70	11.32
2014	411.07	—0.29	10.09

续表

年份	农业增加值	农业增加值年增长率	农业增加值占 GDP 的比重
2015	360.97	−6.27	8.99
2016	350.19	−2.45	8.50
2017	394.02	6.25	8.66

数据来源:世界银行数据库。

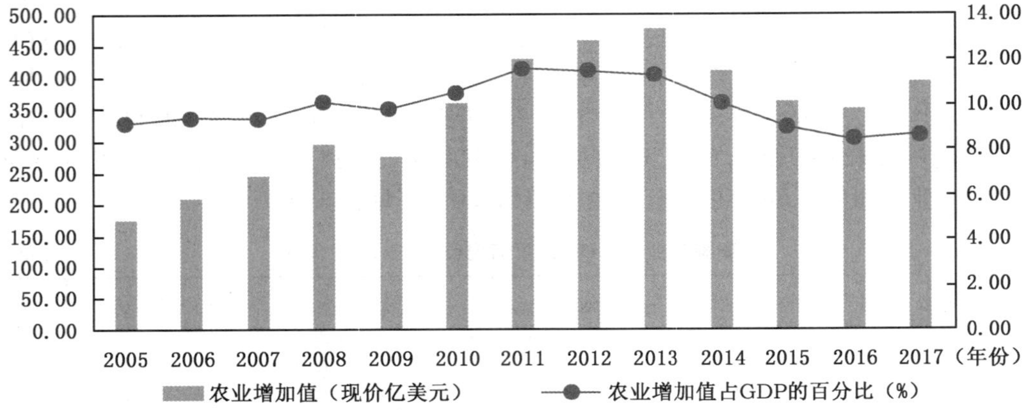

数据来源:世界银行数据库。

图 5—5 泰国农业增加值占 GDP 比重

2. 第二产业

泰国经济结构随着经济的高速发展出现了明显的变化。虽然农业在国民经济中仍然占有重要的地位,但制造业在其国民经济中的比重已日益扩大。制造业已成为其主要出口产业之一。泰国工业化进程的一大特征是,充分利用其丰富的农产品资源发展食品加工及其相关的制造业,主要工业门类有采矿、纺织、电子、塑料、食品加工、玩具、汽车装配、建材、石油化工等。自 20 世纪 80 年代以来,出口产品由过去以农产品为主逐步转为以工业品为主。主要出口产品有自动数据处理机、集成电路板、汽车及零配件、成衣、鲜冻虾、宝石和珠宝、初级化纤、大米、收音机和电视机、橡胶等;主要进口产品有电子和工业机械、集成电路、化学品、电脑配件、钢铁、珠宝、金属制品等。

泰国成为东南亚国家联盟市场的汽车制造中心。2004 年汽车产量达到 93 万辆,超过 2001 年 2 倍之多。丰田和福特是在泰国活跃的汽车制造商。汽车业扩张导致本地钢铁生产蓬勃。大多数车辆在泰国开发并由国外生产商(主要是日本和韩国)授权。泰国汽车产业利用东盟自由贸易区(AFTA)为它的许多产品找到销路。泰国是世界第二大货车的消费者,仅次于美国。2014 年,UPS 占泰国新车销量的 42%。

由表 5—3 和图 5—6 得知,近些年来,泰国工业产值在波动中增加,由 2005 年的 731.32 亿美元增加到 2017 年的1 594.76亿美元。工业增加值占 GDP 的百分比在波动中降低,由 2005 年的 38.63%降低至 2014 年的 36.84%,下降了 1.79%。2005—2008 年,泰国工业产值逐渐增加。2008 年泰国受金融危机的影响,2009 年工业产值降低,在 2008 年的基础上降低了 63.02 亿美元。2010—2013 年,工业产值逐渐增加,至 2013 年,工业产值为1 554.35亿美元。

由于泰国政治局势不稳定，2014 年工业产值降为1 500.47亿美元。

表 5—3　　泰国工业增加值占 GDP 比重(2005—2017 年)　　单位:亿美元、%

年份	工业增加值	工业增加值占 GDP 的比重	工业增加值年增长率
2005	731.32	38.629 05	5.235 402
2006	870.84	39.269 84	5.232 882
2007	1 039.84	39.546 16	6.607 021
2008	1 153.45	39.585 49	2.311 105
2009	1 090.43	38.707 54	—1.956
2010	1 364.85	40.012 69	10.469 72
2011	1 411.80	38.072 47	—4.103 36
2012	1 487.99	37.428 28	7.277 551
2013	1 554.35	36.979 06	1.491 183
2014	1 500.47	36.835 8	—0.012 34
2015	1 453.89	36.220 47	3.044 438
2016	1 473.19	35.778 37	2.866 186
2017	1 594.76	35.032 61	1.584 977

数据来源:世界银行数据库。

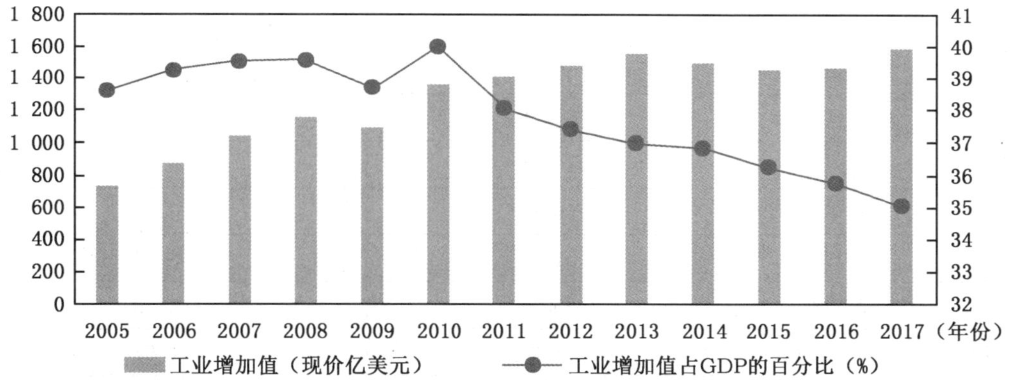

数据来源:世界银行数据库。

图 5—6　泰国工业增加值占 GDP 比重

2015 年，制造业产值为3 642 867百万泰铢，占工业总产值的 75.36%；供应业产值为391 035百万泰铢，占工业总产值的 8.09%；建筑业产值为379 293百万泰铢，占工业总产值的7.85%。从图 5—7 中可知，工业主要包括制造业、建筑业、供应业、采石业。

3. 第三产业

2005—2014 年，服务业增加值总体上呈上升趋势，由 2005 年的 987.73 亿美元增加到2014 年的2 132.13亿美元，增加了1 144.4亿美元；服务业增加值占 GDP 的比重在波动中增加，由 2005 年的 52.17%增加到 2014 年的 53.07%，增加了 0.9%。2005—2008 年，其产值持

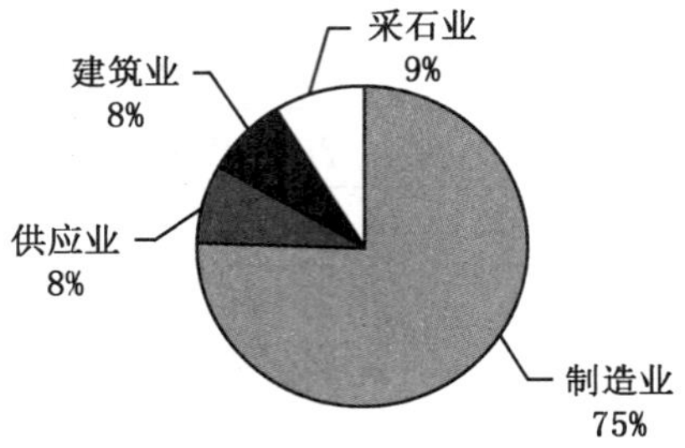

数据来源：wind 数据库。

图 5—7　泰国工业结构(2015 年)

续增加，2008 年泰国受国际金融危机的影响，2009 年服务业增加值有所下降，在 2008 年的基础上下降了 17.28 亿美元。自 2009 年以来，泰国政府采取了一系列推动经济的措施，泰国逐渐走出金融危机。2012 年服务业增加值的年增长率高达 8.41%。2014 年泰国政治局势动荡，泰国军队发动军事政变，服务业产值小幅度下降。2014 年服务业增加值占 GDP 的比重由 2005 年的 52.17%增加为 53.07%(见表 5—4)。

表 5—4　　泰国服务业增加值占 GDP 比重(2005—2014 年)　　单位：亿美元、%

年份	服务业增加值	服务业增加值占 GDP 的比重	服务业增加值年增长率
2005	987.73	52.17	4.14
2006	1 138.15	51.32	5.09
2007	1 343.72	51.10	5.22
2008	1 466.80	50.34	1.05
2009	1 449.52	51.50	−0.41
2010	1 685.36	49.46	6.94
2011	1 864.33	50.33	3.79
2012	2 025.91	51.06	8.41
2013	2 173.21	51.70	4.52
2014	2 132.13	53.07	1.97

数据来源：世界银行数据库。

第三产业主要包括批发零售业、修理业、旅馆及餐饮业、金融保险业、房地产业、教育业、社会保障业等。2015 年，第三产业中产值前 3 名分别为批发零售及修理业、金融保险业、房地产业。其中，批发零售及修理业产值为2 045 697百万泰铢，在第三产业中占比最高，为 27.41%；金融保险业产值为1 031 521百万泰铢，占第三产业的 13.82%；房地产业产值为910 751百万泰铢，占第三产业的 12.20%。

旅游业保持稳定发展势头，是外汇收入重要来源之一。主要旅游点有曼谷、普吉、清迈、帕塔亚、清莱、华欣、苏梅岛等。2012 年共有2 235万外国游客赴泰国旅游，同比增长 16.2%。

(三)外贸情况

泰国于 1995 年 1 月 1 日加入世界贸易组织。泰国作为东盟主要成员国之一，与澳大利亚、新西兰、中国等5国签订了自由贸易协议和经济一体化协议，覆盖范围包括商品和服务，与日本签订了自由贸易协议，内容只涉及商品。泰国签订了自由贸易协议和经济一体化协议后，市场环境更加开放，投资环境进一步改善，为外国企业在泰国经营提供了更加规范便利的条件。

对外贸易在国民经济中具有重要地位。2017年，泰国贸易总额4 595亿美元，同比增长12.3%。其中出口2 367亿美元，同比增长9.9%；进口2 228亿美元，同比增长14.7%。工业产品是出口主要增长点。中国、日本、东盟、美国、欧盟等是泰国的重要贸易伙伴。

主要出口产品有汽车及零配件、电脑及零配件、集成电路板、电器、初级塑料、化学制品、石化产品、珠宝首饰、成衣、鞋、橡胶、家具、加工海产品及罐头、大米、木薯等。

主要进口产品有机电产品及零配件、工业机械、电子产品及零配件、汽车零配件、建筑材料、原油、造纸机械、钢铁、集成电路板、化工产品、电脑设备及零配件、家用电器、珠宝金饰、金属制品、饲料、水果及蔬菜等。

1. 进口情况

近年来，泰国进口规模呈波动趋势，进口额总体上是增加的。2014年的进口额为2 002.17亿美元，在2005年的基础上增加了942.4亿美元。2005—2008年，进口额持续增加，由2005年的1 059.77亿美元增加到2008年的1 578.20亿美元。受国际金融危机的影响，2009年泰国的进口额降为1 181.80亿美元。2010—2012年，进口额持续增加，2012年增加至2 190.15亿美元，在2010年的基础上增加了570.82亿美元。2013—2014年，进口额逐渐下降，2014年进口额为2 002.17亿美元。

2005—2014年间，泰国进口额在东南亚11国中的占比不稳定，总体上呈递减趋势。2005—2007年，其占比下降了约2%；2009—2012年，其占比增加了约2%。10年来，泰国进口额在东南亚11国中的占比由2005年的19.18%降至2014年的17.26%，下降了约2%。泰国进口额在"一带一路"国家中的占比由2005年的4.51%下降为2014年的3.43%，下降了约1%。泰国进口额在全球的占比由2005年的0.98%增加为2014年的1.05%，增加了不到1%（见表5—5）。

表5—5　　泰国进口及占比情况（2005—2014年）　　单位：亿美元、%

年份	泰国进口	东南亚11国占比	"一带一路"占比	全球占比
2005	1 059.77	19.18	4.51	0.98
2006	1 142.65	18.20	4.09	0.92
2007	1 246.10	17.54	3.60	0.88
2008	1 578.20	18.21	3.64	0.96
2009	1 181.80	17.48	3.44	0.93
2010	1 619.33	18.19	3.70	0.93
2011	2 021.28	18.74	3.73	1.10
2012	2 190.15	19.05	3.86	1.18
2013	2 186.89	18.82	3.73	1.16
2014	2 002.17	17.26	3.43	1.05

数据来源：联合国贸易与发展组织整理而得。

从表5—6中可知,2014年泰国货物进口商品中排名前3的产品为机电设备(进口额为676.35亿美元,占进口总额的29.67%)、燃油产品(进口额为480.84亿美元,占进口总额的21.10%)、金属产品(进口额为280.12亿美元,占进口总额的12.29%)。这三类产品占进口总额的63.06%。

表5—6　　2014年泰国进口及占比情况　　单位:亿美元、%

排序	品名	占比	金额
1	机电设备	29.67	676.35
2	燃油产品	21.10	480.84
3	金属产品	12.29	280.12
4	化学制品	7.77	177.16
5	运输	5.98	136.35
6	沙石和玻璃	4.94	112.49
7	塑料喷塑	4.64	105.68
8	其他余项	3.42	78.02
9	食品生产	2.32	52.83
10	纺织品	2.07	47.14

数据来源:联合国贸易与发展组织整理而得。

主要进口国家为中国(占进口总额的16.89%)、日本(占进口总额的15.67%)、美国(占进口总额的6.44%)、马来西亚(占进口总额的5.59%)等。

2. 出口情况

近年来,泰国出口额总体上呈上升趋势,在东南亚11国出口总额中的占比、在"一带一路"国家出口总额中的占比、在全球出口总额中的占比相对稳定。2014年泰国出口额为2 247.77亿美元,在2005年的基础上增加了1 154.08亿美元。泰国出口额在东南亚11国中的占比由2005年的16.95%增加到2014年的17.30%,增加了不到1%。泰国出口额在"一带一路"国家中的占比由2005年的3.94%下降为2014年的3.24%。泰国出口额在全球的占比由2005年的1.08%增加到2014年的1.20%(见表5—7)。

表5—7　　泰国出口及占比情况(2005—2014年)　　单位:亿美元、%

年份	泰国出口	东南亚11国占比	"一带一路"占比	全球占比
2005	1 093.69	16.95	3.94	1.08
2006	1 279.29	16.93	3.79	1.09
2007	1 512.40	17.79	3.69	1.11
2008	1 752.14	17.91	3.45	1.12
2009	1 507.88	18.55	3.82	1.24
2010	1 916.00	18.39	3.81	1.29
2011	2 191.19	17.72	3.46	1.22

续表

年份	泰国出口	东南亚11国占比	"一带一路"占比	全球占比
2012	2 257.03	17.77	3.41	1.24
2013	2 254.21	17.68	3.29	1.22
2014	2 247.77	17.30	3.24	1.20

数据来源:联合国贸易与发展组织整理而得。

从表5—8中可知,2014年主要出口商品中排名前3的产品为机电设备(出口额为692.74亿美元,占出口总额的30.44%)、运输(出口额为286.19亿美元,占出口总额的12.58%)、塑料和橡胶(出口额为279.43亿美元,占出口总额的12.28%)。

表5—8　　2014年泰国出口及占比情况　　单位:亿美元、%

排序	品名	占比	金额
1	机电设备	30.44	692.74
2	运输	12.58	286.19
3	塑料和橡胶	12.28	279.43
4	食品生产	7.87	179.08
5	化学制品	5.35	121.86
6	沙石和玻璃	5.30	120.66
7	燃油产品	5.27	119.85
8	蔬菜类	5.03	114.37
9	金属产品	4.40	100.12
10	其他余项	3.49	79.38

数据来源:联合国贸易与发展组织整理而得。

2014年主要出口国家和地区为中国内地(占出口总额的11.02%)、美国(占出口总额的10.53%)、日本(占出口总额的9.59%)、马来西亚(占出口总额的5.61%)、中国香港(占出口总额的5.54%)等。

2013年,泰国的进口贸易集中度为0.081 509 15,出口贸易集中度为0.052 403 31。相比较泰国进出口贸易集中度,泰国进口贸易集中度大于出口贸易集中度,泰国进口贸易风险较大。

3. 投资情况

泰国从1961年开始实行开放的市场经济政策,采取了一系列优惠政策鼓励外商赴泰投资。1987—1990年为外国对泰投资高峰期。1997年受亚洲金融危机冲击,外国对泰投资大幅下降。泰国政府加大投入,加强基础设施建设,完善立法,创造良好环境吸引外资。据不完全统计,2012年外国对泰直接投资132.12亿美元。

近年来,泰国的FDI流入流量增长不稳定,波动幅度较大。在2005—2007年之间是持续增长的,2008—2009年之间大幅度下降,下降至4 854.39百万美元,2010年开始回升,2011年大幅度下降,相比上年下降了7 952百万美元,2012—2014年有所增加。2014年FDI流入流量为12 566百万美元,相比2005年的8 067百万美元增加了4 499百万美元。2014年泰国FDI流入流量在东南亚 11 国 FDI 流入流量的占比、在“一带一路”国家 FDI 流入流量的占比分别由 2005 年的 18.68%、3.06%下降到 9.46%、2.85%，在全球 FDI 流入流量的占比由 2005 年的 0.87%上升到 1.02%（见图 5—8）。

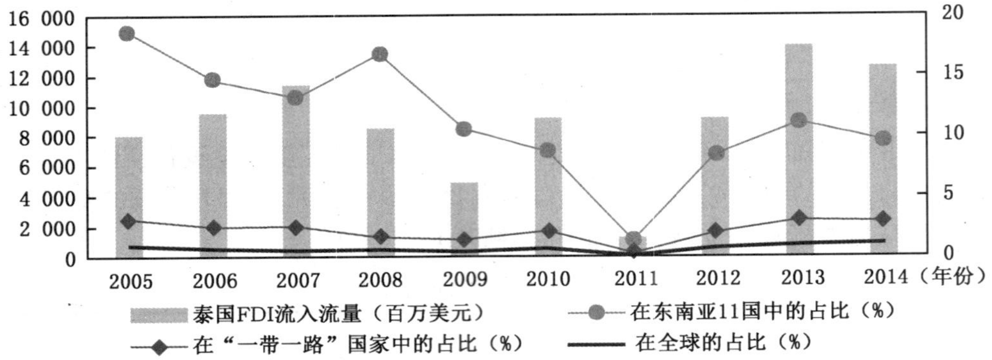

数据来源：http://unctad.org。

图 5—8　泰国 FDI 流入流量及占比情况

近年来，泰国 FDI 流出存量持续增加。2005 年泰国 FDI 流出存量为5 168百万美元，2014 年增加到65 769百万美元，是 2005 年的 12.7 倍。泰国 FDI 流出存量在东南亚 11 国 FDI 流出存量的占比、在“一带一路”国家 FDI 流出存量的占比、在全球 FDI 流出存量的占比都是增加的，分别由 2005 年的 2.36%、0.98%、0.04%上升到 2014 年的 7.78%、2.44%、0.27%（见表 5—9）。

表 5—9　泰国 FDI 流出存量及占比情况（2005—2014 年）　单位：百万美元、%

年　份	泰国 FDI 流出存量	在东南亚 11 国中的占比	在“一带一路”国家中的占比	在全球的占比
2005	5 168	2.36	0.98	0.04
2006	6 666	2.12	0.86	0.05
2007	8 307	1.98	0.70	0.05
2008	10 562	2.63	0.92	0.07
2009	14 899	3.09	1.03	0.08
2010	21 369	3.60	1.23	0.10
2011	37 747	6.01	1.95	0.18
2012	49 406	6.72	2.22	0.22
2013	58 845	7.30	2.31	0.24
2014	65 769	7.78	2.44	0.27

数据来源：http://unctad.org。

泰国主要对美国、东盟、中国大陆及台湾地区投资。2017 年泰国新增对华投资额 1.1 亿美元，同比增长 96.3%。在华投资的公司主要有正大集团、盘谷银行等。

三、社会文化环境

（一）宗教

佛教是泰国的国教，90%的人信奉佛教。几百年来，无论是风俗习惯还是文学、艺术和建筑等各方面，几乎都与佛教有着密切关系。在泰国，凡是信佛教的男孩，到了一定年龄都要一度削发为僧，连王室和贵族也不例外。到泰国旅游，处处可见身披黄色袈裟的僧侣以及富丽堂皇的寺院。因此，泰国又有"黄袍佛国"的美名。佛教为泰国人塑造了道德标准，使之形成了崇尚忍让、安宁和爱好和平的精神风范。

（二）民俗

泰国人对于不认识的长辈都习惯叫叔、伯、姑、姨，或爷爷、奶奶。同辈之间也称兄道弟，或以姐妹相称。他们从小受教育，在家要尊敬父母、长辈，在学校要尊敬老师，对高年级同学要有礼貌，敬老师犹如敬奉父母。一年一度的宋干节，人们都习惯向自己尊敬的长辈、上级洒圣水祝福。在敬老师那天，学生要向自己的老师膜拜致敬。尊长敬师的风尚与社会提倡知恩报德的教育有关，泰国人没有重男轻女的风气，不少家庭生了女孩比生男孩更高兴。泰国女子在各个方面取得了与男子平等的地位，如受教育、选举与被选举权。

（三）餐饮

泰国美食国际知名（见图 5—9）。无论是口味辛辣的还是较为清淡的，和谐是每道菜所遵循的指导原则。泰式烹调实质上是受几百年东西方影响作有机的结合，形成了独特的泰国饮食。泰国美食的特点要根据厨师、就餐人、场合和烹饪地点情况而定，以满足所有人的胃口。泰国烹饪最初反映了水上生活方式的特点。水生动物、植物和草药是其主要的配料。

因为有佛教背景，所以泰国人避免使用大块动物的肉。大块的肉被切碎，再拌上草药和香料。泰国传统的烹饪方法是蒸煮、烘焙或烧烤。由于受到中国影响，引入了煎、炒和炸的方法。自 17 世纪以来，烹饪方法一直受到葡萄牙、荷兰、法国和日本的影响。在 17 世纪后期，葡萄牙传教士在南美洲习惯了红辣椒的味道，于是在泰国菜中引入了红辣椒。

图 5—9　泰国美食

(四)节日

1. 国庆日

12 月 5 日(1927 年,国王普密蓬·阿杜德诞辰)。

2. 泰语国家日

泰国政府在 1999 年决定把每年 7 月 29 日定为泰语国家日。

3. 母亲节

8 月 12 日是泰国王后诗丽吉的生日,也是泰国的母亲节。

4. 农耕节

泰国的重要节日,每年到农耕节时,泰国都要在曼谷大王宫旁边的王家田广场举行大典。农耕节大典始于 13 世纪的素可泰王朝。

5. 鬼节

泰国的鬼节每年都于 6 月中旬在黎府举行,非常受当地人民的重视,主要是向上天祈求风调雨顺,希望来年稻米丰收。

(五)历法

泰国年历为佛历年,又称泰历年,是以释迦牟尼去世当年度为计算基准。2012 年称佛历年 2555 年。由于比耶稣诞辰早 543 年,即 2555 年－543 年＝2012 年。为了方便使用,纪月法则同样。

换算方法:泰国的本国纪年－543＝公元年。

(六)拳术

泰拳是泰国传统民族艺术和格斗技艺,泰拳作为一门传奇的格斗技艺,是一项以力量与敏捷著称的运动。主要运用人体的拳、腿、膝、肘四肢八体八种武器进行攻击,出拳发腿、使膝用肘发力流畅顺达,力量展现极为充沛,攻击力猛锐。人们口中所说的泰拳一般指现代泰拳,而并非指古代泰拳。泰拳作为一门民族艺术,与泰族传统文化关系密切,其宗教色彩浓厚。例如入门拜师、竞技礼节及拳舞仪式等,都有宗教艺术背景。至于泰国的古典诗剧和舞蹈艺术,其中有很多动作和细节被融于拳术之中。如多款拳术招式和拳舞拳花,追根寻源,肯定是戏剧和舞蹈艺术。由此看来,泰拳被视为泰国的民族艺术绝非牵强,实属极具代表性的技艺。

(七)教育

泰国实行 12 年制义务教育。中小学教育为 12 年制,即小学 6 年、初中 3 年、高中 3 年。中等专科职业学校为 3 年制,大学一般为 4 年制,医科大学为 5 年制。著名高等院校有朱拉隆功大学、法政大学、农业大学、清迈大学、孔敬大学、宋卡纳卡琳大学、玛希敦大学、诗纳卡宁威洛大学、易三仓大学和曼谷大学等。此外,还有兰甘亨大学和素可泰大学等开放大学。

根据 1977 年修订后公布的教育发展规划的精神,泰国教育行政管理制度的总方针在于发展现代教育以适应现代社会的需要,教育民众珍惜立宪民主原则,遵守宪法、政令、宗教传统和泰王旨意。

全国教育行政管理机构有:

1. 全国教育委员会

主管教育规划、教育研究与教育评价。

2. 教育部

主管全国教育发展、国际教育活动、文化事务与宗教团体教育机构。1964 年以前,教育部只主管师范教育机构而不管大学。1965 年初,初等教育机构由内政部及府级教育行政部门直接管辖,教育部也不再管理。

3. 高等教育办公室

负责全国各类型的高等教育事业的改革与发展。从中央与地方的行政权力划分看,实行地方分权制。教育行政部门调拨教育经费给各级各类教育机构与学校单位。大部分教育经费出自国家的预算开支。不论是公立学校还是私立学校均得到政府的资助,但政府拨给公立学校的教育经费较多。

学前教育机构大多数由私人投资开办,政府只办少数示范性的学校。中学分为初中、高中两段。

学前教育为 3—6 岁;义务教育为 7—13 岁;中学教育为 14—19 岁;大学教育为 20—23 岁;研究生院阶段为 24—26 岁。

泰国教育行政区大体上分为泰北部教育地区、泰东北部教育地区、泰中部教育地区、泰南部教育地区。由于各区域的国民经济发展水平不同,各区域之间的教育水平相差较大。中部地区人口占全国总人口的 1/5,人口也比较集中,教育发达,适龄儿童入学率最高,它是泰国政治、经济和文化教育科学的中心。泰北区主要为山地,所以教育较落后。

(八)民生

在百货公司都有标准的固定价格,在大多数其他的地方需要讨价还价。一般情况下,你最终的成交价格可以比原先的开价低 10%—40%,这主要取决于你的技巧和店主的心情。但是要记住,泰国人欣赏良好的举止和幽默感。只要有耐心和开朗的笑容,你不仅仅可以得到较好的价格,而且还会将购物当作一门艺术来享受。

20 世纪 80—90 年代,经济持续快速增长,人民生活水平相应提高,工人最低工资和公务员的薪金多次上调,居民教育、卫生、社会福利状况不断改善。1997 年金融危机后,人均国民收入一度下滑。1999 年经济逐渐复苏,人民生活水平再度提升。

四、与中国的贸易关系

1975 年 7 月 1 日,中国与泰国建立外交关系。两国关系保持健康、稳定发展。2001 年 8 月,两国政府发表《联合公报》,就推进中泰战略性合作达成共识。2012 年 4 月,两国建立全面战略合作伙伴关系。2013 年 10 月,两国政府发表《中泰关系发展远景规划》。

1985 年,两国成立部长级经贸联委会。2003 年 6 月升格为副总理级,迄今已举行 5 次会议。此外,双方还签订了《促进和保护投资协定》(1985 年)、《避免双重征税和防止偷漏税协定》(1986 年)、《贸易经济和技术合作谅解备忘录》(1997 年)、《双边货币互换协议》(2011 年、2014 年)等。2003 年 10 月,两国在中国—东盟自贸区框架下实施蔬菜、水果零关税安排。2004 年 6 月,泰国承认中国完全市场经济地位。2009 年 6 月,两国签署《扩大和深化双边经贸合作的协议》。2012 年 4 月,两国签署《经贸合作五年发展规划》。2014 年 12 月,两国央行签署《关于在泰国建立人民币清算安排的合作谅解备忘录》,并续签《双边货币互换协议》。

(一)中国对泰国的出口情况

近些年,中国对泰国的出口总额总体上是增加的,由 2005 年的 78.19 亿美元增加到 2016 年的 371.95 亿美元,增速高达 375.70%(见表 5—10)。2005—2008 年,出口额持续增加,2008 年出口额为 156.36 亿美元,比上年增加 29.95%。随后 2009 年受国际金融危机的影响,出口额小幅减少,比上年减少 14.9%。2010—2015 年,中国对泰国的出口额持续增加,且 2010 年的增长幅度高达 48.35%。而 2016 年的出口额又有所下降,比上年下降了 2.86%。

表 5－10　　中国与泰国的贸易状况（2007－2016 年）　　单位：万美元

年 份	中国同泰国进出口总额	中国同泰国出口总额	中国同泰国进口总额
2016	7 572 743	3 719 508	3 853 234
2015	7 545 955	3 829 080	3 716 875
2014	7 262 116	3 428 923	3 833 193
2013	7 124 055	3 271 790	3 852 265
2012	6 975 086	3 119 620	3 855 466
2011	6 473 385	2 569 475	3 903 910
2010	5 293 702	1 974 108	3 319 594
2009	3 819 082	1 328 551	2 490 531
2008	4 129 309	1 563 635	2 565 674
2007	3 463 812	1 197 343	2 266 469

数据来源：中国国家统计局。

从表 5－11 中得知，2005 年，中国出口到泰国按出口额排名前 10 的产品占比分别为机器制品（占 22.7%）、机电设备（占 21.67%）、钢铁（占 13.73%）、无机化学制品（占 2.78%）、光学制品（占 2.58%）、有机化学制品（占 2.54%）、天然或养殖珍珠（占 2.47%）、杂项化学制品（占 2.10%）、钢铁制品（占 2.06%）、塑料及其制品（占 1.76%）。对比 2005 年和 2015 年，中国出口到泰国按出口额排名前 10 的产品结构上变化不大，主要产品为机器制品、机电设备、钢铁等。其中，机器制品、机电设备、钢铁的出口额都大幅度增加，但机器制品、钢铁的出口额占总出口额的比重有所下降，分别由 2005 年的 22.7%、13.73% 下降到 2015 年的 17.01%、5.25%。

表 5－11　　中国出口泰国货物及占比情况　　单位：千万美元、%

年份	排名	出口物品	出口额	占比
2005	1	机器制品	177.47	22.70
	2	机电设备	169.47	21.67
	3	钢铁	107.38	13.73
	4	无机化学制品	21.77	2.78
	5	光学制品	20.16	2.58
	6	有机化学制品	19.83	2.54
	7	天然或养殖珍珠	19.29	2.47
	8	杂项化学制品	16.40	2.10
	9	钢铁制品	16.10	2.06
	10	塑料及其制品	13.78	1.76

续表

年份	排名	出口物品	出口额	占比
2015	1	机电设备	863.45	22.54
	2	机器制品	651.51	17.01
	3	钢铁	201.20	5.25
	4	塑料及其制品	145.32	3.79
	5	钢铁制品	130.11	3.40
	6	零件和配件	125.53	3.28
	7	家具等床上用品	119.49	3.12
	8	食用水果和坚果	111.46	2.91
	9	鱼和无脊椎动物	99.16	2.59
	10	光学制品	96.32	2.51

数据来源：联合国贸易与发展组织。

（二）中国从泰国进口的情况

中国从泰国的进口总额处于波动中增加的趋势，由 2005 年的 139.92 亿美元增加到 2016 年的 385.32 亿美元。2005—2008 年，中国从泰国进口的进口额持续增加，其增长幅度不断减小，2008 年进口额为 256.567 亿美元，增幅为 13.20%。受 2008 年国际金融危机的影响，2009 年进口额小幅下降至 249.05 亿美元，比上年减少 2.96%。随后 2010—2011 年进口额不断增加，2012—2015 年进口额不断减少，2016 年进口额又有所增加，为 385.32 亿美元，比上年增加了 3.67%。

从表 5—12 中得知，2005 年，中国从泰国进口按进口额排名前 10 的产品占比分别为机器制品（占 27.48%）、机电设备（占 26.49%）、塑料及其制品（占 10.04%）、橡胶及其制品（占 6.93%）、矿物制品（占 5.76%）、有机化学制品（占 3.36%）、食用蔬菜类（占 2.44%）、钢铁（占 2.19%）、木材制品（占 1.98%）、光学制品（占 1.35%）。对比 2005 年和 2015 年，中国从泰国进口的产品结构整体上变化不大，主要进口机电设备、机器制品、塑料及其制品、橡胶及其制品等。其中，机电设备、机器制品、塑料及其制品、橡胶及其制品的进口额都大幅度增加，但机电设备、机器制品、塑料及其制品的进口额占总进口额的比重都有所下降，分别由 2005 年的 26.49%、27.48%、10.04%下降至 2015 年的 22.27%、18.35%、9.53%，而橡胶及其制品的进口额占总进口额的比重由 2005 年的 6.93%增加至 2015 年的 10.77%。

表 5—12　　**中国进口泰国货物及占比情况**　　单位：千万美元、%

年份	排名	进口物品	进口额	占比
2005	1	机器制品	384.48	27.48
	2	机电设备	370.61	26.49
	3	塑料及其制品	140.47	10.04
	4	橡胶及其制品	96.97	6.93
	5	矿物制品	80.58	5.76
	6	有机化学制品	47.03	3.36
	7	食用蔬菜类	34.18	2.44
	8	钢铁	30.60	2.19
	9	木材制品	27.67	1.98
	10	光学制品	18.82	1.35

续表

年份	排名	进口物品	进口额	占比
2015	1	机电设备	829.02	22.27
	2	机器制品	683.06	18.35
	3	橡胶及其制品	400.80	10.77
	4	塑料及其制品	354.82	9.53
	5	光学制品	180.09	4.84
	6	食用蔬菜类	170.62	4.58
	7	有机化学制品	149.95	4.03
	8	天然或养殖珍珠	132.54	3.56
	9	木材制品	126.13	3.39
	10	食用水果和坚果	116.86	3.14

数据来源：联合国贸易与发展组织。

(三)中国与泰国的贸易竞争互补关系

首先，中国与泰国的贸易互补关系总体较强。2013 年，以中国出口计算的贸易互补指数为0.355 6，在"一带一路"相关国家中排名第 2 位；以泰国出口计算的贸易互补指数为0.291 5，在"一带一路"相关国家中排名第 26 位。

其次，2013 年，以中国出口计算的贸易互补指数0.355 6大于以泰国出口计算的贸易互补指数0.291 5，这有利于中国出口，同时也有利于泰国进口。2005 年，以中国出口计算的贸易互补指数0.316 5小于以泰国出口计算的贸易互补指数0.334 8，说明在贸易互补关系中，有利于泰国出口和中国进口。

最后，中国与泰国之间的贸易竞争关系较强，但有减弱趋势。2005 年，中国与泰国的贸易竞争指数为0.410 1，贸易竞争关系很强烈，在与"一带一路"相关国家贸易竞争指数中排名第 3 位。2013 年，贸易竞争指数为0.265 6，在与"一带一路"相关国家贸易竞争指数中排名第 14 位。相比较 2005 年，2013 年中国与泰国的贸易竞争指数下降了0.144 5，排名下降了 11 位。

中国是泰国的最大贸易伙伴，泰国是中国在东盟国家中的第三大贸易伙伴。2017 年，双边贸易额 802.9 亿美元，同比增长 6%。其中中国出口 387.1 亿美元，同比增长 4.1%；进口 415.8 亿美元，同比增长 7.9%。2018 年 1—4 月，双边贸易额 275.8 亿美元，同比增长 13.7%。其中中国出口 134.7 亿美元，同比增长 16.4%；进口 141.1 亿美元，同比增长 11.3%。

2017 年，中国对泰国新增非金融类直接投资额 5 亿美元，同比下降 55%。中国企业在泰国新签承包工程合同额 37.3 亿美元，下降 3.1%；完成营业额 33.8 亿美元，增长 15.3%。

小知识

泰国大王宫

曼谷泰国大王宫又称故宫，是泰国曼谷王朝一世王至八世王的王宫。大王宫的总面积为 21.84 万平方米，位于首都曼谷市中心，依偎在湄南河畔，是曼谷市内最为壮观的古建筑群。

1782年，曼谷王朝拉玛一世开始兴建大王宫。1784年，第一座宫殿阿玛林宫建成，拉玛一世即迁入宫内主持政事。以后历代君主集泰国建筑艺术之精华，不断扩建大王宫，装饰也日益宏伟华丽，使其达到了现存的规模。大王宫四周筑有白色宫墙，高约5米，总长1 900米。建筑以白色为主色，风格主要为暹罗式。庭园内绿草如茵，鲜花盛开，树影婆娑，满目芳菲。大王宫主要由几个宫殿和一座寺院组成。大王宫内的寺院即著名的玉佛寺建筑群。

课后思考题

1. 试分析泰国的产业结构。
2. 中国与泰国的贸易状况如何？
3. 试分析泰国与东盟各国的贸易关系。

第六章
文莱
(Brunei)

一、基本情况

文莱全称“文莱达鲁萨兰国”(马来语:Negara Brunei Darussalam),又称为文莱伊斯兰教君主国;Negara 意为“国家”,而 Darussalam 意为“和平之邦”。文莱位于亚洲东南部、加里曼丹岛西北部,面积5 765平方公里,人口 42.87 万(2017 年),共有 33 个岛屿。文莱建国历程较长,自 14 世纪中叶伊斯兰教传入就建立苏丹国,但其独立时间较短,于 1984 年真正独立,距今仅有 34 年。文莱是个以原油和天然气为主要经济支柱的国家,油气产值占整个国家国内生产总值的 50%。在东南亚,文莱石油储量和产量仅次于印度尼西亚,居第 2 位。文莱是世界上最富有的国家之一,2017 年人均 GDP 为28 290美元,位居东盟第 2 位、世界第 26 位。

小知识

文莱国旗与国徽

国旗

文莱国旗呈横长方形,长与宽之比为 2∶1。由黄、白、黑、红四色组成,黄色的旗底上横斜着黑、白宽条,中央绘有红色的国徽。1906 年,当文莱还是英国的保护国时,就制作了文莱第一面国旗——呈长方形的黄色旗帜。旗帜上的黄色代表苏丹至高无上。后来为了纪念两位有功的亲王,文莱决定在国旗上加上黑、白两条斜条。1959 年,文莱实现自治时制定了第一部宪法,宪法规定把文莱的国徽图案绘制在国旗中央。1984 年 1 月 1 日,文莱宣布完全独立,国旗沿用至今。

国徽

文莱国徽中心图案为一轮上弯的新月,象征文莱是信奉伊斯兰教的国家。新月中心,一根棕榈树干伸展枝叶,与月牙尖连接起来象征和平。双翼上端一顶华盖和一面三角旗则代表苏丹至高无上的权威。新月中央的金色马来文字写着“永远在真主指引下”,表示文莱人对真主的虔敬。两侧有两只支撑着的手臂,既表示占文莱人口多数的马来人向真主的祈求,又表示文莱臣民对苏丹的拥戴。国徽底部一条红色饰带上书写着“和平之城——文莱”。

(一)建国历程

文莱古称浡泥，是东南亚最古老的国家之一。早在公元5世纪中国的史籍中已有记载，最初称为“婆黎”，唐代后改称“浡泥”。其统治范围大致为加里曼丹岛西北部，曾多次遣使来华，并与中国有贸易往来。文莱长期受中国文化影响，13世纪后伊斯兰化。明代永乐年间(1408年)，浡泥王麻那惹加那曾经亲自率使臣来中国拜见明成祖，不幸病故，葬于南京，留有浡泥国王墓。其后，麻那惹加那之子继位，并于1414年与满剌加苏丹女儿结婚，建立伊斯兰教苏丹国。文莱在第五世苏丹博尔基亚(1473—1521)的治理下达到盛世。16世纪初，文莱国力处于最强盛时期，国土包括菲律宾南部以及砂拉越和沙巴，迫使周边一些小国每年向其朝贡。

自16世纪中期起，葡萄牙、西班牙、荷兰、英国等国家相继入侵文莱。1888年文莱沦为英国保护国，1941年被日本占领，1946年日本战败后英国又恢复对文莱的控制。1971年文莱政府与英国进行谈判，重新签约，获得了除外交和国防事务外的自治。1984年1月1日，英国交出外交和国防权，文莱实现了完全的独立。

1984年1月7日，文莱正式加入东南亚国家联盟，9月加入联合国，成为其第159个会员国。独立以后，苏丹政府大力推行“马来化、伊斯兰化和君主制”政策，巩固王室统治，重点扶持马来族等土著人的经济，在进行现代化建设的同时严格维护伊斯兰教义。在外交方面，文莱奉行不结盟和同各国友好的政策，以东盟为基石，主张地区稳定、繁荣与团结。如今的文莱政治稳定，经济持续发展，人民生活富裕。

(二)人口状况

近些年来，文莱人口规模总体呈递增态势，而年增长率在2008年触底后开始缓慢回升，2013年后再次呈下降态势。2017年，文莱总人口42.87万，增长率为1.29%，在2007年基础上增长了5万多人(见图6－1)。其中，马来人口占66.4%，华人占10%，其他土著人和外籍人口占23.6%。近几年文莱城市化发展迅速，城镇人口逐渐增多，目前城镇人口数占总人口的80%以上。男性人口占总人口的51.5%，女性人口占总人口的48.5%，男女比例为106：100。

(三)地理环境

文莱位于加里曼丹岛西北部，北濒南中国海，面积5 765平方公里，海岸线长162公里，共有33个岛屿。东、南、西三面与马来西亚的砂拉越州接壤，两国陆地边界线长381公里，被砂拉越州的林梦分隔为不相连的东、西两部分。东半部由广阔的沿海平原向内地延伸为崎岖的山地，西半部多沼泽地。文莱最高山峰是巴贡山，海拔1 841米。文莱国土虽小却有许多河流，四大河流为文莱河、都东河、马来奕河和淡布隆河，其中文莱河、淡布隆河交汇入文莱湾，最终汇入南中国海。

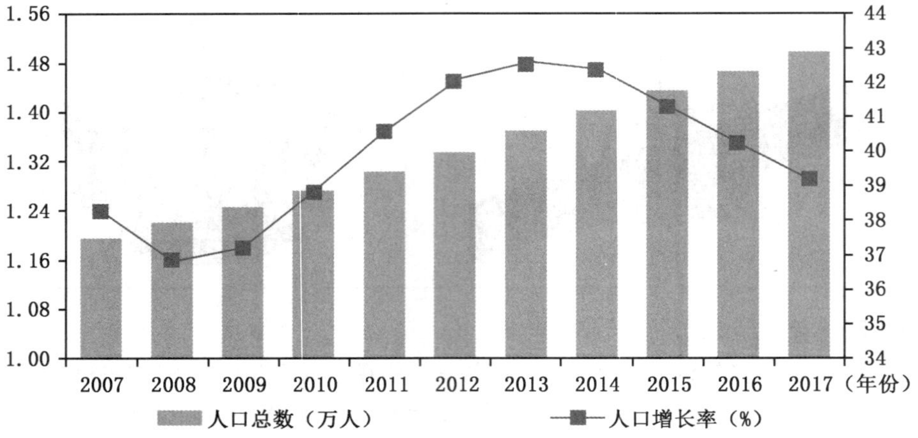

数据来源：世界银行数据库。

图 6—1　文莱人口规模及增长情况

文莱属低纬度热带雨林气候，全年高温多雨，一年分为两季：旱季和雨季。每年 11 月至次年 2 月是雨季，12 月雨量最大；每年 3 月至 10 月是旱季。年降雨量为2 500—3 500毫米。最高气温为 33℃，最低气温为 24℃，平均气温为 28℃，平均湿度为 82%。近年来，文莱干、湿季的变化逐渐模糊，大有干季不干、湿季不湿之嫌。

小知识

斯里巴加湾市

斯里巴加湾市(Bandar Seri Begawan)是文莱的首都，在婆罗洲北部，位于文莱湾西南角滨海平原的文莱河畔。斯里巴加湾系第 28 世苏丹的封号，意为“光荣神圣”。该市位于摩拉区，面积 16 平方公里，人口约 10 万，主要是马来人和华人。至今这里仍是世界上最大的水上村庄，所以斯里巴加湾市有“东方威尼斯”的美称。

随着文莱石油经济的飞速发展，斯里巴加湾市现已建设成为一个现代化城市，有豪华宫殿、体育馆、博物馆和巨大清真寺等。1973 年建成国际机场，航线通东南亚各国首都和中国香港等地。

奥玛尔·阿里·赛福鼎清真寺，位于 Yayasan 购物中心附近，寺庙建成于 1958 年，它是文莱首都斯里巴加湾市的象征，是东南亚最美丽的清真寺之一。以当时苏丹奥玛尔·阿里·赛福鼎的名字命名，纪念他建国 17 年来的功绩。整个建筑巍峨高大、庄严肃穆，其巨大圆形金顶和镂空乳白色尖塔雄伟豪迈，可供千人礼拜，是当之无愧的伊斯兰文化中心。

努洛伊曼皇宫是世界最大的皇宫，是文莱苏丹的住所。据说在努洛伊曼皇宫里，有 1 700多个房间，是举行国宴的地方。如果想参观皇宫，要在文莱的国庆日(2 月 23 日)或在斋戒月结束后的开斋节前往，此时开放 3 天。金碧辉煌的宫殿十分华贵。

(四)资源禀赋

文莱国土面积较小,自然资源相对较贫乏,但石油和天然气资源却极其丰富。文莱是东南亚主要产油国,也是世界主要液化天然气生产国。根据 2017 年《BP 世界能源统计年鉴》显示,截至 2016 年底,文莱已探明石油储量为 11 亿桶,天然气储量为3 000亿立方米,均占全球总量的 0.1%。文莱政府一方面积极勘探新油气区,另一方面对油气开采奉行节制政策。近年来,文莱石油日产量控制在 20 万桶以下,是东南亚第三大产油国;天然气日产量在3 000万立方米左右,为世界第四大天然气生产国。文莱其他自然资源还有森林、木材、热带作物及少量海产。

文莱的森林资源丰富,有 11 个森林保护区,面积为2 277平方公里,占国土面积的 39%,86%的森林保护区为原始森林。文莱国家森林公园占地面积为48 875公顷,位于淡布隆区巴都阿波附近的森林保护区内,整个森林保护区面积有 500 平方公里之大。保护区内有菩提树等世界名贵树种,还有多种珍稀动物,总计有 180 多种树木、36 种蛙类、180 多种蝴蝶、200 多种鸟类以及在一棵树上同时栖息的 400 多种不同类型的甲虫。文莱盛产橡胶、椰子和胡椒等热带作物,内河和领海盛产鱼虾等水产品,但渔业落后,产值占国内生产总值不足 1%。

(五)政治环境

1. 政治体制

文莱是君主专制政体。苏丹在文莱独立时宣告文莱是一个享有主权、民主和独立的马来伊斯兰君主制国家。

(1)宪法:1959 年,文莱颁布第一部宪法。独立后,它的基本条款继续有效,并于 1971 年、1984 年和 2004 年进行重要修改。修宪后,"马来、伊斯兰和君主制"三位一体的政治制度进一步加强。宪法规定,苏丹为国家元首,拥有全部最高行政权力和颁布法律的权力,同时也是宗教领袖。设宗教、枢密、内阁、立法和世袭 5 个委员会(1984 年独立后,立法委员会停止运作,内阁委员会改为内阁政府),协助苏丹理政。2004 年通过的宪法修正案内容涉及司法、宗教、民俗等方面,包括:赋予苏丹无须经立法院同意而自行颁布紧急法令的权力;制定选举法令,让人民参选从政;增加立法院人数;伊斯兰教为国教,但人民有宗教信仰自由;仍以马来语作为官方语言,英语可作为法庭办案语言等。

(2)政府:文莱按照宪法和三位一体的政治制度理念组建政府,由内阁部长会议和宗教、枢密、世袭 3 个委员会组成,人员皆由苏丹任命,协助苏丹理政。2005 年 5 月,苏丹再次改组内阁,新增首相府高级部长、能源部长、第二财政部长、第二外交部长 4 个职位,将国家大祭司、总检察长 2 个职位由副部级升至正部级,并首次宣布所有内阁部长和副部长的任期均为 5 年。2008 年 8 月和 2011 年 5 月,苏丹对内阁略作调整。

(3)议会:文莱的立法会原由 33 人组成,其中 16 人由民选产生。1962 年曾举行选举,1970 年取消选举,议员改由苏丹任命。1984 年 2 月,苏丹宣布终止立法会,立法以苏丹圣训方式颁布。2004 年 7 月,苏丹宣布重开立法会。2005 年 9 月,苏丹解散立法会,重新任命议长和议员。2017年1月，苏丹任命本届立法会议员。议长拉赫曼获得连任，议员包括苏丹、王储兼首相府高级部长比拉等内阁成员、各区县代表及社会贤达共38人。

2. 政党

1985年5月30日，苏丹宣布允许政党注册，随后出现了文莱国家民主党和文莱国家团结党。1988年，政府取缔国家民主党，现仅存文莱国家团结党。另有国民觉醒党和国民进步党两个小党。

3. 司法体制

文莱司法体系以英国习惯法为基础。中央设有司法会议，其主要职能是代表苏丹执行司法权力，各级法院的法官都由苏丹任命。审判机关实行审判独立原则，由最高法院、高等法院、上诉法院及地方法院组成。另设宗教法院，负责审理有关伊斯兰教的案件。一般刑事案件在推事庭或中级法院审理，较严重的案件由高级法院审理，民事案件最终可上诉至英国枢密院。最高法院由上诉法院和高级法院组成，现任首席大法官基弗拉维是文莱首位本土培养的大法官。现任伊斯兰法庭首席法官为阿卜杜勒·哈密德。现任总检察长哈雅提·塞勒是文莱首位女检察长。

二、经济环境

(一)经济概况

文莱是东南亚主要产油国和世界主要液化天然气生产国。石油和天然气的生产和出口是文莱国民经济的支柱，约占其国内生产总值的53%和出口总收入的90%。近年来，文莱政府侧重油气产品深度开发和港口扩建等基础设施建设，积极吸引外资，促进经济向多元化方向发展。经过多年努力，文莱非油气产业占GDP的比重逐渐上升，特别是建筑业发展较快，成为仅次于油气工业的重要产业。服装业也有较大发展，已成为文莱继油气产业之后的第二大出口收入来源。文莱经济发展中存在的主要问题是国内市场狭小、基础设施薄弱以及技术和人才短缺等。

1953年，文莱制订了第一个国家发展计划；独立以后，政府积极推行经济多样化，力图改变对石油和天然气工业过分依赖的单一经济结构。1994年起，文莱启动多元化发展战略，积极鼓励经济多元化，主线是调整单一经济结构，减少油气产业比重，实现“进口替代”。1997年发生的亚洲金融危机对文莱经济造成冲击，文莱货币贬值，一些主要的国有公司亏损严重，经济衰退。为振兴经济，文莱政府设立国家经济发展理事会，对政府所属企业和公用事业实行私有化，加强基础设施建设，增加石油产量和出口，整顿金融秩序，加大吸引外资力度，削减政府开支。2003年起，文莱转向实施“双叉战略”：一是利用深水港优势，建设本地区最大的货物集散港口，并以港口建设带动基础设施建设；二是建设工业园区，发展制造业、金融业和其他服务行业。2008年1月，文莱政府宣布启动“文莱2035宏愿”，计划拨出95亿文元，大力发展旅游业，改善交通和通信基础设施，实现经济继续发展，争取使国民人均收入进入世界前十名。

近年来，文莱政府大力发展油气下游产业、伊斯兰金融及清真产业、物流与通信科技产业、旅游业等，加大对农、林、渔业以及基础设施建设的投入，积极吸引外资，推动经济向多元化方向发展。2016年，为加快吸引外资，进一步加快经济多元化发展，文莱政府进行了一系列改革，新设了一站式服务平台，优化缩减各项行政审批、决策流程。文莱新成立了达鲁萨兰企业(DARe)，并设立外国直接投资行动与支持中心(FAST Center)，为外国投资者提供更全面、更快速的服务。

从近些年的数据可以看出，文莱经济很不稳定，GDP总量和人均GDP均呈波动状态。2008年受国际金融危机影响，文莱经济开始倒退，2009年GDP总量和人均GDP分别跌至107.32亿美元和27 965美元。此后，政府采取各种有效措施，经济逐步走出危机。2011年GDP增长率为3.75%，为11年间的最高值。2012年GDP总量和人均GDP也达到了最大值，分别为190.48亿美元和47 651美元。最近几年，由于油气产量下降，文莱经济增长出现停滞，而国际原油价格下滑更使其经济雪上加霜。2013—2016年文莱GDP总量和人均GDP均呈下降趋势，2016年文莱GDP总量为114.01亿美元，人均GDP为26 939美元，GDP增长率为−2.47%，后两项是10年来的最低值。2017年文莱经济状况有所好转，GDP增长率由负转正，GDP总量为121.28亿美元，人均GDP为28 290美元，分别比2007年下降了0.98%和13.41%(见图6—2、图6—3)。

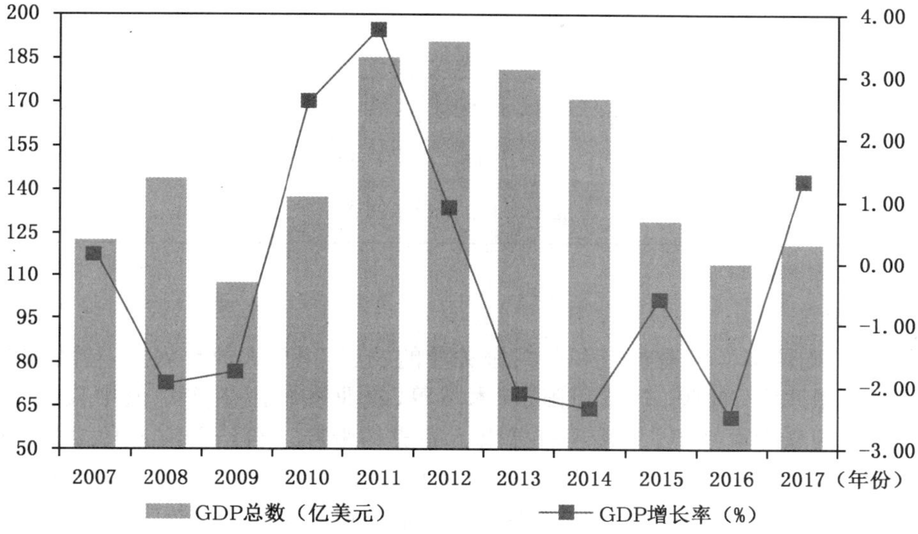

数据来源：世界银行数据库。

图6—2 文莱GDP总数及增幅情况(2007—2017年)

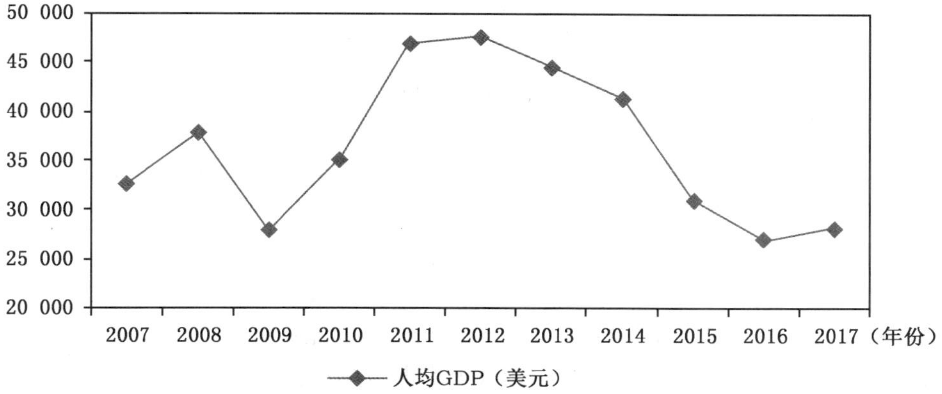

数据来源：世界银行数据库。

图6—3 文莱人均GDP(2007—2017年)

(二)产业状况

文莱拥有丰富的油气资源，是东南亚主要产油国和世界主要液化天然气生产国。石油和天然气的生产和出口是文莱国民经济的支柱，工业在国民经济中占主导地位，农业在 GDP 中仅占 1%左右。近年来，随着文莱政府经济多元化改革的深入，服务业产值提高，占 GDP 的比重呈上升趋势。从总体上看，文莱产业结构呈“二三一”特征，第二产业对国民经济贡献较大，第三产业逐渐成为经济发展的主要动力(见表 6—1)。

表 6—1　　文莱三种产业情况(2007—2016 年)　　单位:亿美元、%

指标＼年份	2007	2008	2009	2010	2011	2012	2013	2014	2015	2016
农业增加值	0.845	0.915	0.976	0.94	1.049	1.212	1.169	1.197	0.905	1.368
农业占 GDP 比重	0.69	0.64	0.91	0.76	0.63	0.72	0.73	0.7	0.7	1.2
工业增加值	87.33	106.67	70.2	82.6	120.57	120.5	109.94	116.61	88.18	65.33
工业占 GDP 比重	71.3	74.11	65.41	66.77	72.23	71.08	68.24	68.2	68.2	57.3
服务业增加值	34.3	36.34	36.15	40.16	45.3	47.82	50.0	53.0	40.08	47.31
服务业占 GDP 比重	28.01	25.25	33.69	32.47	27.14	28.21	31.03	31	31	41.5

数据来源:世界银行数据库。

1. 第一产业

文莱农业基础薄弱。随着油气和公共服务业的发展，很多人放弃农业，传统农业受到冲击，现仅种植少量水稻、橡胶、胡椒和椰子、木瓜等，农业在国民生产总值中仅占 1%左右。2016 年，在苏丹的高度重视下，文莱政府提出了完成稻米产量自给并实现出口的战略目标。目前，中国、菲律宾、新加坡、韩国、泰国等国企业不同程度地参与了文莱水稻种植项目试验。文莱森林覆盖率很高，为 72.11%，其中森林约占陆地面积的一半。文莱限制森林砍伐和原木出口，实行“砍一树，种四树”和每年 10 万立方米限额伐木政策，主要满足国内市场需要。文莱渔业资源丰富，但渔业产值占国内生产总值不足 1%，国内市场需求 50%依靠进口，政策鼓励外资进入，与本地公司开展渔业养殖合作。2016 年文莱农、林、渔业总产值为 1.368 亿美元，占 GDP 比重的 1.2%，同比增长 6.1%。

2. 第二产业

文莱工业基础薄弱，经济结构单一，主要以石油和天然气开采与生产为主。建筑业是新兴的第二大产业，其他还有食品加工、家具制造、陶瓷、水泥、纺织等。从总量上看，文莱第二产业产值波动较大，占 GDP 的比重有所下降。2016 年文莱工业总产值为 65.33 亿美元，占 GDP 比重的 57.3%，同比下降 2.9%。

3. 第三产业

近些年来文莱服务业增加值总体呈增加趋势，占 GDP 的比重也稳中有升。2016 年文莱服务业总产值为 47.31 亿美元，占 GDP 比重的 41.5%，同比下降 1.1%。旅游业是文莱近些年大力发展的优先领域之一。文莱政府采取多项鼓励措施吸引游客赴文莱旅游，主要旅游景点有水村、王室陈列馆、清真寺、淡布隆国家森林公园等。2016 年文莱国际游客约 21.8 万人次，马来西亚、中国、菲律宾、印度尼西亚、新加坡为文莱前五大游客来源国。其中，中国游客占总游客数量的 16.9%，且在休闲度假类别中占 36%，位居第一。

(三)外贸情况

文莱外贸收入受国际市场原油价格影响较大,由于油气出口大幅缩减,2016 年文莱进出口贸易总额 104.25 亿文元,同比下降 20.79%。其中,出口 67.36 亿文元,同比下降 22.71%;进口 36.89 亿文元,同比下降 17.06%。据文莱官方统计,2016 年文莱主要贸易伙伴为日本、马来西亚、新加坡、韩国和中国(见表 6—2)。大宗出口产品是原油和天然气,其中:原油的主要出口市场为印度、泰国、澳大利亚、中国和韩国;天然气的主要出口市场为日本、韩国、马来西亚和中国台湾。主要进口来源地为马来西亚、新加坡、中国和美国。文莱主要出口原油、石油产品和液化天然气,进口机器和运输设备、工业制成品、食物、药品等。2016 年,原油和液化天然气共占出口总额的 87.9%,其中原油出口额同比下降了 20.3%,液化天然气下降了 31.5%。

表 6—2　**2016 年文莱主要贸易伙伴**

贸易伙伴	双边贸易额(亿美元)	占比(%)
日本	18.11	24.28
马来西亚	8.4	11.27
新加坡	8.36	11.22
韩国	7.49	10.05
中国	5.45	7.3

数据来源:中国驻文莱大使馆经济商务参赞处:《文莱投资合作指南》。

三、社会文化环境

文莱的文化主要起源于位于马来西亚群岛的古马来西亚王国,这反映在国家的语言、建筑、典礼仪式和日常生活的习俗上。虽然各种外国文化对文莱丰富的历史也存在着一定影响,但是也无法磨灭古马来西亚王国给现代文莱带来的深厚印记。如果马来西亚传统是文莱文化的根基,那么伊斯兰教就是它的灵魂。文莱的马来西亚伊斯兰君主制是它所特有的制度,它结合了马来西亚文化和伊斯兰教义,以及君臣之间相互尊重的礼仪。文莱确实是一个虔诚的伊斯兰国家,它的国家理念是世界上最具包容性的——允许臣民信奉其他宗教。

(一)民族和宗教

1. 民族

文莱是一个以马来人为主体的国家,也称七大土著,即文莱马来人(Brunei Malay)、都东人(Tutong)、克达岩人(Kedayan)、马来奕人(Balait)、比沙雅人(Bisaya)、姆鲁人(Murut)和杜顺人(Dusun),占全国总人口的 66.4%。其次是华人,也称华族,占总人口的 10%。此外,还有其他土著民和其他外籍民族。其他土著民包括伊班族(Iban)、达雅克族(Dayak)和格拉比族(Kelabit)。现在外籍民族人数已经超过土著民。

华人是文莱的第二大民族,在文莱经济建设中发挥了重要作用。多数华人从事建筑、修理、餐饮和销售业,部分华人有较好的经济基础和产业。目前,有 4 位华人获丕显(Pehin)封号,该封号是文莱平民能够获得的最高荣誉,在文莱有极高的社会地位和公众认可度。农历新年即春节,也被文莱政府定为重要节日,是公共假日。

2. 宗教

在文莱，居于支配地位并被多数人信仰的是伊斯兰教，故伊斯兰教被尊为国教，但也有部分居民信仰佛教、印度教、基督教、妈祖教和万物有灵的原始宗教。早在15世纪初，伊斯兰教开始传入文莱，为居住在当地的马来人所接受并在此基础上建立起政教合一的文莱苏丹王国。1959年，文莱正式把伊斯兰教定为国教，伊斯兰教教规成了文莱马来人的生活准则。目前伊斯兰教徒约占全国总人口的67%。此外，文莱的华人多数信奉佛教，但也有少部分人信奉中国东南沿海传去的妈祖教；印度移民以信奉印度教为主，其次信奉佛教；欧洲移民及部分达雅克人主要信奉基督教；而当地土著民——达雅克人——普遍信奉万物有灵的原始宗教。

（二）语言

文莱的官方文字为马来文和爪夷文，官方语言为马来语，属马来—波利尼西亚语系。原用加威文（用阿拉伯文书写的马来文），现在许多场合如个人签名、公共建筑物上等仍使用。19世纪英国人进入之后，书写采用拉丁字母，英语也开始广泛通用。文莱华人除英文和马来语外，还讲闽南语、广东话，绝大多数华人能讲普通话（当地人称为华语）。文莱主要报纸用英文、马来文和中文出版。

（三）教育

由于长期沦为帝国主义殖民地，文莱的现代教育事业发展迟缓，文莱的现代教育始于20世纪初。1912年第一所马来语学校建立，标志着文莱正规教育的出现。1918年，英国殖民政府、教会和石油公司先后在文莱设立学校，华人也建立了中文学校。1954年，文莱教育部制订了一项为期5年的教育发展计划，着力发展中小学教育，筹划创办新的学校，培训和聘用教师。1956年，文莱创办了一所专门培养国内中小学师资的师范专科学校。1970年，国家教育委员会成立，并于1972年确定了文莱的教育方针和政策。1985年，全国教育系统开始实行双语教学。2008年提出实施"文莱2035宏愿"：人民受到良好的教育并具备较高的技能，生活品质位列世界前十，经济富有活力且能可持续发展，人均收入步入世界最高国家之列。

文莱的基础教育也叫初等教育，分为学前教育（1年）、初小（3年）和高小（3年）三级。每年有3个学期（1—5月、5—9月和9—12月），每个学期18周。文莱的初小开设马来语、英语、数学、伊斯兰教知识、体育、美术和公民课等。高小在此基础上增设科学、历史和地理三门课程。文莱的中等教育由普通中学和职业技术学校负责。中学教育4年，初中和高中各2年，开设课程包括马来语、英语、数学、综合科学、伊斯兰教知识、历史、地理、电脑、美术、音乐等。文莱的高等教育分为大专（2.5年）、本科（4年）和研究生教育（2年）。文莱大学、文莱理工学院、拉希达护理学院和文莱古兰经学院是文莱资历较深的4所高等院校。其中，1985年成立的文莱大学是文莱最大的一所综合性大学，学校以理工科为主，其基础设施建设、学科建设、课程设置和国际交流等都得到了政府的大力扶持，在文莱的高等教育系统中扮演着领头羊的角色。总体而言，文莱的高等院校建校时间短、数量少、办学质量不高，尚难满足文莱社会发展的需要。

文莱政府重视教育，实行幼儿园到大学免费教育。无公民权的文莱常住居民的子女上政府学校也只需要象征性付费。对于成绩优良的大学生，政府还会资助留学费用，甚至还会额外发零用钱，但英文和华文私立学校资金需自筹。据文莱经济发展局数据，2016年，文莱共有学校252所，其中公立学校175所、私立学校77所，幼儿园、小学及普通中学232所，职业技术学校13所，大学（含大专院校）7所。在校学生总数为111 698人，教师人数为10 985人。文莱公民受教育程度较高，2015年文莱10周岁及以上人口识字率为98%，其中男性识字率为98.6%，女性识字率为97.4%。

(四)医疗

文莱政府向其公民提供免费医疗服务,包括到国外免费就医。对永久居民和政府部门里的外籍雇员及其家属也仅收取象征性费用。文莱医疗体系分为四级:卫生诊所、卫生中心、医疗中心和医院。此外,还有流动医疗队和"飞行医院"为边远地区居民服务。2015 年文莱拥有 7 所医院、8 个医疗中心、17 个卫生中心和 20 个卫生诊所,医院床位数1 391个。

目前文莱人均寿命为 80.7 岁,其中女性为 80.8 岁、男性为 80.5 岁。

(五)重要节日

文莱是一个各民族和睦相处的国家,无论是哪个民族的传统节日,都会有其他民族的人共同庆祝,节日气氛十分浓郁。文莱的主要节日有:

1. 新年

公历 1 月 1 日。

2. 国庆节

公历 2 月 23 日,也是现任苏丹父亲的生日。斯里巴加湾市区举行国庆综艺晚会以庆祝独立,彩排更是几周前就已经开始了。

3. 华人春节

依照中国农历,大年初一全国放假一天。所有华人都身着中式服装,举着气球,穿梭在满街红色的标语和广告牌之间。同时各商家也迎来销售高峰,街上还不时有舞狮和耍龙灯表演,精彩纷呈。

4. 回历新年

公历 4 月 6 日。

5. 文莱皇家武装部队庆祝日

公历 5 月 31 日,斯里巴加湾市中心和其他一些地区举行军事展览和一些军容展示活动。

6. 穆罕默德先知诞辰日

回历 6 月 15 日,举行圣纪的日子,清真寺院的门楼上飘扬着绿旗,巨大的香炉内点燃着卫生香。数十名满拉高声齐诵着《古兰经》的相关内容。

7. 苏丹陛下华诞

公历 7 月 15 日,现任文莱苏丹哈吉·哈桑纳尔·博尔基亚的生日,满城的焰火使这个节日热闹而有趣。

8. 斋戒月

每年回历 9 月是穆斯林的斋戒月,为期 30 天。所有穆斯林在日出之后不吃饭、不喝水,有的甚至连口水也不容许吞进肚子里去,直到日落之后可自由吃喝。

9. 开斋节

每年回历 10 月初,根据观察新月定,届时斋戒月结束,苏丹皇宫也将对游客开放。

此外,还有全国性的节日升天节、圣诞节等。每周五、周日为政府部门公休日。

(六)衣着服饰

虽然文莱生活水平较高,但在传统文化和宗教影响之下,很多文莱人仍然保持着朴素的传统生活方式,衣着传统民族服饰。文莱马来族的男子,在日常生活中习惯上身穿"巴汝",下身围上"纱笼";在正式的交际场合,一般穿以蜡染的花布做成的长袖衬衣。文莱马来族的女子,在生活中一般穿无领长袖连衣长裙,围上头巾;在正式场合,则衣着西装或套裙。在服饰色彩方面,文莱马来族妇女偏好红色、橙色和其他一些鲜艳的颜色,此外对绿色也十分喜爱。

(七)饮食习惯

文莱人在饮食上对西餐和中餐都能适应,但对比起来,他们更偏爱中餐。对辣味菜肴更感兴趣,尤其是干炸类的菜品,更是他们的餐中佳肴。文莱的马来族人有食用荖叶的习惯,一般常与蜂蜜和食用石灰一起嚼着吃,并用以招待亲朋好友。

文莱人在饮食嗜好上有如下特点:讲究菜肴香、酥、脆,注重量小质高;一般口味以不太咸为好,喜欢辣味;主食以米饭为主;副食喜欢牛肉、羊肉、鸡肉、鸡内脏、蛋类等;蔬菜爱吃黄瓜、西红柿、菜花、茄子、土豆等;爱吃椰子、菠萝、巴梨、洋桃、苹果、葡萄、荔枝和香蕉等水果。文莱禁止饮酒,也禁止公开出售酒类,但可以饮果酒和葡萄酒。在饮料方面,他们喜饮咖啡、可可和红茶。文莱比较有名的小吃有沙爹、整只的烤鸡和烤鱼等。

文莱当地的食物与邻近的马来西亚十分相似,但味道比较强烈,斯里巴加湾市有许多价格公道的中国菜馆和印度菜馆。

(八)社交与禁忌

由于独特的历史、社会和文化原因,文莱宗教色彩和马来民族传统均较浓厚,形成了和谐、委婉、谦恭的马来文化。其基本特征为:重视社会、族群、人际关系的和谐,不采取过激行动;关注弱势群体;重视礼节和传统,循规蹈矩,礼节繁多。

1. 待客礼仪

文莱人与客人相见时,一般都以握手为礼,然后把手收回到自己胸前轻触一下,以示真诚。文莱的年轻人见到老人后,要把双手朝胸前作抱状,身体朝前弯下如鞠躬。文莱的马来人很注重待人接物的礼节,待人态度谦逊,说话极为和气。家里来了人,不论认识与否,是朋友或是仇人,只要对方向自己请安问好,都要笑脸相迎并给予热情的款待。客人来了,不能问对方想吃点什么,有吃的尽管拿出来,对方不吃不要勉强,吃了不能问对方喜欢或不喜欢。客人告辞时,还要向客人表示感谢,并邀下次再来。

2. 称呼礼仪

马来人的名字通常由两部分组成。前半部分是自己的名字,后半部分是其父名,中间用 bin(意为“之子”)或 binti(意为“之女”)断开。文莱人喜欢别人称呼其尊称,一般男性名字前面尊称阿旺(Awang),朝圣过的男子通常在名字前加阿旺·哈吉(Awang Haji)。女性一般在名字前加尊称达扬(Dayang),朝圣过的女子通常称达扬·哈贾(Dayang Hajjah)。

苏丹和苏丹后称陛下(当面称 Your Majesty,不当面称 His Majesty 或 Her Majesty),苏丹妃、亲王、亲王妃、王子、王子妃、公主称殿下(当面称 Your Royal Highness,不当面称 His Royal Highness 或 Her Royal Highness)。其他皇室成员及与皇室有亲戚关系的人的名字前加本基兰(Pengiran)。非皇室成员的达官显要和有功人士被苏丹赐丕显(Pehin)或拿督(Dato)等封号,他们的夫人被称为拿汀(Datin)。当面称呼时,可简单称本基兰、丕显、拿督、拿汀、阿旺、哈吉、哈贾等。

3. 风俗禁忌

参观清真寺或到马来人家做客时,进门前要脱鞋以示尊重和清洁,不要从正在做祷告的教徒面前走过,非穆斯林不能踩清真寺内祷告用的地毯。不少马来人不愿与异性握手,一般不宜主动与异性马来人握手。不要用手去摸马来人的头部或后背,此举被认为将给其带来灾祸。左手被认为是不洁的,在接送物品时要用右手。在指人或物时,不能用食指,而要把四指并拢轻握成拳,大拇指紧贴在食指上;招呼人或出租车时也不能用食指,要挥动整个手掌。在正式场合,不要跷二郎腿或两脚交叉。不要随意打听隐私,如个人情感、工资收入问题等。赠送给马来人的礼物和纪念品，不应有人物或动物图案。在公共场合，不应边走边吃东西，这被认为是不礼貌的。斋戒月期间，穆斯林从日出后到日落前不吃食物，非穆斯林不宜在他们面前吃任何食物。

四、与中国的贸易关系

中国与文莱的贸易往来早在唐代就已开始，历经宋、元、明、清各代长久不衰，直到19世纪中后期文莱逐渐沦为英国的保护国之后才被迫中断。新中国与文莱的贸易关系始于1958年，彼此经由新加坡作为第三地进行转口贸易，并以中国向文莱出口食品和轻工业品为主。根据文莱方面的贸易统计资料显示，从1974年至1984年文莱取得完全独立以前，中国与文莱的贸易往来呈现出一边倒的状况，即只有文莱从中国进口货物，中国则无进口文莱的货物，年均进口额基本维持在100万一300万文莱元。

1991年9月，中国和文莱建立外交关系，双边关系发展顺利，各领域友好交流与合作逐步展开。1999年，两国签署联合公报，进一步发展在相互信任和相互支持基础上的睦邻友好合作关系。2013年，两国建立战略合作关系。中国与文莱建交初期，两国经贸合作进展缓慢。进入21世纪后，由于我国开始从文莱大量进口原油，中文双边贸易额大幅上升。2001年首次突破1亿美元，达到1.65亿美元，同比增长122.4%。2008年4月、2011年4月、2013年3月和2016年4月，两国分别举行4次经贸磋商。中文两国高层交往频繁，各级领导都曾先后访问文莱或赴文莱出席会议。文莱苏丹哈桑纳尔先后11次访华或来华出席国际会议。2017年9月，文莱苏丹哈桑纳尔作为主题国元首来华出席中国—东盟博览会并对华进行国事访问。

据中国海关统计，2017年中文双边贸易额9.99亿美元，同比上升36.5%。其中，中方出口6.48亿美元，同比增长26.8%；中方进口3.52亿美元，同比增长58.8%。中方从文莱进口的商品主要是原油，向文莱出口的商品主要为纺织品、建材和塑料制品等。

两国在投资、承包劳务等方面合作成效显著。据中国商务部提供的数据，中国对文莱的投资在2016年1—12月，流量为9 090万美元，同比增长850.8%，到2016年12月底，存量为1.617 3亿美元。文莱对中国的投资项目有12个，与2015年持平，实际到位资金为6 567万美元，同比下降9.6%，截至2016年12月底，项目累计1 789个，实际投资额为27.620 4亿美元。2016年，中国向文莱外派劳务承包工程项目303人，同比增长102%，截至2016年12月，中国在文莱劳务人数为400人，同比增长98%。

(一)中国对文莱的出口情况

近些年来，中国对文莱的出口额在波动中增加，由2007年的11 268万美元增至2017年的64 809万美元，增速达475.16%。从图6—4中可看出，2007—2009年中国对文莱的出口额稳定在11 000万—14 050万美元之间；2009—2014年中国对文莱的出口额快速增长，2014年升至174 681万美元，为11年间的最大值；2014年后开始剧烈下降，2016年降至51 103万美元，同比下降63.7%；2017年出现回升趋势，2017年中国对文莱的出口额为64 809万美元，同比增长26.8%。中国向文莱出口的商品主要为家具等床上用品、船舶船只、建材和机器制品等。

(二)中国从文莱进口的情况

近些年来，中国从文莱进口的货物数额也在波动中增加，由2007年的24 608万美元增至2017年的35 191万美元，增速为43.01%。从图6—5中可看出，中国从文莱进口的数额有3个低谷，分别是2008年的8 888万美元、2013年的8 980万美元和2015年的10 116万美元；2011年、2012年和2013年出现了连续的负增长，最大值是2010年的66 433万美元；自2016

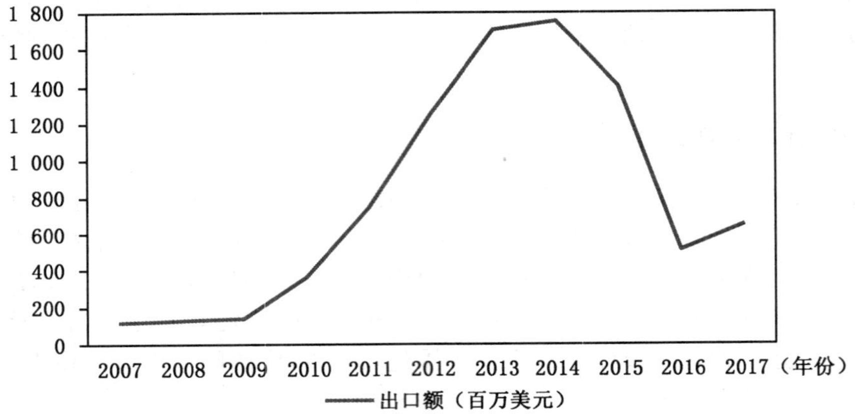

数据来源:《中国统计年鉴》。

图 6—4　中国对文莱的出口数额(2007—2017 年)

年起,中国从文莱进口的数额呈逐渐上升趋势;2017 年,中国从文莱的进口额为35 191万美元,同比增长 58.8%。中国从文莱进口的主要货物为原油、矿物制品、有机化学制品、木材等。

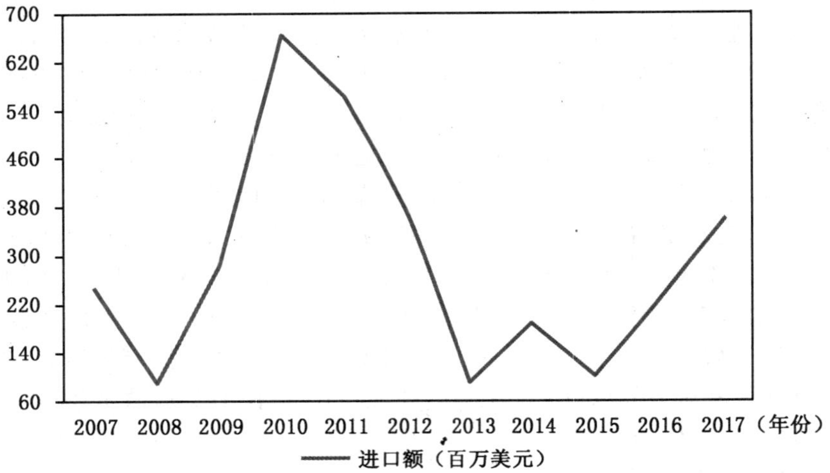

数据来源:《中国统计年鉴》。

图 6—5　中国从文莱进口的数额(2007—2017 年)

课后思考题

1. 文莱的经济和产业结构有何特点?
2. 文莱政府的“多元化发展战略”有何成效?
3. 中国与文莱的未来经贸合作前景如何?

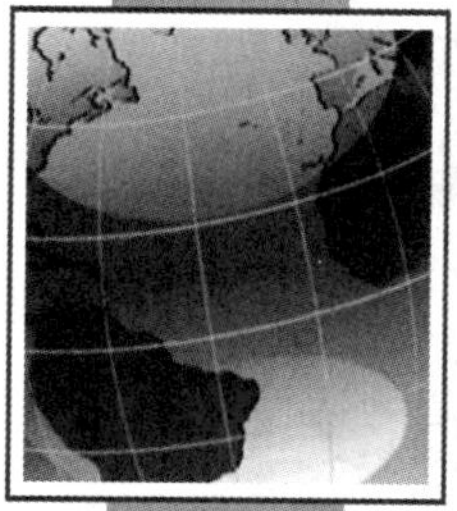

第七章
越 南
(Vietnam)

一、基本情况

越南全称为越南社会主义共和国(Socialist Republic of Vietnam),是亚洲的一个社会主义国家。越南位于东南亚的中南半岛东部,北与中国广西、云南接壤,西与老挝、柬埔寨交界,国土狭长,面积约33万平方公里,人口9 270.11万(2016年),紧邻南海,海岸线长3 260多公里,是以京族为主体的多民族国家。2017年,越南人均GDP 2 343美元,属于中低收入国家。

小知识

越南国旗与国徽

国旗

越南国旗旗底为红色,旗中心为一枚五角金星。红色象征革命和胜利,五角金星象征越南共产党对国家的领导,五星的五个角分别代表工人、农民、士兵、知识分子和青年。自1955年11月30日开始采用,即通常说的金星红旗。长宽比例为3∶2。

国徽

越南社会主义共和国国徽为圆形、红底。国徽的正上方是一个五角金星,红底下面是半个齿。五角金星代表越南共产党,四周是稻穗和金色齿轮,代表工人阶层及农民阶层。金色齿轮下方有越南文"共和社会主义越南"。1976年越南统一,在原越南民主共和国国徽基础上将黄色五角星和麦穗等形体及颜色进行部分修改,原越南文"越南民主共和"被修改为"共和社会主义越南"。

(一)建国历程

根据越南的神话传说,越南最早的王朝是鸿庞氏。鸿庞氏首位君主禄续是神农氏的后代,获封为“泾阳王”,治理南方,号“赤鬼国”。泾阳王娶洞庭君龙王之女,生下貉龙君。越南人称貉龙君为“百越之祖”,而其长子则称为“雄王”(又作骆王、雒王),继承王位,建立“文郎国”,历18代,共2 000多年。因此,越南人自称是“雄王子孙”或“仙龙后代”。

公元前214年,秦始皇统一六国之后,派大军越过岭南占领今日的广西、广东、福建,征服当地的百越诸部族(越南北部),并在这一带移民、设郡。公元前111年,汉武帝灭南越国,并在越南北部和中部设立了交趾、九真、日南三郡。在之后长达1 000多年的时间里,今越南中北部一直是中国各朝代的直属领土。968年,越南(当时叫安南)利用中国的四分五裂局面正式脱离中国独立建国。之后越南历经多个封建王朝并不断向南扩张,但历朝历代均为中国的藩属国。

19世纪中叶以后,法国开始侵略蚕食越南,越南逐渐沦为法国殖民地。1945年八月革命以后,胡志明宣布成立越南民主共和国。同年9月,法国再次入侵越南,越南人民又进行了历时9年的抗法战争。1954年7月,有关结束越南、老挝、柬埔寨战争问题的《日内瓦协议》得以签署,越南北方获得解放,南方仍由法国(后由美国扶植的南越政权)统治。1961年起,越南开始进行抗美救国战争,1973年1月27日《巴黎协定》签订,美国承认越南民主共和国在国际上的法律地位,退出越南战争,从越南撤军。1975年5月,越南南方全部解放,1976年7月,越南南北统一,改名越南社会主义共和国。1986年越南开始实行革新开放,2001年越共九大确定建立社会主义市场经济体制,经济实现较快发展。

(二)人口状况

近些年来,越南人口规模总体呈稳定递增态势(见图7—1)。2016年,越南人口总数为9 270.11万人,同比增长1.08%,相比2007年增加了10.07%。其中,男性人口4 574.91万人,女性人口4 695.20万人,性别比为97.4∶100(女性=100)。越南是一个农村人口占比较重的农业大国,2016年城镇人口3 205.99万人,乡村人口6 064.12万人,城镇化水平为34.58%(见图7—2)。人口密度最大地区是红河平原,平均每平方公里1 217人;人口密度最小地区是西北地区,平均每平方公里69人。

越南的人口增长率比较稳定,维持在1.05%左右。2016年,越南妇女总和生育率为2.1,人口粗出生率为15.7‰,粗死亡率为6.8‰,1岁以下婴儿死亡率为14.5‰,5岁以下儿童死亡率为21.8‰。人均出生预期寿命为73.4岁。越南人口较为年轻化,平均年龄不到30岁,

15—54 岁人口占总人口数的 70.17%，为越南经济发展提供了充足的劳动力资源。

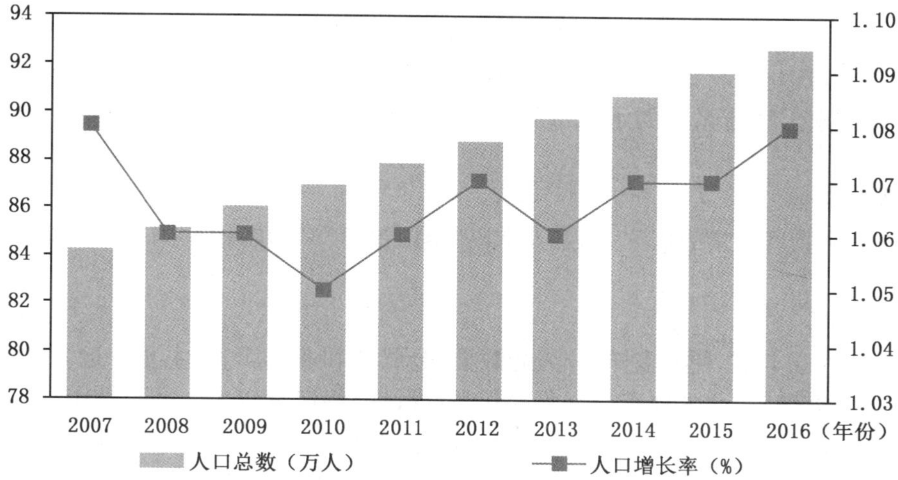

数据来源：世界银行数据库。

图 7—1 越南人口规模及增长情况

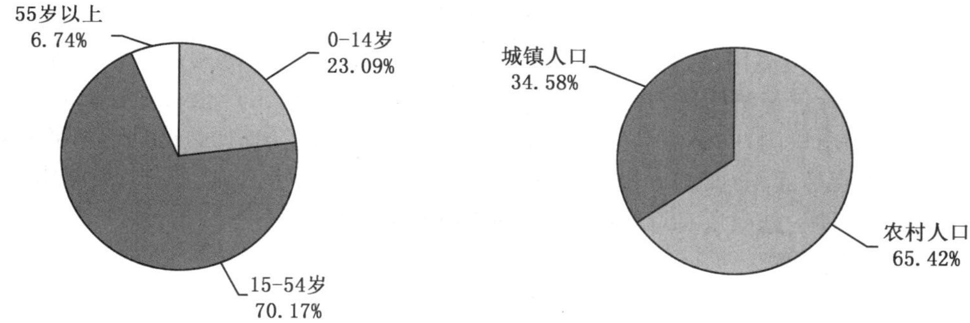

数据来源：越南统计局。

图 7—2 越南人口年龄及地区分布

(三)地理环境

越南位于中南半岛东部，地理坐标为北纬 8°10′—23°24′、东经 102°09′—109°30′。北与中国广西、云南接壤，边界线长1 347公里；西与老挝、柬埔寨交界；东面和南面临海，海岸线长3 260多公里。越南国土面积约 33 万平方公里，南北长1 600公里，东西最窄处为 50 公里，地形狭长，呈 S 形。地势西高东低，境内 3/4 面积为山地和高原。越南地域上划分为 8 个大区，即红河平原、东北、西北、中部北区、中部南沿海地区、西原、南部东区、九龙江平原。北部和西北部为高山和高原。黄连山主峰番西邦峰海拔3 142米，为越南最高峰。西部为长山山脉，长1 000多公里，纵贯南北，西坡较缓，在嘉莱—昆嵩、多乐等省形成西部高原。中部长山山脉纵贯南北，有一些低平的山口。东部沿海为平原，地势低平，河网密布，海拔 3 米左右。

越南地处北回归线以南，高温多雨，属热带季风气候。年平均气温 24℃左右，年平均降雨量为1 500—2 000毫米。北方分春、夏、秋、冬四季；南方雨旱两季分明，大部分地区 5—10 月为雨季，11 月—次年 4 月为旱季。

越南拥有纵横交错的无数河流，其中10千米以上的河流共2 400条，总长度4.1万千米，河流流向为西北—东南两个主要方向。越南较大的河流为湄公河和红河：红河发源于中国云南，在越南境内长约500千米；湄公河发源于中国青藏高原，经缅甸、泰国、老挝、柬埔寨流入越南南部，在越南境内长约230千米。两河形成了广阔及肥沃的两大平原。越南河流每年提供3 100亿立方米水。河流系统的水流每年分成汛期和枯期，汛期占整年水量的70%－80%并经常导致水灾。

(四)资源禀赋

越南是一个物产丰富的国家，越南人常以“金山银海”来形容他们国家的富饶。主要的自然资源有：

1. 矿产资源

越南矿产资源丰富，种类多样，分为能源类、金属类和非金属类，主要有近海油气、煤、铁、铝、锰、铬、锡、钛、磷等50多种矿产资源。其中，煤、铁、铝储量较大。截至2016年底，已探明的煤矿总储量和资源量共计约488.8亿吨，包括22.6亿吨储量和466.2亿吨资源量；铁矿资源极其丰富，非常具有开发潜力，现有的3个铁矿区储量高达近13亿吨，都还不具备较好的开采条件。石油、煤炭、磷化工已经形成一定生产规模，是越南外贸出口的主要产品。

2. 农林资源

越南的土壤、气候和环境非常适宜农、林、渔业的发展，素有“东南亚鱼米之乡”的美誉。水稻、玉米、高粱、马铃薯、木薯是其主要的粮食作物，越南已经连续多年保持世界第三大稻谷出口国的地位。2016年，越南出口大米489万吨，产值21.2亿美元。越南还盛产咖啡、橡胶、椰子、槟榔、腰果、茶叶等经济作物，一年四季水果不断，药材和香料出产也很丰富。越南是世界最大的胡椒、腰果出口国，同时也是世界主要的木片、咖啡和大米出口国，这是越南吸引外资的优势之一。越南森林面积约1 000万公顷，有1 000多个品种，其中红木、铁木、梨花木、玉桂等珍贵木材有20多种。越南还有近50万公顷的沿海水上森林。

3. 海洋及水能资源

越南3 000多米的海岸线和众多的海岛为其提供了丰富的海洋渔业资源。越南有6 845种海洋生物，其中鱼类2 000余种、蟹类300余种、贝类300余种、虾类70余种。越南大小河流2 860条，总长4万多千米，总流量约8 500亿立方米/秒，潜在水力发电量为750亿—1 000亿千瓦时，是世界上水能资源最为丰富的14个国家之一，但目前越南水力发电量只达到水能资源的10%左右。

(五)政治环境

1. 政治体制

越南实行一党制的人民代表大会制度，现行的宪法是第四部宪法，于1992年4月通过。宪法规定：越南社会主义共和国国家政权属于人民，越南共产党以马克思列宁主义和胡志明思想为指导思想。

国会是越南的国家最高权力机关，也是全国唯一的立法机构，每届任期5年，通常每年举行两次例会。国会代表以普选制投票产生，国务委员会是国会的最高常设机关，任期与国会相同。中央政府为国家最高权力机关的执行机关和越南国家最高行政机关，向国会负责，在国会闭会期间向国会常务委员会负责。

2. 政党

越南共产党是越南唯一合法政党，1930年2月3日成立，同年10月改名为印度支那共产党，1951 年更名为越南劳动党，1976 年改用现名。越南共产党现任总书记为阮富仲，现有党员约 360 万人，基层组织 5.6 万多个，同世界上 180 多个政党建有党际关系。越南祖国阵线是越南共产党领导下的统一战线组织，成立于 1955 年 9 月，南北方统一后于 1977 年同越南南方民族解放阵线和越南民族、民主及和平力量联盟合并。

3. 司法体制

由最高人民法院、最高人民检察院及地方法院、地方检察院和军事法院组成。人民法院包括县人民法院、省人民法院和最高人民法院。最高人民法院是最高审判机关，监督地方人民法院和军事法院的审判工作。人民检察院在组织机构上与人民法院平行，也包括县级、省级和最高检三级。

二、经济环境

(一)经济概况

越南是一个社会主义发展中国家，1986 年开始实行革新开放。1996 年，越共八大提出要大力推进国家工业化、现代化。2001 年，越共九大确定建立社会主义定向的市场经济体制，并确定了三大经济战略重点，即以工业化和现代化为中心，发展多种经济成分，发挥国有经济主导地位，建立市场经济的配套管理体制。实行革新开放的 30 多年来，越南经济保持较快增长速度，1990—2006 年国内生产总值年均增长 7.7%，经济总量不断扩大，三种产业结构趋向协调，对外开放水平不断提高，基本形成了以国有经济为主导、多种经济成分共同发展的格局。2006 年，越南正式加入 WTO，并成功举办 APEC 领导人非正式会议。此后，越南给予外资企业国民待遇，大力清理国内法规，与国际接轨。

2011 年，越共十一大通过了《2011—2020 年经济社会发展战略》，对越南经济社会发展做了长期部署。根据 2016 年越南国会通过的《关于 2016—2020 年 5 年经济社会发展规划》，5 年内越南 GDP 年平均增幅 6.5%—7%，到 2020 年人均 GDP 达3 200—3 500美元，工业和服务业占 GDP 比重合计达 85%，全社会总投资占 GDP 比重的 32%—34%，财政赤字控制在 GDP 的 4%以下，单位 GDP 能耗年平均下降 1%—1.5%，城市失业率控制在 4%以下。

从近些年来的数据可以看出，越南经济总体稳定，GDP 总量呈逐步增长态势，GDP 增长率均保持在 5%以上，但增长率不稳定。2007 年 GDP 增长率为 7.13%，是近 11 年间的最高值。2008 年，受全球金融危机影响，全国 GDP 增长率下降，2009 年 GDP 增长率为 5.40%。2012 年 GDP 增长率仅为 5.25%，是 11 年间的最低值。2017 年越南 GDP 总量2 238.64亿美元，人均 GDP 2 343美元，分别比 2007 年增长了 189.18%和 160.04%(见图 7—3、图 7—4)。

(二)产业状况

越南革新开放以来，经济保持较快增长，三种产业结构趋向协调，结构比重呈现“三二一”特征。其中，第一产业对 GDP 的拉动作用缓慢下降，第二产业对 GDP 的贡献稳定在 32%左右，第三产业比重不断上升，逐渐成为经济发展的主要动力。据越南国家统计总局公布的数据，2016 年越南 GDP 约2 053亿美元，其中：农林水产业增长 1.36%，占 GDP 比重的 16.32%；工业建筑业增长 7.57%，占 GDP 比重的 32.72%；服务业增长 6.98%，占 GDP 比重的 40.92%(见表 7—1)。同时，越南新成立的企业数量达到新高。数据显示，2016 年有大约110 100个新公司宣布成立，比 2015 年增长了 16.2%。这些公司的总投资量为 891.1 万亿越南盾(约 396 亿美元)。

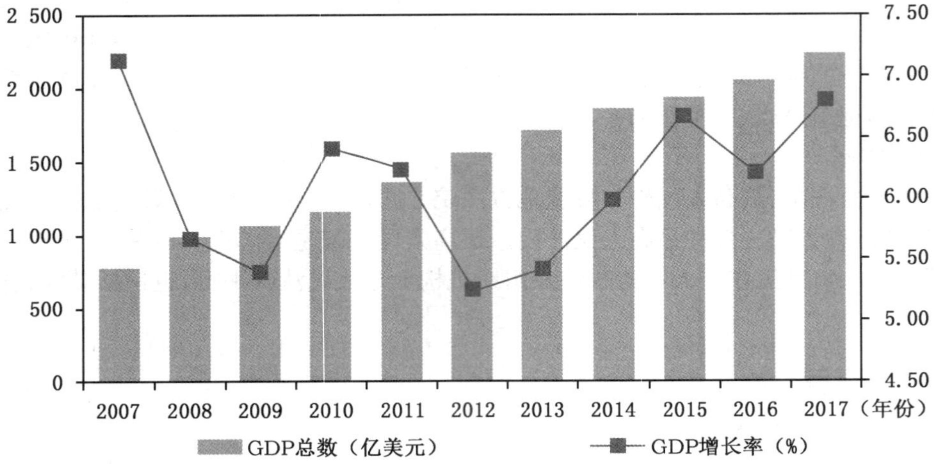

数据来源：世界银行数据库。

图 7－3　越南 GDP 总数及增幅情况(2007－2017 年)

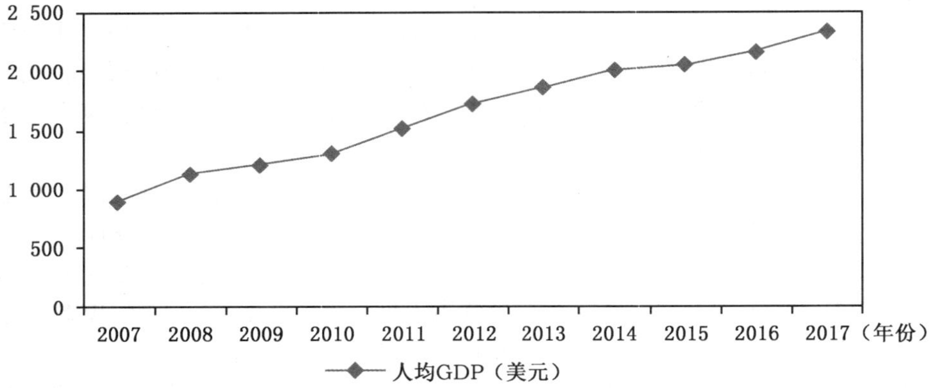

数据来源：世界银行数据库。

图 7－4　越南人均 GDP(2007－2017 年)

表 7－1　　**越南三种产业情况(2007－2016 年)**　　单位：亿美元、%

指标＼年份	2007	2008	2009	2010	2011	2012	2013	2014	2015	2016
农业增加值	144.5	202.3	203.2	213.1	265.3	299.5	307.5	329.6	328.9	335
农业占 GDP 比重	18.66	20.41	19.17	18.38	19.57	19.22	17.96	17.7	16.99	16.32
工业增加值	298.1	367.6	396.4	372.5	437	523	568.3	618.4	643.7	671.7
工业占 GDP 比重	38.51	37.08	37.39	32.13	32.24	33.56	33.19	33.21	33.25	32.72
服务业增加值	331.6	421.4	460.5	428.3	497.8	580.7	663.3	726.9	769.2	840
服务业占 GDP 比重	42.83	42.51	43.44	36.94	36.73	37.27	38.74	39.04	39.73	40.92

数据来源：世界银行数据库。

1. 第一产业

越南是传统农业国，农业人口约占总人口的75%，耕地及林地占总面积的60%。粮食作物包括稻米、玉米、马铃薯、番薯和木薯等，经济作物主要有咖啡、橡胶、腰果、茶叶、花生、蚕丝等。最新数据显示，2017年越南农林渔业总产值为896.1万亿越盾，比2016年增长2.9%，其中，农、林、渔业产值分别增长2.07%、5.14%、5.54%。

2. 第二产业

由于长期战乱，越南工业基础比较薄弱，以轻工、原油、电力、煤炭、水泥所占比重较大。目前相对较发达的有采矿、冶金、机器制造、建材、化工、燃料、纺织和食品等工业部门。越南工业集中分布在河内、胡志明市、海防、下龙等城市。重工业主要集中在北方，那里拥有较丰富的有色金属矿藏、煤矿和水力资源。越南工业近几年来呈快速增长态势。2016年，越南工商部门提出工业生产指数同比增长9%—10%的目标，力争至2020年成为工业现代化国家。据统计，2015年越南工业生产指数增长9.8%，2017年增长9.4%。

3. 第三产业

近年来越南服务业保持较快增长，逐渐成为经济发展的主要动力。2017年，越南商品零售和服务业消费额同比增长7.44%。越南旅游资源丰富，下龙湾等多处风景名胜被联合国教科文组织列为世界自然和文化遗产。近年来越南旅游业增长迅速，经济效益显著。2017年接待国外游客约1 290万人次，比上年增长29.1%。主要客源国(地区)为中国大陆、韩国、日本、美国、中国台湾地区、马来西亚、澳大利亚、泰国、法国。近年来，越南交通运输业经过重组，提高了服务质量，取得了较好的经济效益。2017年客运量约40.8亿人次，比上年增长11.1%；货运量14.43亿吨，比上年增长9.8%。

小知识

越南电子制造产业发展分析

自20世纪90年代初起，Sony、Toshiba以及Sanyo等日本消费电子制造商通过越商以来料组装生产方式开发当地市场，越南政府则陆续全面豁免电子零组件进口税以扶持国内电子制造业发展，越南开始以电子零组件进口建立供应链市场。之后，越南于1995年加入东盟，分别签订一系列国际双边和多边自由贸易协定，接着履行各项国际承诺开放进口市场，逐渐调减包括电子制品和零配件在内的商品进口价格，导致相较之下，进口电子产品价格比当地组装出厂产品更具市场竞争力。因此，Sony于2000年直接输入销售泰国和印尼工厂产品，同时逐渐撤出越南组装生产链，造成胡志明市Viettronics Tan Binh、Viettronics Thu Duc以及Viettronics Quan 10等曾经长期替Sony组装电视机、DVD播放机以及收录音机等消费电子产品的越商在失去Sony的支撑后逐渐没落，转向进口经营电子产品。例如，Viettronics Tan Binh于2014年成为美国电子品牌Pioneer越南总代理商。

近年来由于越南政府持续招商引资，尤其提供电子制造业许多投资优惠，外国电子行业也相中越南外销市场日益扩大、国内社会稳定、人口年轻、工资相对便宜等发展有利因素，于2000年后相继前往越南设厂，Samsung、LG、Panasonic以及Intel等国际大厂也现身越南，其下游厂商尾随而至，开创另一番电子制造业供应链。这使越南自2013年以来电子产品出口比重逐年上升，2014年跃升至全球排名第十二大电子产品出口国，在东盟地区排名第3名，年均增长10%。

根据越南投资事务局统计资料，当地电子产业总共吸收100余亿美元国外投资，其中手机制造商最积极，当中Samsung独领风骚。其他电子零配件制造商也跟随而至，相继成立KSD Vina、Morips Vina、Orientech Vina、Rftech Vina、KET Vina、Kybye Vina、Melfas Vina、Dongsung Vina等外资电子零配件制造厂，跟随大型跨国电子制造商在越南的布局开发市场。

据了解，外国电子制造商近年来多选择在越南北部地区投资设厂，除地理位置邻近中国从而方便进口元件的考量外，制造商也相中日本Honda和Toyota等外国汽车制造商长期在河内和永福省等地投资设厂后，带动当地金属加工及精密机械制造业起步，造就出较南部地区更深厚的电子电工技术人力资源，加上北宁、海防、永福以及兴安等省份与首都河内市咫尺之隔，较容易与中央政府机关直接沟通等有利条件。

实际上，越南电子制造业供应链仍有极大的困难需要克服。首先，越南机械制造业长期发展落后，迄今仍只能出厂制程简单的机械设备，而且工作母机老旧，精密度低，无法争取当地外资企业机械设备采购合约。根据越南冶金工业科技协会于2014年底的统计资料显示，当地约500家铸造企业中，仅约200家的加工金属基本达到当地外资制造业要求的标准，且大部分未能切入当地外资企业采购供应链。其次，根据越南塑胶行业协会(VPA)的统计资料显示，当地塑胶行业原料产量目前仅能满足市场20%—30%的需求，主要为PVC、PET、PP等，70%依赖进口。另一方面，越南塑胶产业目前仍以生产消费塑胶产品为主(2014年出口30亿美元塑胶制品)，高科技塑胶制品则尚有待发展。

（资料来源：《越南进出口贸易概况及电子制造产业市场分析》，《搜狐新闻》，2017年3月4日。）

(三)外贸情况

越南与世界上150多个国家和地区有贸易关系。2006年11月7日加入世界贸易组织后，越南市场环境更加开放，投资环境进一步改善，为外国企业在越南经营提供了更加规范和便利的条件。1995年7月，越南加入东盟，2010年担任东盟轮值主席。越南作为东盟成员国之一，先后与中国、智利、澳大利亚等7国建立区域贸易协定，加强了对外贸易。近年来越南对外贸易保持高速增长，对拉动经济发展起到了重要作用。2017年，货物进出口贸易总额约为4 249亿美元。其中出口额2 138亿美元，同比增长21.1%；进口额2 111亿美元，同比增长20.8%。

越南主要贸易对象为中国、美国、欧盟、东盟、日本、韩国。主要出口商品有原油、服装纺织品、水产品、鞋类、大米、木材、电子产品、咖啡。主要进口商品有汽车、机械设备及零件、成品油、钢材、纺织原料、电子产品和零件。主要出口市场为欧盟、美国、东盟、日本、中国。主要进口市场为中国、东盟、韩国、日本、欧盟、美国。据统计显示，2016年越南的进口市场主要集中在亚洲、美洲和欧洲，进口金额分别为1 407.6亿美元、145亿美元和134.3亿美元，分别占全国进口总额的80.8%、6.7%和6.4%。其中，中国是越南最大的进口市场，自中国进口499.3亿美元，占比为28.7%。美国排名次之，进口额为87.08亿美元。2013年，越南10亿美元以上的主要出口商品有9种，分别为煤炭、橡胶、纺织品、石油、水产品、鞋类、大米、木材及木制品、咖啡。4种传统出口商品(煤炭、橡胶、石油、纺织品)均在40亿美元以上，其中纺织品为90亿美元。

外资的进入对越南引进先进生产技术和管理经验、推动经济增长、解决就业问题起到了重要作用。截至2017年底，越南共吸引2 591个新签投资项目，协议金额达213亿美元，同比增长3.5%;实际到位资金175亿美元,同比增长10.8%。2017年对越南新增投资排名前三位的国家依次是日本、韩国、新加坡。

三、社会文化环境

越南是一个多民族国家,各民族有自己的语言、文化和习俗,越南政府实行各民族平等、团结和相互帮助的政策。越南文化是亚太地区最古老的文化之一。与其他同样位于中南半岛的国家所不同的是,越南由于在历史上受到中国文化很大的影响,其文化特征与东亚民族非常接近,是东亚文化圈的一部分。

(一)民族和宗教

越南是一个多民族国家,官方正式认定并公布的民族共有54个。其中主体民族京(Kinh)族占总人口数的近90%,岱依族、傣族、芒族、高棉族、华族和依族人口均超过50万,是越南比较大的少数民族。京族人是狭义上的越南人,其母语就是越南语。

越南是个多宗教、多信仰的国家。越南现今的主要宗教有佛教、天主教、基督教、和好教、高台教等。其中,信仰佛教的人居多,其次是天主教。东汉末年,大乘佛教从中国传入越南,越南人称为"北宗"。10世纪后,被尊为国教。小乘佛教从泰国和柬埔寨传入,称之为"南宗"。截至2013年,全国佛教徒约5 000万人,其中又以信大乘佛教者居多。越南信奉伊斯兰教的约有4万人。另外,1911年以来从美国传入的新教在中部高原地区有一定的影响。

(二)语言

越南的官方语言为越南语。历史上,越南语最初并无文字而只有口头语言,因此当时越南人多使用完全由汉字组成的文言文来书写文章,但口头的交流仍使用与书面的文言文差异很大的越南语。越南古代典籍《大越史记全书》、《钦定越史通鉴纲目》、《大南实录》及家喻户晓的《南国山河》、《平吴大诰》等作品均用汉文写成。13世纪时,越南人发明了作为本民族文字的喃字。19世纪末,越南沦为法国殖民地,由于近现代长期的殖民统治和日益广泛的对外接触交流,法语、英语和俄语都影响了越南各语言,特别是越南语词汇和语法结构。近年来,英语作为一种外语在越南越来越受欢迎,也是很多越南学校的必修课程之一。汉语和日语也逐渐为越南人所重视。官方网站一般使用越南语和英语两种语言。

越南京族人的姓名与汉人的姓名基本一样,子女承用父姓。京族人的姓名一般为三个字,"姓"在前,"名"在后,中间是"垫字"。中间的垫字,男子多用"文",女子多用"氏"。少数男子姓名用两个字,部分女子姓名用四个字。京族人数较多的姓有阮、范、黎、陈、吴等。阮姓为京族第一大姓,据记载,13世纪陈氏篡权,推翻李朝立陈朝,担心李氏亲族反抗,强迫所有姓李的人一律改姓阮。19世纪初,阮氏统一了全国,建立了阮朝,历代皇帝常以姓氏作为赏赐,百姓中姓阮的也就很多了。

(三)教育

在古代,越南一直采用以中国儒家思想为主的教育制度。法属时期,越南被迫推行法国的教育制度,教育发展极其缓慢,能接受高等教育的人微乎其微。1945年八月革命成功后,大学教育才被列入教育体系中,直到1975年全国统一后,越南的教育体系才得到较大的发展和完善。目前,越南已形成包括幼儿教育、初等教育、中等教育、高等教育、师范教育、职业教育及成人教育在内的教育体系。普通教育学制为12年,分为三个阶段:小学5年、初中4年和高中3年。2000年,越南宣布已实现普及小学义务教育目标,2001年开始普及9年义务教育。

小学从7岁至11岁,分为一至五年级,主要学习越南语、数学、自然与社会科学(四、五年级为历史与地理)、道德教育、体育、美术和科学(四到五年级开设)。初中从12岁至15岁,分为初一至初四(六年级至九年级)。学校按照学生4年的成绩单批准毕业,学生若想要继续读高中,需要参加本地教育与培训处每一年组织的考试。高中从16岁至18岁,分为高一到高三。高中课程分为基础、自然科学和数学(理科)、社会科学和外国语言(文科)三个组别。理科组要求学生数学、物理、化学和生物四科有优异的表现;文科组要求学生文学、历史、地理和外语四科有优异的表现。高中生必须要参加越南教育与培训部的结业考试才能毕业。

高等教育是越南现代教育体系的最高等级,分为大学教育和大学后教育两个层次。后者即中国的"研究生教育"。在过去20多年的改革中,越南的高等教育经历了重大的发展,如规模扩大、目标延伸、所有权和投资资源的多元化。1987年,越南全国有101所公立大学和大专学校,没有非公立学校。到2013年,有421所大学和大专学校,增加了3.2倍。其中有83所非公立高校(54所大学和29所大专),占总数的19.7%。2012—2013年,越南全国高校在校学生近220万,有2.4万博士,平均1万人口中有200—220人是大学生。2000—2013年,越南大学后培训基地(机构)平均每年培养650位博士。[①] 越南著名高校有河内国家大学、胡志明市国家大学、顺化大学、太原大学、岘港大学等。然而,越南的高等教育仍然有很大的问题,无法满足工业化、现代化及国际经济整合的需求。

(四)医疗

越南于1947年开始实施社会保障制度,并于1961年、1981年、1985年和1995年陆续进行修改和补充。社会保障制度规定劳动者享有病假、产假和工伤假,可享受退休金、伤残补贴和遗属津贴等。政府为全体国民承担部分检查和治疗费用。根据越南社会保险机构统计,2016年越南有7 590万人参加医疗保险,同比增长2.7%,占总人口数的81.7%。2016年越南有7 620万人参加社保,1 110万人参加失业保险。2016年越南平均每万人拥有医生6.5人,平均每万人拥有医院病床23.9张。根据世界卫生组织统计,2016年越南全国医疗卫生总支出占GDP的6%。2016年越南居民生活稳定,城市居民的生活水平有所提高。

(五)重要节日

越南也使用阳历与阴历,除了国家法定的节日如元旦、国际劳动节、国庆节等外,越南也过清明节、端午节、中元节、中秋节、重阳节、春节等。越南政府规定的法定节假日全年共9天:元旦1天、春节4天、雄王始祖忌日1天、南方解放日1天、国际劳动节1天和国庆节1天。

1. 春节

阴历一月初一至初四,与中国人一样是一年之中最盛大的节日。越南有一句民谣"肥肉姜葱红对联,幡旗爆竹大粽粑",意思是,春节到了,要为过节准备丰盛的肉菜,煮好粽粑,门口贴上大红对联,高高的幡旗随风飘扬,爆竹鸣响。从这句民谣中可见越南人对春节的重视程度。按照越南的传统习俗,从腊月二十三的"送灶王节"开始,就算进入春节了,届时,各家女主人都要赶制新衣,连日准备年货,还要清扫房屋。除夕晚上,全家吃团圆饭,燃放鞭炮。在新年与旧年交接之时,越南人也有守岁的习惯。

2. 雄王节

阴历三月初十,雄王在越南人的心目中就是"国祖",为纪念先人,每年都会举办隆重庄严的祭祀仪式。2007年开始,越南政府把雄王节定为法定节假日,全民间不劳作、不耕种,纷纷自觉聚在一起虔诚地跪拜雄王。家家户户都会做两种食物(圆形的叫做Banh Giay,方形的叫

---

① 阮黎琼花:《越南高等教育发展现状及对策研究》,《东南亚纵横》,2014年第6期,第50—54页。

做 Banh Chung——粽子)，以祭拜祖先，表示孝顺之心以及饮水思源的传统。

3. 南方解放日

阳历 4 月 30 日，是为了纪念越共在越南战争中获得胜利并解放南越和西贡的日子，称“解放日”。每年胡志明市都会举行活动庆祝这个重要日子。军队、教徒、学生、退伍老兵会举着胡志明的照片在街上游行，有时还会在这一天举办各种商贸旅游活动，来促进经济和文化的交流与发展。

4. 端午节

阴历五月初五，端午节是从中国传过去的，但许多人不知道“屈原”。他们会在当天喝雄黄酒、吃粽子，还会给孩子戴上五色丝线。这五色丝线要在夏季的第一场大雨或是第一次洗澡时扔到河里，以此求得平安健康。

5. 中秋节

阴历八月十五，与中国不同，越南的中秋节是以孩子和花灯为主。大人们在这一天会为孩子准备各种零食和礼物，与孩子们一同过节，而孩子们则爱提着灯笼四处嬉闹，但都少不了边赏月边吃月饼。近年来，越来越多的年轻人在这天结伴出游，因此中秋也逐渐成为年轻人的节日。

6. 越南国庆节

阳历 9 月 2 日是越南的国庆日。1945 年 9 月 2 日，越南的革命先驱胡志明主席宣读了《独立宣言》，宣布越南民主共和国成立。之后的每年 9 月 2 日，越南政府会在首都河内举行集会、阅兵和游行，类似中国国庆，而在胡志明市则会有放焰火的表演。

此外，越南还有很多非常具有本民族特色的节日，如京族的哈节、拉志族的七月节、京族的盘古节等。

(六)衣着服饰

在越南古代，服饰被视为最重要的社会地位的标记之一，并制定有严格的服装规定。平民在日常生活中往往只能穿着样式简单的衣服，并在衣服的颜色上有严格的规定。在越南史上某段时期，庶民只能穿着黑色、褐色或白色的衣服(特殊的节日庆典场合除外)。这样的规定往往依统治者的偏好而产生变化。越南人常戴一种圆形的帽子。服饰有越南国服“长衫”(奥黛)和各种民族服饰。越南女子习惯在正式场合穿着国服“长衫”。长衫是越南女性独特的传统服饰，通常以丝绸类质料轻盈软薄的布料裁剪，款式类似中国旗袍，但衣裤自腰以下开高衩，配上同花式或白色布料的宽松长裤(见图 7—5)。

图 7—5 越南传统服饰“长衫”

和许多民族一样，越南人在婚、丧、喜庆等重要节日中也有特别的服装。例如，在传统结婚典礼上，新郎和新娘都必须穿着正式的传统礼服。新郎身穿绢质黑色或深蓝色长袍，头戴同色布帽；新娘穿白绢质黄色国服，外披白纱长衫，头戴黄色布帽。由于部分越南人信奉天主教，所以结婚时也穿着西式白纱举行婚礼。因为有越来越多的年轻人偏好西式礼服，所以出租西式礼服的商店到处可见。参加丧礼时，家属须穿素色的传统服装，头上绑白布条，而参与祭祀的男性须穿黑色服装，女性则穿素色服装。

(七)饮食习惯

越南人的饮食较清淡，以清水煮、煎炸、烧烤为主。他们吃饭用筷子，喜吃生冷酸辣食物。食粮以大米为主，爱吃粳米和糯米，也吃杂粮，擅用大米、糯米来制作各种可口的食品。肉类有猪肉、牛肉和鱼肉，尤其喜欢用鲜鱼加工成“鱼露”。“鱼露”是京族日常生活中不可缺少的调料。日常副食品主要有鱼、鱼露、酱、腌菜和各种蔬菜。蔬菜以空心菜为主，也种白菜、黄瓜、南瓜等。家常饭食是大米饭、清水煮空心菜，浇上鱼露和小螃蟹汤，祭日、节日摆酒席时则有糯米饭、烤肉、白切鸡和酒。越南的饮料以咖啡为主，而风味小吃主要以果脯类为主。农村的京族、傣族等民族和城镇的部分居民有嚼槟榔果的嗜好。

越南菜多使用鱼露、酱油、大米、新鲜香草、水果和蔬菜。越南食谱使用许多蔬菜、草药和香料，包括柠檬草、青柠和马蜂柑叶。由于佛教信仰，越南也有一些素食菜肴。越南料理中最常见的肉类是猪肉、牛肉、鸡肉、虾、扇贝和各种海鲜，鸭肉和羊肉较少在越南菜中出现。越南饮食也受到一些来自中国菜和法国菜的影响。

(八)社交与禁忌

越南历史悠久，民族众多，人们之间相处比较密切，传统儒家思想和东方价值观在越南社会意识形态中占主导地位。和其他东方人一样，越南人注重传统的家庭观念，长幼辈分有序，重孝道。

1. 待客礼仪

越南人见面时，通常行握手礼，苗族、瑶族行抱拳作揖礼，高棉族多行合十礼。京族人不喜欢别人用手拍背或用手指着人呼喊。越南人待客热情，每逢家里来客，总拿出最好的酒和食物来待客。客人吃得越多，主人就越高兴。客人辞行时，主人还会拿出当地特产赠予客人。传统上，越南人有席地而坐的习俗。人们认为贴近土地有很多好处，可以除去人身上的一些疾病。

与越南人进行商务往来时，可以送对方一些具有纪念意义的礼品，但礼品价值不宜过高，否则会遭到对方拒绝，并有行贿之嫌。受西方文化影响，越南商人讲究礼物的包装，礼物要大小适中，便于对方携带。赠送礼物要考虑到对方的年龄、星座、属相、爱好等，才能达到最佳的交际效果。受礼者不会当面拆开，同样，若是接到越南人的礼物，也不能立刻打开或直接评价，否则被视为不礼貌。

2. 称呼礼仪

越南人很讲究礼节，见了面要打招呼问好，或点头致意。商人更讲究礼节，见到上级一定要打招呼。越南人不习惯“姓+职位”的称呼方法，而偏爱亲属称谓，习惯使用“亲属称谓+姓名最后一个字”的称呼方法。在工作场合也常使用亲属称谓。越南人对长辈称大爹、大妈或伯伯、叔叔，对平辈称兄、姐，对儿童称小弟、小妹，对群众称乡亲们、父老们、同胞们(只在本国人之间用)。在国家机关、工作单位和越军部队里，一般称同志，但在最熟悉的人之间也会称兄道弟，而不称同志。

3. 风俗禁忌

越南推崇符号文化，有各种忌讳：过年的时候或者是一个月的月初，不能说猴一类的词，认为这样会带来不幸；在这个时间段内也不能发脾气、说脏话，同样是怕给自己带来不好的运气。在吃饭的时候，越南的小孩子如果还在上学是不能吃锅巴的，他们认为这样会让孩子变笨，而且越南人不让小孩吃鸡爪，觉得吃了后，孩子写字会写不好、手发抖。在写文章的时候，是不能听到悲惨的声音的，也不能说这里的小孩子胖，这些行为都是不礼貌、不尊重人的表现。学生在考试期间，如果吃了虾，就会认为肯定考不好。在寺庙里面不允许吃狗肉。白色的礼品一定要避免，因为会被视为不吉利。

小知识

嚼槟榔

槟榔的原产地在东南亚，属棕榈科，夏初开花，深秋收果。越南人对槟榔有一种特殊的感情，常将其栽种于房前屋后，以采其果食之。他们将槟榔果切成小片，与白灰（或蚌灰）等用蒌叶卷起来放入嘴里咀嚼，然后咽下血红色的汁液，将残渣吐出。三样东西一经混合，立即会发生化学反应，具有一股辛辣味和芳香味。吃槟榔多为女性，有的整天不停地嚼，久而久之牙齿会被染成黑色，妇女以此为美。越南三十三怪里就有一怪是"黑齿红唇老太太"，说的就是卖槟榔的老太婆，吃槟榔后满嘴被染得通红、牙齿黑黑的样子。

槟榔有药用价值。嚼槟榔可清除口臭、坚固牙齿。因有蚌灰，故可防止蛀牙。饭后人们常常嚼上一片槟榔以除口腥。槟榔的纤维可清除卡在齿缝中的食物，因此嚼槟榔还可清洁口腔。槟榔由此成为越南人民常常挂在嘴边的食物。

越南人吃槟榔不仅是为了防病、治病，还伴随着许多文化意义。越南民间有句俗话说，"嚼槟榔是故事的开端"，意思是建立感情必须从嚼槟榔开始。办丧事、祭祀祖先时，人们常常以整串槟榔作为供祭品；婚嫁宴请宾客时，男方家要事先送给女方家数千个槟榔以招待来宾；逢年过节和平时接待客人也要摆上一盘槟榔。许多人还以槟榔作为馈赠佳品，人际交往、走亲访友、求人办事送礼时常以槟榔为重，出远门回来送给亲朋好友一串黄灿灿的槟榔果比什么都显珍贵。

随着社会的发展，人们的生活水平日益提高，赠送品、见面品趋于多样化，种类五花八门，虽然吃槟榔的风俗习惯不是很普遍了，但它作为一种古老的民间传统习俗，被一部分地区和一部分人很好地沿袭了下来。当你漫步于越南大街小巷和乡村小道时，仍不时会发现津津有味地嚼着槟榔从你身边匆匆走过的越南中老年妇女。槟榔如此深受越南人民的喜爱，不仅因为其本身所具有的药用价值，还在于人们所赋予它的文化价值。

四、与中国的贸易关系

中国和越南于 1950 年 1 月 18 日建交。中越两国和两国人民之间的传统友谊源远流长。在长期的革命斗争中，中国政府和人民全力支持越南抗法、抗美斗争，向越南提供了巨大的军事、经济援助；越南视中国为坚强后盾，两国在政治、军事、经济等领域进行了广泛的合作。

2016 年，越南超过马来西亚成为中国在东盟的第一大贸易伙伴。2017 年，中越双边贸易额1 212.67亿美元，增长 24%。其中出口额为 709.39 亿美元，同比增长 16.1%；进口额为 503.28 亿美元，同比增长 35.4%。据悉，2018 年上半年，中国与越南双边贸易额约达 660 亿美元，双向贸易额平均每月首次超过 100 亿美元。仅在 6 月份，该数字达 112 亿美元，远远高于中国与马来西亚双边贸易额 93 亿美元的水平。越中贸易额增长率达 28.8%，也高于马中贸易额 15.5%的增长率。2018 年 2 月，中国已超过美国成为越南的第一大出口市场。

在投资方面，截至 2017 年底，中国企业在越南累计签订承包工程合同额 467 亿美元，完成营业额 341.2 亿美元。其中，2017 年新签合同额 61 亿美元，完成营业额约 28.8 亿美元。2017 年，中国对越南直接投资总额超过 21 亿美元，创历史新高。2018 年初以来，中国企业在越南开展注册总额为 3.3 亿美元的 163 个投资项目。目前，中国在对越南投资的国家和地区中排名第六。

(一)中国对越南的出口情况

从 2007—2017 年总体来看，中国对越南的出口额不断增加，但增长速率很不稳定。从图 7—6 中可看出，2009 年、2015 年和 2016 年中国对越南的出口增幅均有缩小，其中 2016 年中国对越南的出口额仅为 611.04 亿美元，同比下降 7.44%。2017 年中国对越南的出口额为 709.39 亿美元，同比增长 16.1%，比 2007 年增长了 496.58%。中国出口越南的主要货物为机电产品、机械设备和面料、纺织纤维以及其他原辅料。

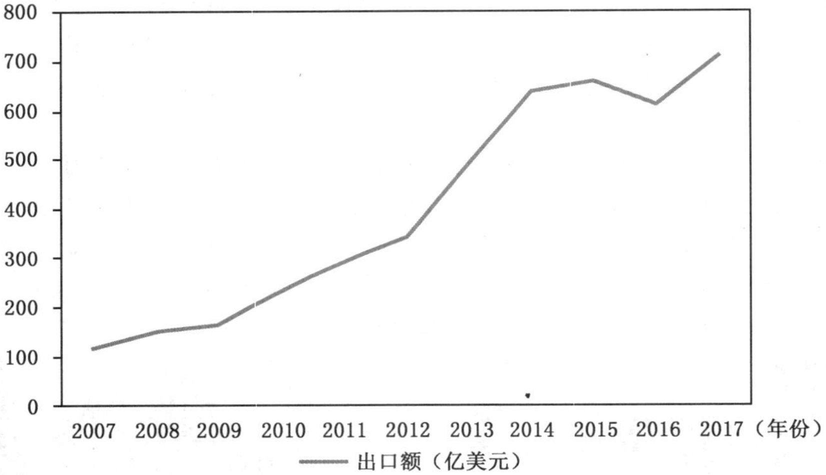

数据来源：《中国统计年鉴》。

图 7—6　中国对越南的出口数额(2007—2017 年)

(二)中国从越南进口的情况

从 2007—2017 年总体来看，中国从越南进口的货物数额不断增加，而且增长快速。从图 7—7 中可看出，除 2009 年和 2013 年中国从越南进口的增幅有所缩小外，其他年份均是扩大，而且 2014 年起年增长率大幅提高。2017 年中国从越南的进口额为 503.28 亿美元，同比增长 35.39%，比 2007 年增长了1 460%。中国从越南进口的主要货物为电气机械设备和零部件、矿产资源和棉花等农产品。

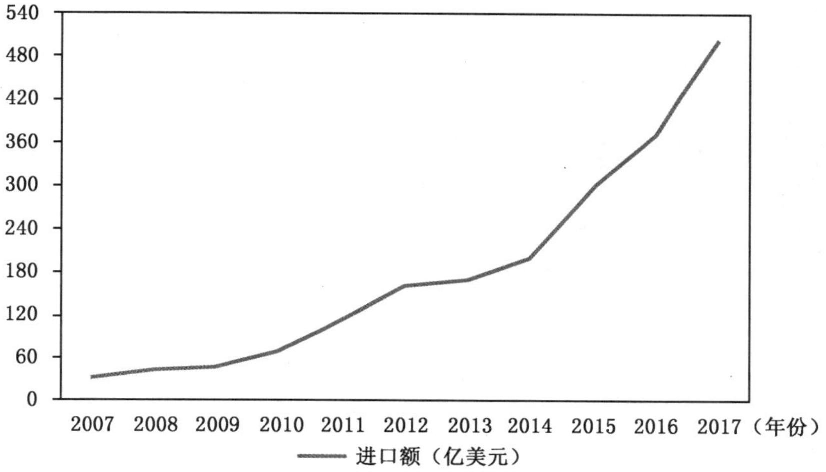

数据来源:《中国统计年鉴》。

图 7—7 中国从越南进口的数额(2007—2017 年)

课后思考题

1. 越南的基本国情和资源特点是什么?
2. 在越南旅游、经商、从事公务活动时应注意哪些礼仪和禁忌?
3. 中国与越南双边贸易情况如何? 未来中国企业在越南投资、贸易的前景如何?

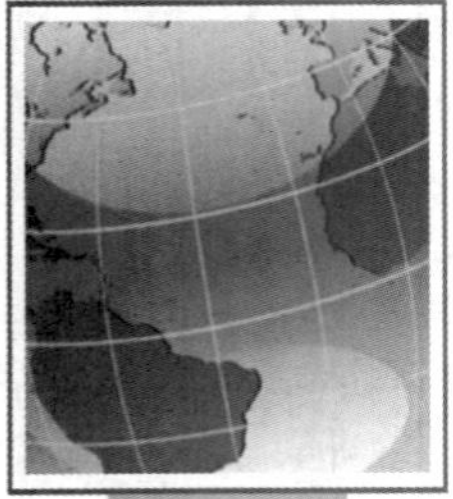

第八章 老挝 (Laos)

一、基本情况

老挝全称为老挝人民民主共和国(The Lao People's Democratic Republic)。老挝是位于中南半岛北部的内陆国家,北邻中国,南接柬埔寨,东临越南,西北达缅甸,西南毗连泰国,其国土面积23.68万平方公里,人口680万(2015年),首都是万象。

小知识

老挝国旗与国徽

国旗

老挝国旗是以红色、蓝色及白色为主色,国旗旗面中间的平行长方形为蓝色,占旗面一半,上下为红色的长方形,各占旗面1/4。蓝色展开一片富饶美丽的国土,表示人民热爱和平安宁的生活。红色象征革命,表明不惜以鲜血为代价捍卫国家尊严。蓝色部分中间为白色圆轮,轮的直径为蓝色部分宽度的4/5。长宽比为3∶2。白色圆形象征老挝人民在党的领导下团结一致以及国家光明的未来。白色圆形也代表满月,置于蓝条之上,象征皎洁明月高悬于湄公河的上空。此旗原为老挝爱国战线旗帜。

国徽

老挝国徽呈圆形,由两束稻穗环饰,圆面上具有象征意义的图案:大塔是著名古迹,它是老挝的象征;齿轮、拦河坝、森林、田野等分别象征工业、水力、林业;稻穗象征农业。两侧的饰带上写着"和平、独立、民主、统一、繁荣昌盛",底部的饰带上写着"老挝人民民主共和国"。

(一)建国历程

公元 1353 年,老龙族王子法昂在今天的琅勃拉邦建立了“澜沧王国”,意为“百万大象之国”。它是老挝历史上第一个统治整个老挝地区的中央集权国家。从 1862 年开始到 1954 年,老挝历经了漫长的在法国统治下的殖民时期。后来,美国取代法国干涉老挝事务,直到 1975 年,老挝废除君主制,成立了老挝人民民主共和国。40 多年以来,在老挝人民革命党的带领下,老挝经济和社会发展取得了巨大进步。

(二)地理环境

老挝是位于中南半岛北部的内陆国家,国土面积为 23.68 万平方公里,约为我国云南省的 2/3。老挝有 80%的国土面积是山区和高原,有“中南半岛屋脊”之称。老挝北邻我国的云南省,老中边境线长 505 千米;东部与越南接壤,老越边境线长2 069千米;南部接柬埔寨,边界线长 435 千米;西部与泰国有1 835千米的边境线。另外,西北隔湄公河与缅甸对望。虽然老挝是东南亚地区唯一的一个内陆国,没有海港,但它处于中南半岛中心,具有成为大湄公河次区域战略资源基地和我国陆上通道的价值,战略位置非常重要。

老挝地形南北长、东西窄,南北长1 050公里,东西最宽处 500 公里。全境地势北高南低,西北向东南倾斜。全国分为上寮(北部)、中寮(中部)、下寮(南部)三部分。平均海拔2 000米以上,境内普比亚山海拔2 817米,为老挝最高山峰。老挝境内山脉构成四大高原,即自北而南的会芬高原、川圹高原、甘蒙高原和波罗芬高原,其中川圹高原在上寮川圹境内,海拔2 000—2 800米,为老挝最高地区,有老挝“屋顶”之称。老挝的平原主要分布在万象以南的湄公河沿岸。在万象以北地区,流经老缅和老泰边境地区的湄公河及其支流沿岸有许多小盆地,即班班平原和查尔平原。查尔平原面积 100 多平方公里,是东部山地进入西部地区的门户。

老挝属热带和亚热带季风气候,每年 5—11 月为雨季,11 月至次年 4 月为旱季。老挝南北气温相差不大,全境的平均气温为 20℃—28℃。1 月平均气温最低,约为 10℃—20℃;4 月平均气温最高,约为 20℃—29℃。总体而言,老挝全境雨量充沛,多数国土地处热带雨林之中,一般年份降水量约为2 000毫米。

(三)资源禀赋

老挝的自然资源十分丰富,主要有以下资源:

1. 森林资源

老挝森林资源非常丰富,2012 年面积达1 700万公顷。丰富的森林资源使得原木出口成为老挝外汇收入的重要来源。老挝出产许多珍贵木材和特产,例如紫檀、柚木、红木、安息香、葛藤、砂仁、茴香、花梨木、胖大海、紫胶、松木等。老挝是世界安息香市场主要供应者,质量也居世界首位。老挝也是出产紫胶的主要国家之一,年出口量曾达 100 吨以上,但近年来产量大减。由于大量盲目砍伐开发,老挝近年来的森林面积急剧下降。据统计,目前老挝的森林面积已经下降到不到1 000万公顷,而森林面积的减少已给老挝带来了严重的后果,如气候反常、水灾、旱灾、土地沙石化等,所以保护森林资源已经成为老挝刻不容缓的问题。

2. 矿产资源

多种地形和地质构造使得老挝蕴含丰富的金属矿和非金属矿,其中,有色金属矿和玉石不但品种多且储量相对大。现已发现的金属矿有铜、铁、锡、铅、锌、锰、金、钨等,非金属矿有白玉、黄玉、黑玉、翡翠、蓝宝石、水晶、琥珀、花岗石和石英石等。老挝北部西侧与缅甸北部被认为是世界最重要的宝石藏带,老挝北部东侧与中国滇西南被认为是世界最重要的有色金属矿带。

3. 水能资源

老挝水力资源丰富。湄公河老挝段及其支流蕴藏着相当丰富的水力资源。据考察，湄公河60%以上的水力资源蕴藏在老挝，全国有60多个水头较好的地方可建水电站，装机容量可达1 800万千瓦。截至2017年，老挝有46个已投入运营的水电站，有54个在建水电站，计划于2020年竣工。老挝电力主要卖往泰国、柬埔寨和越南，其中，泰国是老挝最大的电力出口市场，每年购买老挝装机1 000万千瓦，越南购买500万千瓦。此外，老挝还希望到2020年，通过泰国和马来西亚电网向新加坡年出售10万千瓦装机发电量，向缅甸出口20万千瓦。目前，老挝已经成为世界上为数不多的以出口电力为主的国家。图8－1是老挝南欧江项目二期一级水电站截流现场。

图8—1　我国承建的老挝南欧江项目二期一级水电站截流现场

(四)人口和人民生活

截至2015年，老挝人口总数为691.12万人，其中，男性人口数量为344.99万人(占比49.9%)，女性人口数量为346.13万人(占比50.1%)。年均人口增长率为2.1%(2003－2015年)，人口出生率为25.23‰，人口死亡率为7.86‰，新生婴儿死亡率为53.13‰，平均寿命为63.2岁。老挝人口密度非常低，约为27人/平方公里。其中，老挝人口大省沙湾那吉人口数量约87万人，首都万象市、万象省、琅勃拉邦省、占巴色省等相对发达地区人口仅分别为37万人、22万人、43万人、31万人；除首都万象市人口密度达到189人/平方公里外，其余省份人口密度均低于50人/平方公里。老挝国内人口以农业人口为主，占总人口的70%以上。

老挝20－59岁的主要劳动力约占总人口的40%，19岁以下占54%，60岁以上占6%。就其劳动力素质而言，人均受教育年限只有2－3年，全国15岁以上的人口中只有49%的成年女性和67%的成年男性能识字。

老挝实行低工资制，不同种类的工作收入差距有限。老挝一般公司的员工平均工资约为180美元/月，公务员工资约为212美元/月，人民生活水平普遍偏低。截至2018年5月，老挝政府规定的最低工资标准为每月110万基普(约合129美元/月)。

(五)政治环境

老挝实行社会主义制度。老挝人民革命党是老挝唯一政党。1991年，老挝党“五大”确定“有原则的全面革新路线”，提出坚持党的领导和社会主义方向等六项基本原则，实行对外开放政策。2001年，老挝党“七大”制定了“至2010年基本消除贫困，至2020年摆脱不发达状态”

的奋斗目标。2016年1月18日至22日，老挝党“十大”通过了社会发展“八五”规划、十年战略和十五年远景规划。当前，老挝政治稳定、社会安宁。

1991年8月，老挝最高人民议会第二届六次会议通过了老挝人民民主共和国第一部宪法。宪法明确规定，老挝人民民主共和国是人民民主国家，全部权力属于人民，各族人民在老挝人民革命党领导下行使当家做主的权利。

老挝国会是国家最高权力机构和立法机构，负责制定宪法和法律。国会每届任期5年，每年召开2次会议，特别会议由国会常委会决定或由2/3以上的议员提议召开。国会议员由地方直接选举产生。第八届国会于2016年4月选举产生，国会议员149名，主席巴妮·雅陶都。国家政府是国家最高行政机关。本届政府于2016年4月成立，设18个部及3个直属机构。政府主要成员包括政府总理通伦·西苏里、副总理兼国家监察总署署长本通·吉马尼、副总理宋赛·西潘敦、副总理兼财政部长宋迪·隆迪等。

二、经济环境

(一)经济概况

老挝是一个以农业为主、工业基础十分薄弱的国家。1975年，老挝人民民主共和国成立之初，实行计划经济的发展模式，违背了当时老挝经济社会发展的规律，所以在20世纪70年代中期到80年代中期，老挝的经济发展基本处于停滞状态。1986年起推行革新开放，调整经济结构，即农林业、工业与服务业相结合，优先发展农林业；取消高度集中的经济管理体制，转入经营核算制，实行多种所有制形式并存的经济政策，逐步完善市场经济机制，努力把自然和半自然经济转为商品经济；对外实行开放，颁布外资法，改善投资环境；扩大对外经济关系，争取引进更多的资金、先进技术和管理方式。1991—1996年，国民经济年均增长7%。1997年后，老挝经济受亚洲金融危机严重冲击。老挝政府采取加强宏观调控、整顿金融秩序、扩大农业生产等措施，基本保持了社会安定和经济稳定。

进入21世纪，老挝制定了20年长远发展规划，争取到2020年基本摆脱不发达状态，人均GDP达到1 500美元。图8—2和图8—3回顾了近10年老挝经济发展的基本情况。老挝的GDP总数从2008年的54.44亿美元增加到2017年的168.53亿美元，增长209.57%；尤其是2011年之后，GDP总数突破100亿美元，经济的增速比较明显。从GDP的年均增长率来看，

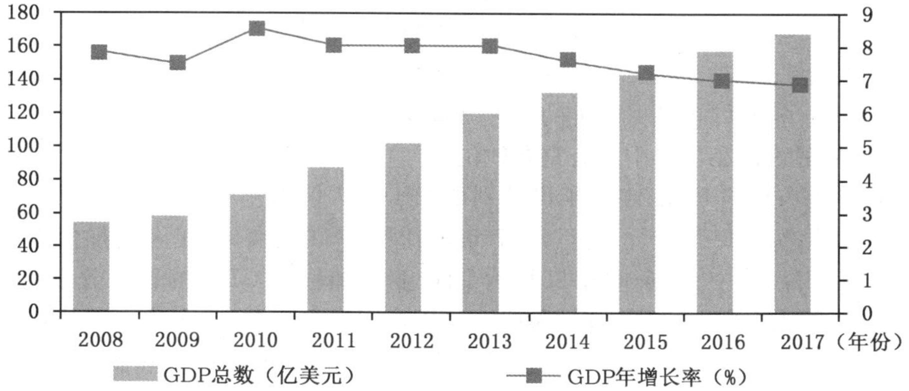

数据来源：世界银行数据库。

图8—2 老挝GDP总数及增幅情况(2008—2017年)

2010—2013 年的 GDP 增长率均超过了 8%，其余年份基本都在 7%以上，年均增长率为 7.67%。从人均 GDP 的情况来看，老挝 2008—2017 年人均 GDP 逐年增长，2012 年的人均 GDP 为1 587美元，已经超过了之前制订的1 500美元的计划。从 2014 年开始，人均 GDP 突破了2 000美元，2017 年达到2 457美元。人均 GDP 的增长迅速，尤其是从1 000美元左右跨越到2 000美元的 2010—2013 年这个阶段，其增长率都维持在 15%以上，2014—2017 年增速有所放缓。应该说，老挝虽然是东南亚地区经济最不发达的国家之一，但近 10 年的经济发展速度比较快，取得了不错的成绩。

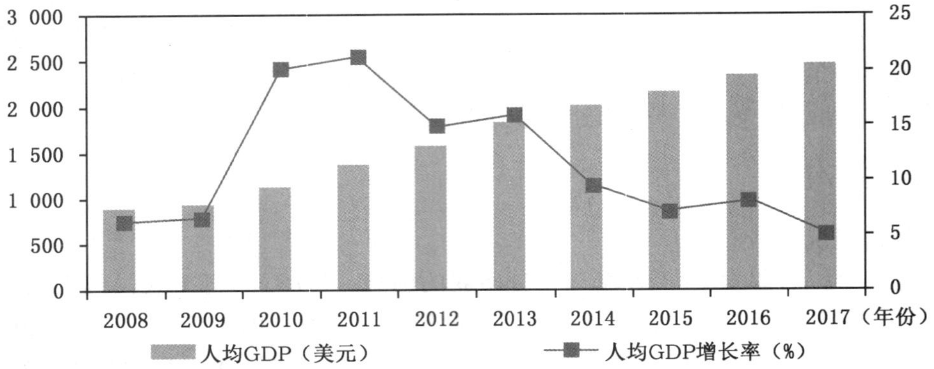

数据来源：世界银行数据库。

图 8—3　老挝人均 GDP 及增长情况(2008—2017 年)

(二)产业状况

老挝产业结构单一，农业是老挝最重要的生产部门，无论是生产还是出口均是老挝的经济基础，1975 年之前农业在国民经济中的比重均为 90%以上。老挝从 1986 年开始施行革新开放政策，包括对产业的一系列改革。特别是近 10 年来产业结构发生了较大变化。在表 8—1 中，农业增加值从 2008 年的 13.16 亿美元增加到 2017 年的 27.3 亿美元，增加超过 100%，年均增长率约为 2.93%；农业增加值占 GDP 的比重不断下降，2017 年比 2008 年下降了近 8 个百分点。农业增加值在国民生产总值中的比例虽然逐渐降低，但净产值却一直保持增长。另外，农业生产的多样化发展趋势日益突出，老挝丰富的自然资源正不断得到开发利用。除了主要农作物水稻外，还有家禽水产养殖和采集非木材林产品等。种植业本身也扩大到蔬菜、甘蔗、花生、薯类、大豆、咖啡、绿豆、玉米等各类农作物，产量也有大幅度增加。例如，咖啡是老挝重要的经济作物。符合绿色环保标准的老挝咖啡受到非常多国外咖啡人士的欢迎，所以咖啡豆出口贸易在老挝农产品出口中具有重要地位。

工业增长较快，2008 年和 2009 年仅分别增加 14.67 亿美元和 14.48 亿美元，但 2012 年之后，工业增加值都在 30 亿美元以上，2017 年达到了 52.1 亿美元；工业增加值占 GDP 的比重维持在 30%左右，其中 2016 年和 2017 年制造业增加值占 GDP 的比重分别为 7.77%和 7.48%，这说明老挝尚处于工业化前期阶段。从工业门类上来看，除了水电行业，矿业是老挝最重要的工业门类。据老挝能矿部统计，2017 年前 9 个月，老挝矿产出口贸易额达到 9.06 亿美元。作为政府重点扶植的产业，2018 年老挝的矿业领域预计将为国家贡献 119 亿基普左右的产值，出口额有望达到 14.6 亿美元。另外，老挝的手工业也比较有特色。但除了上述三种外，其他工业门类发展比较滞后，大量的生产生活设备、工具要依赖进口。

而服务业在近10年间高速增长,2008年老挝服务业增加值仅为18.79亿美元,到2016年已经增长到51.02亿美元,年均增长率为7.05%。服务业增加值占GDP的比重也不断上升,目前已经占到GDP的42%左右。应该说,近年来蓬勃发展的生态旅游、地区转口贸易和物流服务等服务行业,为老挝服务业的发展带来了有力支撑。

表8—1 老挝三大产业情况(2008—2017年) 单位:亿美元、%

年份	农业增加值	比重	增长率	工业增加值	比重	增长率	服务业增加值	比重	增长率
2008	13.16	24.18	3.46	14.67	26.95	12.89	18.79	35.58	8.65
2009	14.12	24.2	2.83	14.48	25.16	14.65	21.08	38.30	6.87
2010	16.11	22.60	2.79	21.72	30.47	19.38	24.03	35.45	5.62
2011	18.19	20.79	1.29	26.96	30.82	16.58	27.91	35.72	7.39
2012	18.9	18.55	2.75	33.06	32.44	12.95	31.71	35.91	7.80
2013	21.41	17.93	2.83	36.34	30.43	7.70	42.68	40.42	6.89
2014	23.68	17.85	4.15	38.23	28.82	7.31	45.21	40.90	7.46
2015	25.31	17.59	3.57	39.85	27.69	7.01	48.78	41.88	8.16
2016	27.23	17.23	2.76	45.46	28.76	12.00	51.02	42.40	4.60
2017	27.3	16.2	2.88	52.1	30.91	11.61	—	—	—

数据来源:世界银行数据库。

产业结构的变化与老挝所处的革新开放的阶段有密切关系。2012年10月,老挝正式加入世界贸易组织,成为其第158个成员。入世后,老挝面临着单一市场和生产基地、高度竞争的经济区域、公平的经济发展以及如何完全融入全球经济等一系列问题。老挝需要调整产业结构,通过采矿业试图刺激经济增长以确保人均国民总收入提高,从而使老挝从不发达国家列表中移除。而水力发电是老挝另一个促进经济增长的机会。水力发电支持其他领域部门的发展,为其他部门发展提供电能,也为国家的发展提供资金支持。这对确保其他行业的就业十分重要,尤其是制造业需要的电能和资金的支持。而生态旅游、地区转口贸易和物流服务的服务行业,尽管目前基础设施还很薄弱,但发展潜力巨大。

(三)外贸情况

老挝在实行外向型发展战略路线后,加强进出口贸易的发展,特别是在加入东盟及世贸组织以后,老挝在与东盟国家保持着良好贸易关系的同时,积极地融入国际贸易,参与国际市场经济贸易的竞争。在近几年的贸易发展过程中,老挝也积累了与各国之间的贸易经验,有发达国家和地区,如欧盟、美国、日本等国家,也有发展中国家,像东盟相邻的马来西亚、越南、泰国等国家,这些国家和老挝在进出口贸易方面有着互补的关系,而得益于良好的贸易关系,老挝的进出口贸易快速地发展。① 2008—2017年老挝的进出口贸易取得长足发展。其中,货物和服务出口额从2008年的18.05亿美元提高到2017年的57.87亿美元,年均增长率为11.85%;货物和服务进口额从2008年的26.51亿美元增加到2017年的69.92亿美元。2013—2015年进口额超过了70亿美元,年均增长率波动较大,老挝"入世"的2012年进口增长率高达31.03%,展示了其打开国门的姿态,而自2014年以来,进口增长率比较小,2017年

① 杨坤:《进出口贸易对老挝经济增长影响分析》,广西师范大学硕士论文,第17页。

为5%。近10年来货物和服务的出口额均小于进口额，贸易逆差在2012—2015年达到25亿美元左右，2016年和2017年有所回落(见表8—2)。

表8—2 **老挝货物和服务进出口情况(2008—2017年)** 单位:亿美元、%

年份	货物和服务出口额	增长率	货物和服务进口额	增长率	差额
2008	18.05	13.58	26.51	21.85	−8.46
2009	17.55	5.60	27.33	9.45	−9.78
2010	25.22	15.71	35.17	9.24	−9.95
2011	35.3	22.42	44.93	17.1	−9.63
2012	38.6	6.71	61.46	31.03	−22.86
2013	45.59	19.36	71.66	13.39	−26.07
2014	54.08	7.03	77.36	2.49	−23.28
2015	48.86	6.65	74.61	4.05	−25.75
2016	52.49	10.46	66.2	4.55	−13.71
2017	57.87	11	69.92	5.00	−12.05

数据来源:世界银行数据库。

在出口方面，老挝最大宗的出口货物是矿物产品。根据2016年的数据，老挝出口的矿物产品达8.12亿美元，其中铜6.76亿美元、黄金1.11亿美元。此外，老挝还出口7 500万美元的电力、1.71亿美元的农林产品、1 700万美元的咖啡等。老挝视泰国、中国、欧盟等为主要市场。其中，泰国是老挝电力出口市场，其农林产品和矿产资源主要出口到中国等。

而老挝进口的主要产品有工业制成品、电子机械类产品、建材类、成品油以及设备、零件、纺织原材料等。根据表8—3老挝2009—2016年部分进口产品结构可以看出，在老挝进口的初级产品中，矿物燃料的进口额最大，几乎占到整个初级产品的一半，主要是老挝从新加坡、中国大陆、韩国和中国台湾等国家和地区进口的成品油。在工业制成品中，机械零件、纺织原材料、电子类产品等都是进口大户。机械零件是老挝国内比较紧缺的产品，进口额几乎占到工业制成品的1/3—1/2，2014年老挝进口机械零件共1.36亿美元，进口原装汽车53 800辆，进口额近千万美元。2014年老挝纺织原材料类产品的进口总额达到了1亿美元，包括布料、原辅料、纱线、棉花等。从进口商品的增长趋势来看，初级产品进口增长量比较稳定，但对原材料和中间产品的需求比较旺盛，进口量增速明显。

表8—3 **老挝2009—2016年部分进口产品结构** 单位:百万美元

进口商品 \ 年份	2009	2010	2011	2012	2013	2014	2015	2016
总计	15 636	16 226	19 746	25 256	31 969	36 761	42 356	45 570
(1)初级产品	3 527	3 686	4 201	5 283	7 318	9 308	10 232	10 930
①矿物燃料	2 121	1 970	2 156	2 714	3 982	5 366	6 010	6 443
②食品及活动物	627	834	940	1 262	1 495	1 955	2 158	2 053
③食用原料	590	690	816	1 001	1 454	1 623	1 826	1 975

续表

进口商品＼年份	2009	2010	2011	2012	2013	2014	2015	2016
④其他初级产品	189	192	289	306	387	364	238	459
(2)工业制成品	12 101	12 532	15 532	19 792	24 084	26 633	31 204	33 570
①化学制成品	2 402	2 491	2 933	3 623	4 694	5 310	5 509	5 762
②按原料分类制品	3 402	3 729	5 415	6 672	8 859	10 172	12 500	13 887
③机械和运输设备	4 711	4 865	5 756	7 921	8 736	9 253	11 909	12 025
④杂项制品	1 586	1 447	1 428	1 575	1 795	1 899	1 286	1 896
(3)未分类产品	7.7	8.5	13.2	181.2	567	819	920	1 070

数据来源：杨坤:《进出口贸易对老挝经济增长影响分析》,第 20 页。

从老挝 2016 年进口贸易国别(地区)结构来说,如图 8—4 所示,泰国始终是老挝最大的商品输出国,近 10 年泰国出口到老挝的商品总值一直维持在老挝进口商品总值的 60%以上,2016 年占到 68.3%。老挝也从我国进口大量商品,2016 年占到老挝进口商品总值的 18.4%,并且这一比例有逐年增加的趋势。相对而言,越南和新加坡对老挝的出口所占比例有下降的趋势(越南从 2008 年占比 7.10%下降到 2016 年的 3.54%;新加坡从 2008 年占比 4.01%下降到 2016 年的仅 0.7%)。

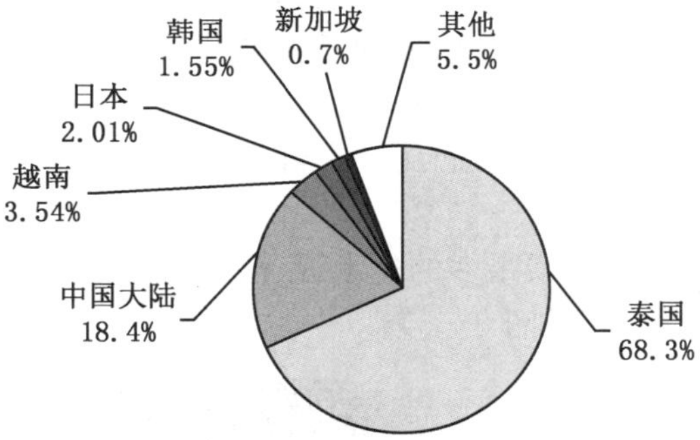

数据来源：杨坤:《进出口贸易对老挝经济增长影响分析》,第 21 页。

图 8—4 老挝 2016 年进口贸易国别(地区)结构

三、社会文化环境

(一)民族和宗教

老挝是一个多民族的国家,据统计,老挝共有 68 个民族(不包括印度人、越南人、华人)[①]。通常按照居住的地区将老挝划分为三大族群。一是老龙族,意为“低地老挝人”,是老挝的主体民族,语言属于汉藏语系壮侗语族的壮泰分支,约占总人口的 60%,主要分布在湄公河沿岸城市、河谷以及平原地区。二是老听族,意为“坡地上的老挝人”,主要居住在丘陵和半山区,人口约占总人口的 30%。老听族是由十几支民族和民族支系构成的,语言较为复杂,包括汉藏语

① 由于历史、社会发展等原因,目前关于老挝民族的数量、分类等还存在一些分歧。

系藏缅语族、南亚语系孟高棉语族和南岛语系。三是老松族，意为“山顶上的老挝人”，主要居住在高山上，约占老挝总人口的10%，由苗族、瑶族、倮倮族、汉人等构成。另外，老挝还有中国、泰国、越南等国家的侨民和后裔约30万—40万人。

老挝人约有85%信奉佛教。佛教传入老挝以前，老挝人信神教和婆罗门教。佛教传入老挝时影响不大。14世纪中叶，法昂统一老挝，建立澜沧王国，并迎娶吴哥公主为后。随之一批柬埔寨僧侣到老挝传播小乘佛教，法昂定佛教为国教。16世纪初，老挝国王将《三藏》从梵文译成老挝文，在国王的扶植下，老挝佛教发展很快，并成为当时东南亚佛教中心之一。17世纪，老挝国王还为佛教设立僧官制度。18世纪，老挝连连遭到外来侵略，到19世纪初老挝衰落，佛教势力也明显削弱。19世纪60年代，老挝救国运动风起云涌，老挝建立全国佛教协会，目的是团结全国僧侣和佛教徒参加救国战争并保卫佛教。1976年，即老挝解放后成立了老挝唯一的佛教组织——老挝佛教联合会。据不完全统计，目前老挝全国有寺庙2 000多座，老挝的寺庙大多集中在万象和琅勃拉邦。琅勃拉邦过去是老挝国王和僧王所在地，即老挝的王都和佛教中心，那里的寺庙古老、精致，其中最著名的是华通寺，已有500年历史。过去佛寺不仅是宗教活动中心，而且也是传播文化的主要场所。特别是在农村和边远地区，广大农民主要通过寺庙接受知识。

另外，目前山区的少数民族有一部分信奉原始宗教、天主教、基督教和婆罗门教。

（二）餐饮习俗

老挝人大多信佛，注重佛门禁忌。佛教从14世纪传入老挝之后，由于得到历代王朝的扶植和大力提倡，因此发展很快，始终保持兴旺不衰的势头，而且对老挝人民的社会生活有着极大的影响。受到信仰的影响，他们在饮食方面的主要讲究是：不禁酒，不必食素，但“忌食十肉”，即不吃象肉、虎肉、豹肉、狮肉、马肉、狗肉、蛇肉、猪肉、龟肉等。在进餐时惯用右手抓食，用左手直接接触食物被视为严重的失礼行为。在佛教节日期间，老挝人不杀牲畜，市场上不售肉，家里也不能吃肉。

老挝人饮食较为简单，平时吃得最多的是米饭（糯米）和鲜鱼。老挝菜的特点是酸、辣、生，特色饭菜有竹筒饭、棕榈粑粑等（见图8—5）。

图8—5　老挝的竹筒饭

（三）服饰礼仪

由于天气炎热，老挝的老龙族成年男性一般上穿长袖衬衫，劳作时下着长裤，休闲时则穿纱笼；女性上穿长袖对襟褂子，下着具有民族风味的筒裙，同时还讲究从右肩穿过左腋围上一条披肩。因为紫外线强烈，所以即使再热的天气，许多老挝人还是把自己裹得严严实实（见图8—6）。

图 8—6 身着老挝传统服饰的女孩

在农村和偏远山区，老挝人多穿自己缝制的民族服饰，而在较为发达的城镇，人们的着装已经开始商品化和国际化。每逢过年过节或有重大喜庆活动时，老挝女人都会高盘发髻，穿起民族服装，老挝男人则更多西式正装打扮，穿民族服装的男士已经较少。

(四)商务礼仪

老挝人善良朴实，待人客客气气、彬彬有礼。老挝人与客人见面，施合十礼。左右合掌，十指并拢，置于胸前，行礼时问候“沙迈迪”。如果向僧侣行合十礼，对方可以不以同样的方式回礼，或以点头示意。在正式的外交和商务场合，老挝人一般也行握手礼，但妇女仍多行合十礼。老挝人介绍你认识别人时，一般遵循从长到幼、从尊到卑的顺序。老挝人一般不直呼人的姓名，而是在其名前冠以尊称或亲切的称呼。

老挝民间还流行为远道来客举行拴线祝福的礼仪，也称“巴喜”或“素宽”仪式，以表示诚挚的友情和良好的祝愿。主人(一般是家里的老太太或年轻姑娘)将一缕用香水浸泡过的线拴在客人的手腕上。之后，双手合十，举到胸前，并说“愿您长寿、健康、幸福”。客人过 3 天后可解开拴线。到老挝人家做客，应备礼品，礼品要包装美观。在参加婚宴或喜庆日子时，习惯送现金。客人进门应走前门，进屋要脱鞋，一般都席地而坐，注意不能用脚替代手指向人或物，男的盘膝，女的并膝把脚侧放一边。

到老挝洽谈商务的最佳时间是当年 10 月至次年 3 月。老挝人工作节奏比较慢，时间观念不是很强。所以他们约会如果迟到，也不要责怪他们不守时。如果你安排的会很重要，可以当面或者通过电话强调一下约会的重要性，并把约会时间适当放宽一些，以免误会。在商务谈判中，如同东南亚其他国家一样，他们习惯和熟悉的人做生意，一般由领导或地位较高的人来做决定。

四、与中国的贸易关系

由于中国“一带一路”战略的纵深和老挝自身的发展诉求，中国不但是老挝的第二大贸易伙伴，更是老挝的第一大投资国。尤其是自 2016 年以来，中国对老挝的直接投资实现井喷式增长。截至 2017 年底，中国对老挝的直接投资累计超过 61 亿美元，带动当地水电、矿产、服务贸易等行业发展。

虽然近 10 年老挝经济发展迅速，但基础设施建设落后成为老挝经济可持续发展的一大掣肘，机场、电力、通信等基础设施供给缺口不断加大。所以，中国凭借自身的资金、技术优势，许许多多由中国承建的基建项目在老挝全境铺开。其中，中老铁路是标志性项目，2021 年底建成通车后，3 小时便可从中老边境直达万象。这是首个以中方为主投资建设、共同运营并与中国铁路网直接连通的境外铁路项目，未来还可与泰国、马来西亚等国铁路连通，战略意义重大。习近平主席于2017年11月13日至14日在老挝进行国事访问期间，两国发布了《中老联合声明》，双方同意加快中国"一带一路"倡议与老挝"变陆锁国为陆联国"战略对接，共建起"自中国云南，以中老铁路为依托，途经若干重要节点地区，抵达老挝南部"的中老经济走廊。

另外，由云南建投集团投资建设运营的老挝万象至万荣高速公路项目已经签署合资协议，据当地媒体报道，该项目预计投资10.4亿美元。"万万高速公路"是老挝首都万象至磨丁口岸高速公路的第一段。万象至磨丁口岸高速公路由云南建投集团投资建设：向北对接中国磨憨口岸，顺接中国国家高速公路网G8511昆明至磨憨高速公路；向南通过老泰友谊大桥，顺接泰国廊开地区的高速公路网，是亚洲公路网AH12和昆曼国际大通道的重要组成部分。

除了基础设施建设，老挝政府不断强化革新开放政策，扩大对外合作，也吸引了大批中资企业前往矿产、电力、农业等领域。由中国云南建投集团和万象市政府共同开发的赛色塔开发区，是中国在老挝唯一的国家级境外经贸合作区，也是老挝经济专区，被列入中国"一带一路"建设早期收获项目。大力发展水电也成为老挝社会经济战略之一，中国企业在老挝水电站投资和工程承包以及输变电的工程承包项目中占有较大比例，助力将老挝建成"中南半岛蓄电池"。

除水电、矿产、基建等传统领域的合作之外，数字经济正在成为经济增长与发展的重要驱动力。有研究显示，到2025年，印度尼西亚、马来西亚、菲律宾、新加坡、泰国和越南这6个东盟经济体的互联网经济将增长至2 000亿美元规模。目前，老挝通信行业在老挝GDP中占比达4%左右。老挝有500万人使用互联网，并在2012年已建设好4G网络。到2030年，老挝的数字经济将达到发展中国家的平均水平。在习近平总书记访问老挝期间，中老两国签署了《关于加强"数字(网上)丝绸之路"建设合作的谅解备忘录》，中老两国未来将在数字经济领域加强合作。

老挝在地理位置上处于东南亚的中心，被包括中国、越南、泰国、柬埔寨和缅甸在内的更强大的邻国所包围。过去这个东南亚唯一的内陆国被认为处于不利的地位，不但没有海洋资源，更无法进入海运贸易。由于缺乏良好的交通连接和远离海洋，使得老挝不得不向柬埔寨、缅甸和孟加拉国等国家提供廉价劳动力以发展经济。老挝依赖进口，其许多必需品如石油都依赖周边有出海口的国家的进口。在多年的压力之下，国际、国内形势的变化让老挝逐渐认识到，要改变传统和陆地的限制，推出"变陆锁国为陆联国"的"走廊国家"战略，将老挝建设为交通中转要道和桥梁，为其海岸邻国之间的陆上运输提供最便利的路线，促进国内经济的发展。为此，老挝政府提出通过建设经济走廊、发展中小企业以及出口电力来实现其愿景，这三大板块是老挝"走廊国家"战略的重要支柱。

尽管面临着对外国依赖比较严重、国内劳动力短缺等现实问题，但我们有理由相信，老挝作为参与中国"一带一路"建设最积极的国家之一，必然能通过与中国的深入合作，扩大区域连接性，实现长足发展。

课后思考题

1. 近年来老挝进口产品主要有哪些门类？为什么老挝会进口这些产品？
2. 如何理解老挝"变陆锁国为陆联国"的"走廊国家"战略？
3. 中国对老挝的直接投资主要在哪些领域？未来中老之间还能在哪些方面展开深入合作？

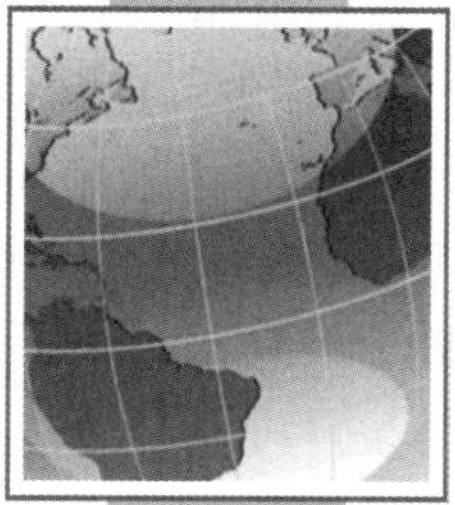

第九章 缅 甸 (Myanmar)

一、基本情况

缅甸全称为缅甸联邦共和国(The Republic of the Union of Myanmar),是中南半岛上一个历史悠久的文明古国。缅甸是东南亚的一个国家,也是东盟的成员国。缅甸西南临安达曼海,西北与印度和孟加拉国为邻,东北靠中国,东南接泰国与老挝,首都为内比都。

小知识

缅甸国旗与国徽

国旗

2010 年 10 月 21 日,根据缅甸国家和平与发展委员会颁布的法令,缅甸正式启用《缅甸联邦共和国宪法》确定的新版缅甸国旗和国徽,国歌保持不变。缅甸的新国旗为黄、绿、红三色,中有白色五角星。绿色代表和平、安宁、草木茂盛、青葱翠绿的环境,黄色象征团结,红色象征勇敢与决心,白星反映出坚强联邦永恒不坠的意义。

国徽

现行缅甸国徽由 1974 年版缅甸国徽修改而来,于 2010 年 10 月 21 日开始使用。1974 年版缅甸国徽上缅甸版图置于一个十四齿的齿轮中间,齿数象征缅甸的省和邦,外饰以稻穗;新国徽上缅甸版图置于橄榄枝中间,两头圣狮为守护兽,两者之间为花卉状图案,顶端为一颗象征独立的五角星,下方是绶带。因国家政制改变,与旧国徽相比,新国徽进行了一定程度的修改,删去了共产主义国家在国徽上经常使用的齿轮、稻穗等图案,改用橄榄枝环绕缅甸版图。

(一)建国历程

早在公元1世纪,缅甸出现了骠、掸、孟等不同民族建立的古代国家。1044—1823年,缅甸进入封建社会时期,先后经历了蒲甘、东吁和贡榜3个封建王朝。1824—1885年间,英国先后发动了3次侵缅战争并占领了缅甸。1886年,英国将缅甸划为英属印度的一个省。1886年1月,缅甸最后一个封建王朝贡榜灭亡。1942年,日本占领缅甸,英国军队作为盟军进入缅甸,与缅甸起义军一起赶走了日本人,但英国想借此恢复对缅甸的统治。1947年,缅甸民族英雄昂山将军领导缅甸人民与英国殖民者奋勇抗争,于1948年1月缅甸宣告独立。此后,缅甸开始了漫长而艰难的复兴之路。

(二)地理环境

缅甸位于亚洲东南部、中南半岛西部,国土总面积约为67.7万平方公里,比我国的青海省略小一些。缅甸的北部和东北部同中国西藏自治区和云南省接界,中缅国境线长约2 185公里,其中滇缅段为1 997公里。缅甸东部与老挝和泰国毗邻,缅泰、缅老国境线长分别为1 799公里和238公里。缅甸的南部和西南部濒临印度洋,其海岸线总长2 655千米。从地图上看,缅甸的形状就像一颗钻石,从南到北长约2 090公里,东西最宽处约925公里。

缅甸地势北高南低。北、西、东为山脉环绕。北部为高山区,西部有那加丘陵和若开山脉,东部为掸邦高原。靠近中国边境的开卡博峰海拔5 881米,为全国最高峰。西部山地和东部高原间为伊洛瓦底江冲积平原,地势低平。

缅甸沿海地区属于热带季风气候,北部属于季风型亚热带森林气候。环绕缅甸东、北、西三面的群山和高原宛如一道道屏障,阻挡了冬季亚洲大陆寒冷空气的南下,而南部由于没有山脉的阻挡,来自印度洋的暖湿气流可畅通无阻。缅甸全年气温变化不大,最冷月(1月)的平均气温为20℃—25℃,最热月(4—5月间)的平均气温为25℃—30℃。各地气温差别也不大。缅甸雨量丰沛,降雨多集中在西南季风盛行的6月、7月、8月3个月。

(三)资源禀赋

缅甸自然条件优越,资源十分丰富,主要包括:

1. 林业资源

缅甸是世界上森林分布最广的国家之一,森林总面积为3 442万公顷,约占国土总面积的51%,森林覆盖率约为41%(2010年)。缅甸林业种类有2 300种,其中乔木1 200余种,世界60%的柚木储量和国际市场上75%的柚木均产自缅甸。缅甸还盛产檀木、灌木、鸡翅木、铁力木、酸枝木、花梨木等各种硬木。此外,缅甸还有丰富的竹类和藤木资源。

2. 矿产资源

缅甸矿藏资源丰富,有石油、天然气、钨、锡、铅、银、镍、锑、金、铁、铬、玉石等。其中,缅甸翡翠举世闻名(见图9—1),翡翠产量居世界第一。已探明的石油、天然气储量居世界第13位。缅甸实行开放政策之后,政府先后与韩国、荷兰、澳大利亚、加拿大、美国、日本、英国等多家石油公司签订合同,在钦敦江一带等地勘探石油及天然气。

3. 水力资源

缅甸国内河流密布,主要河流有伊洛瓦底江、萨尔温江、钦敦江和湄公河,支流遍布全国。伊洛瓦底江为缅甸第一大河,流域面积43万平方公里,水量充沛,水流平缓,从北向南依次流经克钦邦、曼德勒和仰光等6个省份,最后从仰光注入印度洋,全长2 200公里,总落差4 768米。萨尔温江为缅甸第二大河,由我国云南省出境进入缅甸,在缅境内1 660公里,流域面积约20.5万平方公里,经过掸邦、克耶邦、克伦邦和孟邦,最后由莫塔马湾归入印度洋。湄公河由

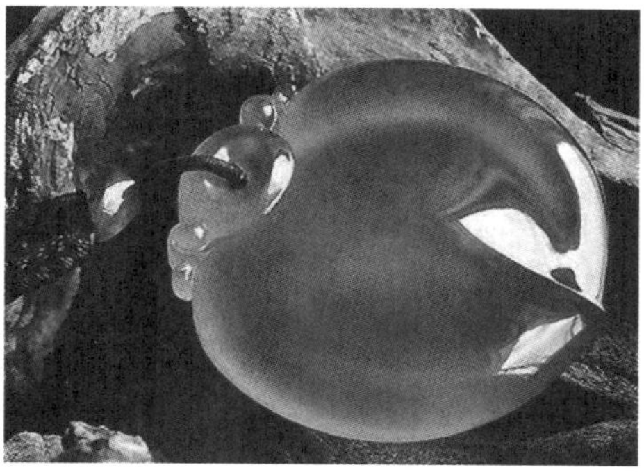

图 9—1 翡翠

我国云南省的西双版纳进入缅甸，主要流经缅甸掸邦与老挝、泰国的边境线。据估算，缅甸水能蕴藏量达 1 亿千瓦，超过越南、老挝、柬埔寨、泰国之和，位居东南亚国家之首。

（四）人口和人民生活

2017 年缅甸全国的总人口约5 337.06万人，人口密度约为 81 人/平方公里，年均增长率约为 8.2‰。总人口中，男性人口约为2 606.75万人，女性人口约为2 730.31万人，男女比例为 1∶1.05。0－14 岁人口占总人口的 26.83%，15－64 岁人口占 67.44%，65 岁以上人口占 5.73%。[①] 应该说，缅甸人口的男女比例和人口的年龄结构比较好，总人口中大部分是青壮年，劳动力比较充裕。

由于历史、政治、毒品问题等原因，缅甸一度是世界上最贫穷的国家之一。但随着政局的稳定，毒品替代种植的实施，当前缅甸大多数民众的生活趋于稳定，社会安全感提高，旅游人数逐步增长，酒店也不断增多。据了解，目前缅甸政府正在制定新的最低工资标准，定为4 800缅币/天，14.4 万缅币/月，约合人民币 682 元/月，而一些受过高等教育的人群起薪可能在人民币1 000元/月以上。

与老挝、柬埔寨等邻国相比，缅甸政府重视教育和扫盲，自独立以来，全民识字率从 35% 提高到了 92%以上。目前缅甸已形成比较完备的教育体制：学前教育、基础教育和高等教育。学前教育包括幼儿园和学前学校，招收 3—5 岁儿童；基础教育学制 10 年，1—4 年为小学，5—8 年为初中，9—10 年为高中；高等教育 4—6 年不等。截至 2012 年，缅甸全国共有基础教育学校40 876所、大学 108 所、师范学院 20 所等。2018 年 4 月，缅甸投资委已允许外国投资者在缅甸全资投入创办私立学校，这意味着外国投资者能够完全控股运行私立学校，并教授缅甸教育部规定的课程或国际课程。国际教育投资者将能够投资基础教育学校、技术与职业培训学校、高等教育机构、专科学校及教育部认定的其他私立学校。这对于缅甸教育领域来说是一项革命性的改革。

（五）政治环境

缅甸的政治体制改革经历了漫长而艰难的过程。缅甸经历了长期的军政府统治的局面。1988 年，以苏貌将军为首的军人政府“国家恢复法律和秩序委员会”接管国家，掌握立法、行政、司法等权力。1993 年召开了制宪国民会议，但军政府拒绝将政府权力交给大选中获胜的民主联盟。1997 年，缅甸加入东盟。为适应国内外形势的变化，军政府成立了由 19 人组成的

① 数据来源：世界银行数据库，https://data.worldbank.org.cn/。

国家最高权力机构——国家和平发展委员会。政府所有的事务由42人组成的政府内阁处理。2008年5月，新宪法草案在全民公投中获得通过。2010年10月，缅甸正式启用《缅甸联邦共和国宪法》。2011年1月，缅甸联邦议会全体会议选举吴登盛为缅甸联邦共和国总统。2011年4月，缅甸顺利完成了军队向政府权力的移交。2012年4月，缅甸议会对45个空缺席位进行了补选。2015年11月8日，缅甸举行全国大选，缅甸全国民主联盟（民盟）总共获得886个席位，斩获缅甸联邦议会过半议席，赢得大选。2016年3月，民盟的资深元老吴廷觉宣誓就职，任缅甸总统。2018年3月，吴廷觉因身体原因辞职。3月28日，民盟元老、前人民院议长温敏以绝对优势当选，成为缅甸自1948年独立以来的第10任总统。

尽管缅甸政治改革还面临着诸多问题，如深化民主进程、健全法制体系、平衡各地方利益等，但不可否认的是，缅甸已经迈出了改革的重要一步。

二、经济环境

（一）经济概况

缅甸自独立以来，其经济发展大概经历了以下几个阶段：

1. 1948—1962年吴努领导"自由同盟"执政时期

独立初期，由于长期沦为英国殖民地，缅甸的人均年收入不足50美元，是亚洲最贫穷落后的国家之一。吴努政府奉行积极中立外交政策，从美、中、苏等国家都获得了一定外援，制定了《国家繁荣计划》（1952年）、《经济发展四年计划》（1956年和1961年）等发展目标，使缅甸经济有所恢复。吴努执政时期，国民生产总值年平均增长率约为4.5%，经济发展比较平稳。

2. 1962—1988年"缅甸式社会主义"时期

1962年，军事将领奈温将军发动政变并成立以军事统治的政府，宣布要使缅甸成为社会主义国家。奈温执政后，对内实行"缅甸式社会主义"，一度对主要工商企业实行国有化。1974年，以宪法的方式确定了缅甸计划经济体制，政府侧重支持国营生产部门，但国有企业开工率不断下降，农业领域的长期低收购价格政策导致了农业生产长期不景气。奈温政府对外实行"自力更生、严守中立"的闭关自守政策，不允许外国在缅甸进行投资。这些"倒行逆施"导致缅甸经济发展受到严重阻碍。1986年12月，联合国宣布缅甸是世界上最贫穷的10个国家之一。

3. 1988年至今经济改革与对外开放时期

1998年，以苏貌将军为首的新军人集团"国家恢复法律和秩序委员会"果断地废除了计划经济体制，颁布了《外国投资法》，开始向市场经济转向，1993年在《国家基本政纲》中规定国家实行市场经济制度。缅甸政府开放了边境贸易，允许外国投资。缅甸政府鼓励私营经济发展并允许私人开设金融机构，改善了由于国营企业低效导致的国内经济缺乏活力和发展缓慢的问题。1988年之后缅甸经济发展迅速，但从90年代中期到亚洲金融危机时期，由于经济结构不合理、资源和技术的限制，缅甸的经济发展比较缓慢。而且军人政府被以美国为首的西方国家进行持续20多年的制裁，这对缅甸的对外贸易造成重大打击。进入21世纪以来，缅甸GDP年增长率保持在两位数以上，发展势头良好。尤其是2010年民选政府执政以来，颁布了《经济特区法》等，改革货币汇率体系，缅甸经济更加开放，优化了外国投资环境，加快了市场经济步伐。

图9—2反映了缅甸近10年来GDP总数和增速的情况。2008年，缅甸的GDP总数仅为318.63亿美元，从2011年起，GDP总数基本在600亿美元左右，2017年达到693.22亿美元，

较 2008 年增长约 117.56%。由于基数比较小，GDP 年增长率在 2008－2010 年一度达到 10%左右，2011 年由于国际、国内形势的变化，GDP 增长率有所下滑，2012 年又开始回稳，2017 年 GDP 增长率为 6.37%，近 10 年 GDP 年均增长率约为 7.9%。从人均 GDP 的情况看（见图 9－3），2008 年缅甸的人均 GDP 仅为 643.92 美元，2011 年以后，人均 GDP 突破了1 000 美元，对缅甸来说是一个巨大的进步。[①] 2011－2016 年缅甸的人均 GDP 一直在1 200美元左右徘徊，2017 年达到1 298.88美元，人均 GDP 的年平均增长率为 7.02%。

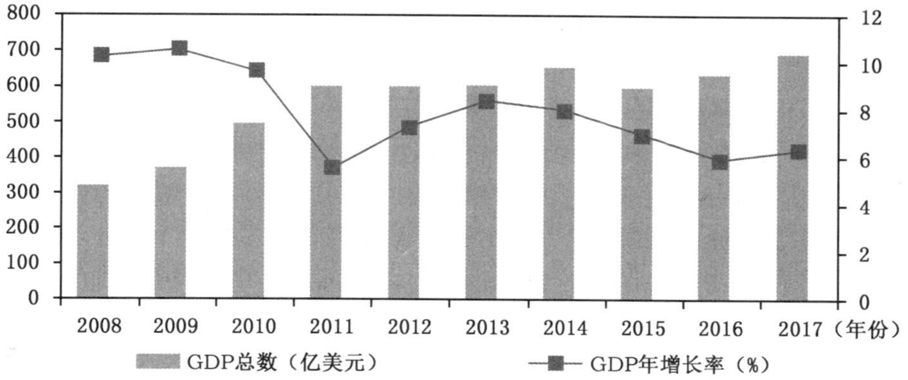

数据来源：世界银行数据库。

图 9－2　缅甸 GDP 总数及增幅情况（2008－2017 年）

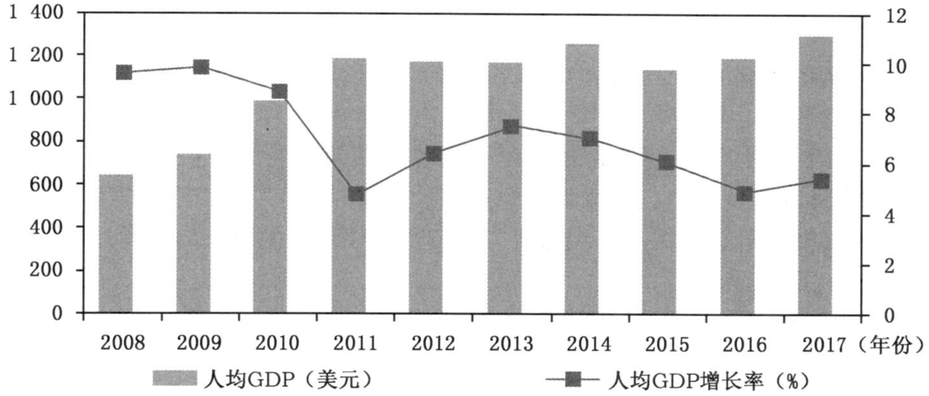

数据来源：世界银行数据库。

图 9－3　缅甸人均 GDP 及增长情况（2008－2017 年）

（二）产业状况

近年来缅甸经济发展成绩可圈可点，从产业状况的角度来看，目前缅甸经济的基本结构特征是：农业仍然是就业主体，工业化发展较快，服务业相对落后。

1. 第一产业（农、林、渔、采矿业）

---

① 多数经济学家同意这样一个观点，即人均 GDP 跨入 1 000 美元的门槛，将是一个重要的发展起点。从需求的角度去进行分析，在新的起点上，变动最为激烈的将是消费结构。按照国际经验，人均 GDP 超过1 000美元，消费结构向发展型、享受型升级，过去的奢侈品将转化为居民的必需品。

缅甸第一产业的主要产品有稻米、玉米、芝麻、花生、棉花、甘蔗、烟草、黄麻、木材、各种金属和非金属矿产品等。2017 年农业增加值为 181.48 亿美元，占 GDP 的 26.18%。全国农业就业人口占就业人口总数的 49.93%，尽管相对于 2008 年的 64.29%这一比例已经下降了 15 个百分点，但仍有近半数的就业人口从事农业。大米和木材的出口一直是缅甸重要的外汇来源。据缅甸商务部称，2018 年 7 月底，缅甸 2018—2019 财年大米出口量为 80.22 万吨，产值 2.777 75亿美元。其中，缅甸通过远洋出口大米 35.82 万吨，通过边界出口大米 44.4 万吨。但在木材出口方面，由于原材料减少和费用增加，缅甸木材和木制品出口已逐年减少。受自然资源和环境保护部的管制，2015 年起，缅甸开始减少木材和木制品出口，以满足国内市场需求。

2. 第二产业(加工制造业)

主要包括石油、天然气、纺织品、印染制品、制糖、木材加工、制药、炼油、珠宝玉石加工等。2017 年工业增加值为 181.48 亿美元，占 GDP 的 31.64%，比 2008 年提高了近 10 个百分点。全国工业就业人口占就业人口总数的 16.58%，比 2008 年提高了约 3 个百分点。全国目前共有 20 个工业区，工厂 1 万余个。值得一提的是，于 2010 年开工建设的中缅油气管道在缅甸境内全长 771 公里，原油管道国内全长1 631公里，天然气管道国内全长1 727公里。原油管道设计年输原油2 200万吨，天然气管道设计年输天然气 120 亿立方米。该项工程总共耗资 25 亿美元，其中天然气管道已于 2013 年 10 月全线贯通，石油管道(缅甸段)于 2017 年 5 月投产成功。这对于中缅两国来说都是意义重大的项目。随着管道运营、天然气发电，皎漂地区的供电将得到根本改观，还会改善整个若开邦的供电情况。除了基础设施外，中缅油气管道也为缅甸能源工业培养大批技术人员。中缅油气管道能增加中国的能源供应，包括亚洲和非洲的油气资源都可以绕过马六甲海峡，通过管道直接进入中国境内，并加强中国与缅甸两国之间的经贸联系。进一步来说，中缅油气管道将中国与东南亚、南亚对能源的供给和需求通过油气网络结合得更加紧密，有利于地区的共同发展。另外，在第二产业中，缅甸的服装和纺织行业发展得也比较快。2018 年 6 月，据缅甸工业部称，将以纺织和服装工业为试点，在部门所属土地上陆续建立产业综合体和产业集群。从缅甸纺织业协会获悉，全缅共有 400 余家纺织厂。很多外国企业陆续进入纺织领域，纺织产品现已成为缅甸创汇额最高的第二出口商品。

3. 第三产业(服务业)

缅甸目前服务业主要包括批发零售商业服务、运输业、旅游服务业、酒店餐饮业等。近年来，缅甸政府大力发展旅游业和相关产业。据《2016 年亚洲发展展望》指出，2016 年到缅甸观光人数增长 25%，外国游客到缅甸旅游达 490 多万人次①，在缅甸国内消费的金额超过 9 亿美元。加上央行允许电信业者提供金融服务，惠及以往难以接触到金融服务的人口，使 2016 年服务业强劲增长。2016 年服务业产值约为 292.10 亿美元，占 GDP 总数的 46.2%。2008 年，全国服务业就业人口占就业人口总数的 22.23%，2016 年这一比例提高到 32.38%。尽管从数据上缅甸服务业增长情况比较乐观，但由于基础设施较差、国内服务业从业人员受教育水平低、国际和国内形势复杂等原因，尤其是在金融业、物流服务、广告服务等需要较高素质从业人员的领域，其服务业水平相对仍然比较滞后。

(三)外贸情况

由于长期的军政府统治和西方国家的经济制裁，缅甸的对外贸易情况不佳。进入 21 世纪

① 数据来源于我国商务部的统计，因为统计口径有区别，这一数据可能会有偏差。

以后，随着经济增长和政府的贸易政策调整，放宽了对外贸的限制。允许私人经营外贸业务，并开放了同邻国的边境贸易。

从表 9－1 可以看出，2008－2010 年缅甸的货物和服务进出口额变化不大，出口额在 75 亿美元左右，进口额在 43 亿美元左右，出口商品以天然气、农产品等为主，贸易呈顺差局面。2011 年是缅甸新政府执政元年，国内外预期较高，货物和服务进出口额分别上涨 115.55％和 19.61％。在出口商品中，农产品增加 5.75 亿美元，天然气增加 10 亿美元，增幅明显。由于 2011 年取消了对机械设备、运输设备等商品的进口限制，这一年进口量井喷式增长。2012 年进出口情况与 2011 年基本持平，贸易首次出现逆差。随着进口激增，从 2013 年起贸易逆差逐渐扩大，到 2016 年贸易逆差达 52.12 亿美元。而从出口来看，2013－2016 年的情况不太稳定，原因比较复杂。如 2015 年缅甸遭受了严重的自然灾害，洪灾共损毁 97.2 万英亩农田，损害了粮食生产和渔业，阻碍了数月的大米出口。而从 2015 年开始缅甸减少木材和木制品出口，林产品出口下降也比较明显。总体而言，缅甸现政府执政以来，以开放的姿态更快地融入区域一体化的建设中，对外贸易发展迅速。

表 9－1 缅甸货物和服务进出口情况（2008－2016 年） 单位：亿美元、％

年份	货物和服务出口额	增长率	货物和服务进口额	增长率	差额
2008	70	—	44	—	36
2009	74	5.71	43	－2.27	31
2010	76	2.7	42	－2.33	34
2011	90.9	19.61	90.53	115.55	0.37
2012	89.77	－1.24	90.69	0.18	－0.92
2013	118.34	31.83	137.60	51.73	－19.26
2014	131.48	11.1	166.33	20.88	－34.85
2015	124.14	－5.58	165.78	－0.33	－41.64
2016	119.99	－3.34	172.11	3.82	－52.12

数据来源：缅华网，www.mhwmm.com/Ch/NewsView.asp? ID＝26934。

从出口商品的门类来看，油气产品、矿产品及农产品出口一直是缅甸出口的“大户”。油气出口是缅甸主要的创汇收入，近年来占出口总额的 40％以上。在矿产品中，由于资源环境保护的需要，自 2013 年起，缅甸政府加强了对翡翠原石毛料的监管，禁止出口所有的翡翠原石毛料，只允许出口成品翡翠等，这也影响了矿产品中的“明星产品”——玉石翡翠——的出口。2014－2015 财年，缅甸矿产品出口额 13.28 亿美元，其中玉石出口量约 1.2 万吨，出口额达 10.3 亿美元，是矿产品出口的“主力军”，但较 2010－2011 财年玉石出口额 22.05 亿美元萎缩严重。缅甸的农产品不仅出口基数大，同时种类繁多，包括大米、黑豆、玉米、绿豆、木豆、芝麻、鹰嘴豆、洋葱、酸角等。其中，大米、玉米、绿豆、芝麻主要出口到中国，木豆和黑豆主要出口到印度。2014－2015 财年大米的出口量在农产品出口中的占比最高，达到 6.52 亿美元，约占农产品出口总额的 22.3％。① 近年来服装的出口占比逐年上升，在 2014－2015 财年达到了 10.23 亿美元，占出口总量的 8.17％。

① 王璐瑶、朱翠萍：《缅甸对外贸易的现状、问题和展望》，《印度洋经济体研究》，2016 年第 3 期，第 126 页。

而就进口商品的门类而言，正处于发展阶段的缅甸急需利用外国资金注入本国企业的方式，发展第二、第三产业，对资本物品的需求较多。在参与国际分工时，缅甸主要采用的方式是来料加工，造成半成品的进口数额较大。2014—2015 财年，进口额居于前三位的是非电机设备和交通设备、提炼矿物油、基本金属类制品，进口额依次为 49.45 亿美元、24.47 亿美元、19.31 亿美元，占进口总额的比重依次为 29.73%、14.71%和 11.61%。除此之外，电气设备、食用植物油和其他氢化油、塑料的进口额都比较多。[①]

在对外贸易伙伴上，缅甸的进出口对象主要在亚洲，中国、泰国、印度、日本、韩国、马来西亚、新加坡、越南等都是其主要的对外贸易伙伴。2016—2017 财年，缅甸与中国的贸易额为 107.56 亿美元，其中，出口 50.06 亿美元，进口 57.5 亿美元，逆差为 7.44 亿美元，仅木姐口岸(见图 9—4)的进出口贸易额就达到 53.61 亿美元。中国多年来一直是缅甸的最大贸易国。同年，缅甸与各东盟贸易伙伴国的贸易额达 96.07 亿美元，其中缅甸出口额为 30.93 亿美元，进口额为 65.13 亿美元。在各东盟贸易伙伴国中，泰国对缅甸的贸易额居首位，达 42.77 亿美元；排在二至六位的分别为新加坡 29.67 亿美元、马来西亚 9.80 亿美元、印度尼西亚 8.27 亿美元、越南 4.94 亿美元、菲律宾 0.56 亿美元。[②]

图 9—4　中缅边界木姐口岸

三、社会文化环境

(一)民族和宗教

缅甸是一个多民族的国家。根据缅甸官方资料显示，全国共有 135 个民族和部落。[③] 主要的民族有缅族、克伦族、克耶族、克钦族、孟族、掸族、佤族等。其中，缅族是缅甸的第一大民族，约占缅甸总人口的 65%。缅族在全缅各地均有分布，其中伊洛瓦底江中下游地区是缅族人口最集中的地区，其他少数民族主要分布于缅甸高原山区及缅甸各边沿地区。缅族在缅甸的历史上先后 3 次统一了缅甸，对于推动缅甸历史的发展起到了关键性的作用。缅族为缅甸政治、经济、文化、艺术、风俗习惯等方面的发展做出了重要贡献，比其他民族发达，对其他民族有很大的影响。缅甸的少数民族保持着各自独特的文化、生活习惯和生产方式(见图 9—5)。

① 王璐瑶、朱翠萍：《缅甸对外贸易的现状、问题和展望》，《印度洋经济体研究》，2016 年第 3 期，第 130 页。

② 数据来源：中华人民共和国商务部网站，http://www.mofcom.gov.cn/article/i/jyjl/j/201705/20170502580307.shtml。

③ 有些国内外学者经过研究，认为缅甸境内实际大约有 42 个民族，按语言谱系分类，可以大致划分为汉藏语系、孟高棉语系和汉泰语系。

图 9—5 颈部戴铜项圈的克伦族女子

在多民族的背景下，缅甸也是有多宗教信仰的国家，主要有佛教、原始拜物教和神灵崇拜、伊斯兰教、印度教和基督教。影响最为广泛并为绝大多数缅甸人信仰的宗教是南传上座部佛教，俗称小乘佛教。佛教在公元前 3 世纪传入缅甸，在公元 11 世纪蒲甘王朝时成为缅甸居民普遍的信仰。当时阿奴律陀听取孟族僧人阿罗汉的建议，排除阿利僧派，定小乘佛教为国教。长期以来，缅甸佛教与缅甸政治、文化等社会的各个方面紧密结合，无论是语言文字、文化教育，还是文学艺术、建筑艺术、手工艺等，都吸收和融入了大量佛教文化。缅甸人的生活也有浓重的佛教色彩。在缅甸，几乎天天有人募捐、有人施舍，施舍已成为缅甸人的一种习惯；男孩子一般都要做剃度，使佛教事业后继有人，否则就会受到社会的蔑视。佛教徒崇尚建造浮屠，在缅甸随处可以见到佛塔(见图 9—6)。

图 9—6 蒲甘佛塔群

缅甸人最早接触基督教是在 16 世纪初，由葡萄牙人、亚美尼亚人、法国人、英国人等传入缅甸。基督教在克伦族、克钦族等一些少数民族中有较大影响。

伊斯兰教在 13—14 世纪从孟加拉地区传入缅甸若开地区，此后在英国殖民统治期间，大批印度移民和孟加拉人的移居使伊斯兰教向其他地区渗透。现在，全国有 6 个拥有独立组织、清真寺等机构的伊斯兰宗教团体，伊斯兰教徒约有 150 万人。

(二)社会生活习俗

缅甸各个民族保持着各自特有的生活习惯和风俗。一般来说，在称呼上，缅甸人不论男女，都有名无姓。他们通常在自己的名字前冠上一个称号，以表示性别、长幼、社会地位和官阶的区别。男人一般自称“貌”，表示谦虚；对男性晚辈也称“貌”，意思是弟弟；对男性长辈或有地位的人则称“吴”，意思是叔叔或伯伯，表示尊敬；对平辈或青年人则称“郭”，意思是哥哥。缅甸女人通常称呼“玛”，表示姐妹的意思；年龄大或受人尊敬的妇女，不论已婚或未婚，都称“杜”。

缅甸人作介绍时，如果被介绍的两者性别相同，级别与职务相当，介绍者一般不分先后，无论先介绍哪一方皆可。介绍时，先说被介绍人的姓名，然后说职务。如果被介绍双方性别不同，一般先介绍女性；如果级别和职务不同，则先介绍级别和职务高的。注意，不同性别的双方被介绍认识后，如果女方没有握手的表示，男方不能主动伸出手去和女方握手。

在社会交往中，缅甸的缅族人礼节很多。比如，平时见面都要行合十礼，外事交往中，一般行合十礼或以互相握手为礼。走路时，如果小辈要从长辈面前经过，小辈必须躬身俯首轻轻地走过，不能昂首挺胸、大摇大摆，更不能撩起筒裙。与客人或朋友谈话时，不能把脚抬到椅子上，更不能露出膝盖或大腿，否则是对朋友或客人的极大不尊重。与长辈同坐时，晚辈不能与长辈同坐在一个高度上，必须要低于长辈坐的高度。在饮食方面，传统的缅族家庭一天吃两顿饭，早上九点、下午五点各一次。早上只喝一杯咖啡，吃一点儿点心，比较简单。菜肴以辛辣味为主，喜酸，常吃的菜有虾酱、酸菜汤、油炸食品等。

缅甸各民族还有一些不同的习俗和禁忌。例如，部分缅族人睡觉时头必须朝南或朝东；家中长者的座位在头顶部，晚辈座位在脚尾部。掸族男主人出门时，女主人要在佛像前献上一束鲜花，以占卜外出者的凶吉；未经主人允许，不论是家中人还是客人，都不得坐到男主人的固定位置上；上楼前必须脱鞋。克钦族男子最忌讳别人摸头顶；克钦族男子在任何方面都不能允许女子高过自己，比如，如果有女子在楼上的屋子里，则男子绝不到楼下，男子也绝不用女子用过的东西。

(三)重要节日

独立日：1 月 4 日。建军节：3 月 27 日。泼水节：4 月 13 日。

四、与中国的贸易关系

2008 年之前，中缅关系得到了稳步和全面的发展，经贸、投资方面的合作不断扩大和进步。1989—2007 年这一时期，中国内地是位于泰国、英国、新加坡、马来西亚、中国香港之后的缅甸第六大累计投资地区。2008 年，中国已代替泰国成为缅甸最大的投资国。[①] 2010 年之后，随着缅甸市场的开放，日本、新加坡等国家开始加大对缅甸的投资，给中国对缅甸的直接投资造成一定的压力，但中国对缅甸的投资仍然保持在一个比较高的水平上。2010 年和 2012 年投资流量额分别达到8.756 1亿美元和7.489 6亿美元。虽然 2012 年后有所回落，但每年投资流量额都保持在 3 亿美元以上。在刚刚过去的 2017—2018 财年(2017 年)，中国对缅甸的投资比 2016 年大涨 9.12 亿美元，投资流量额达到13.952 2亿美元。截至 2017 年，中国对缅甸的直接投资存量额为61.371 7亿美元(见表 9—2)。

表 9—2　　中国对缅甸的直接投资额统计表(2008—2017 年)　　单位：亿美元

年份	投资流量额	投资存量额
2008	2.325 3	4.997 1
2009	3.767 0	9.298 8
2010	8.756 1	19.467 5
2011	2.178 2	21.815 2

① 闫晓丹：《中国对缅甸直接投资的贸易效应研究》，云南财经大学硕士学位论文，2017 年，第 15 页。

续表

年份	投资流量额	投资存量额
2012	7.489 6	30.937 2
2013	4.753 0	35.696 8
2014	3.431 3	39.255 7
2015	3.317 2	42.587 3
2016	4.832 2	47.419 5
2017	13.952 2	61.371 7

数据来源：根据闫晓丹的《中国对缅甸直接投资的贸易效应研究》及有关数据整理。

目前在对缅甸投资的49个国家（地区）中，中国的投资存量额最大。在中国对东盟直接投资的国家中，缅甸排在新加坡、印度尼西亚、老挝之后，居第四位。

中国企业在缅甸进行直接投资，投资的主要领域为自然资源和能源，如矿产资源、水电、燃气资源等行业的开发。根据图9—7我们可以看出，2015年中国企业对缅甸的投资主要集中在3个领域：制造业（31.5%）、租赁与商务服务业（18.8%）和采矿业（17.4%）。因此可以看出，目前中国对缅甸的投资热点是制造业和能源方面。

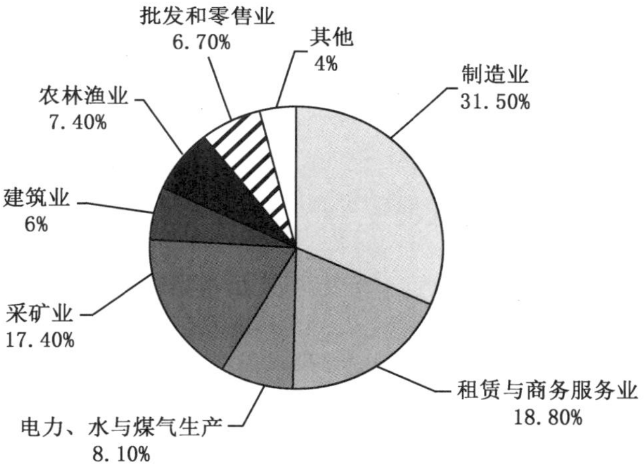

图9—7 中国企业在缅甸投资行业分布（2015年）

尽管近年来中国对缅甸的直接投资如火如荼、成绩斐然，但也面临不小的压力。首先，如今的缅甸迫于经济发展的需要，大开国门，各国企业纷纷抢滩登陆，角逐缅甸市场。除了中国外，日本、韩国、新加坡和泰国等国在缅甸均有大量投资。2017—2018财年，缅甸投资委员会共批准176个项目，吸引外资47.84亿美元，其中新加坡以31个项目、投资额17.2亿美元位居第一。日本对缅甸也极其重视，日本不但免除缅甸拖欠的5 000亿日元债务，还援建了缅甸首都的立交桥、农村的水井、关键要道的道路桥梁等项目。2017年，日本对缅甸的投资额高达14.78亿美元，是自2011年缅甸由军政府改为民选政府以来的最高纪录。所以，中国对缅甸的投资面临前所未有的竞争。其次，缅甸的经济基础比较薄弱，投资环境仍然较差。尽管发展迅速，但缅甸交通、通信、电力等硬件较差，特别是公共电力供应不稳定，严重制约当地的发展，而政府治理、法律与制度建设、专业人才、劳动力市场等软件方面也较为欠缺，加上缅甸政府缺少管理经济的经验，税收和法律制度不健全，财政赤字和高通胀长期困扰缅甸经济，这些也增加了中资企业在缅甸投资的风险。最后，缅甸局部地区局势仍动荡不安，几十个少数民族各自组织武装，反抗中央政府，内战至今未息。由于问题的复杂性，缅甸少数民族地方武装与中央政府的冲突在短期内似乎无法得到根本解决，这将严重影响中国在缅甸投资的可行性和安全性。

因此，如何加强中缅关系、推动中缅合作，对于"一带一路"建设将是重要的考验。首先，对于中国企业而言，投资缅甸切忌一拥而上、盲目跟风，要密切关注缅甸国内和国际的形势，结合自身资源优势，进行详细的规划后逐步实施。其次，应逐步扩大和深化投资领域。除了传统的采矿业、资源业，在电力生产供应、电信业、金融业等领域，中国企业大有可为。最后，中资企业应立足长远，关注缅甸的生态和环境保护，不宜采用"掠夺式"的投资开发模式。在缅甸援助和捐赠除了针对政府的大项目之外，也应"放低姿态"，重视民生问题，树立良好的企业形象，实现更长远、更稳定的合作共赢。

课后思考题

1. 缅甸的经济结构与市场有什么特点？
2. 在缅甸进行商务活动要注意规避哪些风险？
3. 你对中国在缅甸的直接投资有什么建议？

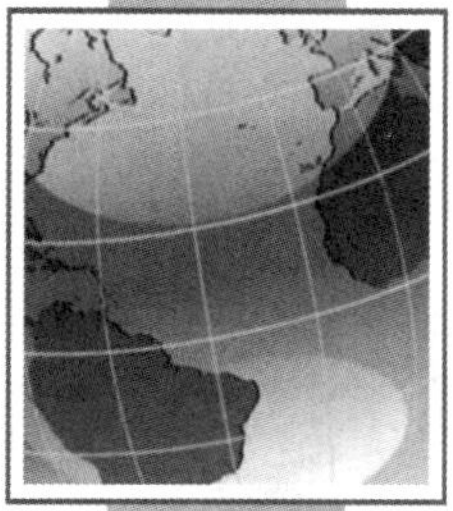

第十章 柬埔寨 (Cambodia)

一、基本情况

柬埔寨王国(The Kingdom of Cambodia),通称柬埔寨,旧称高棉,位于中南半岛,西部及西北部与泰国接壤,东北部与老挝交界,东部及东南部与越南毗邻,南部则面向暹罗湾。

近些年,柬埔寨人口规模呈现递增趋势。2015 年全国人口共计1 558万人,较 2005 年增加了 226 万人。长期以来,由于内战连绵,柬埔寨国民经济陷入崩溃边缘,是世界上最不发达国家之一。2015 年柬埔寨人均 GDP 为1 158.69美元,属于中低收入国家。高棉语为通用语言,与英语、法语同为官方语言。佛教为柬埔寨国教,95%以上的居民信奉佛教。伊斯兰教徒占人口的 2%,其他占 3%。

小知识

柬埔寨国旗与国徽

国旗

柬埔寨国旗以红色、蓝色及白色为主色,正中间白色殿堂为吴哥窟,被红条及蓝条包围着(线条比例为 1∶2∶1)。红色代表民族,白色代表佛教,蓝色象征王室,符合柬埔寨的国家铭言“民族、宗教、国王”。在 1993 年柬埔寨竞选回到君主制后被重新使用。

国徽

柬埔寨国徽是一个以王剑为中心线、两边对称的图案。菱形图案中的王剑由托盘托举,意为王权至高无上;两侧由狮子守护着五层华盖,“五”在柬埔寨风俗里象征完美、吉祥;两边的棕榈树叶象征胜利;底部的饰带上写着“柬埔寨王国之国王”。整个图案象征柬埔寨王国在国王的领导下,是一个统一、完整、团结、幸福的国家。

首都金边(Phnom Penh)面积 376 平方公里,人口约 150 万(2013 年)。金边地处洞里萨河与湄公河交汇处,是柬埔寨政治、经济、文化和宗教中心。

(一)建国历程

柬埔寨是个历史悠久的文明古国,早在公元 1 世纪就建立了统一的王国。从 9 世纪到 14 世纪吴哥王朝为鼎盛时期,国力强盛,文化发达。1863 年沦为法国保护国。1940 年被日本占领,1945 年日本投降后再次被法国殖民者占领。1953 年 11 月 9 日,柬埔寨王国宣布独立。1975 年 4 月 17 日,全国解放。1976 年 1 月颁布新宪法,改名为民主柬埔寨。1982 年 7 月 9 日,西哈努克亲王、宋双、乔森潘三派抵抗力量实现联合,组成民主柬埔寨联合政府。1993 年 5 月,柬埔寨在联合国主持下举行首次全国大选。1993 年 9 月颁布新宪法,改国名为柬埔寨王国,西哈努克重登王位。2004 年,西哈努克国王在北京宣布退位,西哈莫尼在王宫登基继位。

(二)人口状况

近些年,柬埔寨人口规模呈现递增趋势。2017 年全国人口共计1 600万人,较 2005 年增加了 273 万人(见图 10—1)。柬埔寨是一个农村人口占比较重的国家。2017 年农村人口占总人口 78.82%(见图 10—2)。柬埔寨是一个多民族国家,全国有 20 多个民族,高棉族是主体民族,占总人口的 80%,少数民族有占族、普农族、泰族、斯丁族等。华人、华侨约 70 万。

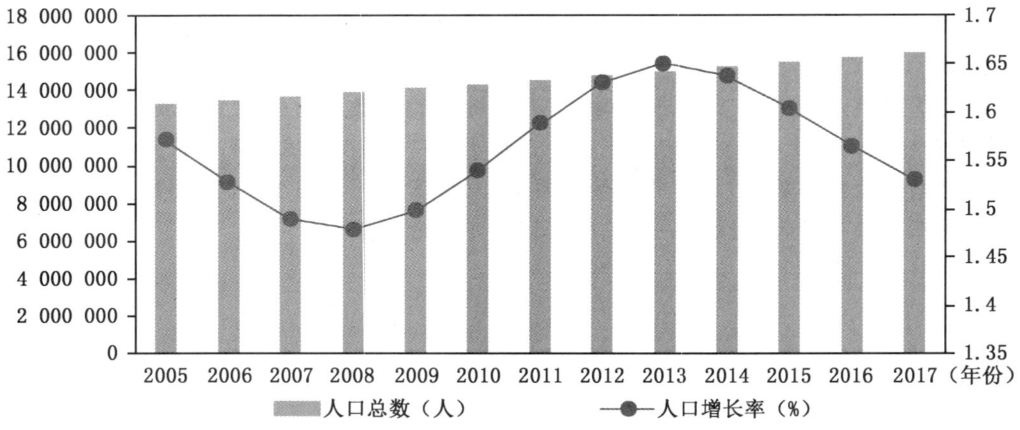

数据来源:世界银行数据库。

图 10—1 柬埔寨人口规模及增幅情况(2005—2017 年)

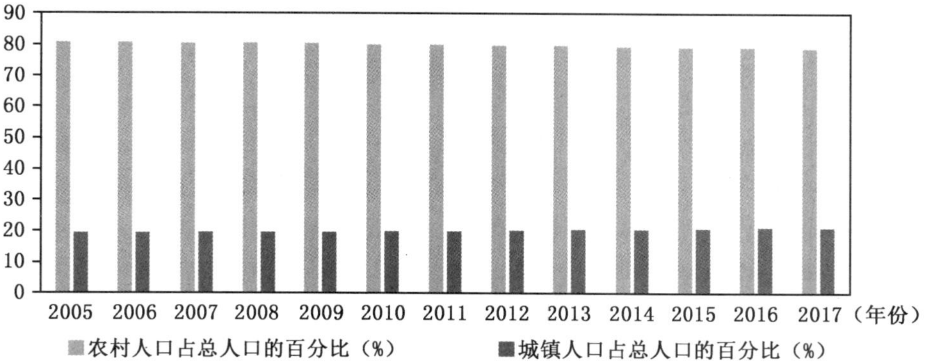

数据来源：世界银行数据库。

图 10－2　柬埔寨农村及城镇人口占总人口比例（2005－2017 年）

（三）地理环境

柬埔寨领土为碟状盆地，三面被丘陵与山脉环绕，中部为广阔而富庶的平原，占全国面积 3/4 以上。境内有湄公河和东南亚最大的淡水湖——洞里萨湖（又称金边湖），首都金边。柬埔寨属热带季风气候，年平均气温 29℃－30℃，5－10 月为雨季，11 月至次年 4 月为旱季。

（四）资源禀赋

柬埔寨矿藏主要有金、磷酸盐、宝石和石油，还有少量铁、煤。林业、渔业、果木资源丰富。盛产贵重的柚木、铁木、紫檀、黑檀等热带林木，并有多种竹类。森林覆盖率 61.4%，主要分布在东部、北部和西部山区。木材储量约 11 亿多立方米。洞里萨湖是东南亚最大的天然淡水渔场，素有“鱼湖”之称。西南沿海也是重要渔场，多产鱼虾。目前柬埔寨生态环境失衡和过度捕捞，水产资源正在减少。

（五）政治环境

宪法规定，柬埔寨的政体是议会制君主立宪制，实行自由民主制和自由市场经济，立法、行政、司法三权分立。国王是终身制国家元首、武装力量最高统帅、国家统一和永存的象征，有权宣布大赦，在首相建议并征得国会主席同意后有权解散国会。国王因故不能理政或不在国内期间，由参议院主席代理国家元首职务。国王去世后，由首相、佛教两派僧王、参议员和国会正副主席共 9 人组成的王位委员会在 7 日内从安东、诺罗敦和西索瓦三支王族后裔中遴选产生新国王。

二、经济环境

（一）经济概况

柬埔寨是传统农业国，贫困人口占总人口的 28%。政府实行对外开放的自由市场经济，推行经济私有化和贸易自由化，把发展经济、消除贫困作为首要任务。把农业、加工业、旅游业、基础设施建设及人才培训作为优先发展领域，推进行政、财经、军队和司法等改革，提高政府工作效率，改善投资环境，取得一定成效。

根据世界银行公布的 2017 年人均国民总收入数据分析，2017 年柬埔寨人均 GDP 为 1 230美元，属于中低收入国家。2008 年世界金融危机爆发，柬埔寨各个行业受到了不同程度的影响，2009 年 GDP 增长率跌至 0.03%（见图 10－3）。

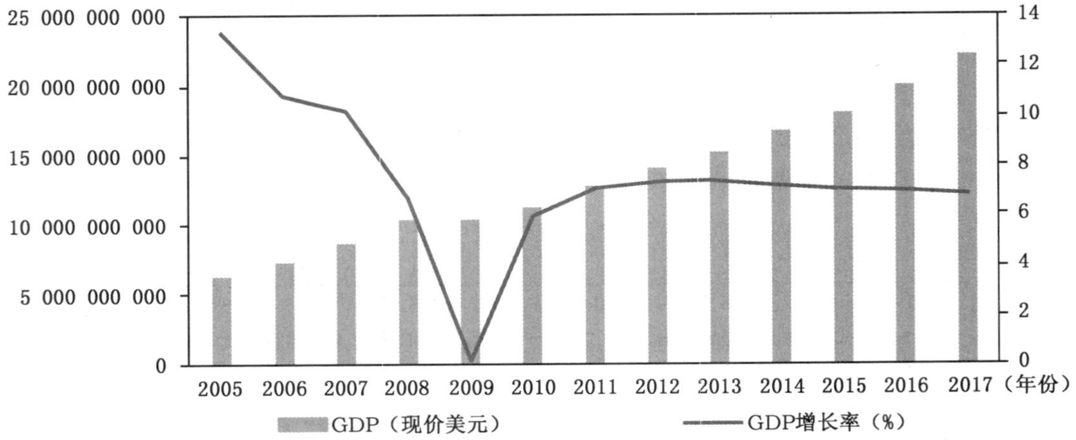

数据来源：世界银行数据库。

图 10—3　柬埔寨 GDP 及增幅情况（2005—2017 年）

2018 年 7 月 8 日，柬埔寨国家银行报告显示，国内银行流动资产已增至 310 亿美元，贷款额达 170 亿美元，存款额为 190 亿美元。银行业的流动资产比 1998 年增长了 73 倍，2015 年起已从低收入国家进入中等偏低收入国家行列。柬埔寨现有 39 家商业银行、15 家专业银行、7 家拥有存款资格的小额信贷机构和 66 家普通小额信贷机构。

（二）产业状况

柬埔寨三大产业结构比重逐渐呈现"三一二"特征。其中，农业对 GDP 的贡献出现下降趋势，第二产业对 GDP 的拉动作用呈现稳定的增长趋势，第三产业对 GDP 的贡献相对稳定，是柬埔寨经济发展的主要动力。

1. 第一产业

农业是柬埔寨经济第一大支柱产业。农业人口占总人口的 85%，占全国劳动力的 78%。可耕地面积 630 万公顷。2012 年，全国水稻种植面积 297.1 万公顷，同比增加 20.4 万公顷。稻谷产量 931 万吨，同比增长 6%，每公顷产量 3.13 吨。除满足国内需求外，剩余 475 万吨稻谷可加工成约 300 万吨大米供出口。天然橡胶种植面积 28 万公顷，产量为 6.45 万吨，同比分别增长 31%和 26%。渔业产量 66.2 万吨，同比增长 13%。政府高度重视稻谷生产和大米出口，政府首相洪森 2015 年百万吨大米出口计划的号召，不但提升了本地农民的积极性，也让众多投资者更热衷于投入农业，利用先进的管理技术改良稻种，建立现代化碾米厂。

近些年，柬埔寨农业增加值逐年增加，但是农业增加值在 GDP 的占比逐渐减少。2017 年农业增加值占 GDP 的 23.38%，较 2005 年减少了 7.33%（见图 10—4）。

2. 第二产业

工业被视为推动柬埔寨国内经济发展的支柱之一，但基础薄弱、门类单调。柬埔寨自 1991 年底实行自由市场经济以来，国营企业普遍被国内外私商租赁经营。工业领域为 50 万名国民创造就业机会。2012 年全年出口服装 46 亿美元，同比增长 8%，占当年出口比重的 83.7%，主要出口市场为美国、欧盟、加拿大、日本、韩国和中国。制衣业继续保持工业主导地位和出口创汇龙头地位，是重要的经济支柱。全国共有 630 多家制衣厂，较 2012 年增加 150 家，同比增长 31.2%，雇用工人 35 万人，其中 91%为女工。

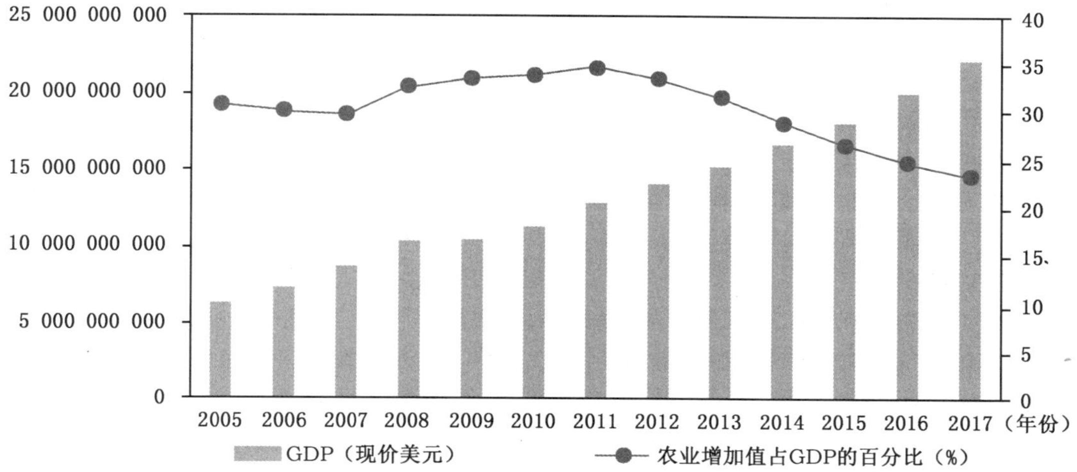

数据来源:世界银行数据库。

图 10—4　柬埔寨 GDP 与农业增加值占比情况(2005—2017 年)

近些年,柬埔寨工业年增长率呈现“V”形趋势。受国际金融危机的影响,2009 年为近些年的低谷,工业年增长率为—9.49%。2015 年工业增加值为 49.96 亿美元,较 2005 年增加了 34.23 亿美元,在 GDP 的占比也由 2005 年的 26.37%增加为 2017 年的 30.88%(见图 10—5)。

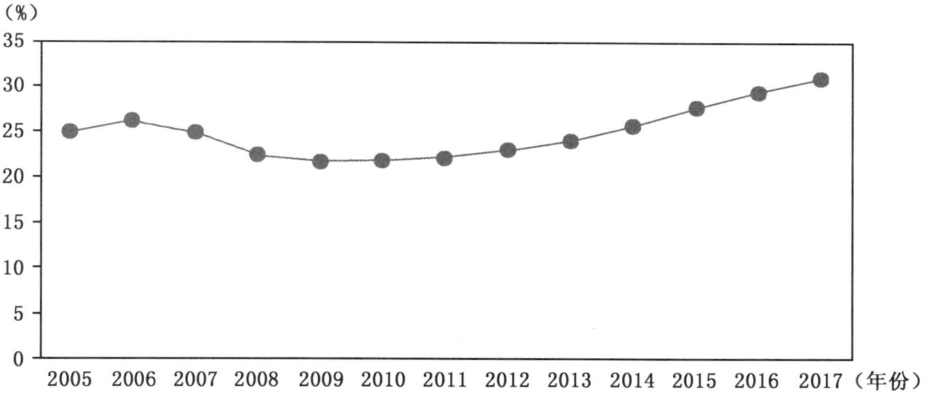

数据来源:世界银行数据库。

图 10—5　柬埔寨工业增加值占 GDP 的百分比(2005—2017 年)

3. 第三产业

近些年,柬埔寨的服务业增长率与工业增长率有相同的趋势,都呈现“V”形。服务业增加值逐年增加,在 GDP 中占比相对稳定。2000 年以来,政府大力推行“开放天空”政策,支持、鼓励外国航空公司开辟直飞金边和吴哥游览区的航线。2002 年,政府加大对旅游业的资金投入,修复古迹,开发新景点,改善旅游环境。旅游业的快速发展带动了与其相关产业的发展,2009 年服务业产值占 GDP 的 37.8%,远高于工业产值。其中,交通运输占 GDP 的 7.3%,零售和批发占 8.8%,酒店餐饮业占 3.8%,住宅投资占 6.3%,医疗和教育占 1.8%,金融保险及不动产占 1.4%,其他服务业占 8.3%。

(三)外贸情况

柬埔寨于2004年10月13日加入世界贸易组织。1999年正式加入东盟,并依托东盟为平台,积极发展与周边国家、西方发达国家和国家组织的关系,先后与中国、澳大利亚、新西兰、韩国签订了自由贸易协定和经济一体化协议,覆盖范围为商品和服务,2009年与日本签订自由贸易协议,覆盖范围只包括商品。主要出口产品为服装、鞋类、橡胶、大米、木薯;主要进口产品为燃油、建材、手机、机械、食品、饮料、药品和化妆品等。主要贸易伙伴为美国、欧盟、中国、日本、韩国、泰国、越南和马来西亚等。

1. 进口情况

柬埔寨市场高度开放,几乎所有的领域都向外资敞开大门。近10年柬埔寨进口额在动荡中缓慢增加,在东南亚11国进口总额中的占比、在"一带一路"国家进口总额中的占比、在全球进口总额中的占比相对稳定。

从进口的商品来看,柬埔寨主要进口纺织及制衣类、机电类、食品类,这三类产品占柬埔寨进口总额的60%以上。

从地区来看,柬埔寨进口排名前3的国家依次为中国(约占进口总额的40%)、泰国(约占进口总额的10%)、越南(约占进口总额的9%)。

2. 出口情况

柬埔寨出口额增长率呈现"W"形的趋势。2007年、2009年为低谷,同比分别下降12.04%、9.88%。但是总体来说,柬埔寨的出口额是增加的,在东南亚11国出口总额中的占比、在"一带一路"国家出口总额中的占比、在全球出口总额中的占比相对稳定。

从出口的商品来看,柬埔寨主要出口纺织及制衣类、木材类、鞋类,这三类产品占柬埔寨出口总额的92%以上。

从地区来看,柬埔寨出口排名前3的国家和地区依次为中国香港(约占出口总额的22%)、美国(约占出口总额的19%)、新加坡(约占出口总额的16%)。

3. 投资情况

柬埔寨实行自由经济政策,所有行业都对外开放,鼓励外商投资。1994年,国会通过《投资法》。外商投资方式有独资、合资、合作和租赁四种,生产性企业可由外商独资,贸易性企业不允许外商独资。政府还出台了一系列法规,同投资商建立了定期磋商和对话机制。2013年,外国投资16.47亿美元,占总投资的33.2%,同比增长19.3%。农业领域投资11.3亿美元,同比增长102.79%;工业和手工业领域投资11.1亿美元,同比下降25.71%;旅游领域投资1.06亿美元,同比下降84.67%;基础设施建设领域投资26.2亿美元,同比增长1 051%。前五大外资来源国分别为中国、越南、泰国、韩国和日本,投资额分别为4.36亿美元、1.01亿美元、0.72亿美元、0.29亿美元和0.26亿美元,分别占吸引外资总额的26.6%、6.1%、4.37%、1.76%和1.59%。

三、社会文化环境

(一)风俗

柬埔寨人认为用左手拿东西或食物是不懂礼貌的表现。他们还认为头是人的神圣部位,因此别人不能触摸他们的头部,也不能随意抚摸小孩的头。柬埔寨人姓在前、名在后。贵族与平民的姓名有所不同:贵族一般承继父姓,平民一般以父名为姓;贵族起名很有讲究,往往寓意深刻,平民名字多数是随便叫起来的,没有什么含义。

柬埔寨人通常不称呼姓，只称呼名，并在名字前加一个冠词，以示性别、长幼、尊卑之别。如“召”意为孙儿，“阿”意为小孩，“达”意为爷爷，“宁”意为姑娘，“洛克”意为先生等。合十礼是柬埔寨最常见的一种相见礼仪。行礼时，要根据对象把握好掌尖的高度。如子女向父母、孙儿向祖父母、学生向教师，应将合十的掌尖举到眼眉；政府官员下级向上级行礼时，应举到口部；地位相等者行礼时，应举到鼻尖。在农村，人们只行合十礼；在城市，现代也有行握手礼的。

（二）服饰

由于地处热带，柬埔寨人的服装很单薄（见图 10—6）。他们的民族便服是，男子穿直领多扣上衣，天气热时则不穿上衣，只穿“纱笼”或“山朴”。“纱笼”是由数尺印有各种美丽图案的布两边缝合，围系腰间，状似裙子。“山朴”是用长条布不加缝合，从腰中往下缠绕至小腿，再从胯下穿过，在背后紧束于腰部，剩余部分伸出如鱼尾。妇女的便服上衣多为丝质圆领对襟短袖衫，下身也穿“纱笼”或“山朴”，通常她们在腰间还要缠一条图案优美的长布巾。

图 10—6　柬埔寨人的服饰

（三）餐饮

柬埔寨人以大米为主食，喜食素菜，但逢年过节，他们的餐桌上还是有鱼有肉的，菜肴十分丰富。他们偏爱辣、甜、酸的味道，辣椒、葱、姜、大蒜是不可缺少的调料。他们很欣赏中国的广东菜和云南菜。饮酒较普遍，水果也可做下酒物。他们饭后有漱口的习惯。

（四）节日

在柬埔寨，一年中的节日很多，有新年节、送水节、风筝节、斋僧节、雨季安居节等。其中，送水节是柬埔寨最盛大而隆重的传统节日，在每年佛历十二月月圆时庆祝三天。送水是为庆祝雨季结束、河水消退而设。

(五)教育

20世纪60年代,柬埔寨文教事业有较大发展;自70年代后,因长期战乱,文教事业遭受严重破坏。政府重视教育,兴建了一些学校。据柬埔寨教育部统计,2014年柬埔寨共有:2 772所幼儿园,入园儿童138 038名;6 476所小学,学生2 326 152名;1 321所中学,学生898 594名;63所大学(其中18所公立大学、45所私立大学),学生11万余人。

(六)民生

柬埔寨实行低工资制,贫富悬殊、两极分化现象严重。政府普通公务员、军警平均月工资70—100美元,外资工厂工人月工资100—120美元。物价平稳,市场消费价格指数为121%。全国共有121家国家医院、521家医疗中心。农村缺医少药,医疗设施较差。

柬埔寨贫困人口占总人口的25%。摩托车是百姓的主要代步工具,多为自日本、中国台湾进口的二手车。

据柬埔寨邮电部2006年统计数据,每百人拥有10.2部电话。

四、与中国的贸易关系

中国与柬埔寨正式建交于1958年7月1日,属于全面战略合作伙伴关系。目前中柬经济互补性强,两国在自然资源、产业结构上的差异使得双方各具比较优势,在产业内和产业间形成了很强的互补特征。目前,中国已对柬埔寨绝大部分产品实现零关税,并已与柬埔寨签订大米、木薯两类产品关于检验检疫的出口议定书,这两类农产品可以直接对华出口;柬埔寨也对中国绝大部分产品实现零关税。2014年,中国对柬埔寨出口总额为3 770百万美元,同比增长15.1%,出口主要产品为针织品、棉花;中国自柬埔寨进口总额为666.29百万美元,同比增长38.25%,进口主要产品为针织服装及配饰、毛皮以及机电设备。从中国与柬埔寨的贸易互补关系来看,两国之间的贸易互补关系总体不算很强。2013年,以中国出口计算和以柬埔寨出口计算的贸易互补指数分别为0.139 6和0.035 9。从中国与柬埔寨之间的贸易竞争关系来看,两国之间的贸易竞争关系不强,但有增强的趋势。2005年,中国与柬埔寨的贸易竞争指数(CS)为0.019 8,2013年增加为0.027 9。

中国是柬埔寨第三大贸易伙伴。2013年,中柬双边贸易额为37.7亿美元,同比增长29%。其中,中国对柬埔寨出口34.1亿美元,同比增长26%;中国自柬埔寨进口3.6亿美元,同比增长68%。2014年1—6月,中柬双边贸易额为18.2亿美元,同比增长4.1%。其中,我国出口15.8亿美元,下降0.6%;进口2.4亿美元,增长51.9%。2013年我国企业新增对柬埔寨非金融类直接投资4.9亿美元,下降32%。2013年柬埔寨对华累计实际投资2 251万美元。2013年我国企业在柬埔寨新签订承包工程合同额11.1亿美元,下降62%。2015年,中柬双边贸易额为44.3亿美元,同比增长18%。2016年1—10月,中柬双边贸易额为39亿美元,同比增长8.5%。截至2016年10月,我国企业在柬埔寨累计签订承包工程合同额146.7亿美元,完成营业额109.4亿美元。截至2016年10月,我国对柬埔寨直接投资累计约39.3亿美元。

小知识

吴哥古迹

吴哥古迹(Angkor)位于暹粒省境内,距首都金边约 240 公里,是柬埔寨民族的象征,被誉为东方四大奇迹之一。

现存吴哥古迹主要包括吴哥王城(大吴哥)和吴哥窟(小吴哥)。在公元 9 世纪至 15 世纪时,吴哥曾是柬埔寨的王都。吴哥始建于公元 802 年,完成于 1201 年,前后历时 400 年。1431 年暹罗军队入侵后,吴哥遭到了严重破坏,王朝被迫迁都金边。此后,吴哥被遗弃,逐渐淹没在丛林莽野之中,直到 19 世纪 60 年代一个叫亨利·穆奥的法国博物学家发现了吴哥古迹。吴哥古迹现存 600 多处,分布在面积 45 平方公里的森林里。大吴哥和小吴哥是它的主要组成部分,其中有许多精美的佛塔以及众多的石刻浮雕,蔚为壮观。这些佛塔全部用巨大的石块垒砌而成,有些石块重达 8 吨以上。佛塔上刻有各种形态的雕像,有的高达数米,生动逼真。1992 年,联合国教科文组织世界遗产委员会把整个吴哥古迹列为世界文化遗产。

课后思考题

试分析柬埔寨与“一带一路”国家的贸易关系。

第十一章
东帝汶
(Timor-Leste)

一、基本情况

东帝汶全称东帝汶民主共和国(Democratic Republic of Timor-Leste)。东帝汶成为一个独立的国家的过程是曲折而艰难的。

小知识

东帝汶国旗与国徽

国旗

东帝汶国旗启用于2002年5月20日,国旗呈长方形,长宽之比为2∶1。旗面为红色,左侧有一个黑色的等边三角形和一个黄色的等腰三角形重叠图案,黑色等边三角形上有一颗白色五角星。红色代表东帝汶人民争取独立自由的斗争,黑色的三角形代表必须击倒反启蒙主义,黄色的三角形代表东帝汶曾被葡萄牙、印尼等国殖民统治过的痕迹,中心有一颗稍微向左倾斜的小星星,代表引导着独立自由的光芒。

国徽

东帝汶国徽中心图案源自东帝汶独立革命阵线旗帜,象征为取得独立而进行的不懈斗争。顶部是国名“东帝汶民主共和国”,底部饰带上为葡萄牙文“团结、行动、进步”。

(一)建国历程

16世纪初,葡萄牙殖民者入侵帝汶岛。1613年,荷兰势力入侵,于1618年在西帝汶建立基地，排挤葡萄牙势力至东部地区。18世纪，英国殖民者曾短暂控制西帝汶。1816年，荷兰恢复对帝汶岛的殖民地位。1859年，葡、荷签订条约，重新瓜分帝汶岛。帝汶岛东部及欧库西归葡萄牙，西部并入荷属东印度(今印尼)。1942年，日本占领东帝汶。第二次世界大战后，澳大利亚曾一度负责管理东帝汶，不久后葡萄牙恢复对东帝汶的殖民统治，1951年将东帝汶改为葡萄牙海外省。1974年4月25日，葡萄牙爆发“武装部队运动”推翻了独裁政权，葡萄牙开始民主化和非殖民化进程。1975年，葡萄牙政府允许东帝汶举行公民投票，实行民族自决。

自20世纪70年代开始，为了能从印尼的统治下独立出来，东帝汶不断展开独立运动。1982年，联合国大会通过了支持东帝汶自治的决议。从1983年至1998年，在联合国秘书长的斡旋下，葡萄牙与印尼政府就东帝汶问题进行了十几轮谈判。1997年亚洲金融危机爆发，1998年印尼苏哈托政权下台。1999年1月，印尼同意东帝汶通过全民公决选择自治或脱离印尼。同年8月，东帝汶举行全民公决，约44万人参加了投票，其中78.5%赞成独立。投票后，亲印尼派与独立派发生流血冲突，东帝汶局势恶化。10月，印尼人民协商会议通过决议正式批准东帝汶退出印尼。安理会于10月通过第1272号决议，决定成立联合国东帝汶过渡行政当局，全面接管东帝汶内外事务。2000年7月东帝汶成立首届过渡内阁，2001年8月举行制宪议会选举，9月15日成立制宪议会和第二届过渡内阁，2002年4月举行总统选举，独立运动领袖夏纳纳·古斯芒当选。2002年5月20日，东帝汶民主共和国正式成立。作为21世纪第一个新生国家，东帝汶开始了艰难的恢复重建之路。

(二)自然地理和资源

东帝汶位于努沙登加拉群岛最东端，包括帝汶岛东部和西部北海岸的欧库西地区以及附近的阿陶罗岛和东端的雅库岛，西与印尼西帝汶相接，南隔帝汶海与澳大利亚相望，国土面积14 874平方千米，海岸线全长735公里。

东帝汶境内多山，沿海有平原和谷地。气候高温多雨，无寒暑季节变化。大部分地区属热带雨林气候，平原、谷地属热带草原气候，年平均气温26℃，每年12月到次年3月为雨季，4月到11月为旱季，年平均降雨量2 000毫米。

东帝汶地处热带，自然资源比较丰富。主要的矿产资源有金、锰、铬、锡、铜等，帝汶海有储量丰富的石油和天然气资源。截至2014年，探明石油储量1.87亿吨、天然气7 000亿立方米，现已发现44个油田。

(三)人口和人民生活

2002年独立之初，东帝汶人口总数约为92.38万人，到2017年有人口129.63万人，年增长率约为4.8%，人口密度为87人/平方公里。女性人口占总人口的比例为49%。0—14岁人口占总人口的43.61%，15—64岁人口占52.84%，65岁以上人口占3.56%。[①] 东帝汶人口的年龄结构非常年轻化，这也是新兴国家的一个特征。

东帝汶被联合国列为全球最不发达的国家之一，人民生活比较贫困，全国41%的居民生活在日均收入不足55美分的绝对贫困状态，2/3人口无干净的饮用水。平均预期寿命55.5岁，人口的粗出生率为3.5%，5岁以下儿童死亡率为8%，50%的儿童营养不良。

(四)政治环境

2002年3月22日，东帝汶制宪议会通过并颁布《东帝汶民主共和国宪法》，规定东帝汶民主共和国是享有主权、独立、统一的民主法治国家，总统、国民议会、政府和法院是国家权力机

① 数据来源：世界银行数据库，https://data.worldbank.org.cn/。

构。总统是国家元首和武装部队最高统帅，由全民直接选举产生，任期 5 年，仅可连任一届。总统不能履行职务或职务空缺的时候，由国民议会长暂行总统职权。

东帝汶的国民议会实行一院制，代表全体公民行使制定法律、监督政府和政治决策权，由选民直接选举产生，共有 65 个议席，每届任期 5 年。

东帝汶的政府由总理、各部部长和国务秘书组成，向总统和国民议会负责。总理是政府首脑，由议会选举中得票最多的政党或占议会多数的政党联盟提名，总统任命。各部部长和国务秘书由总理提名，总统任命。

从政党情况来看，2004 年东帝汶颁布《政党法》，要求所有政党必须在司法部登记注册，以合法参加选举。目前由以下 5 个政党组成的议会多数联盟联合执政：东帝汶全国重建大会党、民主党、社会民主党、帝汶社会民主协会、帝汶抵抗运动全国民主联盟。目前最大的在野党是东帝汶独立革命阵线。

二、经济环境

(一)经济概况

东帝汶被联合国开发计划署列为亚洲最贫困的国家和全球 20 个最落后的国家之一，经济处于重建阶段。自 1999 年脱离印尼以来，经济主要依靠外国援助和国际机构拉动当地消费，2001 年 GDP 增长 18%，达 3.87 亿美元。但随着国际职员大批撤离，服务业急剧萎缩，加上旱涝灾害造成农业歉收，经济增长大幅滑坡，2003 年、2004 年 GDP 分别为 3.41 亿美元和 3.53 亿美元。在国际社会的支持和帮助下，东帝汶政府制订了第一个国家发展 5 年计划，规划了 2003—2007 年的发展思路，以经济增长和减少贫困为两大核心目标。2009 年，政府又确定了优先发展的七大领域：保障农业和粮食安全、大力发展农村不发达地区、改善基础教育质量、建立社会保障和服务体系、强化国家安全和治安环境、提高政府廉洁度和效率、建立司法公正渠道。2011 年 6 月国会又审议通过了《2011—2030 年国家发展战略规划》，将发展中心基于农业、旅游业和石油业三个主要方面，争取 2030 年前进入中高等收入国家行列。

从近 10 年 GDP 总数和增长情况来看(见图 11—1)，东帝汶的经济发展很不稳定。2008 年的 GDP 总数为 43.91 亿美元，由于受到国际金融危机的影响，相对于 2008 年来说，2009 年和 2010 年的 GDP 呈现负增长，增长率分别为—6.06%和—1.17%。2011 年发布战略规划后，2011 年和 2012 年 GDP 总数又实现了 11.83%和 4.97%的增长，2012 年 GDP 总数达到了 66.71 亿美元。由于政府债务问题、油气产业发展减缓、国内和国际形势的变化，2014—2016 年东帝汶的 GDP 总数一路下滑，2016 年和 2017 年只有不到 30 亿美元。GDP 增幅也呈现出忽高忽低的状况，2014 年 GDP 增长率为—26.05%，但 2015 年 GDP 增长率为 20.88%。而图 11—2 反映的人均 GDP 的波动也很大，2011 年和 2012 年人均 GDP 达到5 000美元以上，似乎让人看到东帝汶经济“腾飞”的迹象，但 2016 年人均 GDP 不足2 000美元，2017 年也只有2 280美元。这说明东帝汶的经济状况并没有得到根本改善。当前，东帝汶政府将经济发展的重点放在基础设施重建和改善农业、开发油气资源方面，致力于推动经济的可持续发展和提高人民生活水平。

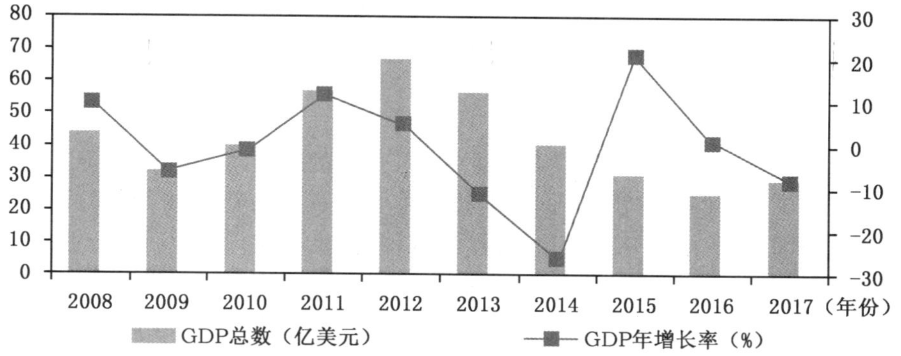

数据来源：世界银行数据库。

图 11—1　东帝汶 GDP 总数及增幅情况(2008—2017 年)

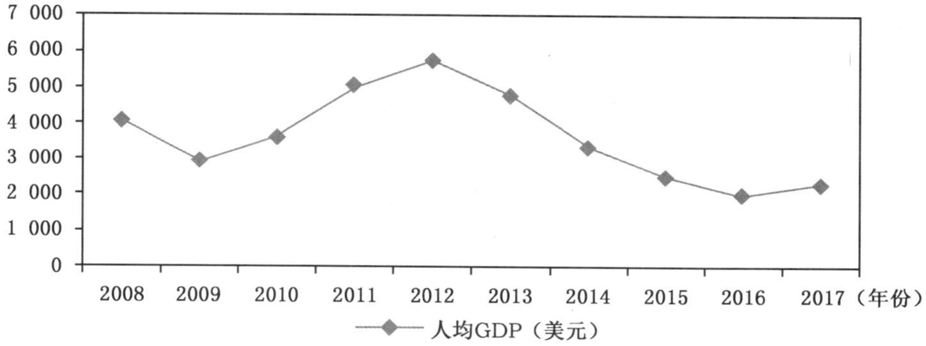

数据来源：世界银行数据库。

图 11—2　东帝汶人均 GDP(2008—2017 年)

(二)产业状况

1. 农业

尽管近年来东帝汶农业就业人口占总就业人口的比重已经从 2008 年的 57.66%下降到 2016 年的 24.78%，但农业仍然是东帝汶经济的重要组成部分。根据《世界各国数据指标档案》，2016 年东帝汶农业增加值为 2.86 亿美元，占 GDP 总数的 11.35%。主要农产品有玉米、稻谷、薯类等。粮食不能自给，70%的粮食需要进口。经济作物有咖啡、橡胶、檀香木、椰子等，主要供出口。其中，咖啡、橡胶、紫檀木有“帝汶三宝”之称。东帝汶的有机咖啡，农民几乎不喷农药而且采用天然有机肥种植，深受咖啡爱好者的喜欢。

2. 工业

2016 年东帝汶工业增加值为 11.3 亿美元，占 GDP 总数的 44.82%(含油气产业)，从事工业生产的人口约占就业总人口的 15%。而 2016 年制造业增加值仅为1 810万美元，仅占 GDP 的 0.72%。这说明东帝汶的工业几乎都依靠油气产业来支撑，制造业非常薄弱。仅帝力及其附近有一些小型日用品工厂和小型加工业，前者以印刷、肥皂、手帕、纺织业为主，后者以加工出口农产品为主。

3. 服务业

目前，东帝汶有超过40%的人口从事服务业，大部分集中在帝力。2000年以后，由于国际援助机构涌入，贸易、餐饮、旅店、建筑等行业得到快速发展，成为东帝汶经济发展的一个重要组成部分。

（三）外资及外援

由于基础设施落后、法律系统不完备等原因，东帝汶的投资环境有待改善，吸收外资总额不高。截至2016年底，共吸引外资6.2亿美元。主要投资方为新加坡、泰国、葡萄牙、澳大利亚、英国、韩国、美国等，集中在基础设施建设、咖啡种植、旅游等行业。石油产业是东帝汶最大的税收来源且发展前景良好，石油也是出口的主要商品，东帝汶希望能吸引外国投资者进行勘探开发。但为了避免过度依赖油气产业，政府制定了《国民投资法》、《外国投资法》等，力图吸引外资到建材、林业、教育等产业，实现国内产业的多样化。

作为一个新独立的弱小国家，国际援助对东帝汶经济社会的发展发挥了重要作用。1999年底，世界银行首次召开关于东帝汶捐助国会议（后改名为“东帝汶与发展伙伴会议”），会议每半年召开一次，讨论东帝汶的财政预算和国家发展战略，并设立两个基金，即由联合国经管的统一信托基金和由世界银行经管的东帝汶信托基金，作为对东帝汶的捐助渠道。2012年4月，在日本、澳大利亚和亚洲开发银行的资助下，东帝汶财政部上线援助透明平台，对来自各国政府的援助资金进行透明化管理。根据该平台统计数据，截至2015年3月底，各方共向东帝汶提供了16.56亿美元的援助。其中，澳大利亚援助5.65亿美元，名列第一位，其余依次为美国、欧盟、日本。外来援助主要用于东帝汶基础设施的重建与发展，以及农业和农村开发、人力资源开发项目等。

三、社会文化环境

（一）民族和宗教

东帝汶有10多个民族，其中土著人占78%，印尼人占20%，也有2%的华人。

东帝汶约91.4%的居民为罗马天主教徒，基督教新教徒占全国人口的2.6%，穆斯林占1.7%，印度教徒占0.3%，佛教徒占0.1%。

（二）社会生活习俗

由于物资匮乏、市场不发达，东帝汶人民的生活还处在比较简单自然的状态，砍柴、担水、种地、照顾孩子等日常起居成为东帝汶人民生活的基本状态，而且往往是由妇女来承担这些工作，摘椰子和捕鱼这类事情就由男人来做。

东帝汶的食物与印尼、马来西亚等周边地区大致相似，主要食用鸡肉、鱼肉、羊肉，辣椒和咖喱是常见的调料。

（三）重要节日

东帝汶的重要节日包括争取独立斗争的历史事件，如恢复独立日等，还有一些天主教和伊斯兰教的节日。

四、与中国的贸易关系

中国与东帝汶自2002年5月20日建交以来，双边经贸关系发展顺利。特别是近几年来，两国经贸合作已从援助合作扩大到投资与工程承包等多领域合作，而且合作规模不断扩大，经贸合作不断取得新成果。

中国对东帝汶援助一直是中东经贸合作的最主要内容。自东帝汶独立以来，根据中东两国政府签署的十余个经济技术合作协议，中国向东帝汶提供了大量成套项目、物资和技术援助。中国援建的总统府项目（见图 11－3）已经是东帝汶首都帝力的地标性建筑，重大国事活动多在此举办；援建的外交部大楼是东帝汶目前最现代化的办公楼，是举行重大外交活动的主要场所。中国还及时向东帝汶赠送了农机、大米、药品等物资；先后向东帝汶派遣 7 批医疗队，为东帝汶患者提供良好的医疗服务等。

图 11－3　中国援建东帝汶总统府启用仪式

在贸易方面，中国和东帝汶的贸易额 2003 年仅为 107 万美元，受惠于中资企业在东帝汶承包工程项目的增加，2015 年两国贸易额达 1.1 亿美元，比 2003 年增长了 100 多倍。2016 年两国贸易额再度迅猛增长至 1.6 亿美元，同比增长 56.3%，中国成为东帝汶第二大贸易伙伴。两国贸易以中国对东帝汶出口为主，包括机电零部件、水泥、钢铁制品、陶瓷产品、纺织品、家具等。中国进口商品主要类别为农产品、木制品等。

在投资方面，中国对东帝汶的投资总体处于起步阶段，规模较小但增速较快。据中国商务部统计，截至 2016 年底，中国对东帝汶的投资存量为 1.62 亿美元，其中 2016 年投资6 145万美元，同比增长 140.5%。目前，中国对东帝汶的投资主体以民营企业和个体为主，国有大中型企业也有参与，主要涉及餐饮、旅店、零售百货、五金建材、物流等领域。[①]

课后思考题

1. 东帝汶的地理位置和自然资源有什么战略意义？
2. 如何理解东帝汶的重建和发展任重而道远？

① 资料来源：《中东经贸合作不断取得新成果》，《国际商报》，2017－08－31，http://m.jrj.com.cn/rss/yidianzixun/2017/8/31/23036269.shtml。

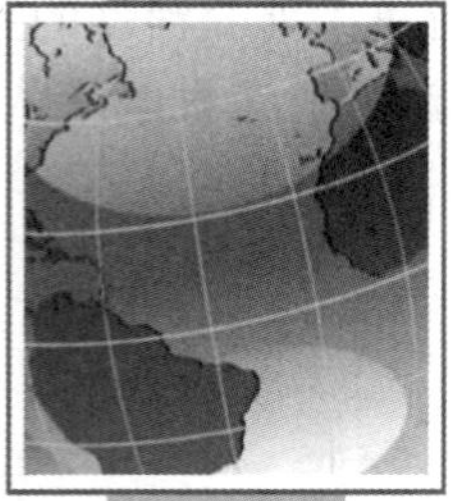

第十二章 印 度 (India)

一、基本情况

印度共和国(Republic of India),简称印度。印度位于南亚,是南亚次大陆最大国家。东北部同孟加拉国、尼泊尔、不丹和中国接壤,东部与缅甸为邻,东南部与斯里兰卡隔海相望,西北部与巴基斯坦交界。东临孟加拉湾,西濒阿拉伯海,海岸线长5 560公里。印度是一个由100 多个民族构成的统一多民族国家,主体民族为印度斯坦族,约占全国总人口的 30%。

古印度是世界四大文明古国之一,公元前 2500 年诞生了印度河文明(主要位于今巴基斯坦境内)。公元前 1500 年左右,中亚的雅利安人进入南亚次大陆,征服当地古印度人,建立了一些奴隶制小国,并确立种姓制度,吠陀教开始发展为婆罗门教。公元前 4 世纪,孔雀王朝统一印度,开始推行佛教,并向外传播。约公元前 188 年,孔雀帝国灭亡后,群雄割据、外族入侵,印度教、伊斯兰教兴起。1600 年,英国入侵莫卧儿帝国,建立东印度公司,1757 年以后逐步沦为英国殖民地。1947 年 6 月,英国颁布《蒙巴顿方案》,实行印巴分治。同年 8 月 15 日,成立印度自治领。1950 年 1 月 26 日,宣布成立共和国,同时成为英联邦成员国。

印度是世界第二人口大国,也是金砖国家之一,印度经济产业多元化,涵盖农业、手工艺、纺织和服务业。印度 2/3 人口仍然直接或间接依靠农业维生,近年来服务业增长迅速,已成为全球软件、金融等服务业最重要的出口国。

印度是全球最大的非专利药出口国,侨汇世界第一。印度是社会财富分配极度不平衡的发展中国家,种姓制度问题较为尖锐。

2017 年 6 月 9 日,印度正式加入上合组织。

小知识

印度国旗与国徽

国旗

印度国旗为长方形,长宽之比为 3∶2。全旗由橙、白、绿三个相等的横长方形组成,正中心有一个含 24 根轴条的蓝色法轮。橙色象征勇气、献身与无私,也是印度教士法衣的颜色。白色代表真理与和平。绿色则代表繁荣、信心与人类的生产力。法轮是印度孔雀王朝的第三位君主阿育王在位期间修建于佛教圣地石柱柱头的狮首图案之一。一般来说，人们笼统地称它为“阿育王法轮”(阿育王笃信佛教，对佛教的传承与发展有着莫大的贡献)。神圣的“阿育王法轮”象征着真理与道德，也代表了印度古老的文明。法轮的24根轴条则可代表一天的24小时，象征国家时时都向前进。

国徽

印度国徽图案来源于孔雀王朝阿育王石柱顶端的石刻。这根柱子的顶端雕刻着四只背靠背面向四方的雄狮，每只雄狮的脚下踩着一个法轮，四个法轮之间各有一个动物，分别是象、马、牛、狮。下方用天城文书写着梵文的格言——“唯真理必胜”。面向四方的这四只雄狮象征着力量、勇气、自豪和信心。法轮的底下是盛开的莲花，彰显着生命与灵感的来源。

(一)建国历程

印度是世界四大文明古国之一。公元前2500年至公元前1500年之间创造了印度河文明。公元前1500年左右，原居住在中亚的雅利安人中的一支进入南亚次大陆，征服当地土著，创立了婆罗门教。公元前4世纪崛起的孔雀王朝统一印度，公元前3世纪阿育王统治时期达到鼎盛，把佛教定为国教。公元4世纪笈多王朝建立，形成中央集权大国，统治200多年。中世纪小国林立，印度教兴起。1398年，突厥化的蒙古族人由中亚入侵印度。1526年建立莫卧儿帝国，成为当时世界强国之一。1600年，英国开始入侵印度。1757年印度沦为英国殖民地，1849年全境被英国占领。1947年6月，英国通过《蒙巴顿方案》，将印度分为印度和巴基斯坦两个自治领。同年8月15日，印度独立。1950年1月26日，印度宪法正式生效，印度成立共和国，同时仍为英联邦成员。

独立后的印度共和国面临着一系列严重问题，尤其是印巴分治所带来的后遗症。独立后第一年，印度与巴基斯坦就由于克什米尔争端而爆发军事冲突。尼赫鲁执政时代，印度倾向于社会主义，并仿照苏联制订了经济发展的5年计划。印度在1971年的第三次印巴战争中大获全胜，但也付出了倒向苏联的政治代价。印度于1975年吞并锡金王国，将原锡金王国设为所谓的锡金邦。21世纪初的印度已成为世界新兴经济体之一。

(二)人口状况

印度的人口为13.26亿人(2016年)，占世界总人口的18%。印度是世界上仅次于中华人民共和国的第二人口大国。根据普查结果，过去10年，印度人口增长率为1.764%，较2001年人口普查时的2.115%出现明显下降。普查结果还显示，印度目前拥有自独立以来的最低儿童性别比例，即男女比例为1 000：914。

图12—1是印度近年来人口规模与增长情况。从图中可知，从2007年开始印度总人口持续稳定地增长，但是增长率呈现下滑趋势。

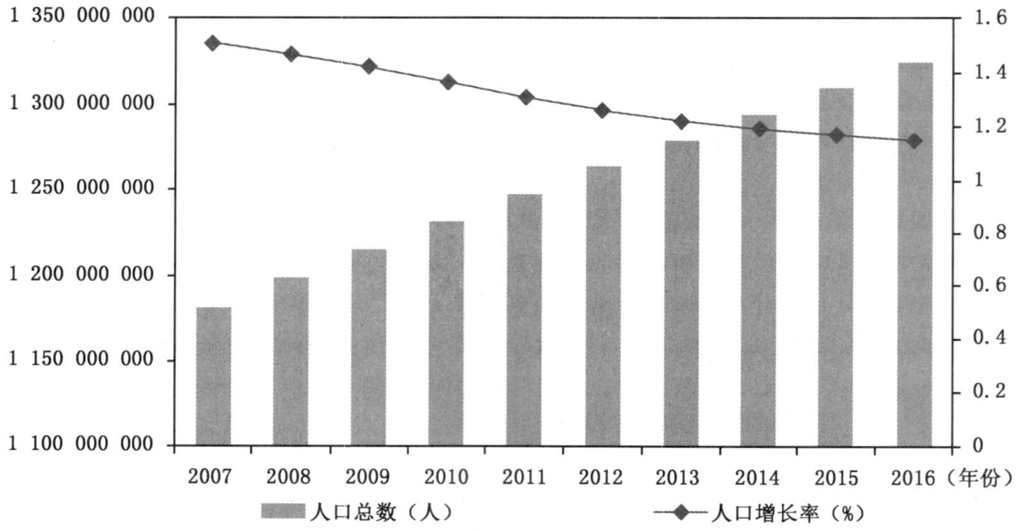

数据来源：世界银行数据库。

图 12—1　印度人口规模及增长情况

（三）地理环境

印度地处北半球，位于北纬 8°24′—37°36′、东经 68°7′—97°25′之间。印度是南亚地区最大的国家，面积为 298 万平方公里，居世界第 7 位。

印度地形从喜马拉雅山向南，一直伸入印度洋，北部是山岳地区，中部是印度河—恒河平原，南部是德干高原及其东西两侧的海岸平原。平原约占总面积的 40%，山地只占 25%，高原占1/3，但这些山地、高原大部分海拔不超过1 000米。低矮平缓的地形在全国占有绝对优势，不仅交通方便，而且在热带季风气候以及适宜农业生产的冲积土和热带黑土等肥沃土壤条件的配合下，大部分土地可供农业利用，农作物一年四季均可生长，有着得天独厚的自然条件。

印度全境炎热，大部分属于热带季风气候，而印度西部的塔尔沙漠则是热带沙漠气候。夏天有较明显的季风，冬天则无明显的季风。印度气候分为雨季(6—10 月)与旱季(3—5 月)以及凉季(11 月至次年 2 月)，冬天受喜马拉雅山脉屏障影响，一般无寒流或冷高压南下影响印度。

（四）资源禀赋

印度矿产资源丰富，铝土储量和煤产量均占世界第五位，云母出口量占世界总出口量的 60%。截至 1996 年底，印度主要资源可采储量估计为：煤 463.89 亿吨(不含焦煤)，铁矿石 97.54 亿吨，铝土 22.53 亿吨，铬铁矿 1.24 亿吨，锰矿石6 550万吨，锌 589 万吨，铜 352 万吨，铅 136 万吨，石灰石 684.77 亿吨，磷酸盐8 100万吨，黄金 86 吨，石油 8.96 亿吨，天然气6 970 亿立方米。此外，还有云母、石膏、钻石及钛、钍、铀等矿藏。森林覆盖率为 21.9%。

（五）政治环境

1. 政治体制

印度是一个资本主义联邦制共和国，总统是国家元首，但其职责是象征性的，实权由总理掌握。国家的总统及副总统任期 5 年，由一个特设的选举机构间接选举产生。总统职位因去世、辞职或罢免等原因而出缺，印度宪法第 65 条规定由副总统代行总统职务。当新总统被选出及就职后，副总统恢复原有职务。总统如果因疾病或其他原因不能履行职务时，由副总统暂时代理总统职能直至总统返回办公。

行政权力由以总理为首的部长会议(即印度的内阁)行使。议会多数党向总统提名总理人选，由总统任命总理，然后再由总理向总统提名副总理及其他内阁成员。

印度国务院设国务卿一名、国务委员若干名，不设副国务卿。

印度宪法于 1950 年 1 月 26 日生效，宣称印度为联邦制国家，是主权的、世俗的、社会主义的民主共和国，采取英国式的议会民主制。公民不分种族、性别、出身、宗教信仰和出生地点，在法律面前一律平等。总统为国家元首和武装部队的统帅，由联邦议会及邦议会组成选举团选出，每届任期 5 年。总统依照以总理为首的部长会议的建议行使职权。

印度的立法权归议会所有。议会分为上、下两院。上院称为联邦院，下院称为人民院。

2. 政党

(1)印度国民大会党(英迪拉·甘地派)[The Indian National Congress(Indira Gandhi)]：简称国大党(英)。国大党(英)是印度最大的资产阶级政党。据称有初级党员3 000万、积极党员 150 万。1885 年 12 月成立，领导了反对英国殖民统治和争取印度独立的斗争。印度独立后长期执政，1969 年和 1978 年两次分裂。1978 年英迪拉·甘地组建新党，改用现名。

(2)印度人民党(Bharatiya Janata Party)：1980 年 4 月成立，其前身是 1951 年成立的印度人民同盟。自称有 350 万党员，是印度第二大资产阶级政党。

(3)印度共产党(马克思主义)[Communist Party of India(Marxist)]：简称印共(马)。1964 年，以孙达拉雅和南布迪里巴德为代表的一派从印度共产党分出后组成，发展较快，党员增至 70 万，是印度最大的左翼政党。在西孟加拉邦长期执政。现任总书记哈·辛·苏吉特(H.S.Surjeet)。

(4)印度共产党(Communist Party of India)：成立于 1920 年。有党员 54 万。1964 年分裂，以党主席什·阿·丹吉为首的一派仍沿用印共名称。1981 年 4 月，丹吉因支持英迪拉·甘地与党内发生分歧而被开除出党，该党再次分裂。现任总书记 A. B. 巴尔丹(A. B. Bardan)。

(5)泰卢固之乡党(Telugu Desam Party)：安得拉邦地方政党，是印度政坛的一支重要力量，1999 年大选成为全国最大的地方政党。在安得拉邦执政，党主席、邦首席部长钱·奈杜(Narra Chandrababu Naidu)以重视信息技术著称。

3. 司法体制

最高法院是最高司法权力机关，有权解释宪法、审理中央政府与各邦之间的争议问题等。各邦设有高等法院，县设有县法院。最高法院法官由总统委任。现任最高法院首席法官迪帕克·米什拉(Dipak Mishra)于 2017 年 8 月 28 日就任。总检察长由政府任命，其主要职责是就执法事项向政府提供咨询和建议，完成宪法和法律规定的检察权，对宪法和法律的执行情况进行监督等。现任总检察长慕库尔·罗哈吉(Mukul Rohatgi)，2014 年 6 月任命，任期 5 年。

二、经济环境

(一)经济概况

印度是世界上发展最快的国家之一，经济增长速度令人瞩目。若以同等购买力来衡量，印度 2011 年国内生产总值 4.457 兆美元，与日本并列世界排行第三，仅次于美国、中国；但是若以美元汇率评估，印度的国内生产总值仅有 1.676 兆美元，世界排行第 11 位，与人口只有

2 300万的已发展国家澳大利亚相差无几。印度年增长率为5.8%，并于2011—2012年间达6.1%。社会财富在印度这样一个发展中国家极度不平衡，全国10%的人口掌控全国33%的收入。印度是世界十大经济体之一。2016年印度经济首次超过英国，按国内生产总值衡量已经成为世界第六大经济体。

由于印度人口众多，平均国民生产总值很低。2011年，印度平均国内生产总值(购买力平价)为3 694美元，列世界第129位；美元汇率则为1 389美元，为世界第140位。1991年以前，受社会主义计划经济影响，经济政策采取贸易保护主义，印度政府过分干预劳工及金融市场并监管商业活动。由于1991年印度经济危机，加上苏联解体，新国大党政府开始对印度实行经济自由化改革，借由外国贸易及直接投资，逐步转型为自由市场，印度的经济规模获得了较快速度的增长。

印度经济以耕种、现代农业、手工业、现代工业及其支撑产业为主。全国仍有1/4人口无法温饱。印度外汇存底充足，汇率稳定，未来官方也将全面解除外汇管制，由市场决定币值。印度制造业出口已经开始下滑，全国很多地区电力供应依然不足。印度有很多精通英语的人，目前是21世纪全球最主要的资讯服务业生产国、电脑软件出口国以及众多软件工程师的祖国。

印度在实行民主政治的同时实行社会主义，政府对私人经济活动、外贸、外国资本直接投资严格管控。不过，1991年通过经济改革，印度放松对外贸和外资的管制，逐渐开放国内市场。国有企业民营化以及部分领域开放对私人和外国投资的限制，相关的政治争论持续不断。

1992—1996年，实现经济年均增长6.2%。“九五”计划(1997—2002年)期间，经济年均增长5.5%。“十五”计划(2002—2007年)期间，继续深化经济改革，加速国有企业私有化，实行包括农产品在内的部分生活必需品销售自由化，改善投资环境，精简政府机构，削减财政赤字，实现年均经济增长7.8%，是世界上发展最快的国家之一。2006年，推出“十一五”计划(2007—2012年)，提出保持国民经济10%的高速增长，创造7 000万个就业机会，将贫困人口减少10%，大力发展教育、卫生等公共事业，继续加快基础设施建设，加大环保力度。2011年8月，印度计划委员会通过“十二五”(2012—2017年)计划指导文件，提出国民经济增速9%的目标。

根据印度财政部公布的2016—2017财年经济调查数据(以现价计算)，国内生产总值为151.84万亿卢比(约合2.36万亿美元)，国内生产总值增长率为7.1%，国民总收入为149.94万亿卢比(约合2.33万亿美元)，人均国民收入为103 219卢比(约合1 608美元)。

从图12—2可知，印度近年来GDP年增长率呈现W形，2008年受金融危机影响，再加上印度“休克式”提振国家经济乏力，经济增长率跌入2007—2016年间最低的4%左右。2009年开始快速增长，在2010年达到最快增长率，之后开始下滑，在2012年开始止跌反弹，到2013—2014财年宏观经济明显改善。经济增长也开始了缓慢爬坡，印度经济已走出下降通道，开始进入新一轮增长周期。印度人均GDP情况见图12—3。

(二)产业状况

印度有4.876亿劳动人口，居世界第2位，其中50%从事农业或农业相关行业，28%从事服务业及相关产业，从事工业的占18%。从占GDP的比例来看，农业占GDP的18.1%，服务业和工业分别占55.6%和26.3%。主要农作物包括大米、大麦、油菜籽、棉花、黄麻、茶叶、蔗糖和马铃薯。主要工业包括软件、汽车、水泥、化工、消费电子、食品加工、机械、采矿、石油、制药、钢铁、运输设备和纺织品。2006年，对外贸易额占印度国内生产总值的24%，1985年时仅占6%。印度占2008年全世界贸易额的1.68%。2011年，印度为世界第十大进口国及第十

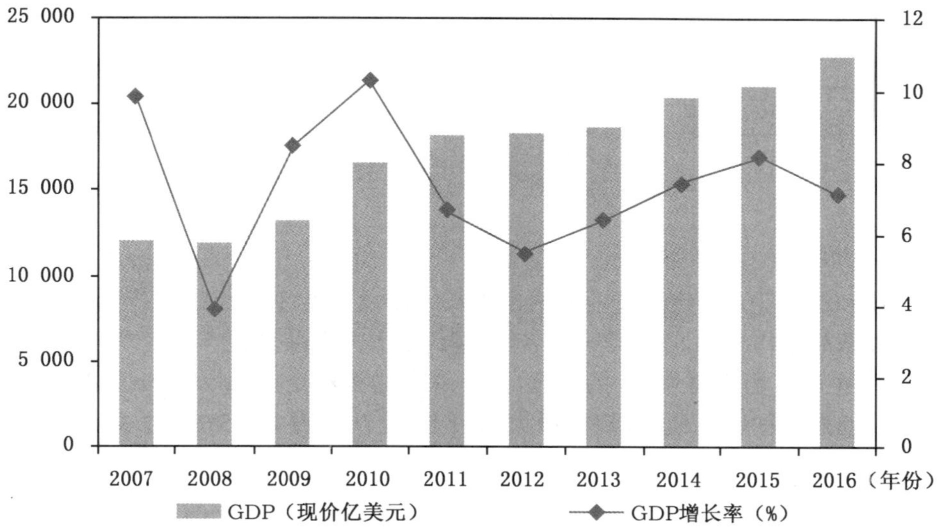

数据来源:世界银行数据库。

图 12—2 印度 GDP 总数及增幅情况(2007—2016 年)

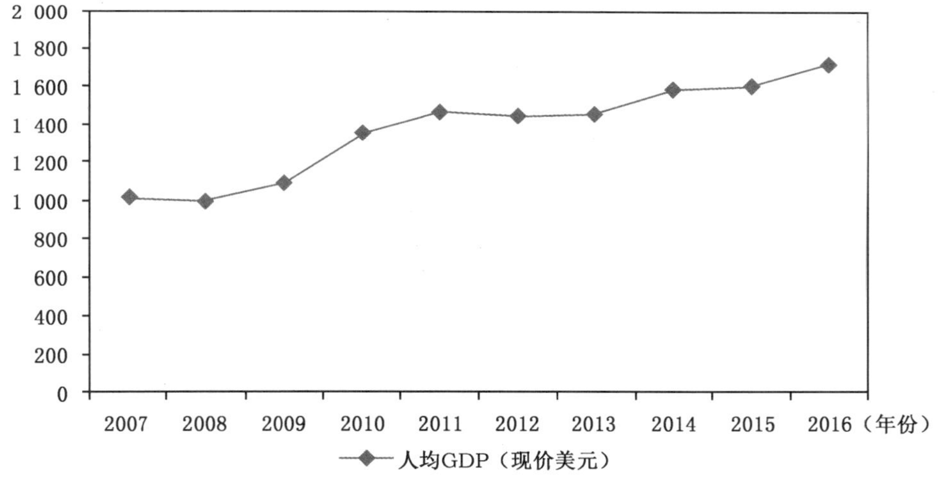

数据来源:世界银行数据库。

图 12—3 印度人均 GDP(2007—2016 年)

九大出口国。印度主要出口品为石油制品、纺织品、珠宝、软件、工程器材、化工制品及皮革;进口品则为原油、机械、宝石、肥料及化工制品。2001—2011 年间,化工制品及工程器材占出口比重由 14%增长至 42%。

1. 工业

印度主要工业包括纺织、食品加工、化工、制药、钢铁、水泥、采矿、石油和机械等。汽车、电子产品制造、航空等新兴工业近年来发展迅速。2016—2017 财年印度工业生产指数同比增长 5%,其中电力行业增长 5.8%,制造业和采矿业分别同比增长 4.8%和 5.4%。

从表 12—1 可以看出,煤炭和钢材产量逐年稳步增长,原油产量略有下降。

表 12—1　　近年来主要工业产品产量　　单位：万吨

产品＼年份	2012—2013	2013—2014	2014—2015	2015—2016	2016—2017
煤炭	58 310	60 982	61 000	68 300	70 440
原油	3 810	3 778	3 740	3 690	3 600
钢材	8 280	8 325	8 650	9 100	10 130

数据来源：IMF。

医药工业和纺织业是印度制造业的两个亮点。印度是非专利药品生产和出口大国：印度的药品占全球药品销售量的 8%，排第四名，是世界第五大散装药生产国。印度的医药工业有 2 万个实验室，医药市场规模为 53 亿欧元，其中最大的医药企业 Glaxo SKB 占有 5.7%的市场份额。纺织业是印度历史最久、规模最大的行业，其产出占 GDP 的 6%左右，吸收了3 500 万人就业。

2. 农业

印度拥有世界 1/10 的可耕地，面积约 1.6 亿公顷，人均 0.17 公顷，是世界上最大的粮食生产国之一。农村人口占总人口的 72%。由于投资乏力、化肥使用不合理等因素，近年来农业发展缓慢。“十一五”期间，印度农业年均增长率 3.28%。表 12—2 为历年来印度主要农业产品产量情况。

表 12—2　　近年来印度主要农副产品产量　　单位：百万吨

产品＼年份	2012—2013	2013—2014	2014—2015	2015—2016	2016—2017
粮食总产量	257.13	265.57	257.07	251.5	273.4
稻米	105.24	106.65	103.04	104.4	109.1
豆类	18.34	19.78	18.43	16.4	22.4
粗粮	40.04	42.7	39.83	38.5	44.4
油料	30.94	32.75	29.83	25.3	32.5
甘蔗	341.22	348	354.95	348.4	306
棉	34.22	36.5	35.15	30	32.6

数据来源：IMF。

3. 服务业

近年来，印度服务业实现较快发展。2015—2016 财年增长 9.7%，2016—2017 财年增长 7.7%。其中，酒店贸易服务业、金融类服务业、公共管理及其他服务业分别增长 7.8%、5.7%、11.3%，占 GDP 比重分别为 24%、18.5%、22.3%。2016—2017 财年服务业对国民总增加值的贡献率为 62%，成为印度创造就业、创汇和吸引外资的主要部门。

4. 旅游业

旅游业是印度政府的重点发展产业，也是重要就业部门。近年来，印度入境旅游人数逐年递增，旅游收入不断增加。主要旅游点有阿格拉、德里、斋浦尔、昌迪加尔、那烂陀、迈索尔、果阿、海得拉巴、特里凡特琅等。

总之，印度农业和工业产业情况见表 12—3，农业占比较为稳定，而工业占比逐年下降。

表 12—3 印度产业情况(2007—2016 年) 单位:亿美元、%

指标＼年份	2007	2008	2009	2010	2011	2012	2013	2014	2015	2016
农业增加值	2 082	2 055	2 288	2 902	3 134	3 079	3 184	3 424	3 399	3 703
农业占GDP 比重	17.33	17.31	17.28	17.52	17.19	16.85	17.15	16.79	16.17	16.28
工业增加值	3 811	3 763	4 123	4 984	5 499	5 373	5 274	5 639	5 723	6 044
工业占GDP 比重	31.73	31.7	31.14	30.08	30.16	29.4	28.4	27.66	27.22	26.58

数据来源:世界银行数据库。

(三)外贸情况

印度主要出口商品中,制成品主要包括纺织品、珠宝、机械产品、化工产品、皮革、手工艺品等;初级产品主要包括农产品和矿产品;石油类产品主要包括成品油、原油和石油产品等。

印度主要进口商品为石油产品、电子产品、金银、机械、化工产品。

美国是印度第一大贸易伙伴,中国内地居第二位,其他主要贸易伙伴包括德国、阿联酋、沙特、新加坡、英国、瑞士、法国、伊朗、日本、中国香港等。

从表 12—4 可知,印度进口额逐年下降,出口额总体呈现波浪式下降,逆差额不断缩减。

表 12—4 近年来印度外贸情况 单位:亿美元

进出口额＼年份	2012—2013	2013—2014	2014—2015	2015—2016	2016—2017
进口额	4 907.37	4 500.68	4 480.33	3 964.44	3 925.8
出口额	3 004.01	3 126.10	3 103.38	2 663.65	2 801.38
差 额	—1 903.36	—1 374.58	—1 376.95	—1 300.79	—1 124.42

数据来源:IMF。

印度自 1991 年起积极引进外资。2015—2016 财年印度吸引外国直接投资 319 亿美元,2016—2017 财年吸引外国直接投资 432 亿美元。印度 2016—2017 财年外国直接投资前三位的来源国依次是毛里求斯、新加坡、日本,上述三国对印度投资占印度吸引外国直接投资的 36.2%、20%、10.8%。外国对印度的投资领域包括制造业、电信设备、计算机和服务业等。

印度是世界上主要的受援国之一。2016—2017 财年印度实际利用外来援助 74.391 亿美元,其中贷款 72.873 亿美元。表 12—5 是近年来印度接受外援的具体数值。其中,国际开发协会和日本对于印度的援助数值较大。在 2013—2014 财年日本更是达到了 28.48 亿美元。

表 12—5 近年来印度接受外援情况 单位:亿美元

外援＼年份	2013—2014	2014—2015	2015—2016	2016—2017
国际开发协会	19.54	17.017	14.192	14.243
国际复兴开发银行	3.91	24.126	13.835	13.361
亚洲开发银行	30	16.863	13.165	17.109

续表

外援 \ 年份	2013—2014	2014—2015	2015—2016	2016—2017
国际农业发展基金会	0.663	0.627	0.331	0.304
德国	1.34	9.301	2.958	3.94
日本	28.48	11.06	15.588	19.318

数据来源：IMF。

三、社会文化环境

古印度文化发源于恒河，恒河从喜马拉雅山起步，经孟加拉湾、阿拉伯海和印度洋环抱的亚洲半岛，滋润了印度这一方土地，也孕育了光辉灿烂的印度文明，成为印度的“圣河”，使古印度成为世界四大文明古国之一。

印度文化在世界上曾经产生巨大影响，有着举足轻重的作用。印度文化具有十分鲜明而又强烈的宗教性、多样性和包容性。印度文化没有很大的扩张性，但也抵制任何外来文化的入侵。

（一）民族和宗教

印度人口 13.24 亿，是世界第二人口大国。全国共有 100 多个民族，其中印度斯坦族约占总人口的 30%，其余主要有泰卢固族 8.6%、孟加拉族 7.7%、马拉地族 7.6%、泰米尔族 7.4%、古吉拉特族 4.6%、坎纳达族 3.9%、马拉雅拉姆族 3.9%、奥里雅族 3.8%、旁遮普族 2.3%。

印度是个宗教国家，历史上曾先后产生并流行多种宗教，世界其他主要的宗教如伊斯兰教、基督教、犹太教等在印度也拥有广泛的信徒。多种宗教在印度的长期共存和印度人民对宗教的虔诚信仰，形成了印度文化浓郁的宗教性。宗教渗透于印度社会生活的各个方面。国家政治法律的制定、人民道德观念的形成，以及各民族传统的风俗习惯，也都是在宗教的影响下发展起来的。宗教也融入了印度的文化之中，其民族语言、文学、艺术、音乐、舞蹈、雕刻等更是以宗教为中心。

根据 1991 年的人口普查数据，印度人口的 82%左右信奉印度教，12%左右信奉伊斯兰教。此外，还有基督教徒，占人口的 2.32%；锡克教徒，占 1.99%；佛教徒，占 0.77%；耆那教徒，占 0.41%；其他宗教，如拜火教、犹太教的信仰者约占 0.43%。各种宗教信徒的人口构成已发生一些变化，但基本格局依然如故。

印度被称为“宗教博物馆”，其中最重要的宗教是印度教。

印度教信众超过人口的 82%，也就是说，多达 8 亿以上的人口信奉该教。印度教由大约形成于公元前 10 世纪的婆罗门教发展而来。印度教是多神教。据说，印度教的神有 3.33 亿尊之多。印度教经典繁多，教义十分繁杂，它既有崇尚神明的理论，也有一些无神论的思想。它既是一种禁欲的宗教，又是一种纵欲享乐的宗教，而在实际生活中，它则变成一种哲学、一种生活方式和一种风俗习惯。印度教的组织形式比较松散，但也有一种独特的社会组织形式，即所谓的“种姓制度”。这种制度的典型特征是社会分隔、等级制度、饮食与社交限制、不同集团具有不同的世俗和宗教权利、职业世袭，以及内婚制和顺婚制（即高等种姓的男子可娶较低种姓的女子，反之则被视为大逆不道）。印度教的宗教仪式相当繁复。一个正统的印度教徒一生中要经过家庭祭祀和公共祭祀 16 种圣礼。

伊斯兰教在印度的地位仅次于印度教，信奉者约有 1.2 亿人，公元 8 世纪前后由阿拉伯传入印度。15—18 世纪莫卧儿帝国时期，伊斯兰教在印度得到迅速发展，并被定为国教，作为统治阶级的思想工具，伊斯兰教统治印度长达几个世纪。

（二）语言

印度—雅利安语支及达罗毗荼语系都是印度主要语支，分别占总人口的 74%及 24%，其他语言则属藏缅语族、南亚语系，印度未定国语。目前印度的官方语言是印地语，约 30%人口使用，为印度使用人口最多的语言；英语已经在 1965 年终止了它“唯一官方语言”（或与印地语相同）的地位，但依旧保留了它“第二附加官方语言”的地位，也是全国性的通用语言，主要在政治和商业交往场合使用，英语在教育方面也相当重要，尤其是中等及高等教育。

另外，还有其他 21 种地方性的“预定官方语言”，包括马拉雅拉姆语、泰米尔语、泰卢固语、卡纳达语、孔卡尼语、马拉地语、乌尔都语、古吉拉特语、奥里亚语、旁遮普语、阿萨姆语、克什米尔语、信德语、尼泊尔语、梵语、曼尼普尔语等。此外，登记的还有超过1 600种语言。

（三）教育

印度实行 12 年一贯制中小学教育。高等教育共 8 年，包括 3 年学士课程、2 年硕士课程和 3 年博士课程。此外，还有各类职业技术教育、成人教育等非正规教育。印度有高等院校 31 868所，其中综合性大学 544 所，著名的包括德里大学、尼赫鲁大学、加尔各答大学、马德拉斯大学、巴拉蒂尔大学等。

2007 年相关数据显示，印度人口识字率达到 75%，但成人文盲仍多达 3 亿，居世界之首。印度在全国 600 个行政区中的 589 个推广扫盲计划，力争在“十一五”结束时识字率达到 85%。2008—2009 年，印度 6—14 岁儿童入学率接近 100%，但全国平均小学辍学率高达 31%。

（四）重要节日

1. 共和国日（Republic Day）

每年 1 月 26 日。1950 年 1 月 26 日，印度议会通过了《印度共和国宪法》，印度建立共和国。

2. 独立日（Independence Day）

每年 8 月 15 日。1947 年 8 月 15 日，印度人民摆脱英国殖民统治，取得独立。

3. 洒红节（Holi）

每年公历 3—4 月间，印度教四大节日之一。该节日正处于印度冬去春来、春季收获季节，因此也称为春节。

4. 灯节（Diwali）

在公历 10—11 月间，是印度教徒最大的节日，全国庆祝 3 天。

5. 元旦（New Year）

印度从每年 10 月 31 日起庆祝新年共 5 天，第四天为元旦。新年第一天，谁也不许对别人生气，更不准发脾气。有些地区的人们以禁食一天一夜来迎接新的一年，由元旦凌晨开始直到午夜为止。由于这种怪异的习俗，印度的元旦被人称为“痛哭元旦”、“禁食元旦”。

（五）衣着服饰

印度男子的传统服装，下身是“托蒂”，实际上是一块缠在腰上的宽幅白棉布，也有麻制或丝制的，长度一般为 3.6—4.5 米，缠在腰间，垂至膝盖或垂至脚面。上身穿较肥大、长至膝盖的"古尔达"上衣。头巾的色泽各异,缠法也不同。在印度农村,男子有时不穿上衣,只在肩上搭一条汗巾,或用一块布围住上身,一端搭在肩上,人们称之为"恰达"。

印度有些地区的男性是有包头巾的习俗的,这种头巾称为 Turban。头巾有各式各样的包裹方法,其中锡克教男性的头巾具有特定样式。根据传统,锡克人从小到大都必须蓄头发、留胡须,并且包着头巾。小孩头巾样式比较简单,只用黑布绑成发髻的形状。成年人的头巾样式比较复杂,首先必须用黑色松紧带将长发束成发髻,然后再以一条长约 3 公尺的布裹成头巾,样式为两边对称,呈规则状。锡克人头巾色彩繁多,有的人甚至搭配衣服颜色。

印度妇女传统服饰是纱丽(Sari),纱丽是指一块长达 15 码以上的布料,穿着时以披裹的方式缠绕在身上。印度妇女擅长利用扎、围、绑、裹、缠、披等技巧,使得纱丽在身上产生不同的变化。

拉贾斯坦妇女的纱丽较短,只披覆在头上,但是色彩缤纷,镶有金银绣边。拉贾斯坦妇女的上衣有点像没有领子的中国凤仙装,下身是一条滚边的及地长裙。

印度人喜欢佩戴各种各样的首饰,名目繁多。根据传统的风俗,印度男子把赠予女子首饰视为应尽的义务,女子把戴首饰视为生活的重要内容。鼻饰多为金银制品,它是已婚女子的装饰标志。颈饰中的项链被当作避邪之物在婚礼中由新郎给新娘戴上,只要不离婚,妻子要将这根项链戴一辈子,印度农村至今仍保留这个风俗。

(六)饮食习惯

印度人做菜喜欢用调料,如咖喱、辣椒、黑胡椒、豆蔻、丁香、生姜、大蒜、茴香、肉桂等,其中用得最普遍、最多的还是咖喱粉。咖喱粉是用胡椒、姜黄和茴香等 20 多种香料调制而成的一种香辣调料,呈黄色粉末状。印度人对咖喱粉可谓情有独钟,几乎每道菜都用,如咖喱鸡、咖喱鱼、咖喱土豆、咖喱菜花、咖喱饭、咖喱汤,每个餐馆都飘着咖喱味。

印度人的主食有米饭和一种叫"加巴地"的小薄饼,还有一种油炸的薄饼。印度的蔬菜主要有花菜、圆白菜、西红柿、黄瓜、豆角、土豆、洋葱、冬瓜等,全部是制作印度咖喱的好食材。由于印度有很多人是素食主义者,为了补充蛋白质,豆类就成了他们每餐必吃的东西,并总是作为他们的一道主菜呈现给你。印度的豆子种类繁多,有大如蚕豆的红豆,还有黄豆、豌豆等,这些豆子都加上香料和盐,用来做汤。

由于宗教的原因,印度人的饮食习惯也不同。印度教徒绝对不吃牛肉,因为他们把牛奉为神牛。穆斯林不吃猪肉,但大啖牛肉。因此,宰牛和吃牛肉常成为印度教徒和穆斯林冲突的导火索。虔诚的印度教徒和佛教徒是素食主义者,不沾荤腥。耆那教徒更是严格食素,连鸡蛋也不吃,但可以喝牛奶,吃乳酪和黄油。印度的素食者大约占人口的一半。印度的牛奶价格便宜,质量也很好,男女老少都喝牛奶。奶制品如冰淇淋、奶酪、酸奶、蛋糕等,质量也属上乘。一公斤一盒的冰淇淋只要几十个卢比。

印度人进餐时一般是一个盘子、一杯凉水,把米饭或饼放在盘内,菜和汤浇在上面。多数印度人用餐时通常不使用餐具。在北方,人们用右手的指尖吃东西,把食物拿到第二指关节以上是不礼貌的。在南方,人们用整只右手搅拌米饭和咖喱,并把它们揉成团状,然后食用。印度人用手进食,但不能用手触及公共菜盘或为自己从中取食,否则将为同餐的人所厌恶。就餐时常有一个公用的盛水器供水,喝水时不能用嘴唇接触盛水器,而要对准嘴往里倒。餐后印度人通常给客人端一碗热水放在桌子上,供客人洗手。

(七)社交与禁忌

印度是世界上最大的"牛国",共有牛 2 亿多头,占世界上牛总数的 1/4 左右。这与印度的宗教习俗有很大关系。牛给印度人提供了奶食，并担负耕地、运输等工作。印度教徒把牛看作"神牛"、"圣牛"，牛受到特别的尊敬。在供奉湿婆神的庙门口有牛的塑像，游人进庙，首先要脱下皮鞋，因皮鞋大多用牛皮制成。在城市街道上，牛可以自由自在地行走，车辆要给它们让路；在市场上，牛可以随便吃市场上的食品，主人不但不加以驱逐，相反还要跪在牛的面前，双手捧着最好的食品供奉它享用。当牛衰老后，就被送到"圣牛养老院"去供养。印度每年都要举行一次敬牛的节日活动，把花环和铜铃系在牛颈上，牛角涂上色彩，并在牛颈上挂上糕饼和椰果，僧侣击鼓诵经在街上护送牛游行。当牛把颈上的食物、果品摇掉时，旁边的人纷纷抢拾，认为这是神的恩赐。忌讳吃牛肉，忌讳用牛皮制品。

1. 接待礼仪

印度人相互见面的礼节有合掌、举手示意、拥抱、摸脚、吻脚。一般两手空着时，口念敬语"纳马斯堆"，同时要施合掌礼。合掌之高低，对长者宜高，两手至少要与前额相平；对晚辈宜低，可齐于胸口；对平辈宜平，双手位于胸口和下颌之间。若一手持物，则口念"纳马斯堆"，同时要举右手施礼。对于长辈，或对某人表示恳求时，则施摸脚礼（即用手摸长者的脚，然后再用手摸一下自己的头，以示自己的头与长者的脚相接触）。摸脚礼和吻脚礼是印度的最高礼节。印度东南部的一些少数民族人与客人相见时，总把自己的鼻子和嘴紧紧贴在对方的面颊上，并用力地吸气，嘴里还要叨念着"嗅一嗅我"，以示其对客人的崇敬。印度安达曼群岛上的森蒂纳尔人，在与久别挚友重逢时，双方要交替互坐膝头，并热烈地拥抱数分钟，以表示相逢后的喜悦心情。印度伊斯兰教徒的见面礼节是按其传统宗教方式，用右手按胸，同时点头，口念"真主保佑"。现代在社交场合上的印度男人们也开始运用握手礼节了，但印度妇女除在重大外交场合外，一般不与男人握手。

2. 称呼礼仪

印度人的姓名是名在前、姓在后，女人结婚后改用丈夫的姓。男人通常只称呼姓，不称呼名，女人通常则只称呼名。印度人交谈中如同意对方的意见时，将头向左摇动，不同意时则点头。

3. 风俗禁忌

忌讳白色，认为白色表示内心的悲哀，习惯用百合花当作悼念品。忌讳弯月的图案。把1、3、7视为不吉利的数字，所以总要设法避免这些数字的出现。忌讳左手传递东西或食物，也不愿见到有人使用双手与他们打交道。印度教徒最忌讳众人在同一盘中取食，也不吃别人接触过的食物，甚至别人清洗过的茶杯，也要自己再洗涤一遍后才使用。伊斯兰教徒禁食猪肉，也忌讳使用猪制品。由于印度教徒敬牛如神，所以他们禁食牛肉。

印度耆那教徒有忌杀生、忌食肉类、忌穿皮革和丝绸的民间习俗。他们甚至把飞虫等都列入不能误伤的忌项，就连地里种的萝卜等蔬菜也都忌吃。印度阿萨姆邦的居民对来访客人不接受、不品尝他们敬让的槟榔果是极为不满的，认为这样是对主人的不友好和不信任。印度的锡克教人禁止吸烟。印度人不爱吃蘑菇、笋、木耳、面筋、烤麸等，也不喜欢旺火爆炒而成的菜肴。

印度人走进寺庙或厨房之前，先要脱鞋。他们认为，若穿鞋进去，既不礼貌，也不圣洁。不论男女老幼，统统把鞋放在门口，赤脚进去。

在印度初次访问公司商号或政府机关，宜穿西服，并事先订约。

在谈判时，切忌在印度人面前谈论印度的赤贫、庞大的军费及外援话题。

小知识

种姓制度

种姓制度是曾在印度与南亚其他地区普遍存在的一种社会体系。印度古代的种姓制度把人们分为四个种姓：最高一级是婆罗门。婆罗门本为祭司，根据《摩奴法典》规定，可从事教授吠陀经、祭司与接受奉献这三样工作，但在8世纪以后祭司逐渐不受重视，洁净便取代前者，成为婆罗门最主要的特征。第二级为刹帝利，《梵书》称其具有与婆罗门共享"管辖一切生命"的权利。刹帝利是战士和统治者，掌握实际的政治与军事权力，但被排除在完整的祭祀过程之外，因此不具有宗教上的权力。第三级为吠舍，即一般的平民，任务是生产食物，并提供各种祭品。《瞿昙》规定吠舍可从事农耕、商业、畜牧与放贷的工作。最低一级为首陀罗，首陀罗是没有人身自由的奴仆，负责提供各种服务。在四个种姓外，还有达利特，即贱民，多由罪犯、战俘或是跨种姓婚姻者及其后裔组成。他们的身份世代相传，不能受教育，不可穿鞋，也几乎没有社会地位，只被允许从事非常卑贱的工作，例如清洁秽物或丧葬。

四、与中国的贸易关系

1950年4月1日，中印建交。20世纪50年代起，中印两国领导人共同倡导和平共处五项原则，双方交往密切。

2013年，中印关系继续保持稳定发展势头。2014年是"中印友好交流年"。2014年7月，习近平主席和莫迪总理在出席金砖国家领导人第六次会晤期间举行双边会见。2015年1月31日至2月3日，印度外长斯瓦拉吉访华并出席中、俄、印三方合作外长会议。5月14日至16日，印度总理莫迪正式访华。2015年7月上旬，习近平主席在乌法出席金砖国家领导人第七次会晤期间与印度总理莫迪会见。2016年5月，印度总统慕克吉访华。2017年6月，习近平主席在出席上海合作组织阿斯塔纳峰会期间同印度总理莫迪会见。7月，习近平主席在二十国集团汉堡峰会期间同印度总理莫迪简短交谈。印度国家安全顾问多瓦尔来华出席金砖国家安全事务高级代表第七次会议。9月，印度总理莫迪来华出席金砖国家领导人第九次会晤和新兴市场国家与发展中国家对话会，习近平主席同其会谈。

2018年4月，习近平主席同印度总理莫迪在武汉举行非正式会晤。6月，印度总理莫迪来华出席上海合作组织青岛峰会，习近平主席同其会谈。

中印双边货物贸易在2000年之前处于稳步增长时期，整体规模相对较小；而在2000年之后，进入快速增长期。目前，中印两国已经成为相互非常重要的贸易伙伴，尤其对印度来说，中国已经是其最主要的贸易伙伴之一。截至2011年，中国是印度第三大出口市场、第一大进口来源地，占印度出口份额的7.91%、进口份额的11.78%；印度是中国第七大出口市场、第二十大进口来源地，占中国出口份额的2.66%、进口份额的1.34%。

据印度商业信息统计署与印度商务部统计，2012年中印贸易额为664.72亿美元，同比下降10.1%。其中，我国对印度出口476.73亿美元，同比下降5.7%；我国从印度进口187.99亿美元，同比下降19.6%。贸易顺差288.74亿美元。

2013年双边贸易额为654亿美元，同比下降1.5%。其中，出口484亿美元，增长1.6%；进口170亿美元，下降9.4%。贸易顺差314亿美元。

在商品结构方面，中方向印度出口产品主要为机电产品、化工产品、贱金属及其制品、纺织品及原料、运输设备、贵金属及其制品、塑料和橡胶、矿产品、光学产品、钟表和医疗设备、家具、玩具和杂项制品。

中方自印度进口产品主要为矿产品、贱金属及其制品、纺织品及原料、化工产品、机电产品、塑料和橡胶、动植物油脂、植物产品以及视频、饮料和烟草。

2016年中印双边贸易额为701.5亿美元，同比下降2%。其中，中国对印度出口583.9亿美元，同比增长0.3%；中国自印度进口117.6亿美元，同比下降12.1%。2017年中印双边贸易额为844.11亿美元，同比增长20.5%。其中，中国对印度出口680.67亿美元，同比增长16.5%；中国自印度进口163.44亿美元，同比增长38.9%。截至2017年底，中国在印度直接投资累计34.2亿美元。截至2018年3月，印度累计来华投资8.6亿美元。

(一)中国对印度的出口情况

从2007—2016年总体来看，中国对印度的出口额不断增加，但增长速率很不稳定(见图12—4)。

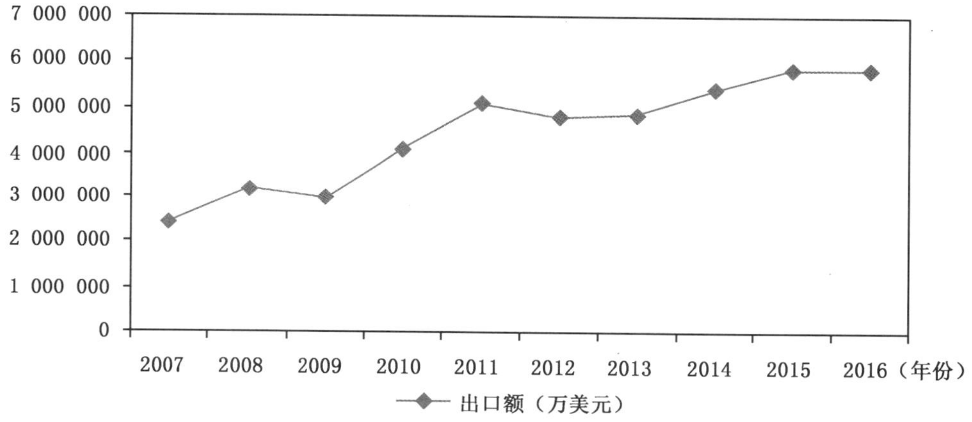

数据来源：《中国统计年鉴》。

图12—4　中国对印度的出口数额(2007—2016年)

(二)中国从印度进口的情况

从2007—2016年总体来看，中国从印度进口的货物数额变化幅度很大，呈现出M形状。从图12—5中可看出，2007年中国从印度进口的货物数额为1 461 710万美元，快速上升到2008年的2 025 889万美元后开始急速下降，2010年有所回升，2012年又下降为1 879 582万美元，之后进口额一直呈下降趋势。

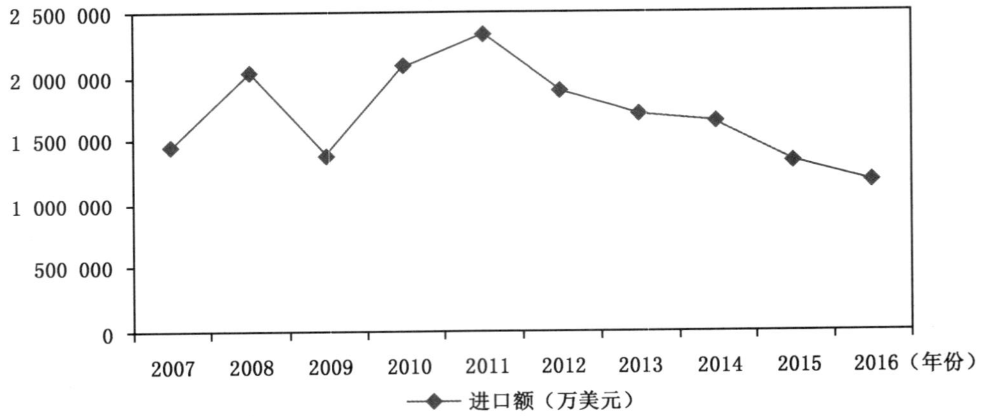

数据来源:《中国统计年鉴》。

图 12—5　中国从印度进口的数额(2007—2016 年)

课后思考题

1. 印度的基本国情如何?
2. 在印度进行商务活动要注意哪些问题?
3. 试分析中国与印度双边贸易的互补性与竞争性。

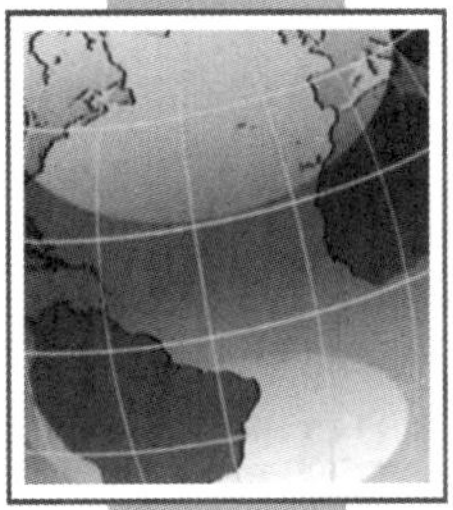

第十三章
巴基斯坦
(Pakistan)

一、基本情况

巴基斯坦伊斯兰共和国(Islamic Republic of Pakistan),简称巴基斯坦,意为“圣洁的土地”、“清真之国”。巴基斯坦95%以上的居民信奉伊斯兰教,是一个多民族伊斯兰国家。国语为乌尔都语。巴基斯坦位于南亚次大陆西北部,南濒阿拉伯海,东接印度,东北邻中华人民共和国,西北与阿富汗交界,西邻伊朗。海岸线长980公里。南部属热带气候,其余属亚热带气候。首都伊斯兰堡,前首都卡拉奇是最大城市。巴基斯坦是经济快速增长的发展中国家,也是世界贸易组织、伊斯兰会议组织、77国集团、不结盟运动、上海合作组织和英联邦成员。

小知识

巴基斯坦国旗与国徽

国旗

巴基斯坦国旗呈长方形,长与宽之比为3∶2。左侧是白色竖长方形,宽度占整个旗面的1/4;右侧为深绿色长方形,中央有一颗白色五角星和一弯白色新月。白色象征和平,代表国内信奉印度教、佛教、基督教、袄教的居民和其他少数民族;绿色象征繁荣,还代表伊斯兰教。新月象征进步,五角星象征光明;新月和五角星还象征对伊斯兰教的信仰。

国徽

巴基斯坦国徽颜色与国旗颜色相同,都是深绿色和白色。顶端是五角星和新月图案,象征对伊斯兰教的信仰以及光明和进步。中间是盾徽,盾面分为四部分,分别绘有棉花、小麦、茶、黄麻四种农作物,象征立国之本。盾徽两侧饰以鲜花、绿叶,象征和平。下端的绿色饰带上用乌尔都语(巴国语)写着“虔诚、统一、戒律”。

(一)建国历程

巴基斯坦原为印度的一部分,1757 年后,巴基斯坦和印度成为英国殖民地,英国“分而治之”的政策使穆斯林与印度教徒之间冲突加剧。第二次世界大战结束后,印度再次摆脱英国的殖民统治获得独立。1947 年 6 月,英国最后一任驻印度总督蒙巴顿提出了把印度分为印度和巴基斯坦两个自治省的《蒙巴顿方案》。同年 8 月 14 日,巴基斯坦宣告独立,成为英联邦一个自治领,包括巴基斯坦东、西两部分。1956 年 3 月 23 日,巴基斯坦伊斯兰共和国正式成立,仍为英联邦成员国。从 1969 年开始,国家内部出现东西分裂。1971 年 3 月,东巴基斯坦宣布成立孟加拉人民共和国,同年 12 月孟加拉国正式独立。孟加拉国独立后,巴基斯坦先后经历了阿里·布托、齐亚·哈克、贝·布托政府执政时期。2001 年,进入穆沙拉夫执政时期,坚持、持续推行积极而稳健的经济改革和结构调整政策,巴基斯坦的经济得到恢复和发展。2008 年,人民党联合主席扎尔达里就任总统,巴基斯坦进入“后穆沙拉夫时代”。

(二)自然地理和资源

巴基斯坦领土为 88.03 万平方公里(包括巴控克什米尔地区)。它位于南亚次大陆西北部,南濒阿拉伯海,东、北、西三面分别与印度、中国、阿富汗和伊朗为邻。其中,巴基斯坦东部与印度有共同边界1 610公里,东北部与中国有共同边界2 430公里,西北部与阿富汗有共同边界2 430公里,西部与伊朗有共同边界 805 公里。经过阿富汗 16—19 公里宽的“瓦罕走廊”,可以到达中亚的塔吉克斯坦。

巴基斯坦海岸线长 1 046 公里,从其海岸线的最西端到阿曼首都马斯喀特,海上直线距离仅 390 公里。所以,巴基斯坦在海湾战略中有着重要影响,是南亚通向中亚、西亚的陆上交通要道,也是中亚国家出海的捷径。

巴基斯坦地形比较复杂,从南部的海滩、珊瑚礁、沼泽,到中部的沙漠、荒凉高原、肥沃平原、被河流切割的高地,再到北部的高山峡谷、雪峰冰川等,有多种景观共存。根据不同的地形特征,巴基斯坦可分为北部高山区、西部低山区、俾路支高原、波特瓦尔高地、旁遮普和信德平原。山地和高原占全国总面积的 3/5。巴基斯坦可分为四个大的自然区域,与其境内的四省吻合:东部平原两省和西部高原山地两省。东部印度河平原是世界上最大的冲积平原之一,约占全国总面积的 1/3。全国最高峰乔戈里峰(其中,西峰位于中国与巴基斯坦边界处)也是世界第二高峰,海拔8 611米(见图 13—1)。喜马拉雅山、喀喇昆仑山和兴都库什山这三条世界上有名的大山脉在巴基斯坦西北部汇聚,形成了奇特的景观。源自中国的印度河进入巴基斯坦后,自北向南,长驱2 300公里,最后注入阿拉伯海。

巴基斯坦的矿产资源丰富,目前已经发现的矿产资源有煤、石油、天然气、铁、铜、硫黄、宝

图 13—1　乔戈里峰

石、金矿等。其中,已探明的煤炭资源量约1 850亿吨、天然气4 920亿立方米、石油 1.84 亿桶。

(三)人口状况

截至 2017 年底,巴基斯坦的总人口约为 1.97 亿,相对于 2008 年的 1.64 亿人口来说,人口增长3 000多万,增长 20.12%。目前巴基斯坦是世界上第六人口大国,人口密度约为 224 人/平方公里。人口分布极不平衡:联邦首都区面积仅占全国土地面积的 0.11%,而人口占全国的 0.6%,人口密度达到每平方公里近 900 人;而俾路支省面积占全国面积的 43.6%,人口却只占全国的 5%,人口密度仅为每平方公里 19 人。21 世纪前后,巴基斯坦的人口主要在广大农村。但近年来,随着经济的发展,大量的人口从农村涌向城市,主要城市的人口均增加了 1 倍多。

从人口性别构成来看,2017 年全国女性人口约为9 582万人,占总人口的 48.63%;男性人口约为1.012 1亿人,占总人口的 51.37%。就人口年龄结构而言,0—14 岁人口占总人口的 34.78%,15—64 岁人口占 60.73%,65 岁以上人口占 4.5%,年龄结构较为年轻,为巴基斯坦的经济发展提供了充足的劳动力资源。

(四)政治环境

1. 政治体制

巴基斯坦实行联邦制,总统是国家元首,由国民议会和参议院选举产生。总理是行政首脑,由总理及各部部长组成内阁,内阁是行政部门。2018 年 8 月,执政党正义运动党领导人伊姆兰·汗为新一届政府总理;2018 年 9 月 4 日,正义运动党候选人阿里夫·阿尔维以较大优势赢得选举,成为新一任巴基斯坦总统。①

2. 宪法

巴基斯坦建国后曾于 1956 年、1962 年和 1973 年先后颁布过三部宪法,并经历了多次修正。1977 年,齐亚·哈克实行军法管制,部分暂停实行宪法。1999 年,穆沙拉夫执政后颁布临时宪法 1 号令,宣布暂停实施宪法。2003 年 12 月,巴基斯坦议会通过宪法第 17 修正案。2010 年 4 月,巴基斯坦议会通过宪法第 18 修正案,同意废除宪法第 17 修正案。2010 年 12 月,巴基斯坦议会一致通过宪法第 19 修正案,赋予总理任命高等法院和最高法院法官一定的

① 资料来源:中华人民共和国国防部网站,2018—9—5,http://www.mod.gov.cn/topnews/2018—09/05/content_4824204.htm。

决定权，并由总统对决定结果进行最终认可。2012 年 2 月，巴基斯坦议会通过宪法第 20 修正案。2015 年 1 月，巴基斯坦国民议会和参议院分别通过宪法第 21 修正案，建立为期 2 年的军事法庭，以快速审理恐怖主义及危害国家安全的案件。2016 年 6 月，宪法第 22 修正案通过，对调整选举委员会成员任职资格进行了调整。2017 年 1 月，巴基斯坦国民议会和参议院通过宪法第 23 修正案，恢复宪法第 21 修正案建立的军事法庭并延期 2 年。

3. 司法体制

根据巴基斯坦联邦宪法设立的最高法院为最高司法机关，各省和伊斯兰堡设高等法院，各由一名首席大法官和若干法官组成。另有其他法院行使民事和刑事裁判权。

4. 政党

巴基斯坦实行多党制，现有政党 200 个左右，派系众多。目前全国性的大党主要有正义运动党、穆斯林联盟、人民党、统一民族运动党等。

二、经济环境

(一)经济概况

在几十年的发展中，巴基斯坦的经济发展经历了多次重大的调整和反复。1970 年阿里·布托上台后采取了激进的改革措施，极大地推动了经济的发展，其 GDP 增长率一度达到近 7%。但由于随后几年的政治动荡，经济发展受到了很大影响。1977 年齐亚·哈克所代表的军人势力开始执政后，政府放弃了私人经济的发展，恢复布托时期的 5 年计划，将经济增长重新推向高峰。1990 年上台的谢里夫政府对经济实行全面改革，包括经济私有化、促进私人投资和外国直接投资等，使得经济又一次加速上升。但在随后的 10 年中，由于受到西方国家的制裁、战争、宗教派别武装势力斗争以及政局动荡等影响，巴基斯坦的经济大幅衰退，从 1992 年到 2001 年 10 年间的 GDP 年增长率仅为 3%。

“9·11”事件以后，由于巴基斯坦参与国际反恐合作，美国等西方国家解除了对其制裁，增加援助。另外，沙特等国也积极援助支持同为伊斯兰国家的巴基斯坦。[①] 尤其是穆沙拉夫执政以来，巴基斯坦的经济逐渐走出低谷。

近 10 年来(见图 13－2)，巴基斯坦的 GDP 经历了 2008－2010 年的在1 700亿美元左右徘徊后，2011 年以来逐年增长，到 2017 年 GDP 总数达到3 049.52亿美元，比 2008 年增长了 79.3%。GDP 的年增长率在 2008 年、2010 年分别仅为 1.7%、1.61%。2013 年起 GDP 年增长率都在 4%以上，2017 年达到 5.7%，年均增长 3.74%。这些数据反映了巴基斯坦经济正朝越来越好的方向发展。从人均 GDP 的情况来看(见图 13－3)，2008－2010 年人均 GDP 在1 000美元左右，2011 年超过1 200美元并开始逐年增加，到了 2017 年人均 GDP 为1 548美元，比 2008 年人均 GDP 增加了 500 多美元，对于巴基斯坦这样一个人口众多的国家来说，取得这样的成绩并不容易。

(二)产业状况

在几十年的发展中，巴基斯坦的国民经济结构发生了明显的变化，农业在国内生产总值中的比例不断下降，工业在国内生产总值中的比例维持在 20%左右，第三产业在国内生产总值中的比例达到 50%以上。2017 年(2017－2018 财年)，第一、第二、第三产业的比例分别为

① 据报道，2001－2016 年 15 年间美国共向巴基斯坦提供 330 亿美元资助。20 多年来，沙特年均无偿提供巴基斯坦 14.5 亿美元；2015 年，沙特向巴基斯坦提供 150 亿美元的援助，该项援助无偿提供原油和燃料油。

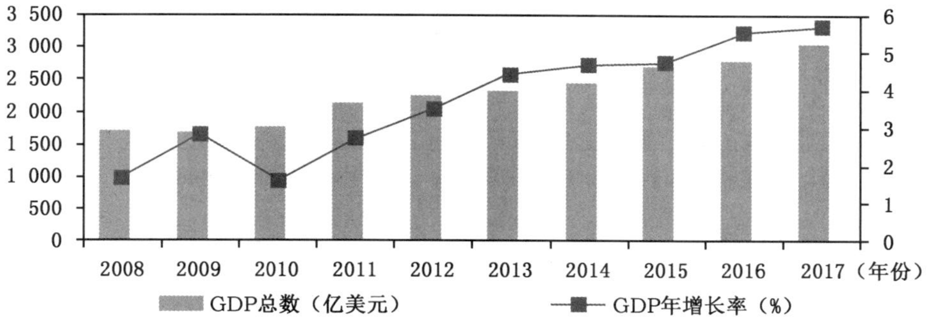

数据来源：世界银行数据库。

图 13－2　巴基斯坦 GDP 总数及增幅情况(2008－2017 年)

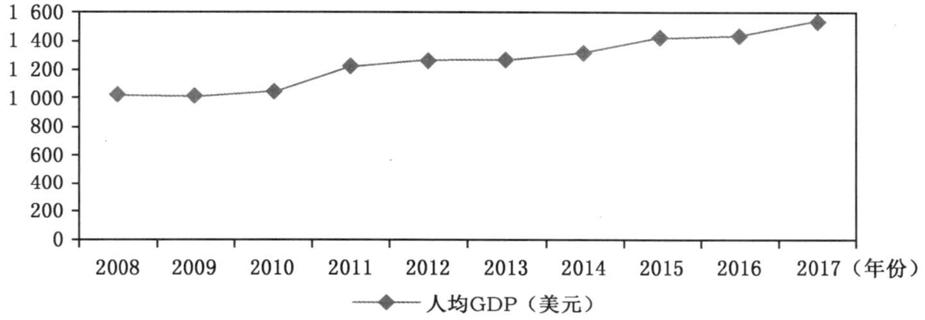

数据来源：世界银行数据库。

图 13－3　巴基斯坦人均 GDP(2008－2017 年)

24%、18%、58%。

1. 农业

2017 年巴基斯坦的农业增加值为 697.76 亿美元，比 2008 年增长近 1 倍，尽管总体而言农业在国民经济中的比重有所下降，但农业就业人口占总就业人口的比例是 42%，农业依然是巴基斯坦经济的重要组成部分。巴基斯坦的主要农作物有棉花、小麦、大米、甘蔗等，其中棉花是其主要经济作物，产量占世界总产量的 5%，为世界第五大产棉国。被誉为粮仓的印度河平原和北部山谷建有庞大的灌溉系统，为粮食和经济作物的生长提供了良好的水利条件。粮食基本自给自足，大米、棉花还有出口。由于地处亚热带，巴基斯坦水果资源非常丰富，平原洼地盛产香蕉、橘子、芒果、番石榴和各种瓜类，山地高原则盛产桃子、葡萄、柿子等。

2. 工业

除了 2008－2010 年有所停滞，近年来巴基斯坦的工业增加值基本上逐年增加(见表 13－1)，但工业增加值占 GDP 的比重并未显著提高，一直只有 20%左右，2012 年后这一比例呈缓慢下降的趋势，2017 年工业增加值占 GDP 的比重更是滑落到 17.94%。工业增加值的增长率也很不稳定，2013 年仅增长 0.75%，2015 年之后增速在 5%以上，高于 GDP 的增长率。从制造业的数据来看，近 10 年来制造业增加值占工业增加值的比例在 65%－70%，而制造业增加值占 GDP 的比重一直在 13%左右，2017 年这一比例甚至不到 12%。应该说，制造业在工业中的表现还算比较正常，但整体而言巴基斯坦工业化水平仍比较滞后。

表 13-1　　巴基斯坦工业发展情况(2008-2017 年)　　单位:亿美元、%

年份	工业增加值	工业增加值占 GDP 比例	工业增加值增长率	制造业增加值	制造业增加值占 GDP 比例	工业就业人员占就业人数比例
2008	369.7	21.74	8.47	251.47	14.79	20.12
2009	322.71	19.19	-5.21	213.9	12.72	20.17
2010	349.84	19.72	3.42	231.96	13.08	21.42
2011	437.89	20.50	4.51	295.39	13.83	21.77
2012	477.91	21.30	2.55	314.49	14.02	22.78
2013	467.45	20.22	0.75	313.72	13.57	22.92
2014	489.34	20.03	4.53	330.92	13.54	22.87
2015	516.52	19.09	5.18	346.1	12.79	24.02
2016	508.74	18.26	5.69	336.64	12.08	23.59
2017	547.15	17.94	5.43	365.4	11.98	23.74

数据来源:世界银行数据库。

巴基斯坦工业发展疲软是由很多原因造成的。首先,巴基斯坦工业基础薄弱,门类不够齐全。自 1947 年建国起,巴基斯坦的工业发展大致经历了三个阶段:鼓励私人投资和优先发展轻工业(1947-1959 年)、实行工业企业国有化(1972-1976 年)和工业非国有化自由发展(1977 年至今)。目前巴基斯坦已经建立一定的工业基础,但其构成主要还是非耐用消费品工业和轻工业,可代表现代化工业实力的基础工业、高新科技工业等微乎其微。现在巴基斯坦的工业门类主要有纺织业、冶金与金属加工业、燃料和电力工业、机械制造业、化肥工业、水泥工业、化学工业、制糖业、烟草业、造纸业、采矿业、IT 业、小型工业和手工业等。其中,以农业为基础的棉纺织业是巴基斯坦国民经济的支柱产业。值得一提的是,巴基斯坦的手工艺品(见图 13-4)以技术精湛、历史悠久而著称于世。其次,巴基斯坦的能源供应紧张。能源业是巴基斯坦国民经济的一个薄弱环节,尽管巴基斯坦有丰富的自然资源,但煤、石油等开发利用严重不足,发电量也远不能满足其经济发展的需要,而能源不足必然会影响工业的发展。再次,巴基斯坦工业的发展并没有带动就业结构的显著变化,2017 年工业就业人员占就业人数的比例只比 2008 年高 3.6 个百分点,而巴基斯坦却是一个劳动力资源丰富、人口结构年轻型的国家,工业就业人口的不足也会让工业发展十分乏力。最后,巴基斯坦在英属印度时期就属于边远落后地区,交通闭塞、基础设施奇缺、发展水平低。1947 年印巴分治后,虽然巴基斯坦在农业上略占优势,但在工业上则处于劣势,除了棉纺织业,其他工业部门发展滞后,缺乏龙头企业的带动。到了当今社会,国际、国内形势更为复杂,竞争更为激烈,想从根本上提高工业化水平,对于巴基斯坦而言更加困难。

3. 服务业

巴基斯坦的服务业是 GDP 中增长最快、占比最高的部门,从 20 世纪 60 年代的 38%左右增加至 2017 年的 57%。服务业对 GDP 增长的贡献率高达 2/3,吸收了 1/3 的就业人口(2017 年服务业就业人口占就业人口总数的 34.25%),已成为巴基斯坦经济增长的主要推动力。服务业的增长是基于所有部门的积极贡献,2016 年服务业增长了 5.71%,其中批发零售业增长

图 13－4　巴基斯坦的传统手工艺品

了 4.57%，运输、仓储和物流业增长了 4.06%，金融与保险业增长了 7.84%，房地产业增长了 3.99%，一般性的公共服务增长了 11.13%，其他的私人服务增长了 6.64%。服务业中的 6 个子部门均呈现出增长态势，从在 GDP 中的占比和吸纳就业情况来看，批发零售业与运输、仓储和物流业是服务业中表现较突出的部门。服务业已成为巴基斯坦提高生产率、创造就业机会、提高国民收入的主要推动力。

巴基斯坦服务业的高速发展得益于政府经济自由化改革，其重点是向私人投资者和外商投资者全面开放服务业。由于政府管制的不断放松，加之这些部门的高额利润率，吸引了更多的资本进入，金融保险、通信、交通、商贸等部门得到了快速发展。需要注意的是，巴基斯坦的服务业仍处在以传统服务业为主的发展阶段，还没有进入以生产性服务业为主导的发展阶段。服务业的崛起并不是在工业化发展基础上的增长，其背后折射出的是工业化基础薄弱、工业化水平偏低的问题。另外，旅游业发展速度的缓慢一定程度上影响了巴基斯坦第三产业的层次和水平。

(三)外贸情况

巴基斯坦是 1947 年制定的《关税及贸易总协定》(GATT)和 1995 年成立的世界贸易组织(WTO)的创始成员之一。

近年来，巴基斯坦的对外贸易发展很快。根据 2016 年的有关数据，巴基斯坦对外出口的前 10 位国家依次是美国、中国、英国、阿富汗、德国、西班牙、阿联酋、意大利、孟加拉国、荷兰，对这 10 个国家的出口占到了巴基斯坦对外出口的 62.01%；而前 10 个进口来源国依次为沙特、中国、阿联酋、科威特、美国、日本、印度、马来西亚、德国、印尼。巴基斯坦对外出口商品种类少，出口市场比较集中。

主要出口商品为纺织品、大米、皮革及其制品、石油产品、化学产品(含药品)，上述 5 类商品占巴基斯坦出口总额的 80%以上。其他主要出口商品为水泥、体育用品、医疗用具、地毯、水产品、机械、交通工具及零部件、珠宝、果蔬等。

主要进口商品为原油及石油产品、机械及运输工具、化学产品(塑料、药品等)、食品、动植物油脂(植物油为主)、钢铁产品、煤炭，上述 7 类商品占巴基斯坦进口总额的 80%以上。其他主要进口商品包括钢铁废料、金属及其制品、纸及纸板、轮胎、铁矿石、人造纤维等。

三、社会文化环境

(一)民族和宗教

按照地域和历史文化传统划分,巴基斯坦是一个多民族国家,主要民族有旁遮普族(占总人口的63%)、信德族 、巴丹族(普什图族)和俾路支族。在巴基斯坦,人们更习惯于按照地域的概念称该四省的人分别为旁遮普人、信德人、巴丹人(普什图人)和俾路支人。同样,巴基斯坦还有克什米尔人、布拉灰人、奇特拉尔人和古吉拉特人等人数较少的民族和部落。

根据宪法规定,巴基斯坦的国教为伊斯兰教,伊斯兰教徒占全国人口总数的95%以上。少数信奉基督教、印度教和锡克教等。

巴基斯坦是伊斯兰世界中伊斯兰教最盛行的国家之一,居民的生活习俗和饮食起居都深受伊斯兰教的影响。

(二)相见礼仪

人们见面后,除相互问好、握手或拥抱之外,还要说一声"阿斯兰姆阿莱古姆",意即"真主保佑你"或"真主赐你平安"等祝福的话语。一般在道安问好时,以握手为限,若久别重逢,还常以拥抱为礼,他们的拥抱礼很独特,双方通常要头靠左边拥抱一次,再靠右边拥抱一次,再靠左边拥抱一次,如此三遍,毫不马虎。对久别重逢的挚友、贵宾或亲人,他们通常还给对方戴上花环。花环有的由鲜花制作,香气扑鼻;有的全由金箔或银箔编成,挂在胸前,熠熠生辉。男子见了女子不能握手,除非女子主动伸手,方可相握,也不要在公共场所碰到女人身体。

对巴基斯坦人要称呼姓,并加上对方的头衔。

(三)饮食习俗

巴基斯坦人喜欢吃香辣的食品,他们用胡椒、姜黄等做的咖喱食品闻名世界。他们没有炒菜的习惯,无论是牛肉、羊肉、鱼肉还是各种豆类、蔬菜,均用来炖煮。常见的菜肴有西红柿、土豆沙拉、炖豆、用西红柿辣椒汁做成的炖鸡,还有炖牛羊肉、青菜泥、豌豆肉末,以及肉末加淀粉做成的小肉饼、生菜等。食用油主要是牛油,也用葵花籽油、橄榄油等植物油。巴基斯坦人的主食为面粉和大米,一种名叫"恰巴提"的粗面饼最受欢迎。人们也普遍食用西式点心和面包。大米常常加上各种作料做成黄油抓饭和肉抓饭。人们吃饭不用刀叉、筷子,而是在净手后用右手抓着吃。

巴基斯坦绝对禁止饮酒,但是喜欢喝茶和奶茶。巴基斯坦气候炎热,居民又多食用牛羊肉和乳类,以茶消腻、以茶提神、以茶为乐成为居民日常生活的重要组成部分。茶会是重要的社交手段。人们也喜欢饮用以红茶、牛奶、糖制成的奶茶,是一日三餐和礼宾待客的必备饮料。

(四)礼拜习俗

巴基斯坦穆斯林的礼拜习俗特别浓厚。按照伊斯兰教礼拜的习俗,穆斯林每天要做5次礼拜,分别在黎明、中午、下午、黄昏和夜晚。做礼拜前,做礼拜者必须沐浴净身。平时的礼拜一般去清真寺或在自己家里。每逢星期五的午后在清真寺做集体"主麻拜",故而周五这天又被称为"主麻日"、"聚礼日"。

因此在巴基斯坦,清真寺随处可见。坐落在首都伊斯兰堡西北的费萨尔清真寺是巴基斯坦的国家清真寺,可容纳数万人同时礼拜。

四、与中国的贸易关系

中国和巴基斯坦建交于1950年,两国一直保持着和睦友好、互相信任的双边关系。1963

年 1 月，中国和巴基斯坦签署了两国的第一个贸易协议；1967 年开始启动两国的边境贸易；1982 年 10 月，两国成立了关于中巴贸易、经济和科技合作方面的联合委员会；1981 年，中国进入巴基斯坦工程承包劳务市场，推动了巴基斯坦的基础设施建设，援助巴基斯坦修建各种电力、能源、大型交通项目。但总体而言，中巴之间一直处于“政热经冷”的状况，所以近年来双方致力于改变这种局面，深化彼此的经贸合作。

2005 年 8 月，中巴自贸区全面降税的谈判正式在中国新疆乌鲁木齐拉开帷幕。经过 6 轮谈判，在 2006 年签订了《中巴经贸合作五年发展规划》和《中巴自由贸易区协定(货物贸易和投资合作)》，2007 年 7 月 1 日开始正式实施，分阶段地对全部产品进行减税，规定可以自由化进行商品贸易，该贸易协定关于损害补偿、征收、投资待遇和投资争端解决、投资促进与保护等问题做了说明。2009 年 2 月，两国在武汉签订《中巴自由贸易区服务贸易协定》，标志着中巴两国建成了一个包含货物、服务和投资的全面自贸区。

进入 21 世纪以来，中国和巴基斯坦的双边贸易额增长势头强劲。从表 13－2 可以看出，双边贸易额从 2008 年的 67.80 亿美元逐步增长到 2016 年的 188.23 亿美元，年均增长 13.06%。其中，2016 年中国对巴基斯坦的出口为 172.33 亿美元，是 2008 年 60.5 亿美元的近 3 倍；同年中国对巴基斯坦的进口为 15.9 亿美元，是 2008 年 7.3 亿美元的 2.2 倍。而在中巴贸易中，中国对巴基斯坦的出口一直处于绝对主导地位且持续增长，基本占到中巴贸易额的 80%以上，2016 年甚至占到 90%以上。因此，巴基斯坦一直处于逆差地位，2016 年中国对巴基斯坦贸易顺差额达到最大为 156.43 亿美元。

表 13－2　　中国与巴基斯坦贸易基本情况(2008－2016 年)　　单位：亿美元、%

年份	贸易总额	增长率	中对巴出口		中对巴进口	
			金　额	增长率	金　额	增长率
2008	67.80	5.28	60.50	3.77	7.30	19.67
2009	65.20	－3.83	55.20	－8.76	10.00	36.99
2010	83.80	28.53	69.40	25.72	14.40	44.00
2011	101.20	20.76	84.40	21.61	16.80	16.67
2012	118.96	17.55	92.76	9.91	26.20	55.95
2013	136.69	14.90	110.19	18.79	26.50	1.15
2014	154.97	13.37	132.47	20.22	22.50	－15.09
2015	183.72	18.55	164.42	24.12	19.30	－14.22
2016	188.23	2.45	172.33	4.81	15.90	－17.62

数据来源：联合国贸易数据库。

从近年来的商品贸易门类来看，中国对巴基斯坦的出口主要集中在化学成品及有关产品、按原料分类的制成品、机械及运输设备、杂项制品这四类，2016 年这四类的比重之和占到 96.94%。巴基斯坦出口到中国的产品主要集中在按原料分类的制成品、食品及活动物、非食用原料(燃料除外)这三类，对中国出口的产品结构单一。应该说，中巴的贸易地位极不平等，贸易结构也不尽合理。

从巴基斯坦对外贸易的国别来看，无论是出口还是进口，中国都是极其重要的贸易伙伴。为了进一步深化经贸合作、优化贸易结构，2015 年，中央政府发布了《推动共建丝绸之路经济带和21世纪海上丝绸之路的愿景与行动》文件，这个文件明确指出："孟中印缅经济走廊和中巴经济走廊与推动'一带一路'建设紧密联系，所以要进一步推动合作，以此取得更大成果。""中巴经济走廊"这一概念的提出和推进，对于深化中巴经贸合作、维护能源安全、带动两国经济发展、维护边疆社会稳定具有十分重要的战略意义。"中巴经济走廊"起点是中国新疆喀什，终点是巴基斯坦西南港口瓜达尔港(见图13—5)，集铁路、公路、光缆覆盖和油气管道于一体。概括来说是"1+4"的合作布局，"1"是指"中巴经济走廊"，"4"是指交通基础设施、产业园区合作、瓜达尔港、能源。

图13—5 巴基斯坦瓜达尔港

根据巴基斯坦官员的介绍，目前中巴经济走廊框架下共有280亿美元的项目正在进行当中。其中，220亿美元的项目是能源项目，60亿美元的项目是基础设施项目(见图13—6)。未来还将有420亿美元不同领域的项目投入建设。尤其值得一提的是，近年来中国大力发展与包括巴基斯坦在内的南亚各国的科技创新合作。例如，中国与南亚在小水电、地理地质等领域共建了联合实验室。云南省于2014年成立了中国—南亚技术转移中心，目前已与巴基斯坦等国共建了分支中心，为各国创新主体提供专业化服务。

图13—6 喀喇昆仑公路省级改造项目现场

因此，作为长久以来的全天候战略合作伙伴国，"中巴经济走廊"着眼于巴基斯坦这个"一带一路"倡议中的关键节点，通过全方位合作，必能促进中巴贸易发展，实现中国向西开放、与巴基斯坦共荣的大业。

课后思考题

1. 在巴基斯坦从事商务活动的注意事项和禁忌是什么？
2. “中巴经济走廊”对中国、巴基斯坦两国的深入合作有什么重要意义？
3. 巴基斯坦工业发展的现状如何？存在什么问题？

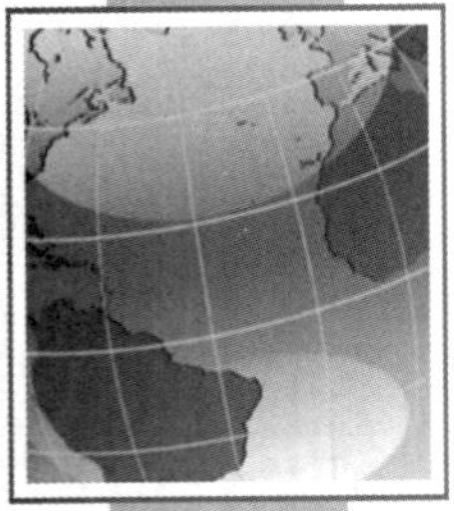

第十四章
孟加拉国
(Bangladesh)

一、基本情况

孟加拉人民共和国(People's Republic of Bangladesh),简称孟加拉国,南亚国家,位于孟加拉湾之北,东南山区一小部分与缅甸为邻,东、西、北三面与印度毗连,并在北方边境尚有大量飞地,全国总面积为147 570平方公里。

孟加拉语为国语,英语为官方语言。伊斯兰教为国教,穆斯林占总人口的88%。

小知识

孟加拉国国旗与国徽

国旗

孟加拉国国旗呈长方形,长与宽之比为5∶3。旗面为深绿色,中央为红色圆轮。深绿色代表朝气蓬勃、充满生机的祖国绿色大地,象征青春活力和繁荣昌盛;红色圆轮象征经过流血斗争的黑夜之后的黎明。整个旗面如广阔的平原上正冉冉升起一轮红日,寓意孟加拉人民共和国的光明前景和无限生机。

国徽

孟加拉国国徽呈圆形。圆面中心是一株睡莲,这是孟加拉国国花,是民族的标志。睡莲下面的波纹象征恒河和布拉马普特拉河,两旁以谷穗装饰。睡莲上端是黄麻叶,黄麻是孟加拉国的主要经济作物,产量居世界前列。黄麻叶两侧镶有四颗五角星。

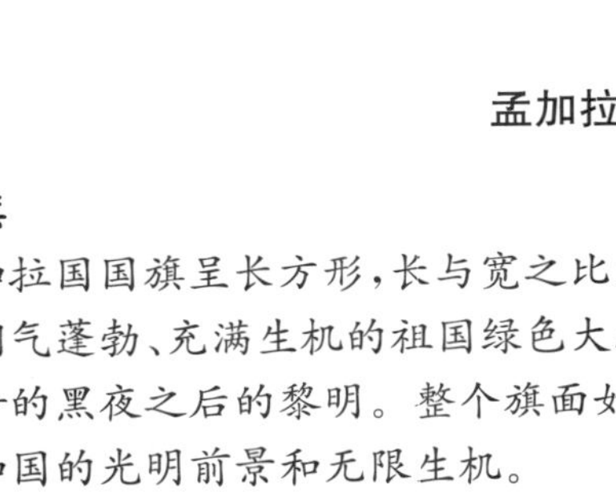

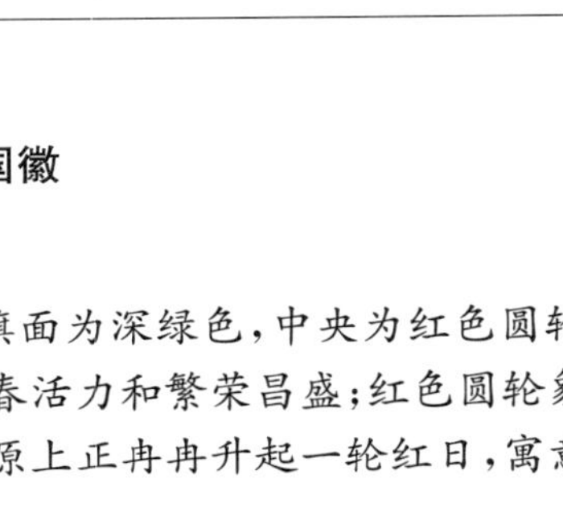

2017 年，孟加拉国人均 GDP 为 1 602 美元，属于中等收入偏下的经济体。

首都达卡(Dhaka)坐落在恒河三角洲布里甘加河北岸，是孟加拉国政治、经济和文化的中心。

(一)建国历程

孟加拉族是南亚次大陆古老民族之一。孟加拉地区的最早居民是亚澳人。1757 年，孟加拉国沦为英属印度的一个省，1947 年印巴分治后，归属巴基斯坦，被称为东巴基斯坦。1971 年，脱离巴基斯坦而独立，成立于 1972 年 1 月。2015 年 6 月，印孟两国达成新的边界协议，孟加拉国获得 111 块共计 170 平方公里的飞地，飞地范围内的居民可自由选择国籍。

(二)人口状况

孟加拉国是全世界人口密度最高的人口大国及世界最不发达国家之一。2017 年人口为 1.65 亿，每平方公里土地面积人数达到1 236多人。孟加拉族占 98%，另有 20 多个少数民族。孟加拉国全国人口在逐年增长，由图 14—1 可知，从 2005 年的1.429 3亿人上升到 2017 年的 1.65 亿人，增长率为 15.38%。从增长速度来看，孟加拉国人口增长率呈现波动下降趋势。2005—2006 年增长速度进入下降趋势，2009—2013 年增速有所回升，2013 年以后增速又出现下降趋势。

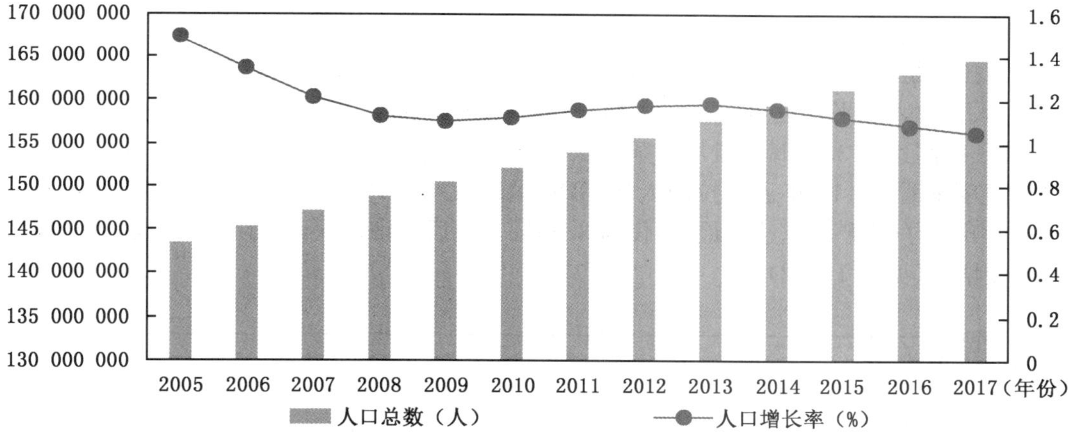

数据来源：世界银行数据库。

图 14—1　孟加拉国人口规模及增幅情况(2005—2017 年)

(三)地理环境

孟加拉国位于南亚次大陆东北部的三角洲平原上，平原占全国土地面积的 85%，东南部和东北部为丘陵地带。最高的山峰是凯奥克拉东峰，高1 229米。孟加拉国属于亚热带季风气候，沿海属于季风型热带草原气候。河道纵横密布，河运发达，雨季极易泛滥，常出现热带飓风。全年分为冬季(11 月至翌年 2 月)、夏季(3—6 月)和雨季(7—10 月)。年平均气温为 26.5℃。冬季是一年中最宜人的季节。最低温度为 4℃，夏季最高温度达 45℃，雨季平均温度为 30℃。

孟加拉国被称为“水泽之乡”和“河塘之国”，是世界上河流最密集的国家之一。水道纵横，河运发达，河流和湖泊约占全国面积的 10%。沿海多小岛和沙洲。

孟加拉国在恒河的入海口，有大小河流 230 多条，内河航运线总长约6 000公里。全国约有50万—60万个池塘，平均每平方公里约有4个池塘。主要河流水系有博多河、布拉马普特拉河下游(贾木纳河)、梅格纳河、卡纳夫里河、提斯塔河等。

(四)资源禀赋

孟加拉国有丰富的天然气、石灰石、煤、褐煤、硅石、硅土、高岭土等自然资源，截至2014年，已公布的天然气储量为3 113.9亿立方米，煤储量7.5亿吨。森林面积约200万公顷，森林覆盖率为13.4%。还有大量的石油未被发现。矿藏还有钛、锆等，黄麻是孟加拉国主要的经济来源。

(五)政治环境

20世纪90年代以来，孟加拉国主要由民族主义党和人民联盟轮流执政。2006年10月，民族主义党政府结束5年任期。因孟加拉国主要政党对选举改革等问题分歧严重，议会解散，成立看守政府。2008年12月，孟加拉国举行第9届议会选举，人民联盟获胜。2009年1月6日，人民联盟主席谢赫·哈西娜(Sheikh Hasina，女)就任总理。2014年1月5日，孟加拉国举行第10届议会选举。人民联盟和民族主义党在大选组织形式等问题上立场相去甚远，斗争激烈。执政党人民联盟在民族主义党等反对党的抵制下，组织选举并获得议会绝大多数席位。

二、经济环境

(一)经济概况

孟加拉国是世界上最不发达的国家之一，经济基础薄弱。但近10年来，经济发展程度有所上升，人民收入水平也逐步提高。人均GDP从2005年的484美元增加到2017年的1 517美元，增长率高达213.43%。孟加拉国也从最初的低收入国家上升到中等收入偏下的国家。从增长速度来看，近10年孟加拉国人均GDP呈现波动上升趋势。其中，受国际金融危机影响，2009年人均GDP增速达到最低，仅为3.89%。随后经济进入回升阶段，人均GDP增长率也在缓慢增长(见图14—2)。

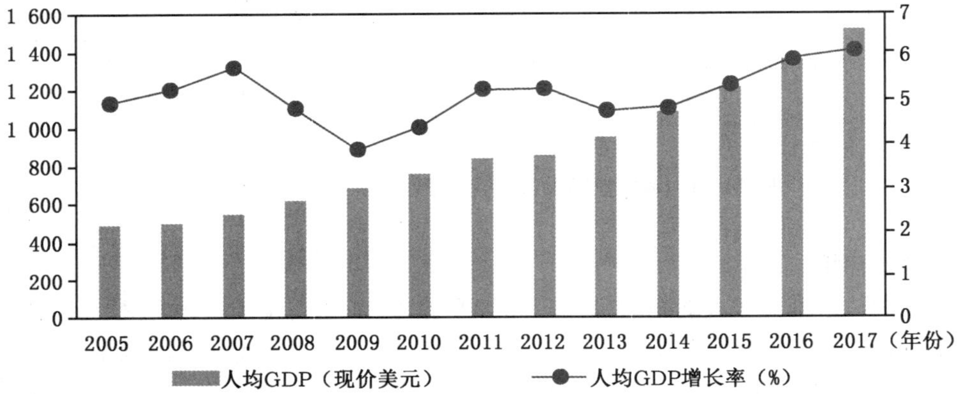

数据来源：世界银行数据库。

图14—2 孟加拉国经济状况(2005—2017年)

(二)产业状况

孟加拉国国民经济主要依靠农业。近两届政府均主张实行市场经济，推行私有化政策，改善投资环境，大力吸引外国投资，积极创建出口加工区，优先发展农业。人民联盟政府自上台以来，制订了庞大的经济发展计划，包括建设“数字孟加拉”、提高发电容量、实现粮食自给等，但面临资金、技术、能源短缺等挑战。

1. 第一产业

孟加拉国农产品主要有茶叶、稻米、小麦、甘蔗、黄麻及其制品、白糖、棉纱、豆油。黄麻曾是孟加拉国的主要创汇产品，黄麻出口收入一度占其出口总收入的 80%。黄麻的生产是孟加拉国的经济命脉，平均年产量约占世界产量的 1/3。孟加拉国是仅次于印度的世界第二大黄麻生产国，同时也是世界第一大黄麻出口国。孟加拉国农业增加值从 2005 年的 128.96 亿美元增加到 2015 年的 288.38 亿美元，增长率高达 123.62%，但占 GDP 的比重呈现出逐年下降趋势(见图 14—3)，从 2005 年的 18.57%下降到 2017 年的 13.41%。

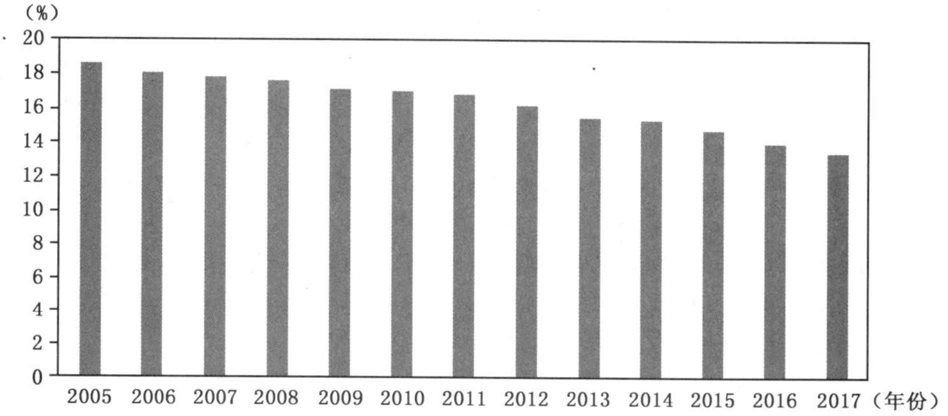

数据来源：世界银行数据库。

图 14—3　孟加拉国农业增加值占 GDP 的百分比

2. 第二产业

孟加拉国重工业薄弱，制造业欠发达，从业人口约占全国总劳动力的 8%。孟加拉国工业以原材料和初级产品生产为主，包括水泥、化肥、纸张等。主要直接投资国和地区为美国、英国、马来西亚、日本、中国大陆、沙特阿拉伯、新加坡、挪威、德国、韩国等。从第二产业增加值上来看，呈现上升趋势，从 2005 年的 69.4 亿美元增加到 2017 年的 249.7 亿美元，增长速度达到 259.8%。从逐年增长率来看，孟加拉国第二产业的增长速度呈现平稳上升趋势，且占 GDP 的比重也逐年上升，从 2005 年的 23.30%上升到 2017 年的 27.75%(见图 14—4)。

3. 第三产业

孟加拉国拥有丰富的旅游资源。第三产业增加值增长较为迅速，从 2005 年的 367.21 亿美元增长到 2015 年的1 047.84亿美元，增速达到 185.35%。从逐年增长率来看，孟加拉国第三产业的增速较为稳定，每年维持在 12%左右。同时，第三产业增加值占 GDP 的比重在波动中上升，平均占比维持在 55%以上，对国民经济的贡献一直保持在较高水平。这使得第三产业已成为孟加拉国提高生产率、创造就业机会、提升国民平均收入的主要推动力。

(三)外贸情况

孟加拉国与 130 多个国家和地区有贸易关系，主要出口市场有美国、德国、英国、法国、荷兰、意大利、比利时、西班牙、加拿大和中国香港。主要出口产品包括黄麻及其制品、皮革、茶叶、水产、服装等。

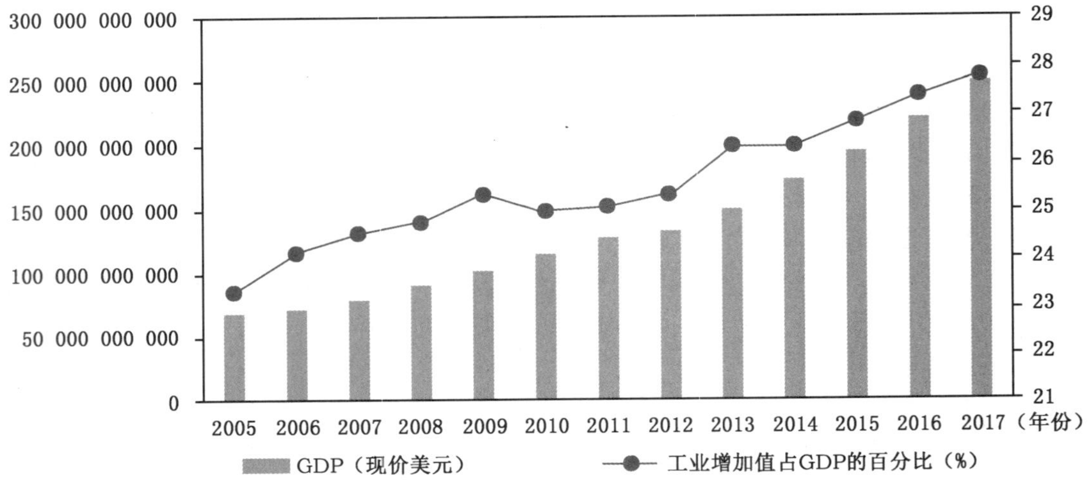

数据来源:世界银行数据库。

图 14－4　孟加拉国第二产业增加值占 GDP 的百分比(2005－2017 年)

主要进口市场有印度、中国内地、新加坡、日本、中国香港、韩国、美国、英国、澳大利亚和泰国。主要进口商品为生产资料、纺织品、石油及其相关产品、钢铁等基础金属、食用油、棉花等。

2017 年进出口总额为 902 亿美元。

孟加拉国于 1995 年 1 月 1 日加入世界贸易组织。孟加拉国是亚太贸易协定、南盟优惠贸易安排、南盟自由贸易协定、8 个发展中国家优惠贸易安排的成员国,南盟发起国,南盟次区域合作组织"南亚增长四角"成员国,东盟地区论坛成员国以及孟印缅斯泰经合组织成员国。

1. 进口情况

从表 14－1 可以得知,自 2005 年以来,孟加拉国进口总额一直呈现增长趋势,进口额从 2005 年的 127.58 亿美元上涨到 2014 年的 422.67 亿美元,增长率为 231.29%。从增长速度来看,增长率呈现"W"形。2007 年以后进口额有所下降,受美国次贷危机影响,全球经济衰退,孟加拉国经济也受到影响,进口需求下降,2009 年出现了负增长。同时,为衡量孟加拉国进口额的大概情况,将该国的进口额分别与"一带一路"进口总量以及南亚区域内的进口总量进行比较后发现,孟加拉国进口总额在全球、"一带一路"沿线国家以及区域内的进口总额中的占比较低,但存在上涨趋势。

表 14－1　孟加拉国货物进口情况(2005－2014 年)　单位:百万美元、%

年份	进口额	增长率	占全球比例	占"一带一路"比例	占区域内比例
2005	12 758.1	12.18	0.12	0.54	6.97
2006	14 814.9	16.12	0.12	0.53	6.62
2007	17 026.4	21.00	0.13	0.52	6.56
2008	21 228.4	18.42	0.13	0.49	5.70
2009	20 077.3	－5.42	0.16	0.58	6.37
2010	27 970.3	39.31	0.18	0.64	6.83

续表

年份	进口额	增长率	占全球比例	占"一带一路"比例	占区域内比例
2011	33 996.6	21.55	0.18	0.63	6.36
2012	31 938.0	−6.06	0.17	0.56	5.73
2013	34 995.4	9.57	0.18	0.60	6.43
2014	42 267.6	20.78	0.22	0.72	8.05

数据来源:联合国商品贸易统计数据库。

2. 出口情况

孟加拉国出口总额呈现波动性增长。出口总额在全球、"一带一路"沿线国家以及南亚区域内的出口总额中的占比都较低。

孟加拉国主要出口商品包括成衣、皮革及皮革制品、动物、鞋类、黄麻及黄麻产品。出口产品中,劳动密集型产品、初级产品较多。劳动密集型产品如纺织及制衣业等成品在出口产品中位居第一,动物类产品如冷藏肉类和鱼类排名第二。在资本或技术密集型产品中,出口的主要是化学制成品和运输设备等产品,但这类产品在出口中的比重相对较小。从分布区域来看,孟加拉国的出口市场主要为北美和欧洲地区,主要出口的产品为纺织服装和冷冻食品。

三、社会文化环境

(一)风俗

孟加拉国的社会生活以传统与和谐为主要特点。75%的人口住在农村,60%的人口生活以农业为主。主要食品是大米和鱼。少数民族大约有 180 万人,他们中的大多数住在吉大港山区。这些部落民族依旧沿袭着他们的传统文化特色。

孟加拉国的卡西族人口约有 3 万,主要居住在孟加拉国东北部希尔赫特与印度接壤的地方。卡西族的传统是一夫一妻制,新郎在结婚之后要到新娘家里生活,祖先的财产只传给女儿,子女要跟随母姓。

孟加拉国的社会文化遗产是独特的,是各种传统习俗及其外在影响的产物,有些传统习俗根植于史前时期的社会实践中,另一些则相对来说形成于近代,还有些迷信活动在社会生活中继续留存。

达卡市中心的烈士纪念碑,是为了纪念那些于 1952 年 2 月 21 日为了维护孟加拉语的尊严和合法地位而牺牲的烈士们所建造的。一年一度,成千上万的孟加拉国人民赤着脚,聚集在烈士纪念碑前以表达他们的敬意。庆祝活动从零点开始,并持续一整天。纪念碑下放满了各种鲜花和花圈。在这一天,举国欢庆。

(二)艺术

1. 陶瓷与雕刻

孟加拉国的古赤陶和陶瓷历史悠久。在 Pala 时期以及 Sena 时期,在青铜雕刻和其他金属雕刻兴盛起来的同时,石雕也在这一时期有所发展,直到 Rajmahal 采石厂被禁止开采。在 Sultanate 时期,独特的、有着鲜艳的颜色和样式的琉璃瓦被发展成为一种装饰材料。

2. 文学

现存的最早的孟加拉语文学作品有1 000多年的历史了。中世纪,在穆斯林统治下,孟加拉语文学获得长足发展。Chandi Das、Daulat Kazi 和 Alaol 等就是那个时期著名的诗人。现代孟加拉语文学始于最近的19世纪。Rabindranath Tagore、Kazi Nazrul Islam、Michael Madhusudan Datta、Sarat Chandra Chattopadhyai、Bankim Chandra Chattopadhyai、Mir Mosharraf Hossain和Kazi Abdul Wadud都是现代孟加拉语文学运动中的先锋派。

3. 舞蹈

印度、伊朗的古典形式和带有南印色彩的古典形式，都在孟加拉国舞蹈中有所体现(见图14—5)。部族舞蹈中，最有名的是Monipur和Santal。Bulbul高雅艺术学校、Shilpakala高雅艺术学院在推广舞蹈剧和其他一些表演艺术方面起了很大的作用。

图14—5　孟加拉国的舞蹈

4. 音乐

孟加拉国的音乐可以分为三个不同的种类:古典音乐、民间音乐和现代音乐。古典音乐不管是器乐还是声乐，都源于次大陆时期的传统。民间音乐经过乡村诗人和乞丐们多年的传诵而富有灵修的神秘主义色彩和爱情民谣风格，最有名的当属Bhatial、Baul、Marfati、Murshidi和Bhawaiya。现代孟加拉国音乐已经把西方的、中东的特色同传统形式结合起来。孟加拉歌尤其富有诗歌形式，许多著名的诗人对歌曲无论是在歌词还是在曲调上的细微之处做出了巨大的贡献。当代音乐和管弦乐曲都很明显受到了西方文化的影响。

孟加拉国有“歌舞之乡”的美称。其音乐别具特色，伴奏的乐器多为当地独有的手鼓“托普拉”和一种类似手风琴的“哈姆尼姆”。歌者边奏边唱，多以音色纯清、音域宽广见长。

5. 戏剧

戏剧院是孟加拉国最古老的传统之地，户外乡村戏曲以“贾特拉”而闻名，描绘出一幕幕爱情传说并刻画了一些英雄人物。户外乡村戏曲作为一种古老的戏曲形式一直活跃在乡村的舞台上。现代剧始于大不列颠时期并且大部分是在城市上演。孟加拉国的剧作家已经成功地发展了当地戏曲的特色，城市的观众群体也在不断扩大。

(三)节日

独立日(国庆日)为每年3月26日，国民革命和团结日为每年11月7日，胜利日为每年12月16日，烈士日为每年2月21日，开斋节每年有变化(据伊斯兰历推算)，古尔邦节(宰牲节)每年有变化(据回历推算)。

(四)教育

孟加拉国学制为小学5年、中学7年、大学4年。现政府重视教育，规定8年级以下女生享受免费和义务教育。国立大学29所，私立大学51所。主要高校有达卡大学、孟加拉工程技术大学、拉吉沙希大学等。

(五)医疗

孟加拉国国立医院费用较低,但医疗条件较差,只能治疗一般常见病。私立医院条件较好,但费用很高。孟加拉国没有公费医疗,仅部分保险公司从事医疗保险业务。孟加拉国无强制购买医疗保险的规定。

四、与中国的贸易关系

1975 年 10 月 4 日,中国与孟加拉国正式建立外交关系。建交后,两国友好合作关系一直健康、顺利地向前发展。双方在政治、经济、军事、文化等各个领域进行了卓有成效的合作。两国在一系列重大国际和地区性问题上的看法基本一致,在国际事务中密切配合。两国高层领导互访频繁,各种交往不断增加,合作领域不断扩大。

1983 年 11 月,两国成立了经济、贸易和科学技术联合委员会,原则上轮流在两国首都开会。2014 年 6 月,中孟第 13 次经贸联委会在昆明举行。2006 年 1 月起,我国在《曼谷协定》框架下向孟加拉国 84 种商品提供零关税待遇。2008 年、2009 年,我国商务部采购团赴孟加拉国,签署总计 1.5 亿美元的采购合同。我国正在积极落实给予孟方 95%税目输华商品零关税待遇。2015 年 8 月,中孟第 14 次经贸联委会在达卡举行。

(一)中国对孟加拉国的出口情况

由图 14—6 可以看出,中国对孟加拉国的出口总额在不断上升,从 2005 年的 24.03 亿美元增加到 2016 年的 143.02 亿美元,增速高达 495.17%。从每年的增长率来看,中国对孟加拉国出口的增长幅度存在波动下降趋势,其中 2009 年受国际金融危机影响,出现了负增长,而 2010 年出现了极速反弹现象,随后中国对孟加拉国的出口又回归到正常增长的态势。

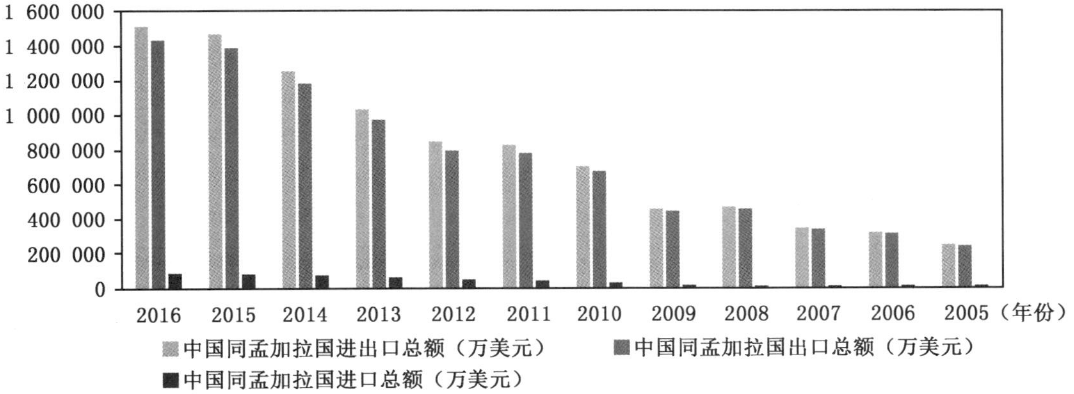

数据来源:国家统计局。

图 14—6　中国与孟加拉国的贸易情况

从产品结构上看,2005 年和 2014 年中国对孟加拉国出口的产品结构变动不大。对孟加拉国出口的产品主要有棉花、核反应堆、锅炉、机械器具及其零件、电机电气设备、人造短纤维、化学纤维长丝、化肥、针织或钩编织物、铁路、机车及零件等。其中,棉花、核反应堆以及电机电气设备位居出口排名前三,2005 年这三类产品大约占中国出口到孟加拉国总产品的 43%,而 2014 年这三类产品占比下降到 41%。

(二)中国从孟加拉国进口的情况

从图 14—6 可以看出,中国从孟加拉国的进口额总量较少,波动幅度较大。2005—2010 年中国从孟加拉国的进口额一直较低,2011 年以后中国加大了从孟加拉国的进口额。总体来看,中国自孟加拉国进口从 2005 年的 0.78 亿美元增加到了 2016 年的 8.69 亿美元,增长率高达1 014.1%。从年增长率来看,中国从孟加拉国进口的增长幅度存在波动下降趋势。

从产品结构上看,中国从孟加拉国进口的产品主要有生皮和皮革、其他植物纤维、服装及衣服配件、鱼及其他水生无脊椎动物、塑料及其制品、矿砂、矿渣及矿灰等。2005 年中国从孟加拉国进口前三的产品为生皮和皮革、其他植物纤维和塑料及其制品,三种产品总占比 82.4%,其中生皮和皮革的进口比例达到 36.82%。2014 年中国从孟加拉国进口前三的产品为服装及衣服配件、针织或钩织的服饰配件和其他植物纺织纤维,三种产品总占比 57.65%,这表明中国从孟加拉国进口的产品结构越来越分散化、多样化。

2017 年中国和孟加拉国双边贸易额为 160.4 亿美元,同比增长 5.8%。其中,我国出口额 151.7 亿美元,进口额 8.7 亿美元。中国从孟加拉国进口的商品主要有皮革、棉纺织制品和鱼类食品等原料性商品,出口商品主要有纺织品、机电产品、水泥、化肥、轮胎、生丝、玉米等。

孟加拉国是我国主要受援国之一,也是我国在南亚对外承包工程的传统市场。截至 2017 年底,我国对孟加拉国直接投资 2.87 亿美元,孟加拉国对华实际投资达4 131万美元。

课后思考题

如何治理孟加拉国的贫困问题?

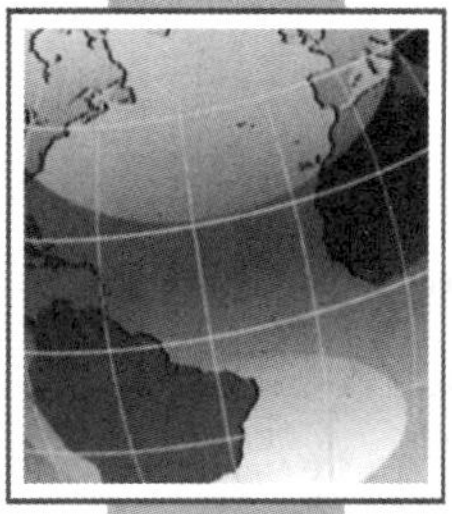

第十五章
斯里兰卡
(Sri Lanka)

一、基本情况

斯里兰卡，全称斯里兰卡民主社会主义共和国(The Democratic Socialist Republic of Sri Lanka)，旧称锡兰，是个热带岛国，位于印度洋海上，英联邦成员国之一。中国古代曾经称其为狮子国、师子国、僧伽罗。

斯里兰卡的经济以农业为主，而该国最重要的出口产品是锡兰红茶。该国也是世界三大产茶国之一，因此国内经济深受产茶情况的影响。在自由化进程中，增长速度持续加快。斯里兰卡最大优势在于矿业和地理位置，它是一个宝石富集的岛屿，是世界前五名的宝石生产大国，被誉为“宝石岛”。所以在经济初期阶段，矿业让它有不少发展优势，每年宝石出口可以达5亿美元的出口额，红宝石、蓝宝石及猫眼石最出名。

斯里兰卡在僧伽罗语中意为“乐土”或“光明富庶的土地”，有“宝石王国”、“印度洋上的明珠”的美称，被马可·波罗认为是最美丽的岛屿。

斯里兰卡是南亚区域合作联盟的创始成员，也是英联邦、G77、不结盟运动和联合国的成员，还是目前唯一人类发展指数被评为“高”的南亚国家。

小知识

斯里兰卡国旗与国徽

国旗

斯里兰卡国旗呈长方形，长与宽之比约为2∶1。旗面四周的黄色边框和框内靠左侧的黄色竖条，将整个旗面划分为左右结构的框架。左边框内是绿色和橙色的两个竖长方形；右侧为咖啡色长方形，中间是一头紧握战刀的黄色狮子，长方形的四角各有一片菩提树叶。咖啡色代表僧伽罗族，占全国人口的72%；橙色、绿色代表泰米尔族、摩尔族等少数民族；黄色边框象征人民追求光明和幸福；菩提树叶表示对佛教的信仰，而其形状又和该国国土轮廓相似；狮子图案标志着该国的古称“古狮国”，也象征刚强和勇敢。

国徽

斯里兰卡国徽图案中圆面的中心为一头狮子，其形象寓意同国旗。狮子周围环绕着

16 朵荷花瓣，象征圣洁、吉祥；花瓣又为两穗稻谷所环绕，象征着丰收。图案下端是一只花碗，碗里装着庙花；花碗两侧分别为太阳和月亮图案。国徽顶端为象征宗教信仰的佛教法轮，永远转动的法轮还象征国家如日月一样永存。

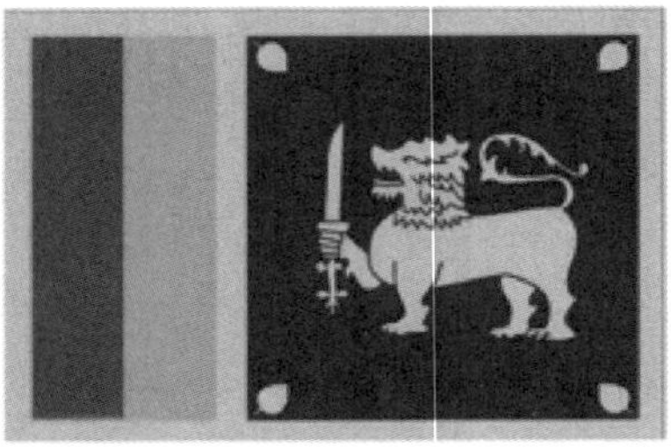

(一)建国历程

公元前 5 世纪，僧伽罗人从印度迁移到斯里兰卡。公元前 247 年，印度孔雀王朝的阿育王派其子来岛，从此僧伽罗人摈弃婆罗门教而改信佛教，311 年左右，佛牙从印度传入斯里兰卡。公元前 2 世纪前后，南印度的泰米尔人也开始迁入。从公元 5 世纪直至 16 世纪，僧伽罗王国与泰米尔王国间征战不断，直至 1521 年葡萄牙船队在科伦坡附近登陆。1587—1588 年，葡萄牙军队在科伦坡战役中击败了斯塔瓦卡王国的进攻，从此原住民与葡萄牙人攻战不断。1656 年 5 月 12 日，荷兰军队攻克科伦坡。1796 年 2 月 15 日，英军占领科伦坡，荷兰人统治时期结束。1802 年，英、法两国签订了《亚眠条约》，斯里兰卡被正式宣布为英国的殖民地。1948 年 2 月 4 日，斯里兰卡正式宣布独立，成为英联邦的自治领，定国名为锡兰。1972 年 5 月 22 日，改国名为斯里兰卡共和国。1978 年 8 月 16 日，新宪法颁布，改国名为斯里兰卡民主社会主义共和国。

斯里兰卡独立后，泰米尔人于 1972 年成立了“猛虎组织”(1976 年改称“泰米尔伊拉姆猛虎解放组织”)，走上“独立建国”的道路。1983 年 7 月，猛虎组织成员在北部的贾夫纳半岛打死 13 名政府军士兵，斯里兰卡首都科伦坡随即爆发针对泰米尔族人的大规模暴力冲突，从而引发斯里兰卡内战。2009 年，猛虎组织承认与政府军长达 25 年的战争失败，结束与政府军的战斗，从此宣布斯里兰卡内战结束。

2018 年 3 月 6 日，斯里兰卡政府宣布，由于部分地区发生暴力事件，全国进入紧急状态，18 日已指示解除全国紧急状态。

(二)人口状况

2012 年斯里兰卡统计与数据署发布数据显示，斯里兰卡人口总数为2 033万。2016 年，人口达到2 120万。

斯里兰卡西部省人口数量占全国人口的 28.8%，北部地区人口仅占全国人口的 5.2%。在各大行政区中，科伦坡大区人口最多，达2 323 824人，北部穆莱蒂武大区人口最少，仅有92 527人。

图 15—1 是 2007—2016 年斯里兰卡人口规模及增长情况，从图中可知斯里兰卡人口规模

稳步上升，而人口增长速度先下降后持续上升，2012 年人口增长率是历年来最低，之后开始快速上升。

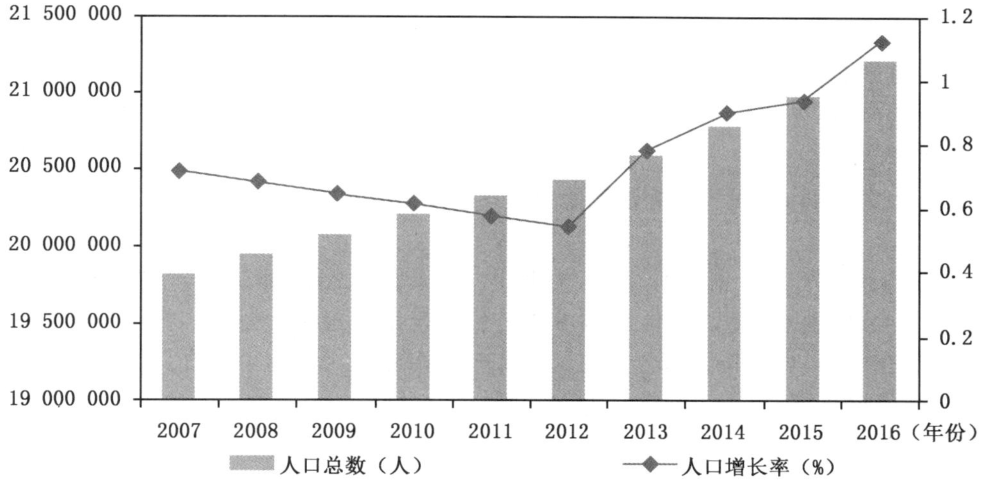

数据来源：世界银行数据库。

图 15－1　斯里兰卡人口规模及增长情况(2007－2016 年)

(三)地理环境

斯里兰卡是印度洋上的岛国，位于北纬 5°55′－9°50′、东经 79°42′－81°53′之间，在南亚次大陆南端，西北隔保克海峡与印度半岛相望。南北长 432 公里，东西宽 224 公里，国土面积为 65 610平方公里。

斯里兰卡岛大致呈梨形。斯里兰卡中南部是高原，其中的皮杜鲁塔拉格勒山海拔2 524 米，为全国最高点。北部和沿海地区为平原，其中北部沿海平原宽阔，南部和西部沿海平原相对狭窄，海拔均在 150 米。

斯里兰卡属热带季风气候。终年如夏，年平均气温 28℃。各地年平均降水量1 283－3 321毫米不等。沿海地区平均最高气温 31.3℃，平均最低气温 23.8℃；山区平均最高气温 26.1℃，平均最低气温 16.5℃。斯里兰卡无四季之分，只有雨季和旱季的差别，雨季为每年 5 月至 8 月和 11 月至次年 2 月，即西南季风和东北季风经过斯里兰卡时。全年降雨量西南部为 2 540－5 080毫米，西北部和东南部则少于1 250毫米。

斯里兰卡河流众多，主要河流有 16 条，大多发源于中部山区，流域短且流势湍急，但水流量却很丰富。最长的河流是马哈韦利河，全长 335 公里，在亭可马里港附近流入印度洋。东部较低的平原地区有着星罗棋布的湖泊，其中以巴提卡洛湖最大，面积为 120 平方公里。

(四)资源禀赋

斯里兰卡土地肥沃，气候条件优越，盛产热带经济作物，具有发展农业经济的良好条件。斯里兰卡可耕地面积 400 万公顷，占国土面积的 61%。斯里兰卡有大片的茶园、橡胶园和椰子园。茶、橡胶、椰子是斯里兰卡经济收入的主要来源。依地势不同，三大作物产区分明。沿海最低处是椰林，地势稍高地区是橡胶林，山区则种植茶林。水稻在各个区域都有种植。

斯里兰卡原是森林资源十分丰富的国家。近百年来，由于种植园的大面积开发，森林面积已大为减少。目前森林面积约 200 万公顷，覆盖率约 30%。主要出产红木、黑檀、柚木、铁木等珍贵木材。此外，还有大量的橡胶木和椰子木，可用来制作家具。

斯里兰卡盛产香蕉、椰子、芒果、木瓜、红毛丹、山竹以及榴莲等热带水果。

斯里兰卡的植物中，开花的有3 300种。兰花可供出口。

斯里兰卡矿产资源匮乏。斯里兰卡政府重视对矿产资源的保护，对矿产资源开发有严格的规定。斯里兰卡主要矿藏有石墨、宝石、钛铁、锆石、云母等。石墨、宝石、云母等已开采。

(五)政治环境

1. 政治体制

1978 年 9 月 7 日，斯里兰卡宪法废除沿袭多年的英国式议会制，效仿法国和美国，改行总统制。

现行宪法于 1978 年 9 月 7 日生效，为斯里兰卡历史上第四部宪法。1982 年后曾多次修改宪法，将议会任期由 6 年改为任满时可通过公民投票决定是否延长。宪法规定，其所有官员，包括议员在内，必须宣誓反对分裂主义、维护国家统一。2010 年 9 月，斯里兰卡议会通过了宪法第 18 条修正案，取消对总统任期的限制。

总统由选民直接选举产生，集国家元首、政府首脑、武装部队总司令等权力于一身，而且不对议会负责；总理一职由总统任命，通常不具有实权。

2. 政党

(1)斯里兰卡自由党(Sri Lanka Freedom Party)：1951 年 9 月由所罗门・班达拉奈克创建。有党员约 65 万。奉行开放的市场经济政策和不结盟的外交政策。

(2)统一国民党(United National Party)：1946 年 9 月，以森那纳亚克为首的锡兰国民大会党、以班达拉奈克为首的僧伽罗大会党和以贾亚为首的全锡兰穆斯林联盟合并，成立统一国民党。现有党员约 140 万。主张自由竞争、对外开放的经济政策和不结盟的外交政策。

(3)泰米尔全国联盟(The Tamil National Alliance)：成立于 2001 年 10 月，由泰米尔联合解放阵线、伊拉姆人民革命解放阵线、泰米尔伊拉姆解放组织和全锡兰泰米尔大会党 4 个泰米尔政党组成，总部位于斯里兰卡北部泰米尔人聚居的贾夫纳。主张泰米尔人具有民族自决权，呼吁政府保护泰米尔人权利。

(4)人民解放阵线(Janatha Vimukthi Peramuna，People's Liberation Front)：成立于 1970 年，主要成员来自当时的锡兰共产党。直至 20 世纪 90 年代初，该党一直坚持武装斗争，90 年代以来调整政策，选择议会斗争道路。

其他政党和组织还有全国僧伽罗僧侣党、锡兰工人大会党、穆斯林大会党、高地人民阵线、伊拉姆人民民主党和斯里兰卡共产党等。

3. 司法体制

司法机构由三部分组成：法院，包括最高法院、上诉法院、高级法院和地方法院等；司法部，负责司法行政工作；司法委员会，负责法院人事和纪律检查。

二、经济环境

(一)经济概况

斯里兰卡以种植园经济为主，主要作物有茶叶、橡胶、椰子和稻米。工业基础薄弱，以农产品和服装加工业为主。在南亚国家中，率先实行经济自由化政策。

1978 年开始实行经济开放政策，大力吸引外资，推进私有化，逐步形成市场经济格局。斯里兰卡经济保持中速增长。2005—2008 年，斯里兰卡国民经济增长率连续 4 年达到或超过

6%，为独立以来的首次。

2008 年以来，受国际金融危机影响，斯里兰卡外汇储备大量减少，茶叶、橡胶等主要出口商品收入和外国短期投资下降。斯里兰卡国内军事冲突结束后，政府采取了一系列积极应对措施。国际货币基金组织向斯里兰卡提供 26 亿美元的临时信贷安排。

当前斯里兰卡宏观经济逐步回暖，呈现出良好的发展势头，2013 年经济增长率为 7.3%，2014 年经济增长率为 7.4%。

纺织和茶叶虽处于初期发展阶段，但是茶叶在欧洲市场广受欢迎，红茶产品闻名于世，年产量达 2.849 亿公斤，是世界上最大的红茶生产基地，茶叶出口额达 10.3 亿美元。在世界银行针对全球 185 个国家(地区)发布的 2013 年全球营商环境指数中，斯里兰卡排名第 81 位，优于印度、巴基斯坦、孟加拉国，在该地区新兴国家中被视为外资营运基地的进入点。

出于战略考量，中华人民共和国和斯里兰卡有多种长期合作，关系密切，中国企业投资建造的科伦坡南港国际集装箱码头于 2013 年启用。更早的 2008 年，斯里兰卡就在距离首都科伦坡 50 公里处为中国投资者建立了一个占地 150 公顷的经济特区，中国企业在此可享受许多优惠，也开始洽谈自由贸易协定。南部城市汉班托塔的工业园区也几乎交由中国大陆的国企和民企来开发基础建设，并开发酒店度假村。

2016 年，斯里兰卡 GDP 总额为 813 亿美元，位列世界第 67 位，较上一年度增长 4.4%。人均 GDP 为3 835美元，位居世界第 108 位。按购买力平价(PPP)计算，斯里兰卡 GDP 总额为2 460亿国际元，位列世界第 62 位。人均 GDP 为11 683国际元，位居世界第 103 位。

从图 15－2 可知，斯里兰卡由于内战，GDP 增长率持续下降，并在 2009 年达到最低，2010－2012 年 GDP 持续高速增长，之后由于斯里兰卡多个地区遭受严重干旱和暴雨袭击等恶劣气候的影响，GDP 增长率在 2013 年回到了历史低位，直到 2017 年斯里兰卡经济继续下滑，增长率仅为 3.2%。斯里兰卡近些年人均 GDP 情况见图 15－3。

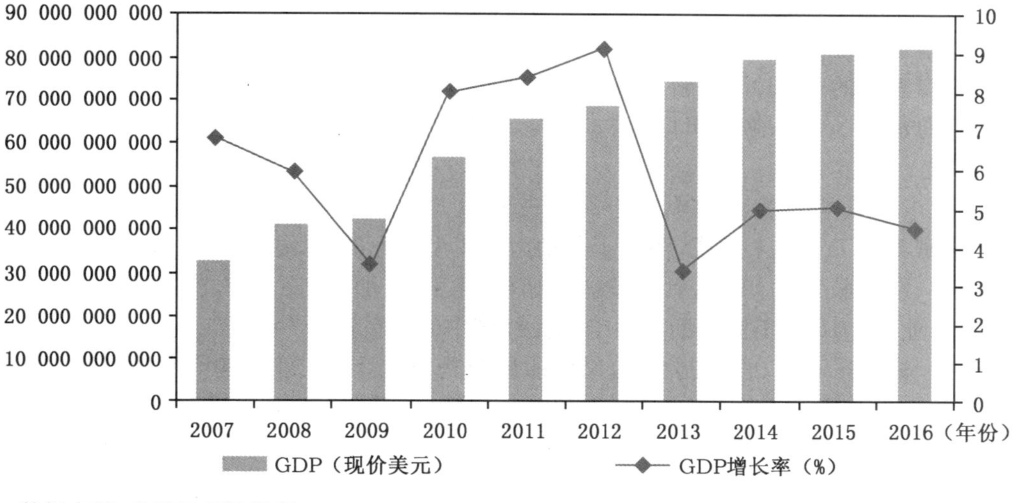

数据来源：世界银行数据库。

图 15－2 斯里兰卡 GDP 总数及增幅情况(2007－2016 年)

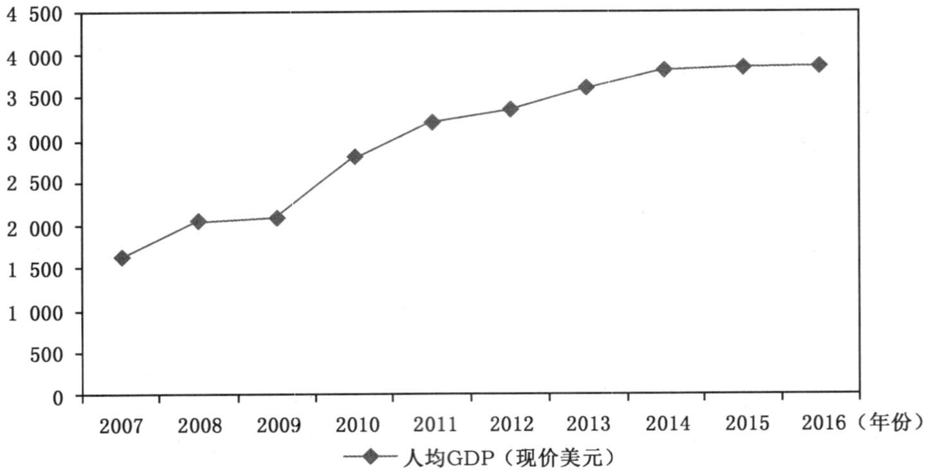

数据来源:世界银行数据库。

图 15—3　斯里兰卡人均 GDP(2007—2016 年)

(二)产业状况

1. 农业

斯里兰卡是一个以种植园经济为主的农业国家,渔业、林业和水力资源丰富。茶叶、橡胶和椰子是斯里兰卡农业经济收入的三大支柱。由于斯里兰卡农业生产成本高、生产率低、损耗大等因素,加之非农业产值不断上升,斯里兰卡农业产值在 GDP 中的占比一直呈下降趋势,从 20 世纪 50 年代的 50%下降到 70 年代的 35%、90 年代的 20%,进而下降到 2016 年的 7.1%。

农产品出口是斯里兰卡出口创汇的重要组成部分,创汇额约占斯里兰卡外汇收入的 22.6%。其中,茶叶、橡胶和椰子是斯里兰卡农业出口的传统三大支柱商品,近年来香料出口额逐渐增长,成为斯里兰卡农产品出口一大新兴支柱产业。2016 年,茶叶出口额为 12.69 亿美元,占出口总额的 12.3%;香料出口 3.17 亿美元,占出口总额的 3.1%;椰子出口 3.66 亿美元,占出口总额的 3.5%;橡胶出口 0.33 亿美元,占出口总额的 0.3%。

2. 工业

斯里兰卡工业基础相对薄弱,由于资源缺乏,大量工业原材料仍需从国外进口。斯里兰卡资金、技术密集型工业尚未形成,还处于劳动力密集型工业的初始阶段,几乎无重工业,目前主要有建筑业、纺织服装业、皮革、食品、饮料、烟草、化工、石油、橡胶、塑料、非金属矿产品加工业及采矿采石业。2016 年工业在斯里兰卡国民经济中的比重达到 27.3%。

建筑业、采矿采石业、食品制造业、纺织服装业是斯里兰卡工业的四大支柱产业,产值占工业总产值的比例分别为 28.3%、9.1%、21.5%、11.7%。石油化工产业占工业总产值的比例为 1.3%,机器制造业占工业总产值的比例为 1.83%。

纺织服装业是斯里兰卡国民经济的支柱产业和最重要的工业行业,也是斯里兰卡第一大出口创汇行业。2016 年斯里兰卡纺织服装出口达 48.8 亿美元,占全国外贸出口额的 47.4%。另外,斯里兰卡宝石及其加工世界闻名。2016 年斯里兰卡橡胶制品出口 7.7 亿美元,占出口总额的 7.4%;宝石及珠宝首饰出口 2.7 亿美元,占出口总额的 2.7%。

3. 服务业

斯里兰卡服务业主要包括批发零售业,酒店餐饮业,物流、仓储、信息及通信业,旅游业,金融服务、房地产及商用服务业,公共管理及其他社会与个人服务业等。近年来,斯里兰卡政府利用国民识字率高、劳动技能训练有素的相对优势,正在努力把本国经济打造成为服务业导向型经济。服务业已发展为斯里兰卡国民经济的主导产业,并已成为斯里兰卡经济增长的主要驱动力。特别是旅游业、通信业异军突起,发展势头迅猛,增势强劲。2016 年服务业产值占 GDP 的比重达 56.5%,增速为 4.2%。其中,零售业与交通运输业作为斯里兰卡服务业的两大重要支柱,分别占服务业总产值比例的 18.75%、21.2%。

从表 15－1 可知,斯里兰卡农业占比有降低趋势,2016 年仅为 7.48%,工业占比保持在 30%左右。

表 15－1　斯里兰卡产业情况(2007－2016 年)　单位:亿美元、%

指标＼年份	2007	2008	2009	2010	2011	2012	2013	2014	2015	2016
农业增加值	37.8	54.5	53.4	48.2	57.7	51	57	63.5	66	61.2
农业占 GDP 比重	11.68	13.38	12.69	8.5	8.83	7.45	7.67	8.01	8.18	7.48
工业增加值	96.8	119.6	124.8	151.1	182.8	206.2	216.7	224.6	218.9	2 232
工业占 GDP 比重	29.92	29.37	29.67	26.64	28	30.13	29.16	28.3	27.17	27.29

数据来源:世界银行数据库。

(三)外贸情况

斯里兰卡实行自由外贸政策,除政府控制石油外,其他商品均可自由进口。主要出口商品有纺织品、服装、茶叶、橡胶、椰子和石油产品。这些年来,出口贸易结构发生根本变化,由过去的以农产品为主转变为以工业产品为主。主要出口对象是美国、英国、印度、德国、比利时、日本等,主要进口对象是印度、新加坡、中国香港、伊朗等。

2016 年斯里兰卡进出口贸易总额为 297 亿美元,同比增长 1.63%。其中,出口 102.1 亿美元,同比下降 0.14%;进口 194.9 亿美元,同比增长 2.58%。贸易逆差 92.8 亿美元。

美国仍为斯里兰卡最大出口国,2016 年,斯里兰卡对美国出口占 27.5%,其次为英国(10.2%)和印度(5.4%),中国是斯里兰卡第十大出口目的地,占其出口总额的 1.9%。中国成为斯里兰卡最大进口国,斯里兰卡自中国进口占 21.7%;印度为第二大进口国,斯里兰卡自印度进口占其进口总额的 19.3%;阿联酋为斯里兰卡第三大进口来源国。

从表 15－2 可知,近年来斯里兰卡出口额趋于增加,而进口额呈现波动,较为不稳定,且一直处于逆差状态。

表 15－2　近年来斯里兰卡外贸情况　单位:亿美元

进出口额＼年份	2008	2009	2010	2011	2012	2013	2014
出口额	81.4	70.9	86.3	105.6	97.7	103.94	111.3
进口额	140.1	102.1	134.5	202.7	191.8	180.03	194.17
差额	－58.7	－31.2	－48.2	－97.1	－94.1	－76.09	－82.87

数据来源:《中国统计年鉴》。

斯里兰卡政府实行保护和吸引外资的政策。2013 年外国直接投资约 14.2 亿美元,2014 年外国直接投资约 11.8 亿美元,主要投资于基础设施建设项目、服务业和制造业。

外援在斯里兰卡经济生活中作用突出。斯里兰卡几乎所有大型项目均依靠外援兴建。向斯里兰卡提供援助的国家和国际组织有30多个，主要有中国、印度、日本、美国、亚洲开发银行等。2013年外援总额为8.08亿美元，2014年外援总额为14.3亿美元。

三、社会文化环境

(一)民族和宗教

斯里兰卡为多民族国家，有僧伽罗族、泰米尔族、摩尔族(穆斯林)等民族，其中，僧伽罗族占74.9%，泰米尔族占15.4%，摩尔族占9.2%，其他民族占0.5%。

斯里兰卡居民70.2%信奉佛教，12.6%信奉印度教，9.7%信奉伊斯兰教，此外还有天主教和基督教。

(二)语言

僧伽罗语、泰米尔语同为斯里兰卡官方语言和全国语言。商务活动中通用英语。

(三)教育

政府一贯重视教育，自1945年起实行幼儿园到大学的免费教育。1980年起，向10年级以下学生免费分发教科书和校服。斯里兰卡的教育事业较为发达，民众的文化水平在南亚国家中名列前茅。2013年居民识字率为92.5%，是南亚识字率最高的国家。截至2014年底，拥有大学15所、中小学1.09万所，在校学生434.6万人，教师24.9万人。主要大学有佩拉德尼亚大学和科伦坡大学。

(四)重要节日

斯里兰卡是世界上公共假日最多的国家之一。全国实行5天工作制，每周六和周日休息。职工每年可休假14天，可请事假7天、病假21天。除此之外，每年有公共节日和宗教节日共25天。重要的节日有：

1月中旬，泰米尔收获节，祭太阳神。

2月4日，国庆节，纪念斯里兰卡独立。

3月1日，湿婆神节(湿婆主毁灭，是印度教主要神祇)。

4月14日，僧伽罗和泰米尔新年，是最重要的节日。

5月的月圆节为卫塞节，纪念佛祖出生、悟道和涅槃。

6月的月圆节为普桑节，纪念印度阿育王之子马欣达来斯里兰卡弘扬佛法。

7月的月圆节为佛牙节，斯里兰卡各地举行盛大的巡游庆典。佛牙节特指在斯里兰卡中部山区佛教圣地康提举行的、以佛陀释迦牟尼的佛牙舍利为中心展开的庆祝活动。该活动持续时间约一周，成千上万名佛教徒对供奉在佛牙寺的佛牙朝拜。

波亚节，也称月圆节，每当月圆的时候，斯里兰卡国民放假一天，佛教的善男信女成群结队前往寺庙礼拜、受戒。卫塞节、普桑节、佛牙节均是波亚节。

(五)衣着服饰

斯里兰卡地处热带，男女喜穿纱笼、纱丽。典型的民族服装是：男人上身穿长袖紧口短褂，下身着纱笼；妇女上身穿短袖紧身短褂，下身裹以彩色纱丽。男女一般均穿拖鞋，不穿袜子。“纱笼”是由两块布拼成的筒裙，从上腰一直拖到脚面，干活时将之撩起掖在腰间，好像一条短裤，舒适而方便。而大多数妇女喜欢穿“纱丽”。

(六)饮食习惯

斯里兰卡人大多以大米、椰肉、玉米、木薯等为主要食物。他们尤其偏爱椰汁和红辣椒，这两样是他们几乎所有菜肴中都离不开的调料。他们有嚼蒟酱叶的嗜好，习惯在蒟酱叶上抹些食用石灰，再加上几片槟榔，然后把它们卷在一起嚼。据说这样可以提神，助消化。他们饮用红茶时，一般喜欢放糖、牛奶。农民一般多喜欢饮用一种用槟榔花酿造的淡酒。他们一般是用手抓食，通常用餐时习惯每人面前摆两碗水，清水供净手用，冷开水供饮用。

（七）社交与禁忌

1. 接待礼仪

斯里兰卡人注重礼节，初次见面或告别时，普遍互施合十礼。最规范的合十礼节是把双手合掌，举到脸部，同时说“阿尤宝温”（你好）。外国人向当地人行双手合十时，常伴随点头致意，这会让他们感到奇怪，认为没必要。跪拜礼也是斯里兰卡传统礼节，一般是在礼仪场合信徒、晚辈对高僧长老或父母行的礼节。行跪拜礼时，需双膝、双手和前额触地，同时要用右手抚摸一下受礼者的脚背，以示尊敬。受礼者则以右手抚摸施礼者的头顶，表示祝福。平日对外接触或接待外宾时，多行握手礼，而对来访贵宾，常常敬献以兰花扎成的花环，并将其套在宾客的脖颈上。在当地做客，入室要先脱鞋，然后席地而坐。

2. 其他礼仪

值得注意的是，在斯里兰卡，点头和摇头的含义与中国相反，点头表示不是，摇头则表示是。

3. 风俗禁忌

斯里兰卡是一个大多数人口信仰佛教的国家，许多习俗与佛教有关。在斯里兰卡，佛教僧侣是备受尊敬的，斯里兰卡居民和佛教僧侣对话时，不论是站着还是坐着，都设法略低于僧侣的头部，更不能用左手拿东西递给佛教僧侣和信徒。在参观佛教寺院时，不能对佛像做踩、跨、骑等无礼动作，而且进入寺院时要赤脚，不可穿鞋和袜子，也不可戴帽子。

斯里兰卡的佛教徒除持有“过午不食”的教规外，还有不进娱乐场所、不骑车、不快跑、不乘母畜拉的车、不戴手表、庙内赤足的规矩。斯里兰卡人大多信奉佛教，日常生活中人们对僧侣格外尊敬。乘公共汽车时，普通人均从后门上车，而僧人则从前门上车，车前还有僧人专座，他人不得擅坐。

他们忌讳使用左手传递东西或食物，视左手为肮脏、下贱之手。因此，以左手为他们递送物品是极不礼貌的。斯里兰卡僧侣禁止饮酒，也不喜欢吃蘑菇。斯里兰卡的伊斯兰教徒禁食猪肉和使用猪制品。

斯里兰卡人喜欢红色、白色、黄色等颜色，更视乌鸦为吉祥物，喜欢用燃灯的方式来庆祝开业、奠基、宗教仪式等。

斯里兰卡人吃饭时，用右手的拇指、食指、中指这三根指头拿起食物食用；给当地人送礼物时，不要送花；吃饭和接受礼物时，都要用右手。

斯里兰卡人的婚俗比较特别，以僧伽罗人的婚俗为代表，男女双方先定亲，确定婚期后，互换戒指，结婚当日，由小舅子为新郎洗脚、系同心结、打破椰子等，而新娘在结婚礼台上，在腰上围上新郎所送的花布、头上戴上新郎所送的鱼形发卡之后才算真正礼成。在斯里兰卡的中部山区还存在着一妻多夫制。

四、与中国的贸易关系

斯里兰卡政府一贯奉行对华友好政策，长期以来，在中国台湾、西藏、人权等问题上给予中国支持。两国在许多重大国际和地区问题上拥有共识，合作良好。

1950 年，斯里兰卡政府承认新中国。1957 年 2 月 7 日，两国建交。

1952 年，斯里兰卡在未与中国建交的情况下，不顾美国等西方国家对中国的封锁，同中国签订了《米胶协定》，开创了中斯两国友好的经贸合作史。

中国与斯里兰卡一直保持着友好关系，高层往来不断。

从 1953 年至 1982 年，中斯贸易为记账贸易。1983 年，两国贸易开始以现汇方式结算。据中国海关总署统计，2006 年中斯双边贸易额为 11.4 亿美元，增长 16.9%。其中我国出口 11.1 亿美元，进口 0.3 亿美元，同比分别增长 17.7%和下降 4.8%。

中斯互利经济合作始于 1982 年。截至 2006 年 9 月，中方在斯里兰卡协议投资金额2 258万美元。斯在华投资项目 40 个，合同额3 520万美元，实际投资1 453万美元。中国从斯里兰卡进口的主要产品有橡胶及其制品、红茶、宝石和椰油等，主要出口产品有纺织品、机电产品、建材、小五金、医药等。2011 年，斯里兰卡对中国出口额达到 1.53 亿美元。2011 年中斯双边贸易额为 31.42 亿美元，同比增长 49.8%。

2014 年中斯双边货物贸易额为 36.2 亿美元，增长 17.5%。其中，斯里兰卡对中国出口 1.7 亿美元，增长 42.9%，占斯里兰卡出口总额的 1.6%，增加 0.4 个百分点；斯里兰卡自中国进口 34.5 亿美元，增长 16.6%，占斯里兰卡进口总额的 17.9%，增加 0.9 个百分点。斯里兰卡对中国的贸易逆差为 32.8 亿美元，增长 15.5%。

据斯里兰卡海关统计，2018 年 1—3 月斯里兰卡与中国双边货物进出口额为 10.8 亿美元，增长 11.8%。其中，斯里兰卡对中国出口 0.6 亿美元，增长 0.4%，占斯里兰卡出口总额的 2.1%，降低 0.1 个百分点；斯里兰卡自中国进口 10.2 亿美元，增长 0.1%，占斯里兰卡进口总额的 17.2%，降低 2.0 个百分点。斯里兰卡对中国的贸易逆差为 9.6 亿美元，增长 0.1%。中国为斯里兰卡第八大出口市场和第二大进口来源地。

纺织品及原料一直是斯里兰卡对中国出口的主力产品，2018 年 1—3 月出口额为1 966万美元，下降 25.8%，占斯里兰卡对中国出口总额的 31.9%。植物产品是斯里兰卡对中国出口的第二大类商品，出口额为1 283万美元，增长 26.0%，占斯里兰卡对中国出口总额的 20.8%。鞋靴、伞等轻工产品是斯里兰卡对中国出口的第三大类商品，出口额为 780 万美元，下降 2.1%，占斯里兰卡对中国出口总额的 12.6%。2018 年 1—3 月斯里兰卡对中国出口再度陷入停滞，增幅仅为 0.4%，甚至低于其总体出口增幅。

斯里兰卡自中国进口的主要商品为机电产品、纺织品及原料、贱金属及其制品，2018 年 1—3月合计进口 7.2 亿美元，占斯里兰卡自中国进口总额的 70.6%。除贱金属及其制品进口下降 16.8%外，机电产品和纺织品及原料进口分别增长 4.7%和 4.7%。与对中国出口相似，2018 年 1—3 月斯里兰卡自中国进口也陷入反复，进口增幅仅为 0.1%，远低于其进口平均增幅。

(一)中国对斯里兰卡的出口情况

从 2007—2016 年总体来看(见图 15—4)，中国对斯里兰卡的出口额不断增加，且增长速率很稳定。

(二)中国从斯里兰卡进口的情况

从 2007—2016 年总体来看(见图 15—5)，中国从斯里兰卡进口的货物数额不断增加，而且增长也比较平稳。

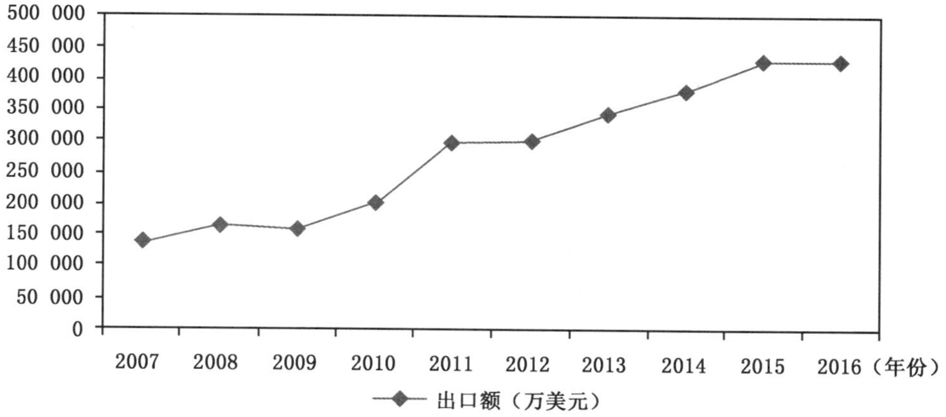

数据来源:《中国统计年鉴》。

图 15－4　中国对斯里兰卡的出口数额(2007－2016 年)

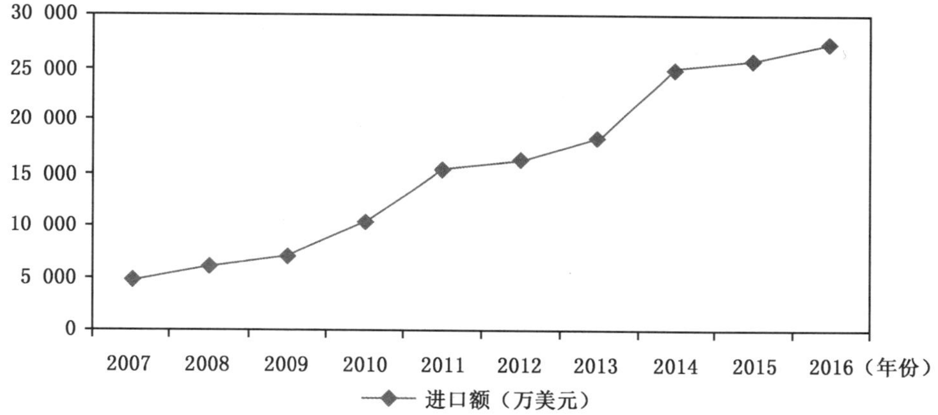

数据来源:《中国统计年鉴》。

图 15－5　中国从斯里兰卡进口的数额(2007－2016 年)

课后思考题

斯里兰卡的投资环境如何?

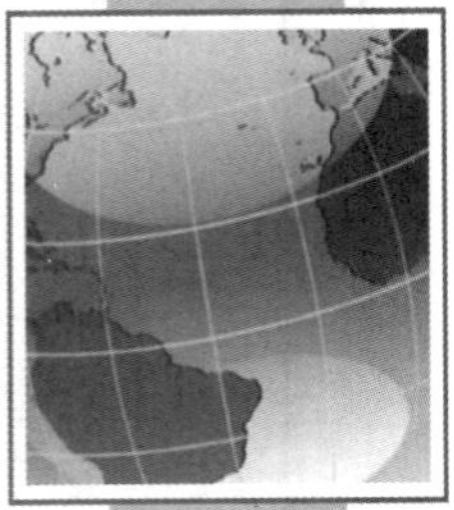

第十六章 尼泊尔 (Nepal)

一、基本情况

尼泊尔联邦民主共和国(Federal Democratic Republic of Nepal),简称尼泊尔。它是南亚山区的内陆国,位于喜玛拉雅山脉南麓(属青藏高原南底),北与中国相接,其余三面与印度为邻。喜马拉雅山脉是中尼的天然国界,包括珠峰在内,世界十大高峰有八座在中尼边境。尼泊尔全国总面积 14.7 万平方公里,总人口约为2 850万人。

尼泊尔蓝毗尼是佛教创始人释迦牟尼的诞生地,古尼泊尔境内有很多国家,1769 年尼泊尔统一,建立沙阿王朝。18 世纪后期,尼泊尔王国向中国清朝皇帝进贡。2008 年 5 月,尼泊尔废除君主制,改国号为尼泊尔联邦民主共和国,延续近 240 年的沙阿王朝宣告终结,是世界上最年轻的共和国。

尼泊尔为农业国,80%的人口从事农业生产,是世界上最不发达的贫困国家之一,国民人口 80.6%是印度教徒,其余为佛教徒、穆斯林等。

小知识

尼泊尔国旗与国徽

国旗

尼泊尔国旗是世界上唯一的三角形国旗。一个世纪前尼泊尔就出现过这种三角旗,后来两面三角旗连在一起,就成为今天尼泊尔国旗的式样。由上小下大、上下相叠的两个三角形组成,旗面为红色,旗边为蓝色。红色是国花红杜鹃的颜色,蓝色代表和平。上面的三角形旗中是白色弯月、星星图案,代表皇室;下面三角形旗中的白色太阳图案来自拉纳家族的标志。太阳和月亮图案也代表尼泊尔人民祈盼国家像日月一样长存的美好愿望。两个旗角表示喜马拉雅山脉的两个山峰。

国徽

尼泊尔国徽大致呈圆形。国徽中部底图是世界第一高的珠穆朗玛峰,峰顶飘着尼泊尔国旗,峰底依次是丘陵和平原。浮在地貌底图之上的是白色尼泊尔地图和女性与男性握手图样。在整个图案的外围,左右两边环绕着尼泊尔国花杜鹃,花束下方有稻穗图案。底部基座是弧形的红绶带,上面用梵语写着“母亲与祖国重于上天”。

(一)建国历程

尼泊尔是亚洲的古国之一。古代尼泊尔境内有很多国家,在公元前 6 世纪,尼泊尔人就已在加德满都河谷一带定居。12 世纪前,印度加纳克国王的兄弟库夏的瓦吉来到尼泊尔并成为尼泊尔国王,而后建立过戈帕尔、阿希尔、吉拉迪、李查维等王朝。13 世纪初,马拉王朝兴起,大力推行印度教。

17 世纪中叶廓尔喀人兴起,在西部甘达基河沿岸建立了一个小王国(沙阿王朝的前身)。1768 年,普里特维・纳拉扬・沙阿统一了尼泊尔地区,结束了加德满都谷地三城分地割据的状态,沙阿王朝崛起并统一全国。廓尔喀于 1788 年和 1791 年两次入侵西藏,最终被清朝击退。战后廓尔喀同清廷和解,成为清朝的藩属国。

1846 年,拉纳家族依靠英国支持夺取军政大权,并获世袭首相地位,使国王成为傀儡。1923 年,英国承认尼泊尔王国独立,与尼泊尔签订《永久和平条约》。第二次世界大战后,英国在尼泊尔的特权因尼泊尔人的不懈斗争而丧失。1950 年,尼泊尔人民掀起声势浩大的反对拉纳家族专政的群众运动和武装斗争。特里布文国王恢复王权,结束拉纳家族统治,实行君主立宪制。1960 年,马亨德拉国王取缔政党,实行无党派评议会制。1990 年,尼泊尔爆发大规模"人民运动",比兰德拉国王被迫恢复君主立宪制。2001 年,比兰德拉国王在王室血案中遇害,其胞弟贾南德拉继位。2005 年,贾南德拉在解散政府后亲政。主要政党结成"七党联盟",与尼共联手反对国王,并于 2006 年通过第二次"人民运动"推翻国王统治。2008 年,尼泊尔举行制宪会议选举,选举后产生的制宪会议宣布成立尼泊尔联邦民主共和国。

(二)人口状况

截至 2013 年,尼泊尔总人口约为2 780 万人,其中男性占 48.50%,女性占 51.5%。2016 年,尼泊尔总人口为2 898万人。

从图 16—1 可知,尼泊尔人口规模持续增长,且增长率较为稳定,人口增长率一直保持在 1%—1.2%之间。

(三)地理环境

尼泊尔是南亚内陆山国,位于喜马拉雅山中段南麓,北与中国西藏接壤,东、西、南三面被印度包围,国境线长2 400千米。尼泊尔是一个近长方形的国家,从东到西长度为 885 千米,从南到北在 145 千米—241 千米之间。

尼泊尔北部喜马拉雅地区,海拔高度在4 877—8 844米之间。世界上有 14 座海拔超过 8 000米的山峰,其中 8 座在中尼边界的喜马拉雅山区,包括珠穆朗玛峰、干城章嘉峰、洛子峰、

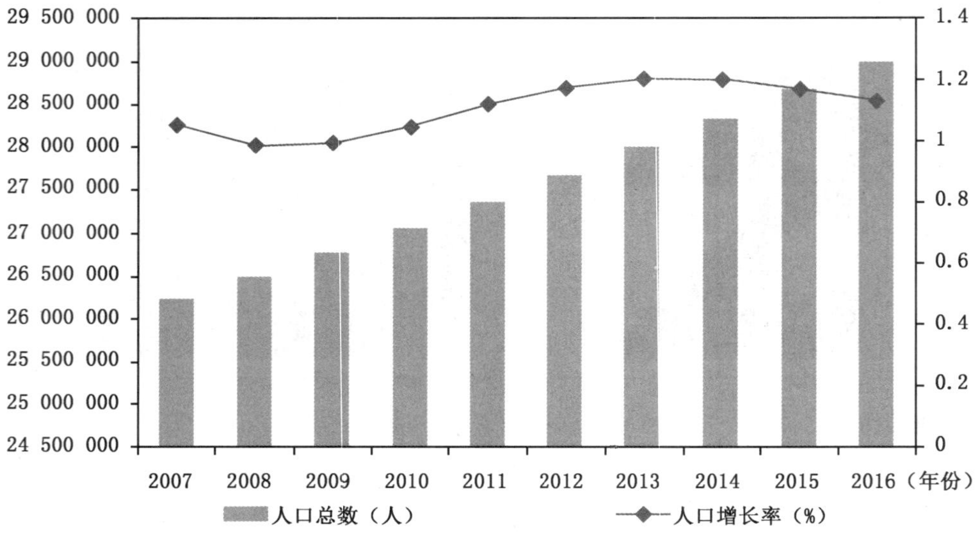

数据来源：世界银行数据库。

图 16—1　尼泊尔人口规模及增长情况

马卡鲁峰、卓奥友峰、道拉吉里峰、马纳斯鲁峰和安纳布尔纳峰。中部山区占尼泊尔国土面积的 68%，主要由最高峰达到4 877米的马哈布哈拉山系和相对较矮的丘日山系组成。南部的特莱低地占尼泊尔领土面积的 17%。

尼泊尔地势北高南低，境内大部分属丘陵地带，海拔1 000米以上的土地占总面积近一半。东、西、北三面多为高山；中部为河谷区，多小山；南部是冲积平原，分布着森林和草原。

尼泊尔的气候基本上只有两季：每年的 10 月至次年的 3 月是干季(冬季)，雨量极少，早晚温差较大，晨间 10℃左右，中午会升至 25℃；每年的 4 月至 9 月是雨季(夏季)，其中 4—5 月气候尤其闷热，最高温常达到 36℃，5 月起的降雨常作为雨季的前奏，一直持续到 9 月底，雨量丰沛，常泛滥成灾。

尼泊尔南北地理变化巨大，地区气候差异明显，分北部高山、中部温带和南部亚热带三个气候区。北部为高寒山区，终年积雪，最低气温可达－41℃；中部河谷地区气候温和，四季如春；南部平原常年炎热，夏季最高气温为 45℃。

(四)资源禀赋

1. 矿产资源

截至 2007 年，尼泊尔已发现的金属矿藏有铁、铜、锌、铅、镍、钴、钼、金、钨、钛和银等，非金属矿藏有菱镁矿、石灰石、白云石、大理石、石榴石、云母、石墨、石英、陶土、磷矿、花岗石、硅岩、宝石等，能源矿产有石油、天然气、铀、地热和煤。其中，铁矿储量约2 305万吨，铜矿储量约1 618万吨，铅矿储量约 300 万吨，锌矿储量约 266 万吨，菱镁矿储量约 2 亿吨，石灰石储量约9.85 亿吨，云母储量约 32 万吨。

2. 生物资源

截至 2012 年，尼泊尔境内共有6 500多种植物、1 000多种野生动物和鸟类。

野生植物主要有两裂狸藻、克里斯托弗狸藻、直立狸藻、多茎狸藻、分支狸藻、库蒙狸藻、攀梗狸藻、长距狸藻、圆叶狸藻、星形狸藻、黄花狸藻、绶草、红丝姜花、印度石莲花、版纳蝴蝶兰、桫椤、天麻、山苍树等。

野生动物主要有短吻果蝠、大蹄蝠、噪鹃、鹊鸲、银耳相思鸟、红嘴相思鸟、亚洲象、普通猕猴、沙狐、藏狐、孟加拉狐、印度野牛、小灵猫、大灵猫、豹猫、渔猫、果子狸、泽蛙、长颈鹿锯锹、黑眶蟾蜍、孟加拉巨蜥、食蟹獴、细嘴兀鹫、彩雉等。

3. 水能资源

截至 2013 年，尼泊尔水能蕴藏量达 8 300 万千瓦，约占世界水电蕴藏量的 2.3%。其中，2 700万千瓦可发展水力发电。

(五)政治环境

1. 政治体制

2015 年 9 月，尼泊尔颁布新宪法。新宪法确定尼泊尔为联邦民主共和国，并将全国划分为 7 个联邦省；总统为礼仪性国家元首和军队统帅，总理由议会多数党领袖担任；联邦议会实行两院制，由联邦院和众议院组成。2016 年 1 月，尼泊尔议会通过宪法第一修正案，将选举划分等条款的基本原则由比例包容制变为人口比例第一、兼顾包容原则。

尼泊尔新宪法颁布后，制宪会议自动转化为立法议会。2017 年 10 月，尼泊尔立法议会解散。2017 年 11 月至 2018 年 2 月，尼泊尔分阶段举行联邦议会众议院和联邦院选举。众议院议长为马哈拉，联邦院主席为蒂米尔西纳。

2. 政党

尼泊尔有 70 多个党派，大多数为地方性小党。主要政党包括：

(1)尼泊尔共产党：1994 年从尼共(团结中心)分离出来后成立。强调以马列主义、毛泽东思想为指导思想，目标是在尼泊尔建立人民共和国。该政党于 1996 年发起人民战争，2006 年与当局签订和平协议，结束长达 11 年的武装斗争。奈托·昌达领导的尼共为 2014 年重新组建的政党，该党声称将维护人民战争的成果，被认为是尼泊尔最为左翼的政党。

(2)尼泊尔大会党：1947 年 1 月成立。主张巩固多党民主、建立民族团结并保持相互信任与合作，坚持不结盟。1999 年 7 月，组建中央工作委员会，主席为吉里贾·普拉萨德·柯伊拉腊。2002 年 6 月，谢尔·巴哈杜尔·德乌帕成立大会党(民主)并任主席，大会党分裂。2007 年 9 月，大会党与大会党(民主)合并为大会党。

(3)尼泊尔共产党(联合马列)：由尼共(马)和尼共(马列)于 1991 年 1 月合并而成。主张多党民主，建立法治、自由和开放的福利国家。1998 年 3 月，分裂为尼共(联合马列)和尼共(马列)。2002 年 2 月，尼共(联合马列)与尼共(马列)两党合并。

3. 司法体制

新宪法规定，尼泊尔法院分为三级：最高法院、高级法院和地方法院。

二、经济环境

(一)经济概况

尼泊尔是一个农业国家，是世界上经济最不发达的国家之一。农业是尼泊尔经济的命脉和第一大产业，农业在国内生产总值中的比重曾达到 56%。尼泊尔国内有 80%的人口从事农业，基本上处于自给自足的自然经济状态。现尼泊尔耕地面积占总面积的 18%，人均耕地面积 2.5 亩，山多地少，耕地分布不均衡，40%的耕地没有灌溉设施。农业生产一直得到政府的支持，但其生产方式仍较为落后，农业机械化水平较低。主要农作物有稻谷、玉米、小麦，经济作物主要是甘蔗、油料、烟草等。尼泊尔工业发展一直缓慢，基础薄弱，规模较小，机械化水平低，主要由制糖、地毯、服装、皮革制鞋、食品加工及手工业行业构成。工业产值占全国 GDP 的 20%左右，现有 11 个工业区，共占地4 200亩，吸纳企业 420 家。尼泊尔人均收入低于国际标准水平，2002 年贫困人口比例达 41%。尼泊尔地区间发展不平衡，谷地和平原地区相对发达，山区极度贫困，贫富分化严重。尼泊尔经济严重依赖外援，预算支出的 1/3 来自外国捐赠和贷款。1992 年后，尼泊尔签署了加入世界贸易组织的协定，也成为南亚自由贸易区和孟加拉湾多层次经济技术合作机制成员。

虽然尼泊尔被列为经济贫穷国家，但它丰富的自然资源和农业丰收提高了其整体国际生存能力。小型工业、建筑业、运输业和金融部门良好的表现为尼泊尔经济发展奠定了广泛的基础，制造业和建筑业也显示出其健康的发展势头。在过去几年内，尼泊尔经济已显示出强劲的增长势头。其中，对外贸易、旅馆业和餐饮业发展最为迅速。印度是尼泊尔最大的贸易伙伴，中国现为尼泊尔第二大贸易伙伴。按照中国海关统计，2006 年中尼双边贸易额为 2.68 亿美元，约占尼泊尔对外贸易总额的 9%。尼泊尔主要出口产品有地毯、成衣、豆类、生麻、皮革、金银首饰、手工艺品、羊绒披肩、酥油等。20 世纪 90 年代初起，尼泊尔开始实行自由、开放和出口型经济政策，以吸引外国投资，绝大部分行业对外开放。到 1996 年 9 月，已批准外国投资项目 316 个，投资项目总成本资金约 7.8 亿美元，印度、中国和日本分列前三位。制造业、服务业和旅游业是外国投资的主要领域。旅游业也是尼泊尔经济发展的支柱产业，其产值约占全国 GDP 的 29%。宜人的气候、秀美的自然风光，使尼泊尔拥有丰富的旅游资源。外国游客最多达到 60 多万人次/年。近年来受政局动荡影响，旅游业出现严重滑坡，年均来访游客只有 20 多万人次。

2013—2014 财年，以现行生产价格为基准的国内生产总值为 193.96 亿美元，经济增长率为 5.2%，人均 GDP 约为 703 美元。2014—2015 财年，国内生产总值为 215.26 亿美元，人均国内生产总值为 762 美元，国内生产总值增长率为 3.4%。2016—2017 财年，国内生产总值为 244.98 亿美元，人均国内生产总值为 853 美元，国内生产总值增长率为 6.94%。

根据《尼泊尔加德满都邮报》报道，2016—2017 财年，由于农业产量增加、抗议次数急剧下降和电力供应稳定，尼泊尔经济以 20 年来最快的速度增长。

尼泊尔中央统计局数据显示，以基本价格计算的国内生产总值(GDP)在 2016—2017 财年将增长 6.9%，是自 1993—1994 财年(8.2%)以来的最高经济增长。这一增长高于政府初步预测的 6.5%，这可能是近期历史上政府第一次实现自己的经济增长目标。

随着经济的惊人增长，尼泊尔人均收入预计在本财年将跃升至91 488卢比(约 862 美元)。

本财年经济增长的重要领域是农业，预计将增长 5.3%。水稻产量预计增长 21.7%，仅稻谷就贡献了 20.7%的农业产出。另外，其他作物如小麦、玉米、小米、马铃薯和蔬菜等的产量预计在本财年将会有所增加。尽管如此，由于其他行业也表现良好，农业领域在 GDP 中的贡献预计将从上财年的 31.6%下降到本财年的 29.4%。

本财年建筑业的产值预计将增长 11.7%。这主要是因为供给状况的正常化，建筑业占 GDP 的份额预计将从上年同期的 6.8%上升至 7.2%。本财年制造业预计将增长 9.7%。因为汇款激增、促进消费，批发和零售贸易领域多年来一直在大幅增加，预计本财年将增长 9.8%，但其在 GDP 中的份额不太可能有所增长，预计将从上财年的 14.1%下降至本财年的 13.5%。现在还不确定这是否是由于尼泊尔人海外劳务汇入货币流动减速的原因。另外，房地产、租赁等业务占 GDP 的比例为 9.9%，预计将增长 5.3%，而经济产出占 7.2%的教育领域预计将增长 4.2%。

鉴于所有这些行业的增长，本财年尼泊尔货物和服务的生产值预计将达25 990亿卢比。

从图16—2可知，尼泊尔GDP总量呈现逐年稳步向上的态势，但是GDP增长率变化幅度较大，从2014年开始GDP增长率直线下滑，受政局不稳和外部干涉等的冲击，尼泊尔GDP增长率降至近年来的最低水准，到2016年增长率不到1%。尼泊尔近年来人均GDP情况见图16—3。

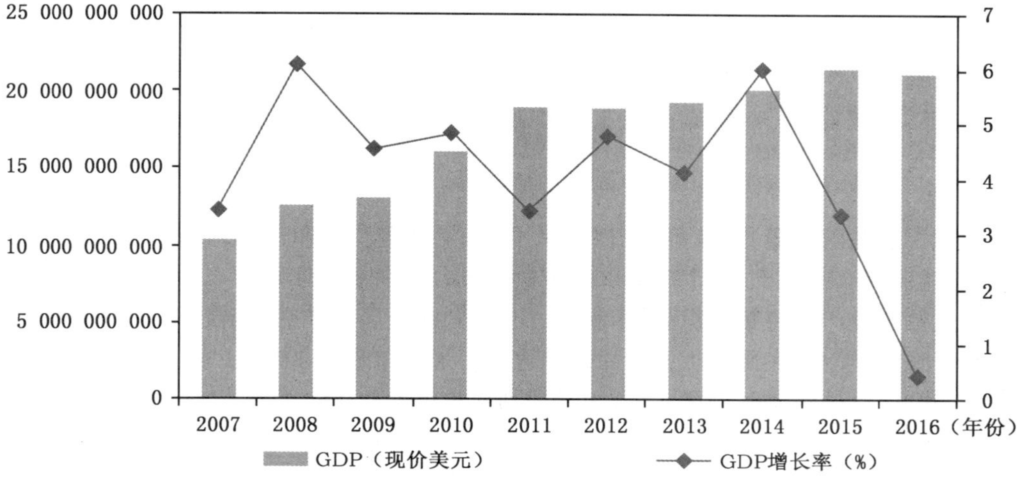

数据来源：世界银行数据库。

图16—2　尼泊尔GDP总数及增幅情况(2007—2016年)

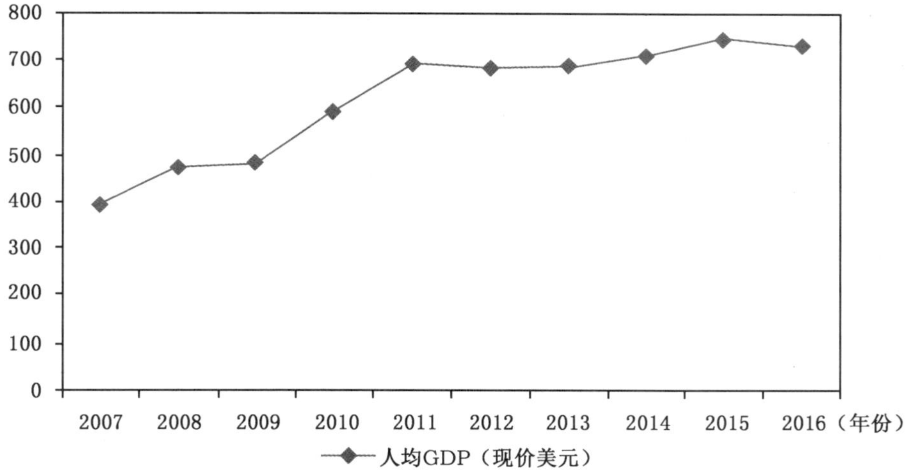

数据来源：世界银行数据库。

图16—3　尼泊尔人均GDP(2007—2016年)

(二)产业状况

尼泊尔是世界上最不发达国家之一，也是一个典型的农业国家。农业是尼泊尔经济命脉，是尼泊尔的第一大产业。尼泊尔全国人口总计2 534万，农业人口约占2 000万，80%以上人民的生活水平依赖于农业的发展。尼泊尔山多地少，耕地分布不均衡，现尼泊尔耕地面积309.1

万公顷，占总面积的18%，人均耕地面积2.5亩。其中，特莱平原人均耕地面积为2.13亩，山区人均耕地面积仅为1.12亩。草地面积占15%，主要用于牧业。整个农业生产水平十分低下，基本上处于自给自足的自然经济状态。

1. 农业

2012年，尼泊尔农业产值31.2亿美元，比2011年增长4.9%。耕地面积为325.1万公顷，占总领土面积约18%，人均耕地面积2.5亩，山多地少，耕地分布不均衡，40%的耕地没有灌溉设施。主要农作物有稻谷、玉米、小麦，经济作物主要有甘蔗、油料、烟草等。

政府重视农业产业化发展，2013年3—12月，尼泊尔对农业投资达482.4亿卢比，投资涉及畜牧业、林业、渔业、茶叶种植及农业服务业等领域。其中对畜牧业投入资金最多，达到141.5亿卢比。

2. 工业

尼泊尔工业基础薄弱，规模小，机械化水平低，发展慢。工业产值占全国GDP的20%左右，其中制造业、能源工业、矿产工业和建筑业占GDP的比例分别为7.7%、2.3%、0.5%和10.4%。主要工业产品包括纺织品、木制品、皮制品、非金属矿产品、钢铁、食品、饮料等。尼泊尔工业起步晚、规模小，大部分工业产品依赖进口。尼泊尔现有11个工业区，共占地4 200亩，吸纳企业420家。拟建经济特区4个，尚未得到立法批准。

3. 能源情况

尼泊尔90%的能源消耗来自传统能源，其中木材和石油产品居多。为减轻对森林资源的压力，政府着力开发水力资源。尼泊尔水资源丰富，全国水电蕴藏量8 300万千瓦，可供开发的水能达4 200万千瓦，占世界第二位。全国水力发电安装能力60万千瓦，只能满足全国50%多的人口需要。

4. 旅游业情况

旅游业是尼泊尔的支柱产业。尼泊尔地处喜马拉雅山南麓，徒步旅游和登山业发达，产值约占国民生产总值的29%。高峰时，外国游客达到60多万人次/年；低峰时，外国游客也能达到20多万人次/年。2012年，接待航空游客59.53万人，比2011年增长18.9%。赴尼泊尔旅游的主要为亚洲游客，其中以印度、中国游客居多，其次为西欧和北美游客。

从表16—1可知，尼泊尔农业占比基本维持在30%左右，说明尼泊尔农业仍然是其主要的经济命脉，而工业占比仅为15%左右，且呈现逐年递减的状态，说明其工业基础依然薄弱。

表16—1　　尼泊尔产业情况(2007—2016年)　　单位：亿美元、%

年份 指标	2007	2008	2009	2010	2011	2012	2013	2014	2015	2016
农业增加值	32.2	38	40	53.1	66.2	62.5	60.8	60.5	62.9	61.6
农业占GDP比重	31.17	30.31	31.32	33.18	34.98	33.15	31.53	30.27	29.38	29.17
工业增加值	16.4	20.1	19.4	22.7	26.7	26.6	27.3	27.7	29.4	27.6
工业占GDP比重	15.87	16.05	15.07	14.2	14.11	14.1	14.15	13.83	13.72	13.06

数据来源：世界银行数据库。

(三)外贸情况

尼泊尔2014—2015财年对外贸易总额为8 712.21亿卢比，同比增长7%。2015—2016财年尼泊尔对外贸易总额为8 522.9亿卢比(约80.14亿美元),同比下降2.2%。其中,尼泊尔出口总额为711.4亿卢比,同比下降17.9%;进口总额为7 811.5亿卢比,同比下降0.4%。贸易逆差增长1.7%,达7 100.1亿卢比(约66.76亿美元)。尼泊尔出口总额中,对印度出口396.95亿卢比,同比下降28.9%,主要出口产品为豆蔻、茶叶、人造丝和人造短纤维等;对其他国家出口同比上升6.7%,为314.45亿卢比,主要出口产品为羊毛地毯、成衣制品、纱线、钢铁制品、豆蔻、果汁、羊绒披肩和其他纺织品等。尼泊尔进口总额中,从印度进口4875.97亿卢比,同比下降2.5%。主要进口商品包括钢铁制品、成品油、车辆及配件、机械设备及配件、谷物、电子电气设备、电信设备及配件等。

尼泊尔的主要贸易伙伴是印度、中国、阿联酋、美国、印度尼西亚、德国、泰国、阿根廷、法国、马来西亚、日本。尼泊尔作为内陆国家,对外贸易严重依赖印度。2014—2015财年,尼印贸易额占尼泊尔对外贸易总额的63.8%,印度是尼泊尔最大的进口来源地和最大的出口目的地。受交通条件所限,尼泊尔进出口商品运输主要通过印度加尔各答港进行。

尼泊尔于2004年4月23日成为WTO第147个正式成员,是首个通过提交工作报告形式加入WTO的最不发达国家。

作为南亚区域合作联盟(SAARC)的创始国,尼泊尔于2006年1月1日签署《南亚自由贸易区协定》(SAFTA),各成员国承诺在2016年前达到相同的关税水平。2004年2月,尼泊尔加入孟加拉湾多领域技术经济合作组织(BIMSTEC),该组织承诺2017年前实现成员国间自由贸易。尼泊尔与印度分别于2007年3月6日和2009年10月27日重新修订了双边贸易协定,除烟草、香水、氧化锌和纱线4种商品外,尼泊尔商品享受单方面零关税待遇。2013年,尼泊尔与印度签署了过境协议。

从表16—2可知,近年来尼泊尔出口额和进口额都有增长,且逆差额在逐年扩大。

表16—2　　近年来尼泊尔外贸统计　　单位:亿卢比

年份 / 进出口额	2011—2012	2012—2013	2013—2014	2014—2015
出口额	740.9	773.5	902.9	866.4
进口额	4 981.6	6 012.1	7 087.6	7 845.8
差　额	—4 240.7	—5 238.6	—6 184.7	—6 979.4

资料来源:Nepal Rastra Bank。

60多年来,外援对尼泊尔经济社会发展一直起着十分重要的作用。目前,尼泊尔财政预算支出的1/3来自国外援款(包括无偿援助和优惠贷款),此外还有大量游离于国家预算之外的非官方援助。尼泊尔接受的外援主要集中在教育、地方发展、医疗、能源、道路交通、饮用水、农业及和平建设等领域。截至2015年底,全世界共有41个国家和地区及国际组织为尼泊尔提供官方援助,其中34个在尼泊尔设立了常设机构。据统计,2014—2015财年(2014年7月16日至2015年7月15日),尼泊尔政府共接受外部援助11.3亿美元(含贷款),其中官方发展援助10.2亿美元,国际非政府组织援助1.17亿美元。

三、社会文化环境

(一)民族和宗教

尼泊尔自古就是一个多民族的国家,包括白种、黄种、混血人种。按照时间的先后,大致可以分为三类:第一类是土著民族;第二类是西藏移民;第三类是印度移民。经过历史的演变,逐渐形成今天的30多个民族,包括卡斯族(Khasas)、尼瓦尔族(Newar)、玛嘎族(Magar)、塔芒族(Tamang)、夏尔巴族(Sherpa)、塔鲁族(Tharu)、拉乌特族(Raute)等。

宗教繁荣是尼泊尔社会生活的一大特色。印度教是尼泊尔的国教。据统计,尼泊尔居民中,印度教徒占90%,佛教徒占7%—8%,其他教徒占1%—2%。但是,在尼泊尔,印度教和佛教往往相互混合在一起,教义相互渗透,一个人兼有多种崇拜很普遍。事实上,佛教徒视印度教三位一体的神婆罗贺摩、湿婆和毗湿奴为原始的佛祖化身。同样地,印度教徒也视释迦牟尼为毗湿奴的化身。在尼泊尔,通过奉献贡品、宗教仪式遵循神的法规和受神的安慰是每日生活的重要部分。每个人都以自己的方式参加宗教活动。而这样的宗教仪式随时随地在任何场合举行。对于一般人来说,这样做可以保持和增强他们与神的感情交流,并以重复千万次的姿态和虔诚,去感知自己内心中无处不在的神灵。

1. 印度教

尼泊尔是世界上唯一的印度教君主立宪国。印度教在尼泊尔的流传比佛教晚,但是后来逐渐成为尼泊尔的国教。与此同时,佛教依然盛行,两种宗教和睦相处,并行不悖。虽然尼泊尔的历届统治者都是印度教徒,但大多数支持佛教和其他宗教的发展。种姓制度和种姓意识在尼泊尔的印度教徒中不像在印度的印度教徒中那样严格和强烈。在尼泊尔,印度教主要在上层种姓婆罗门和切特里、某些尼瓦尔族人以及特莱平原居民中流行。湿婆神,印度教三大主神之毁灭和重建之神,是尼泊尔最重要的神。湿婆神通常表现为男性生殖器,象征着他的创造职责。尼泊尔的湿婆神庙多半装饰有男女交欢的雕刻,原因是印度教徒相信,湿婆与性力女神的结合,是创造生命的原动力。

2. 佛教

佛教在尼泊尔占有重要地位,因为相传佛祖释迦牟尼就诞生在尼泊尔。远在印度教传入尼泊尔以前,佛教就在尼泊尔传播和流行。今天,在加德满都谷地矗立着许多古老辉煌的佛教建筑,它们标志着佛教在尼泊尔辉煌一时。尼泊尔的佛教属大乘派,中心思想是人可以通过遵循菩萨的榜样而达到"涅槃"境界。虽然印度教是当今尼泊尔占统治地位的宗教,但佛教仍占有重要地位。佛教主要在塔芒人、古隆人、夏尔巴人以及其他一些居住在高山区的民族和部落中流行。

(二)语言

尼泊尔语是目前尼泊尔的官方语言,印度的14种官方语言中也有尼泊尔语。在尼泊尔境内,母语为尼泊尔语的人占全国人口的45%。尼泊尔语是印欧语系的一种语言。

英语不是尼泊尔的官方语言,但高等院校、中小学私立学校都用英语教学。所以,英语在受过高等教育的尼泊尔人中比较普及,与旅游业有关的人一般也会讲一些英语。

尼泊尔人的名字是名在前、姓在后,很多人还有中间名。称呼尼泊尔人一般是喊名字,遇到不常见的姓也可以称呼其姓,在名或姓后面加"ji"(吉)表示尊敬。

(三)教育

尼泊尔有5所大学,分别为特里布文大学、马亨德拉梵文大学、加德满都大学、博卡拉大学、普尔阪查尔大学。其中，特里布文大学下设60所直属分院、5座研究中心和134所私立分院。

截至2012年，尼泊尔共有3.3万所公立小学、1.3万所公立初中、8 000多所公立高中，在校学生740多万。

尼泊尔的中小学分为三大类，即国立学校、私立学校和社区基金会学校。国立学校收费低，但教学质量普遍较差。私立学校收费高，教学质量较好，是英语教学。社区基金会学校的情况则不尽相同，也有收费低但教学质量很好的。尼泊尔大学前的教育体制是，小学5年，中学5年，之后“加2”，共12年。10年级毕业有个全国性的通考，叫SLC（中学毕业通考），SLC仍然被尼泊尔人认为是“人生之铁门”。SLC之后的2年“加2”学习就要分科了。尼泊尔的大学课程还处于整合阶段，有些本科课程是3年，有些是4年，医学本科则是4.5年。

（四）重要节日

根据尼泊尔旅游部门发放的资料，尼泊尔每年各种节日多达300多个。几乎每人每年要花1/3的时间来从事节日活动。尼泊尔节日大多与宗教、农时有关。

尼泊尔政府规定放假的节日有近50个，如尼泊尔新年、共和国日、圣线节、蒂哈尔节、霍利节、德赛节、佛诞节、湿婆节、赛马节、神牛节、妇女节、灯节、黑天神节、因陀罗节和圣诞节等。

1. 德赛节

多数尼泊尔人的最大节日。节日在每年的秋季，为期15天，15天中第8、第9、第10这3天最为重要。德赛节是拜女神的节日，国家放假5—7天，学校放假15—30天不等。

2. 蒂哈尔节

该节日为多数尼泊尔人的第二大节日。蒂哈尔节共有5天，但只有3天放假。蒂哈尔节的5天依次是拜乌鸦、拜狗、拜牛、拜自我和拜兄弟。节日期间，加德满都街头非常热闹。以国家名字（Nepal）命名的“尼泊尔纪元”新年就在蒂哈尔节的第四天，即拜自我的那天。

3. 霍利节

霍利节是颜色之节，是个迎接春天的节庆。霍利节那天，朋友、邻居们聚在一起，互相抛撒各种颜色的粉或泼水。本来这是个加强友好关系的节日，但现在有种攻击性的趋势。有些人喜欢用红粉和水偷袭人，导致一些小冲突。如果你不喜欢被撒粉或泼水，这天最好不要出去。霍利节那天，全部学校放假。

4. 灯节

为期5天，根据习俗，第一天称乌鸦日，有拜乌鸦、为乌鸦准备食物的习惯。灯节第二天，喂食、祭拜狗。第三天白天拜母黄牛，晚间点明灯祭拜财神。第四天参拜公牛。第五天为兄弟节，兄弟姐妹们点红点、互赠礼物。

（五）衣着服饰

尼泊尔男人，上身多穿西服式的外套，下身多穿腰肥腿瘦的白裤，头上多戴黑色圆顶小帽。尼泊尔妇女们的传统服饰包括色彩鲜艳的纱丽和旁遮比两大类。尼泊尔人喜欢棕色、白色、红色，喜欢牛、山水图案。尼泊尔人的前额常点着浓浓一团红色的蒂卡，即朱砂。

（六）饮食习惯

尼泊尔本身并没有发展出具有自己特殊风格的烹饪文化，尼泊尔菜只是印度地方性烹调的变化而已，其中还包括一些中国西藏改变而来的饮食。

大米是尼泊尔人的主食，山区人民的主食主要是玉米、小米和荞麦。尼泊尔人喜欢吃薄饼、土豆、青菜和羊肉，爱喝牛奶和茶。吃饭时每人一个盘子，盛放主食和蔬菜，用手抓着吃。

尼泊尔人爱吃甜的和具有香味的点心，像是从糖浆里捞出来一样。例如桔雷比(ielebi)和莱杜(laddu)，形状、包装各有不同，它们的材料和口味也就有所不同。而饭后的奶茶是红茶煮成的，再加上牛奶或羊奶，有的会加入一点生姜。

尼泊尔的 Dalbhat 除了白米饭以外，还有咖喱马铃薯、炒挂菜、豆子汤和一些腌渍的小菜，吃法是将配菜用右手混到饭里。

尼泊尔还有我国西藏饺子，有各种做法，蒸的、炸的还有带汤的；西藏面包，口味像甜甜圈。尼泊尔尼瓦风味，吃法为把白米弄成干干的片状，用辣咖喱调味的马铃薯及其他配菜蘸着吃，配菜有各式干豆和生腌肉，最特别的是，盘子是用树叶缝起来的。

(七)社交与禁忌

1. 接待礼仪

尼泊尔人最通常的表示致意和欢迎的方式是，双手合十然后说"那马斯特"(Namaste)或者"那马斯卡"(Namaskar)。熟人见面以"兄长"称呼。对婆罗门称"爷"，对婆罗门的妻子称"奶奶"。对尼泊尔人的尊称，最好在其姓名后加一个"吉"的音。对婆罗门或年长的人表示尊敬，以低头致礼，而年长者则以右手放在对方头上，以示还礼并表示祝福。尼泊尔还有一种传统的合十伸舌礼，当宾主相遇时，双方首先各自双手合十，并极有礼貌地相互问好，然后各自伸出舌头，以表真诚。在重大的节日里，尼泊尔人往往还要行传统的吻脚礼。尼泊尔人有点燃酥油灯或红烛来接待贵宾的传统仪式，象征着吉祥和对客人的美好敬意。

2. 其他礼仪

尼泊尔人送礼，通常会有三件必送的东西：尼泊尔的帽子、廓尔喀弯刀和布鞋。送帽子是表示最崇高的敬意。廓尔喀弯刀是尼泊尔的国刀，表示对朋友的保护和牵挂。送布鞋，男黑女红，意在祝福朋友平安顺利、前程似锦。尼泊尔人通常会接受旅客赠送的旧衣物，但拒绝收"不洁"的食物(吃过的食物)。

尼泊尔人素来崇牛敬牛，视黄牛为神明。尼泊尔政府于 1962 年正式宣布黄牛为"国兽"，并立法规定神牛受法律保护，可以随便在大街小巷自由行走，不准任意宰杀。尼泊尔人点头表示不同意，摇头表示高兴、同意和赞赏。

3. 风俗禁忌

进入印度教寺庙前务必征得同意，因为寺庙一般是不向非教徒开放的。尊重当地信仰，皮毛物品严禁带入寺庙大门内，不得触及圣所内的供奉物品。不要爬骑在神像上面玩耍或拍照。围绕寺庙或佛塔行走时应依顺时针方向。禁食黄牛肉，不得屠宰雌性动物为食。尼泊尔妇女比较保守，问候时不要有任何身体上的接触。女性旅行者着装不要过于暴露。尽量避免公开的亲昵行为。尼泊尔人相信神祇居住在人的头顶，所以切记不要抚摸小朋友的头。进入寺庙、住宅(尤其是厨房和饭厅)之前要脱掉鞋子，而且在室内不要跨过尼泊尔人的身体或脚，碰此情况，必须绕路而行。不要用脚去碰尼泊尔人或物品，这被认为是一种不严肃的冒犯行为。注意不要用自己使用过的刀、叉、勺子或用手去接触别人的食品或餐具。尼泊尔人之间传递东西要用双手，不能用单手，尤其不能用左手。

小知识

1.点红

尼泊尔语叫“蒂卡”(Tika)。尼泊尔人在举行各种宗教仪式或结婚等生活仪式时，都会在额头上点红。点红可以使用多种材料，但最常用的是大米、花、酸奶和红粉的混合物。点红是吉祥喜庆的标志，所以如果在朋友家参加什么喜庆仪式时有人过来给你点红就不要拒绝。有些寺庙外面常有“点红大师”，请他们点红是要付费的。

2.苦行僧

苦行僧，是指早期印度一些宗教中以“苦行”为修行手段的僧人，在印度已有数千年的历史。尼泊尔以印度教为国教，因此走在尼泊尔首都加德满都的大街上，经常可以看到一些衣衫褴褛、蓬头垢面的中老年男子，他们脸上画着五颜六色的条纹，一手拿着小铁罐，一手拄着拐杖在闲逛。这些人就是印度教国家里独有的一道社会景观——苦行僧。在尼泊尔，苦行僧被叫做 Baba，意思是“圣人”。他们被看成来凡尘普度众生的“神的使者”，受到人们的尊重。多数苦行僧年龄在 40 岁以上，大多赤身裸体，身上涂抹着木炭灰甚至是死人的骨灰。只在腰上裹一块看不出颜色的破布，每人除了一个碗以外几乎一无所有。这些人一生只洗两次澡(出生和死后各洗一次)，身上散发着难闻的气味。他们脸上画着各色条纹，看起来有些狰狞，据说是代表不同的教派，其实这些人性情很温和。

尼泊尔气候温和，自然环境优美，对各种宗教十分宽容，很适合这些人在这里修炼。加德满都的苦行僧大多来自印度。尼泊尔政府对他们基本采取放任的态度，不加任何干预。尼印边境完全开放，两国居民自由往来，不需要任何证件。每年 2 月至 3 月在湿婆神节期间，都会有大批苦行僧汇聚到加德满都，最多时可以达到一万多人。他们在巴格马蒂河两岸搭起临时帐篷，白天进行祈祷和庆祝活动，晚上在河边燃起篝火，火光四起，蔚为壮观。这些人大概要聚集一个月才会慢慢散去。由于现代社会的物欲横流、勾心斗角，让很多人心生茫然和厌倦，渴望远离凡尘的生活，在精神上追求一种升华和净化。这是苦行在当代存在的一个重要原因。苦行僧希望通过把物质需求降到最低来获得心灵的解脱，得到神的庇护和恩赐，从而摆脱无尽的轮回之苦。

四、与中国的贸易关系

中尼两国是友好邻邦，两国人民有上千年友好交往的历史。晋代高僧法显、唐代高僧玄奘到过佛祖释迦牟尼诞生地蓝毗尼(位于尼泊尔南部)。唐朝时，尼泊尔公主尺尊与吐蕃赞普松赞干布联姻。元朝时，尼泊尔著名工艺家阿尼哥曾来华监造北京白塔寺。

中尼建交后，两国政府先后签订贸易、经济技术合作、避免双重征税和防止偷漏税等协定。1983 年 10 月成立中尼经贸联委会，首次会议于 1984 年在北京举行，已召开 11 次会议。1996 年中尼成立民间合作论坛，由两国工商联主办，已举行 11 次会议。

(一)双边贸易

中国对尼泊尔出口商品主要有计算机通信技术产品、非针织钩边服装、塑料底鞋、仪器仪表等；从尼泊尔进口商品有皮革、金属制品、小麦粉、小电器等。

从表 16—3 可知，出口额从 2005 年开始一直逐年稳步增长，进口额先增加后急剧减少，之后稳步增长。但无论是出口额还是进口额,在2015年都大幅减少,这与尼泊尔不利的政治局面以及国内自然灾害使得尼泊尔经济发展迟缓有关。

表16—3　双边贸易额统计　单位:万美元、%

年份	进出口额	出口额	进口额	同比		
				进出口	出口	进口
2005	19 643	18 794	850	14.6	15.1	3.2
2006	26 807	25 979	829	36.5	38.2	−2.5
2007	40 034	38 555	1 479	49.3	48.4	78.5
2008	38 100	37 500	600	−4.8	−2.7	−59.5
2009	41 400	40 900	500	8.7	9	−11.6
2010	74 400	73 200	1 200	79.6	79.1	115.8
2011	119 500	118 100	1 400	60.9	61.5	21.4
2012	199 800	196 800	3 000	67.2	66.6	112.9
2013	225 300	221 000	4 300	12.8	12.3	46.5
2014	233 000	228 300	4 700	3.4	3.3	8.5
2015	86 600	83 400	3 200	−63.4	−63.65	−50.78

根据中国商务部的统计,2016年中尼双边贸易额8.9亿美元,同比增长2.7%。其中,中方出口8.7亿美元,同比增长4%;中方进口0.2亿美元,同比下降30.6%。

2016年,中国向尼泊尔出口的主要商品有电话和电机电气设备及零附件、非针织服装、针织服装、鞋类、机械设备及零件、苹果、羊毛及羊毛纱线、其他纺织品、光学及医疗器具、皮革制品、车辆及零附件、化学短纤维、家具等。

中国自尼泊尔进口的主要商品有贱金属雕塑像及其他装饰、地毯、医疗器具及零附件、生皮及皮革、披肩和围巾、仿首饰、其他纺织制品、有机化学品、铜器、木装饰品、羊毛机织物等。

(二)对尼援助

1956年以来,中国向尼泊尔提供经济技术援助并建设了一批项目,主要有公路、砖瓦厂、造纸厂、水电站、纺织厂、制革厂、水利灌溉工程、糖厂和国际会议大厦等。

(三)承包劳务合作

中国在尼泊尔工程承包与劳务合作始于1981年。截至2015年10月,中国在尼泊尔累计签订工程承包与劳务合作合同额33.3亿美元,完成营业额24.8亿美元。

(四)相互投资

截至目前,中国累计对尼泊尔非金融类直接投资存量1.7亿美元,尼泊尔企业对华累计直接投资249万美元。

从图16—4可知,中国对尼泊尔的出口数额逐年增加,2014年达到最高,由于尼泊尔国内政局动荡和经济发展的滞后,导致2015年和2016年出口数额急剧下降。

从图16—5可知,中国从尼泊尔的进口额呈现出先下降后缓慢上升,从2012年开始,中国从尼泊尔的进口额增长速度较快,2014年达到最高值,之后又开始下降。

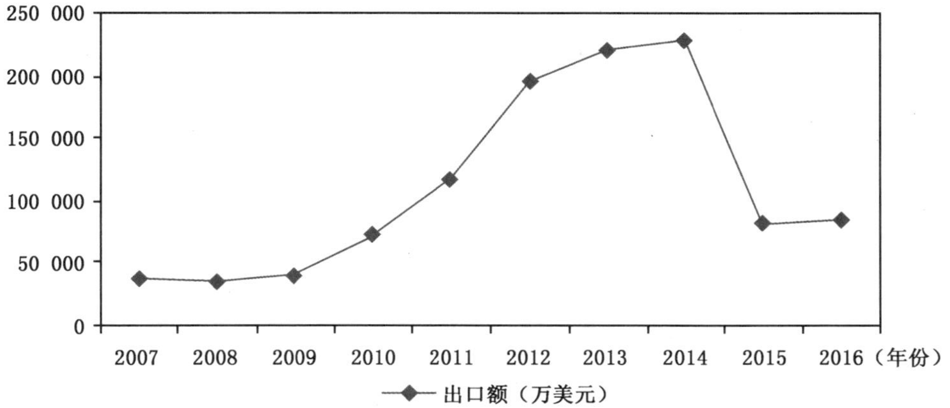

数据来源:《中国统计年鉴》。

图 16—4　中国对尼泊尔的出口数额(2007—2016 年)

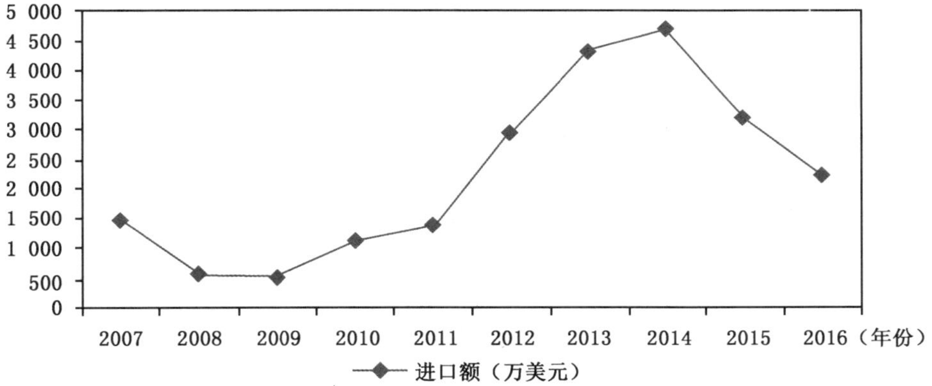

数据来源:《中国统计年鉴》。

图 16—5　中国从尼泊尔进口的数额(2007—2016 年)

课后思考题

1. 尼泊尔的对外贸易政策有哪些?
2. 在尼泊尔从事商务活动应注意哪些礼仪和禁忌?
3. 请根据图 16—4 和图 16—5 分析中国与尼泊尔近年来的进出口情况及其成因。

第十七章 不丹 (Bhutan)

一、基本情况

不丹王国(The Kingdom of the Bhutan),简称不丹,建立于1907年,实行世袭制。不丹位于喜马拉雅山脉东段南坡,其东、北、西三面与中国接壤,南部与印度交界,为内陆国家,面积3.84万平方千米,人口79.78万(2016年)。不丹有"神龙之国"、"森林之国"、"花卉之国"的别称。2016年不丹人均GDP为2 773美元,属于中下等收入经济体。虽然不丹是最不发达的资本主义国家,但不丹是世界上幸福指数最高的国家之一。在2006年发布的"全球快乐国度排行榜"中,不丹名列第八位,位列亚洲第一位。

小知识

不丹国旗与国徽

国旗

不丹国旗是一种龙旗,呈长方形,长与宽之比为3∶2。由金黄色和橘红色的两个直角三角形组成,中间一条白色的飞龙,四个爪子各抓一颗白而亮的宝珠。金黄色象征国王的权力和作用;橘红色是僧侣长袍的颜色,象征佛教的精神力量;龙象征国家权力,又指这个国家的名字,因为不丹可译为"神龙之国";龙爪上握有白珠,象征威力和圣洁。

国徽

不丹国徽形状为圆形,由一朵莲花和它托起的两个菱形雷电(金刚杵)组成,雷电上面镶有宝石,两侧环抱着两条相向的巨龙。雷电代表着世俗与宗教力量之间的和谐;莲花象征纯洁;宝石表示至高无上的权力;而两条龙(一雄一雌)则代表了其用宏大的嗓音和雷声所宣告的国家名称。

(一)建国历程

不丹在公元 8 世纪为吐蕃一个部落，9 世纪成为独立部落。12 世纪后，藏传佛教竹巴噶举派逐步成为执掌世俗权力的教派。1651 年不丹政教领袖夏仲·阿旺南杰圆寂后，不丹内部陷入混乱，僧侣集团和世俗集团矛盾尖锐。1729 年不丹发生内乱，1730－1731 年清政府派西藏地方官员调停不丹内乱，1736 年不丹第十任第巴(国王)米旁旺布接受中国清朝政府册封"额尔德尼第巴"名号。

1772 年，英国侵犯不丹。1865 年，英国通过《辛楚拉条约》强迫不丹割让包括噶伦堡在内的第斯泰河以东约2 000平方公里的领土。1907 年，乌颜·旺楚克废除德布王，建立不丹王国，集政教大权于一身，成为世袭国王。1910 年 1 月，同英国签订《普那卡条约》，规定不丹对外关系接受英国的"指导"。1949 年 8 月，同印度签订《永久和平与友好条约》，规定不丹对外关系接受印度的"指导"。1971 年不丹加入联合国，1973 年成为不结盟运动成员，1985 年成为南亚区域合作联盟成员。1989 年为反对西方和印度文化对不丹的侵蚀，不丹推行了"振兴传统文化运动"。1998 年以来，不丹实行政治体制改革，到 2008 年结束了长期实施的君主制，改为议会民主制的君主立宪国家。

(二)人口状况

不丹人口相对较少，增长缓慢。从人口总量上看，不丹人口规模呈缓慢递增态势；从 2007 年的 68.7 万人上升到 2016 年的 79.78 万人，10 年间增长了 11.08 万人。从增长速度上看，不丹人口的增长率呈逐年下降态势，从 2007 年的 2.17%下降至 2016 年的 1.31%(见图 17－1)。

(三)地理环境

不丹位于亚洲南部，是喜马拉雅山东段南坡(属青藏高原南底)的内陆国家，西北部、北部与中国西藏接壤，西部、南部和东部分别与印度锡金邦、阿萨姆邦和中国山南交界，总面积38 394平方千米。

不丹的地势高低悬殊，北高南低，从北至南逐渐下降，分为北部高山区、中部河谷区和南部丘陵平原区。全国除南部小范围的杜瓦尔平原外，山地占总面积的 95%以上，素以山国著称。不丹各地的海拔高度悬殊：一个是全国海拔最低的位于东南地区的玛纳斯河，它的海拔高度只有 97 米；另一个则是北部喜马拉雅山脉，那里的高峰海拔高度都在6 000－7 000米甚至更高。不丹冰川主要位于不丹北部的高山地区，占不丹总面积的 10%。这些冰川是不丹可再生水资源的重要源头，每年都可以给不丹的人民带去大量清新的水资源。

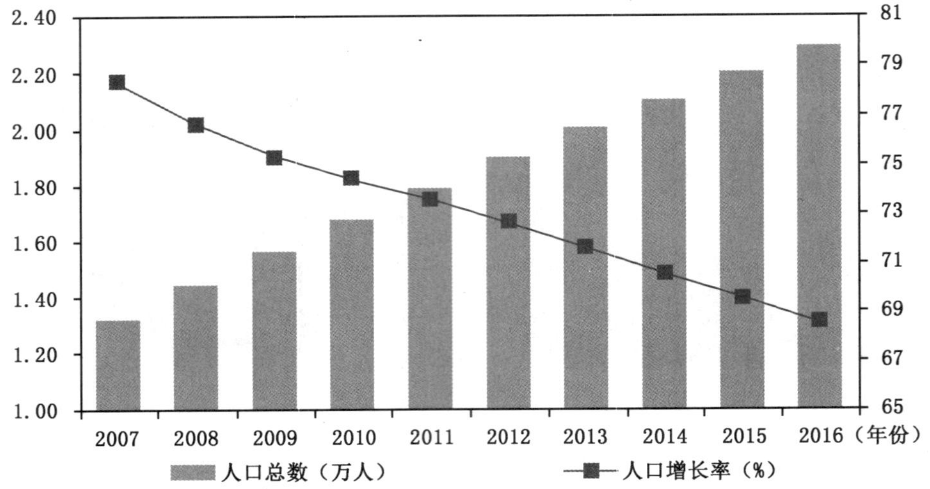

数据来源：世界银行数据库。

图 17－1　不丹人口规模及增长情况

不丹北高南低，南部山区属亚热带气候，湿润多雨，年降水5 000－6 000毫米；中部河谷区，气候温和，年降水760－2 000毫米，海拔180－7 550米。不丹有阿莫河、旺河、普纳昌河和玛纳斯河四大河流水系，全境河流密布，降水丰富，河水补给充足。

（四）资源禀赋

不丹森林覆盖率约占国土面积的 72%，为世界之首，有"绿色王国"之称。境内物种丰富，野生动物多达 165 种以上，多系珍禽异兽，每万平方公里上有植物3 281种。已建成 6 个国家公园和 9 个生态保护区，自然保护区面积占国土面积的 51.4%。主要树种有婆罗双树、橡树、松树、冷杉、云杉、桦树等，以丰富的名木花草闻名遐迩。不丹盛产水果，苹果、柑橘等水果大量向印度和孟加拉国出口。由于不丹河流密布，地势高低悬殊，水力资源十分丰富，水电资源蕴藏量约为 3 万兆瓦，目前仅约 1.5%得到开发利用。此外，不丹矿产资源也很丰富，经济价值比较高的矿产有白云石、石灰石、大理石、石墨、石膏、煤、铅、铜、锌、云母等。

（五）政治环境

1. 政治体制

不丹政体为君主立宪制。1998 年，第四世国王吉格梅·辛格·旺楚克不再兼任政府首脑，将政府管理权移交给大臣委员会。2001 年，成立宪法起草委员会，启动制宪工作。2007 年 12 月，举行首次国家委员会（上院）选举。2008 年 3 月，举行首次国民议会（下院）选举，成立首届民选政府，标志着不丹开始向君主立宪制转变。2008 年 7 月，不丹颁布首部宪法。

不丹实行两院制，由国王、国家委员会（上院）、国民议会（下院）组成，拥有立法权。上院由 25 名议员组成，均为非党派人士，其中 20 名由各宗选举产生，其余 5 名由国王任命知名人士担任。下院由 47 名议员组成，由选民直接选举产生。两院议员任期 5 年。现任国王吉格梅·凯萨尔·纳姆耶尔·旺楚克仍是政府和武装部队的最高元首，但议会对国王有弹劾的权力。根据不丹宪法，经 2/3 议员同意，议会有权向国王提出退位动议；如动议获议会 3/4 投票通过，则应举行全民公投以决定国王是否退位。宪法还规定，国王在位年限不得超过 65 岁。

2. 政府

根据不丹宪法，在国民议会选举中获多数议席的政党领导人将由国王任命担任首相，负责组阁。首相任期不得超过两届，各政府部门大臣人选通过首相推荐由国王任命。经 1/3 以上议员同意，国民议会可向政府提出不信任动议；如动议获国民议会 2/3 以上投票通过，则国王有权解散政府。2013 年 7 月，不丹人民民主党在第二届国民议会选举中获胜并组建新政府，策林·托杰担任首相。政府还设有 11 个直属机构：皇家文官委员会、国家计划委员会、国家环境委员会、国家劳动局、皇家货币局、国家技术培训局、皇家管理学院、法律事务局、不丹研究中心、地方发展委员会和国家文化事务委员会。

3. 政党

不丹正式注册的有 5 个政党，主要有繁荣进步党和人民民主党。政府由在大选中得票最多的政党组阁，其他政党则成为反对党。人民民主党于 2007 年成立，主席为策林·托杰，现为执政党，占国民议会(下院)47 席中的 32 席。繁荣进步党于 2007 年成立，主席为前农业部长佩玛·嘉措，现为在野党，占国民议会(下院)47 席中的 15 席。

4. 司法体制

不丹高等法院为最高司法机构，但国王拥有最高司法权力，包括受理最高上诉案件。高等法院于 1968 年在廷布设立，包括首席法官在内共有 8 名法官。其中，2 名由国民议会选出，任期 5 年；其余由国王指派，任期由国王决定。各宗设有地方法院，由国王任命的宗长和地方法官负责处理地方诉讼案件。现任首席大法官为索南·多杰。

二、经济环境

(一)经济概况

不丹作为南亚地区一个比较封闭的内陆小国，曾经是世界最贫穷的国家之一，独立后经济不断发展。1961 年起，不丹开始实行经济发展的“5 年计划”，并从印度、瑞士、联合国开发计划署等国家和国际组织获得经济援助。到 2012 年，不丹已经成功完成了 10 个“5 年计划”。2013—2018 年为不丹的第 11 个“5 年计划”，预计总投资约2 132.91亿努，较上一个“5 年计划”增长 45.8%，主要目标是实现社会经济自给自足、包容、绿色发展。这意味着到 2018 年底，不丹在没有官方发展援助的情况下也能够满足其国家发展需要，减少不平等，提高生活水平和生活质量，并实现低碳可持续发展。

近年来不丹一直贯彻“国民幸福总值”(GNH)理念，致力于实现经济、社会、文化和环境的均衡可持续发展。从图 17—2、图 17—3 中可以看出，近些年来，不丹的 GDP 总量和人均 GDP 在波动中上升。GDP 总量从 2007 年的 11.96 亿美元增加到 2016 年的 22.13 亿美元，增长了 85.03%；人均 GDP 从 2007 年的1 741美元增加到 2016 年的2 773美元，增长了 59.28%。从增长速度上看，不丹 GDP 增长率呈波动下降趋势，从 2007 年的 17.93%下降为 2016 年的 7.99%。2007 年 GDP 增长率为近年来的最高，达 17.93%，2010 年次之，为 11.73%，2013 年最低，为 2.14%。

(二)产业状况

从总体上看，不丹产业结构呈“三二一”特征。第一产业是不丹的支柱产业，产业增加值增长态势良好，但随着现代产业的出现，农业占 GDP 比重呈逐年下降趋势；第二产业对国民经济贡献比较稳定，一直保持在 40%以上；第三产业发展迅速，已经成为经济发展的主要动力。

1. 第一产业

农业是不丹的支柱产业。自 20 世纪 50 年代实行土地改革后，98%以上的农民拥有自己

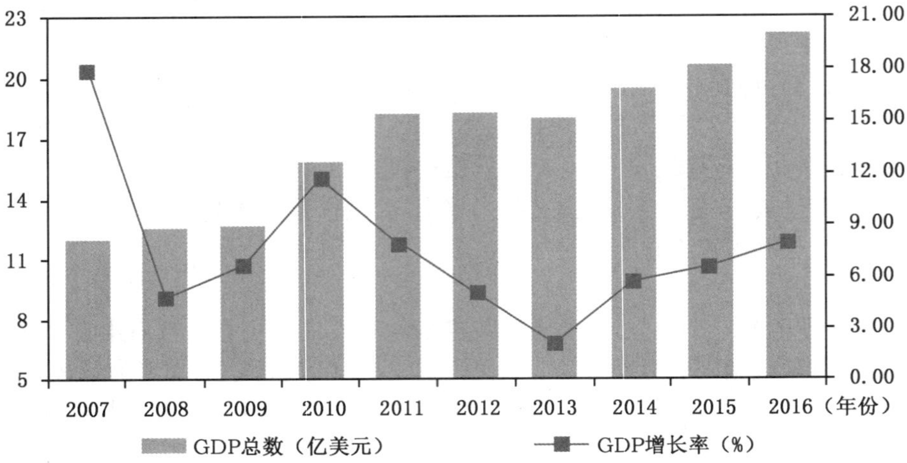

数据来源：世界银行数据库。

图 17－2　不丹 GDP 总数及增幅情况(2007－2016 年)

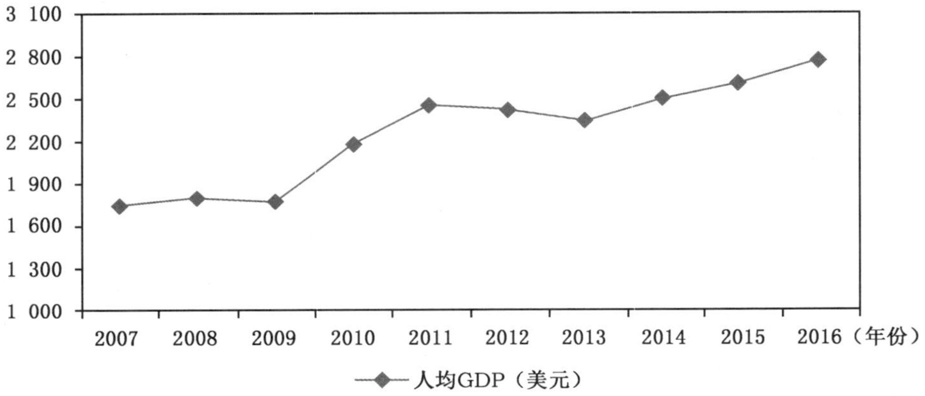

数据来源：世界银行数据库。

图 17－3　不丹人均 GDP(2007－2016 年)

的土地、住房，平均每户拥有土地 1 公顷多。全国可耕地面积占国土总面积的 16%，粮食基本自给。主要的农作物有玉米、稻子、小麦、大麦、荞麦、马铃薯和小豆蔻等。经济作物主要包括苹果、柑橘、桃子等水果，产量丰沛，大量向印度和孟加拉国出口。不丹的畜牧养殖较为普遍，特别是北部山区居民，主要靠畜牧为生。林业方面，树种繁多，主要有婆罗双树、橡树、松树、冷杉、云杉、桦树等，以丰富的名木花草闻名遐迩。2015 年，第一产业增加值为 3.15 亿美元，占 GDP 比重的 16.6%，同比增长 9.7%。其中，农作物、畜牧业、林业分别占 GDP 比重的 10.2%、3.9%和 2.5%。农业和林业劳动人口占总就业人口的 58%。

2. 第二产业

不丹的工业起步于独立后，主要包括水电业、建筑业和制造业。虽然不丹的工业起步晚，但发展较快。2015 年，工业总增加值为 7.78 亿美元，约占 GDP 比重的 41.4%。其中，建筑业、制造业、水电业分别占 GDP 比重的 14.1%、8.9%和 18.3%。2015 年，不丹全国发电量为 77.31 亿千瓦时，出口 57.21 亿千瓦时。目前，水电业及相关建筑业已成为拉动不丹经济增长的主要因素。

3. 第三产业

旅游业是不丹外汇的重要来源之一。1974 年不丹开始对外开放旅游业,但控制较严,一般只接受团体旅游。出于环保考虑,对境外游客每人每天收取 165—200 美元的最低消费费用。1987 年 7 月起,寺院、宗教圣地不对外开放。每年 3—6 月、9—12 月是旅游旺季,游客主要来自泰国、中国、日本、美国和欧洲等地。不丹第三产业发展迅速,2015 年,第三产业增加值为 7.55 亿美元,占 GDP 比重的 42.1%;入境游客167 379人次,创收7 105万美元。

(三)外贸情况

对外贸易在不丹国民经济中占有较大比重,但外贸发展速度缓慢,主要在南盟成员间进行。印度是不丹的最大贸易伙伴,与不丹签有自由贸易协定。不丹的进口贸易分为 3 级,即政府、地区和私人。皇家政府负责重要配额商品的进口,配额以外的商品大多由地区直接进口,一些零星商品则允许私人公司进口。

2014—2015 财年,不丹进口额为 619.23 亿努,出口额为 359.01 亿努。不丹对印度的进出口额分别占其总进出口额的 78%和 85%。其他主要贸易伙伴有中国、韩国、泰国、新加坡、日本等。其中,不丹与孟加拉国之间签有优惠贸易协定。不丹主要出口产品为电力、化学制品、木材、加工食品、矿产品等,主要进口产品为燃料、谷物、汽车、机械、金属、塑料等。

不丹经济建设严重依赖外国和国际组织援助。2014—2015 财年,不丹接受外援 99.55 亿努,占 GDP 的 8%,较上一财年减少 30.1%。其中,印度是最大援助方。此外,不丹还接受来自日本、丹麦、联合国开发计划署、奥地利、荷兰、瑞士、亚洲开发银行、世界银行等方面的援助。

三、社会文化环境

不丹没有战乱,社会安宁,生态环境良好,人民安居乐业,是世界上国民幸福指数最高的国家之一。由于长期受佛教教义的熏陶,宽厚待人、与世无争的思想早已渗入当地人的生活中,锁和钥匙在不丹几乎已无用武之地。不丹的主要民族即不丹族和尼泊尔族均属于喜马拉雅山地民族,具有谦和温顺的民族性格,其风俗和礼仪与我国藏族相近。由于长期生活在闭关自守的国度里,且受宗教影响较深,不丹人的风俗习惯常带有较为浓重的宗教色彩。

(一)民族和宗教

不丹现有主要民族为不丹族、尼泊尔族,以及少数土著人和移居者。不丹族人,也称“竺克巴”(Drukpa),遍布全国各地,占全国总人口的 50%,主要是中国西藏人血统和印蒙血统的后裔以及卓克巴(Drokpa)、雷普恰(Lepcha)和多雅(Doya)部落土著人的后裔。尼泊尔族的祖先是 19 世纪(尼方宣称是 17 世纪)从尼泊尔王国来到不丹的,占不丹全国总人口的 35%,他们主要居住在不丹南部地区,主要从事园艺、种植、工商业等。此外,还有部分土著人和移居者,他们约占全国总人口的 15%,散居在全国各地,保持着各自的民族风格和生活习惯,主要从事农牧业和商业。

不丹是一个全民信教的宗教国家,户户都供有神龛。不丹的宗教主要有三种,即佛教(国教)、印度教和不丹原始宗教。不丹有 75%的人口信仰佛教和原始宗教,不丹信仰的佛教是藏传喇嘛教,是不丹的国教,主要是竹巴噶举派。无论是山边路旁还是房顶门前,不丹各地随处可见一片片迎风招展的五彩旗,场面蔚为壮观,这些五彩旗其实是印着经文的经幡。每个村或寨里至少有一座寺庙,全国有2 000多座古代佛教寺庙和1 000多座佛塔(见图 17—4)。不丹最早的寺庙建于 637 年。噶举派喇嘛教传入不丹的历史大约可追溯到公元 7 世纪中叶,最早是由中国西藏王松赞干布在不丹的中部布姆塘河谷修建了贾姆帕寺院，用来传播佛教，所以时至今日，不丹人一直把中国西藏视为佛教圣地，每年都有不少人到西藏烧香朝觐。不丹有25%的人信仰印度教。印度教徒主要在南方，有湿婆派、毗湿奴派和性力派，也有印度教寺庙在廷布。不丹也有苯教，但大部分已经被红教吸收。

图 17—4 山间的寺庙和五彩经幡

(二)语言

不丹的语言十分丰富。由于地形复杂，长期交通不便，加之社会经济文化落后，民间交往较少，因此不丹语言的地方性差异很大，方言十分普遍。在全国流行18种以上的方言中，仅不丹东部地区就有11种方言。现在广泛使用的主要语言有4种：宗卡语(Dzongkha)、夏却普语(Sharchop)、洛昌语(Lhotsam)和英语。不丹皇家政府于1986年把“宗卡语”作为国语，并在全国推广使用，彻底解决了国人间相互交往的语言障碍。英语为不丹的官方语言，只有国家高级公务员和军队高级官员使用，主要用于对外交往。不丹有条件的学校都教授英语。洛昌语的前身是尼泊尔语，主要由居住在不丹南部的尼泊尔人后裔和移民使用，使用人数约占不丹总人口的30%。夏却普语又称昌拉语(Changla)，同时还称东部语，主要在不丹东部地区的扎西岗、隆子、佩玛加泽尔等宗使用。除上述4种主要语言之外，不丹还有2种使用较广的地方语言：一是纳龙语(Ngalong)；二是布姆塘语(Bumtang)。

(三)教育

20世纪60年代前不丹没有正规的学校，传统上由寺院办学，政府资助。1961年实施第一个“5年计划”时，建立了正规的现代教育制度。受印度影响，不丹教育为“五三二二”制。儿童4岁入小学，五年级结业时通过考试进入中央学校或寄宿中学；八年级时参加发展部教育局举办的八年级考试；十年级结束时参加印度学校证书考试理事会举办的十年级考试，通过考试者继续十一和十二年级的学业。中小学核心课程为英语、数学和宗卡不丹语(南部还开设尼泊尔语)；其他课程有英国文学、社会科学、历史、地理、常识、物理、化学、生物和室外实用科目(如初等农学、畜牧学)；此外，还开展课外宗教和文化体育活动。1983 年以前不丹没有高等学校，学生到印度和其他国家接受高等教育。1983 年建立第一所“学位学院”，开设文、理、商课程，1986 年第一批大学生毕业。2015 年，全国有各类学校 2 065 所，教员 10 532 名，在校学生 215 170名。2015 年，不丹毛入学率为 20.21％，适龄儿童入学率为 95.2％，成人识字率(扫盲率)为 64.89％。2003 年 6 月建立第一所大学——不丹皇家大学。1961 年起学校实行双语制，不丹语“宗卡”为必修课。不丹强调职业技术教育，以适应社会需要。不丹教育参与情况见图 17—5。

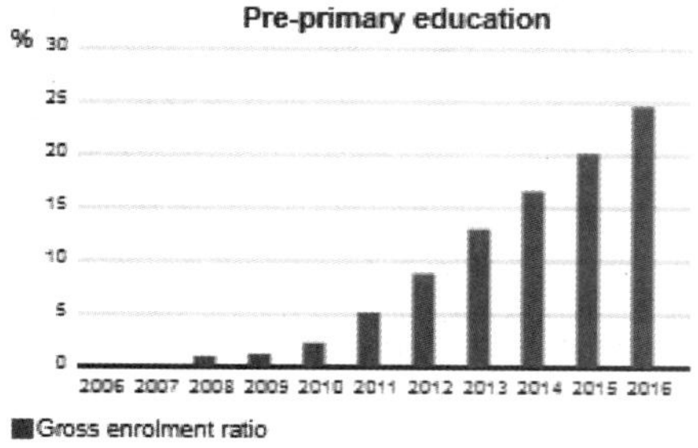

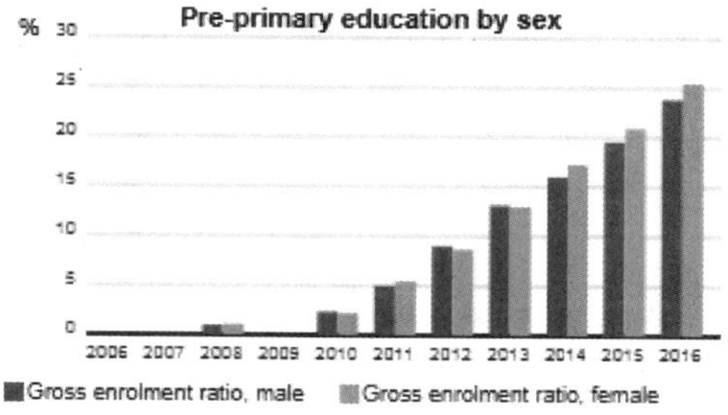

Pre-primary educatic	2008	2009	2010	2011	2012	2013	2014	2015	2016	2017
Gross enrolment ratio (%)										
Total	1.01	1.26	2.29	5.25	8.87	13.06	16.64	20.21	24.67	...
Female	1.06	...	2.21	5.47	8.68	12.99	17.27	20.91	25.49	...
Male	0.97	...	2.37	5.05	9.05	13.12	16.02	19.54	23.87	...

Primary education	2008	2009	2010	2011	2012	2013	2014	2015	2016	2017
Gross enrolment ratio (%)										
Total	99.97	103.81	106.54	108.37	108.5	102.72	100.22	97.86	94.98	...
Female	100.59	104.9	107.9	109.33	109.52	103.43	101.09	98.45	95.3	...
Male	99.36	102.76	105.22	107.44	107.5	102.04	99.38	97.29	94.66	...

资料来源：联合国教科文组织。

图 17—5　不丹教育参与情况

不丹实行全民免费教育政策，如果学习成绩优异，会被国家公费派往欧美或印度留学。国家向学生免费提供学习用品和体育用具，向寄宿学校(包括几乎所有的中央学校、初中以及相当多的小学)学生免费供餐，向部分小学生免费提供午餐，向一些中央学校和学院学生还免费提供服装。历年的国家预算开支中，教育的投入都是高居第一。联合国教科文组织数据显示，不丹教育支出占 GDP 的比重由 2008 年的 4.8％升至 2015 年的 7.39％，占政府支出总额的比重由 2008 年的 15.64％升至 2015 年的 25.52％。

(四)医疗

不丹实行免费医疗，享受基础医疗的人口超过 95％，2/3 的国民可进行定期体检，一旦国内医疗水平无法治愈公民的疾病，政府会送他们去国外免费治疗。不丹人均寿命 66.1 岁。2010 年，有各类医疗机构 730 家，其中医院 31 家，医生 187 名。婴儿死亡率为每千人 40 人。2010 年不丹人口中，14 岁以下的占 30.6％，15－64 岁的占 64.6％，65 岁以上的占 4.8％。1998 年，不丹在日内瓦建立世界首个健康信托基金，保证提供基础医疗用的疫苗和基本药物。不丹传统医学来源于藏医药学，至今仍广泛使用。

(五)重要节日

不丹在一年中有许多节日,可分为传统节日、非宗教节日和宗教节日三大类。最著名的节日有冬至、不丹新年、季风起始日、国庆节等,此外,不丹还有各种各样的宗教节日。除国庆日(12 月 17 日)、国王诞辰(2 月 21 日)、加冕日(11 月 6 日)等纪念日外,不丹的大部分节日按不丹历计算。因此,从公历看,不丹每年的节日在日期上各不相同。

不丹人的过节方式十分特别,每逢节日(包括公共假日),不丹人通常都要举行祈祷仪式和进行宗教舞蹈、戏剧表演。不丹人在进行宗教舞蹈、戏剧表演时,通常都戴有人神面具和动物面具。人神面具着重刻画身着甲胄的英雄、妖魔鬼怪等形象,以表现其忠正、刻薄、贪心、诙谐等各种表情;动物面具以鹿、牦牛、羊和鸟类最为多见。

小知识

戒楚节

纪念佛教圣僧莲花生大士的戒楚节(Tshechus)是不丹最重要的宗教节日。不同的地区在每年特定的时候举行,时间为 4—5 天。节日期间,不丹人通常要举行祈祷仪式和面具剑舞表演。舞蹈由头戴各式宗教面具并身着鲜艳传统服装的僧侣表演,将自己信奉的神佛再现世间。舞蹈通常讲述圣人降伏恶魔的故事或描绘重大的历史事件。不丹人认为,观看面具剑舞是一项祈福和蒙受启示的过程。若能有幸目睹节日最末一天清晨的展佛仪式的盛况,即被认为累积了无量的功德。因此,每个不丹人都想在有生之年至少参加一次节日庆典。不丹的节日同时也是家庭团聚和社交的好场合。人们会穿上自己最好的衣服,戴上艳丽的珊瑚和绿松石首饰,用传统竹篮装好食品,聚集到宗堡(Dzongs)或寺庙里。舞者在庆祝现场中央吟唱着美妙旋律的传统歌曲,观众们谈笑风生,畅饮酥油茶和浓烈的青稞酒。在不丹节日期间,游客必须遵守不丹的戒烟规定,同时要注意礼貌,不能手舞足蹈、大声喧哗、围观拍照。

(六)衣着服饰

不丹人的服饰与我国西藏族相似(见图 17—6),男人多穿用厚棉布或毛织品制成的过膝长袍,这种长袍称为“帼”(Gho),普通称为“波库”,腰间束一根棉的或毛的带子,宽松的衣服袖口向上挽着,胸前的衣服褶层当口袋用,可存放很多东西。这种服装是不丹的民族服装,从国王到普通老百姓都穿这种服装。几乎所有男人都在腰间佩带一把短剑,用于割肉、砍木材、削水果等,必要时还可当武器使用。脚上穿皮靴,头上戴一顶用牦牛毛制作的帽子。帽顶有个斜槽斜向一边,便于排除雨水。妇女通常穿长袍或“旗拉”(Kira)。“旗拉”是一种从肩拖到踝关节的服装,用“柯玛”(金、银制造并用绿松石点缀的饰针)固定在肩的附近,在腰间束一根宽带子。这根带子与男人们束在腰间的带子相似，只不过要宽些。富有家庭的女人通常在“旗拉”外面穿一种用锦缎或丝绒制作的宽松衣袖的外衣，而贫穷家庭的女人往往在“旗拉”外面穿一种用普通纺织品制作的外衣。妇女们喜欢珠宝饰物，她们通常佩戴珊瑚和珍珠项链。上流社会的妇女更喜爱戴昂贵的珊瑚、珍珠、钻石和其他宝石饰物以及用绿松石点缀的金项链。妇女们还喜欢戴戒指、手镯和耳环。男女在正式场合均着披肩，但披肩颜色、样式根据地位不同有严格区别：国王和寺院大主持（堪布）为黄色；政府部长和中央寺院四大法师为橘色；皇家顾问委员会及法院代表为蓝色，无穗；政府官员为红色，无穗；一般公民为白色，两头带穗。

图 17—6 身着传统服饰的不丹儿童

僧人一般穿一种深紫红色长袍，长袍的一角松松地搭在左肩上，裸露右臂。除了高级僧人，现在多数僧人仍打赤脚。在集会或宗教仪式等正式场合，人们往往穿一种皮底绣花布帮传统长鞋。

（七）饮食习惯

不丹人的饮食与我国藏族基本相同，除南部杜瓦尔平原地区居民主食大米外，其余都以小麦、青稞炒面为主，多食牛羊肉，也吃猪肉、奶酪，爱喝酥油茶和青稞酒，有些地方的居民也常用谷物和水果酿成米酒或果酒。不丹人外出时，通常将食物装在密封的竹篮里，把酒（白酒或青稞酒）装在特制的竹编容器里。妇女一般不喝酒，可东部地区的妇女偶尔会喝一点。中部地区的不丹人喜食槟榔，他们的衣袋里常装有槟榔或槟榔叶，互献槟榔是中部地区不丹人的敬客礼仪之一。不丹人待客首先献茶，客人一般不应拒绝饮第二杯茶，以表示愿意做主人的朋友。不丹人还喜食辣椒，每家每户都储存有红辣椒和辣椒制品，不丹食物里常见红红的辣椒，这种习惯与我国四川省的饮食习惯相仿。

（八）社交与禁忌

1. 待客礼仪

不丹人热情好客，待人很有礼貌。无论是富人还是穷人，主人总是非常热情地招待客人。不丹人欢迎宾客的普通形式是主人面向客人，上半身向前弯曲，同时伸出双臂。宾主第一次见面时，主人习惯向客人献哈达。不过，今天献哈达只限于仪式和对长者使用。国家首脑来访时，欢迎形式通常是国王和其他皇室成员交换哈达。如果第一次被国王召见，可以向国王献哈达，国王一般会赠送其他礼物。不丹人有喝茶的习惯，因此，也习惯以茶待客，哪怕是仇人来访，也要招待他喝杯茶，但招待朋友一般是两杯茶。近年来，为防止客人感到不便，他们把茶水沏好，等客人喝了一两口后，马上给茶杯续茶。这样，客人就会自然而毫无拘束地喝第二次茶，同时又表明他是主人的朋友。

2. 风俗禁忌

在吃饭、喝酒、喝茶之前，需将少许食物、茶酒向空中抛洒，以此求神保佑；杀猪当天不能吃肉；若家人出远门，当天不能扫地；家中有人生病，要在门口插树枝，禁止外人进屋；家中若死了人，一年内死者家属不能唱歌跳舞，不能杀鸡宰猪，不能打猎，不能婚嫁。不丹狩猎者信奉：不能将野兽头角抛置山野，或者赠送他人，要把野兽头角挂在灶壁上，外人不得触摸；猎人的狩猎工具不得借给外人等。不丹人认为，头是人体最神圣的部分，请勿触摸不丹人头部。不丹人认为，脚最低贱，请勿将脚伸到别人面前，更不能跷二郎腿。

2004 年 12 月 17 日，不丹政府宣布全国禁烟令，这是世界上第一个全面禁烟令。不丹在全国范围内禁止销售香烟，居民不准在公共场所抽烟，也不准在任何户外地点抽烟。本地商店不准卖任何烟草产品，违反者每次罚款 225 美元以上，多次违反者可能被吊销商业执照。无法戒烟的居民可以自己进口，交 100%的进口税。按政府估计，全国只有 1%左右人口抽烟。

四、与中国的贸易关系

中国与不丹尚未建立外交关系，但保持友好往来。1971 年，不丹投票赞成恢复中国在联合国的合法席位。1979 年起，两国领导人每年均互致国庆贺电。1998 年，两国在第 12 轮边界会谈期间签署了《中华人民共和国政府和不丹王国政府关于在中不边境地区保持和平与安宁的协定》，这是两国第一个政府间协定，对维护两国边境地区稳定具有重要意义。2001 年 6 月，不丹驻印大使达戈·泽林应邀访华，两国驻印大使保持沟通，开辟了两国除边界会谈外新的接触渠道。近年来，中不交往逐渐增多，关系进一步发展。

2011 年中不双边贸易额为 1 700 万美元，2012 年双边贸易额为1 562万美元，同比下降 8.12%。2013 年双边贸易额为1 741.4万美元，同比增长 11.5%。2015 年中不双边贸易额为 1 029.9万美元，同比下降 8.2%。其中，我国出口 994.9 万美元，同比下降 10.5%；进口 35 万美元，同比增长 2.35 倍。截至 2015 年底，不丹来华投资项目有 3 个，但无实际投入。中国在不丹暂无直接投资。同期，中国在不丹签订工程承包合同额1 106万美元，完成营业额 102 万美元。

(一)中国对不丹的出口情况

从图 17—7 中可看出，中国对不丹的出口额波动比较大，但总体呈上升趋势。从 2007 年的 539 万美元增加到了 2017 年的 624 万美元，增长了 15.77%。其中，2010 年以后，中国对不丹的出口额增长迅速，在 2011—2014 年间出口额均在1 000万美元以上，随后又开始下跌，直到 2017 年开始回升。2017 年中国对不丹的出口额为 624 万美元，同比增长 28.8%。中国向不丹主要出口的商品为矿物燃料、电机电气设备、化学制品、木材、加工食品等。

(二)中国从不丹进口的情况

从图 17—8 中可看出，中国从不丹进口的数额较少，且波动幅度较大，但总体呈上升趋势。特别是近几年，随着两国的交往增多，双方的贸易互动增强。早先，中国从不丹进口的数额极少，不到 1 万美元，到了 2017 年，中国从不丹进口的数额约为 18 万美元，比上年同比增长了 34.1%。中国从不丹进口的主要货物为燃料、谷物、汽车、机械、金属、塑料等。

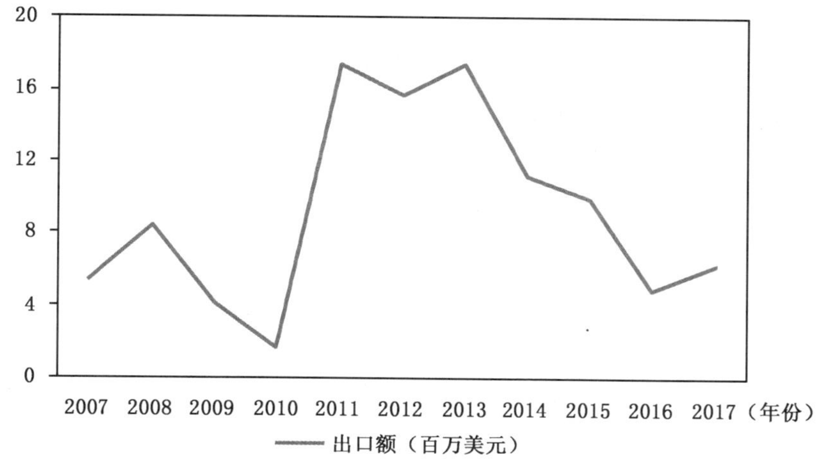

数据来源:《中国统计年鉴》。

图 17－7　中国对不丹的出口数额(2007－2017 年)

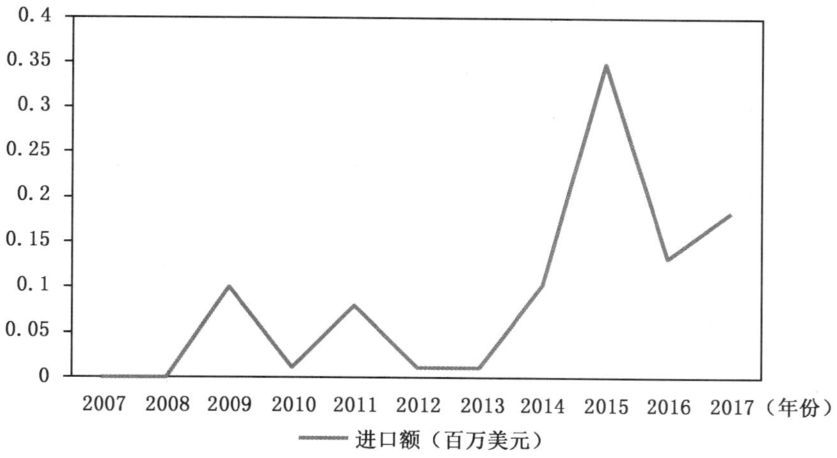

数据来源:《中国统计年鉴》。

图 17－8　中国从不丹进口的数额(2007－2017 年)

课后思考题

1. 不丹是一个怎样的国家？有何特点？
2. 为何不丹经济发展比较落后,却是世界上幸福指数最高的国家之一？
3. 未来中国与不丹可以在哪些领域有更好的合作？

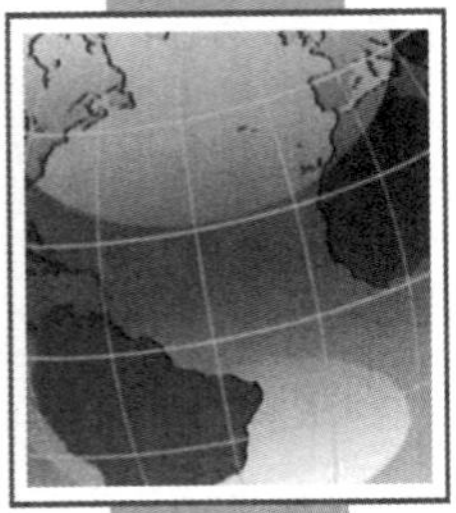

第十八章 马尔代夫 (Maldives)

一、基本情况

1968 年 11 月 11 日马尔代夫共和国(原名马尔代夫群岛)成立,简称马尔代夫。它位于南亚,是印度洋上的一个岛国,也是世界上第七大珊瑚岛国。总面积 9 万平方公里(含领海面积),陆地面积 298 平方公里,由1 200余个小珊瑚岛屿组成,其中 202 个岛屿有人居住。2016 年马尔代夫人均 GDP 为10 118美元,属于中高等收入国家。马尔代夫官方语言为迪维希语,政府文件和法律均用迪维希语写成,少数有英文版本。上层社会通用英语。

首都马累位于同名的马累岛上,面积约 1.5 平方公里,人口 10.8 万(2009 年)。马累的日最高温度 31℃,最低温度 26℃,它是全国政治、经济中心,同时也是港口。经济上,除了渔业及水产品加工外,旅游业发展也很快,建有国际机场。

小知识

马尔代夫国旗与国徽

国旗

马尔代夫国旗呈长方形,长与宽之比为 3∶2。国旗由红、绿、白三种颜色组成。旗中为绿色长方形,四周为红边。红边的宽度为全旗宽度的 1/4,绿色长方形的宽度为全旗宽度的一半。一弯白色新月位于绿色长方形的正中。红色象征为国家主权和独立而献身的民族英雄的鲜血;绿色意味着生命、进步和繁荣;白色新月表示和平、安宁和马尔代夫人民对伊斯兰教的信仰。

国徽

马尔代夫国徽由一弯新月、一颗五角星、两面国旗、一棵海椰子树和一条绶带构成。马尔代夫国徽的新月和五角星表示马尔代夫的国教为伊斯兰教,国旗象征国家的权力和尊严,海椰子树代表人民的生计,底端的绶带上写着马尔代夫的传统名称。

（一）建国历程

历史记载马尔代夫起源于12世纪，但从文学作品和考古中却发现马尔代夫的历史可追溯到先伊斯兰教时代。马尔代夫曾是那些出海远航的伟大探索家们的中转站，这远远早于欧洲航海史。

公元前5世纪，雅利安人来此定居，佛教文化随之传入。

1116年建立了以伊斯兰教为国教的苏丹国，前后共经历了6个王朝。15世纪中叶，印度的坎瑙努拉王公控制马尔代夫。15世纪末，葡萄牙殖民者开始入侵。1513年，马尔代夫王室内部因王位继承问题发生矛盾，葡萄牙人乘机进行干涉，支持卡卢·穆罕默德取得王位，并迫使他同意葡萄牙殖民者在马累驻军筑垒。1518年马尔代夫人民一举消灭葡萄牙驻军，1552年再次击退殖民者的进攻。1558年开始，葡萄牙对其实行殖民统治。在塔库鲁法努的领导下，1573年马尔代夫人民举行了起义，光复祖国并成立了苏丹国。1645年，在锡兰岛的荷兰殖民者宣布马尔代夫属于其势力范围。1752年，印度军队再次入侵马尔代夫，次年法国以调停战争为由入侵马尔代夫。18世纪又遭荷兰人侵，1796年英国人将荷兰人赶出锡兰。19世纪30年代，英国殖民者利用马尔代夫上层贵族的内讧，在苏丹穆罕默德·伊马特·阿德·丁四世的支持下，进一步控制了马尔代夫。1887年，英国锡兰殖民地的省长与马尔代夫苏丹签订条约，马尔代夫沦为英国的保护国。

1932年，马尔代夫改行君主立宪制。1934年，英国承认马尔代夫独立。

1953年马尔代夫成为英联邦内的共和国，1954年议会决定废除共和国，重建苏丹国，实行总统制。1954—1968年，马尔代夫再次成为苏丹国，1965年获得完全独立，那一年它也加入了联合国。该国实行联邦制，被选举的总统为国家元首。

1968年11月11日，通过全民投票宣布成立马尔代夫共和国，废除苏丹国，定伊斯兰教为国教。易卜拉欣·纳西尔就任总统。

1975年加入伊斯兰会议组织，1976年加入不结盟运动。

2016年10月，马尔代夫宣布脱离英联邦。

2018年2月5日，马尔代夫总统亚明正式发布命令，从当天开始全国实行为期15天的紧急状态。

（二）人口状况

马尔代夫全国人口较少，但呈现匀速增长趋势，2016年马尔代夫总人口为42万人，均为马尔代夫族。马尔代夫自称是印度雅利安人种。马尔代夫教科书说，马尔代夫人在外表、语言、性格、文化、传统和行为等方面类似印度人、斯里兰卡人和阿拉伯人。马尔代夫几乎没有华侨，仅有少量在马尔代夫境内的中国劳务人员。马尔代夫人口从 2005 年的 32 万人上升到 2017 年的 44 万人，增长率仅为 37.5%。从逐年增长速度来看，马尔代夫人口增长率变动幅度较小(见图 18－1)。

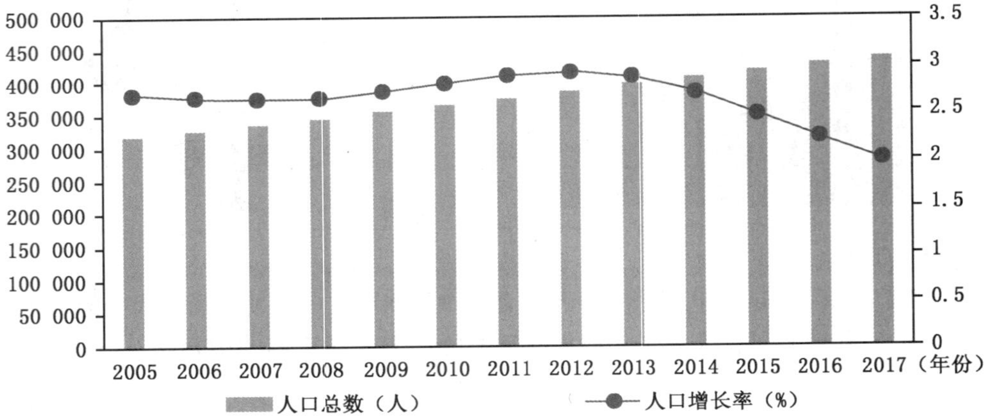

数据来源：世界银行。

图 18－1　马尔代夫近几年人口情况(2005－2017 年)

(三)地理环境

马尔代夫位于赤道附近，具有明显的热带雨林气候特征，大部分地区属热带季风气候，南部为热带雨林气候，终年炎热、潮湿、多雨，无四季之分。没有飓风、龙卷风，偶尔有暴风。年降水量1 900毫米，年平均气温 28℃。每年 3－4 月气温最高，达 32℃。马尔代夫的最高点是全世界所有国家中最低的，并且是最平坦的印度洋上的群岛国家，由 26 组自然环礁、1 192个珊瑚岛组成，分成 19 个行政组，分布在 9 万平方公里的海域内，岛屿平均面积为 1－2 平方公里，地势低平，平均海拔 1.2 米。

(四)资源禀赋

马尔代夫拥有丰富的海洋资源，有各种热带鱼类及海龟和珊瑚、贝壳之类的海产品。马尔代夫及周围水域拥有 700 多种鱼类，生产鲣鱼、金枪鱼、龙虾、海参，还有少量的石斑鱼、鲨鱼等。最多的是珊瑚鱼，它们的颜色、形状、大小各不相同。

(五)政治环境

马尔代夫为总统制国家。1978 年，加尧姆当选总统，此后 5 次连任。2007 年 8 月，全民公投决定继续实行总统制。2008 年 8 月，新宪法正式生效，规定总统为国家元首、政府首脑和武装部队统帅，有权任命内阁成员，但必须经议会批准。所有议员通过选举产生，总统不再有任命议员的权力。建立独立的最高法院，总统不再是司法系统的最高长官。

二、经济环境

(一)经济概况

马尔代夫也曾是联合国确定的最不发达国家之一，但马尔代夫凭借自身旅游业、船运业和渔业的产业优势，坚持以保护环境为基础的开放型经济政策，积极吸引国外资金与援助，经济得到发展，人民生活水平大幅提高。2011 年，联合国大会批准马尔代夫从最不发达国家(LDC)名单中正式移出。由图 18－2 可以看出，近几年马尔代夫 GDP 在匀速上升，从 2008 年的22.72亿美元上升到2016年的42.24亿美元。由图18—3可以得出，人均GDP从2008年的6 275美元上升至2016年的10 118美元，增长率为61.24%。

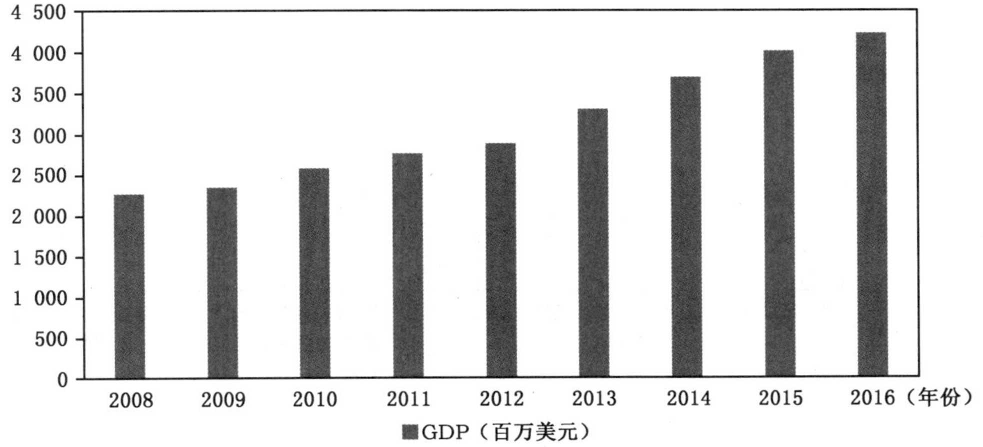

数据来源：世界银行。

图18—2　马尔代夫2008—2016年GDP情况

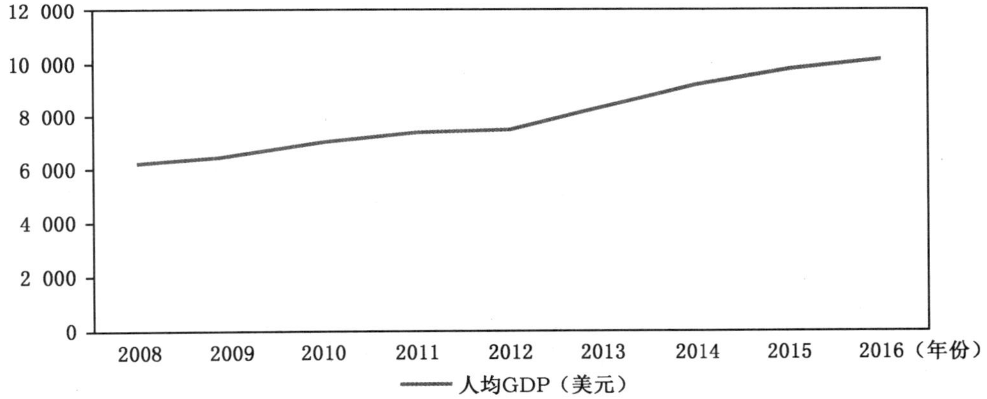

数据来源：世界银行。

图18—3　马尔代夫2008—2016年人均GDP情况

（二）产业状况

旅游业、船运业和渔业是马尔代夫经济的三大支柱。

1. 第一产业

马尔代夫全国可耕地面积6 900公顷，土地贫瘠，农业十分落后，椰子生产在农业中占重要地位，约有100万棵椰子树。其他农作物有小米、玉米、香蕉和木薯。粮食和肉类产品大部分依赖进口。而随着旅游业的扩大，家禽养殖业开始发展。由图18—4可知，近几年马尔代夫第一产业增加值增长速度缓慢，从2005年的0.9亿美元上涨到2016年的2.28亿美元，增长率为153.3%。第一产业增加值占GDP的比重较小，且存在逐年下降趋势，从2005年的7.72%下降到2016年的5.88%。随着旅游业的扩大，蔬菜和家禽养殖业开始发展成为国民经济重要组成部分。自2014年开始，第一产业增加值占GDP的比重逐步上升。尽管如此，粮食和肉类产品大部分仍依赖进口。

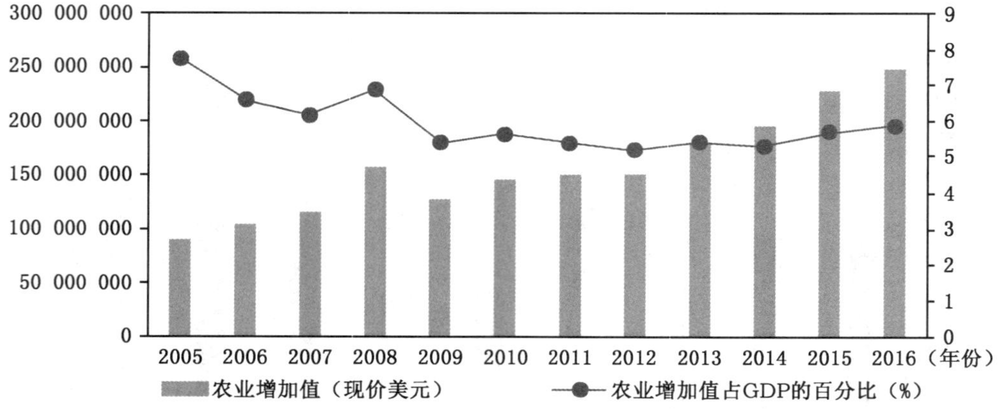

数据来源:世界银行。

图 18—4　马尔代夫第一产业增加值及其占比(2005—2016 年)

2. 第二产业

马尔代夫的工业基础欠缺,工业现代化非常落后。基础工业主要包括交通运输业和加工工业。船舶是马尔代夫岛屿间交通的主要工具,因此以小型船舶修造和发电、供水为基础的交通运输业较为发达。加工工业主要有水产品和水果加工、编织等手工艺制作及服装加工等。从第二产业增加值上看,2013 年工业增加值占 GDP 的比重为 9%,到 2016 年占 GDP 的比重为 11.2%,有上升趋势。

3. 第三产业

马尔代夫是世界上第七大珊瑚礁覆盖的国家,占世界珊瑚礁面积的 5%。辽阔的海域、美丽的岛屿、丰富的海洋资源构成了迷人的自然景观。优越的地理条件和独特的岛国风情为马尔代夫的旅游业奠定了良好的基础。旅游业是马尔代夫的第一大经济支柱,多年旅游收入占总出口比重均在 80%以上,对 GDP 的贡献率多年保持在 30%左右。现有 97 个旅游岛,2.5 万张宾馆床位,入住率达 70.4%,人均在马尔代夫停留时间 6.7 天,2016 年赴马尔代夫游客人数达约 129 万。此外,旅游业的发展也带动了相关服务产业的飞速发展。

(三)外贸情况

马尔代夫于 1995 年 1 月加入世界贸易组织。1993 年,马尔代夫与南盟各国签署了《南盟优惠贸易安排框架协议》,并于 1995 年底正式实施,协议规定在生效后 10 年内将关税削减 0—5%。

马尔代夫的对外贸易发展相对缓慢。2005 年马尔代夫对外贸易总额只有 8.17 亿美元,到 2016 年贸易总额为 23.81 亿美元,增长率为 191.43%。其中,进口额从 2005 年的 6.55 亿美元上升到 2016 年的 21.25 亿美元,出口额从 2005 年的 1.62 亿美元上升至 2016 年的 2.56 亿美元(见表 18—1)。马尔代夫的进口额增速高于出口额,因此进出口贸易逆差也在不断扩大。经过比较后发现,马尔代夫进口总额在全球、“一带一路”沿线国家以及南亚区域内的进口总额中的占比极低,且增长不明显。

马尔代夫主要出口商品为海产品,主要进口商品为食品、家具、石油产品、电子产品、交通工具、机械设备、建材、纺织品和生活用品等。主要贸易伙伴有阿联酋、新加坡、中国、印度、斯里兰卡、泰国和马来西亚等。

表 18—1　　马尔代夫近几年外贸情况　　单位:亿美元

项目＼年份	2012	2013	2014	2015	2016	2017
出口额	3.14	3.29	3.01	2.39	2.56	3.18
进口额	15.54	17.33	19.92	18.96	21.25	22.23
差　额	—12.4	—14.04	—16.91	—16.57	—18.69	—19.05

资料来源:马尔代夫货币管理局。

1. 进口情况

马尔代夫大部分的生产、生活物资依赖进口。从表 18—2 可知,石油类能源产品在进口产品额中位居第一,进口产品较为分散,结构更加合理。表 18—3 列出了 2016 年马尔代夫进口市场结构中位居前 5 位的国家。可以看出,阿联酋是马尔代夫第一大进口国,占马尔代夫进口市场的 16%;中国是第三大进口国,占进口市场的 13%。在马尔代夫进口市场排名前 10 的国家中,亚洲地区居多。

表 18—2　　2016 年马尔代夫主要进口产品及其贸易值

序号	产　品	贸易价值(美元)
1	核反应堆、锅炉、机械和机械设备;能源	269 930 851
2	矿物燃料、矿物油及其蒸馏产物;沥青物质;矿物蜡	247 594 276
3	电气机械设备及其零部件;录音机和复制器、电视机以及这些物品的零件和附件	169 986 478
4	盐;硫;土石;抹灰材料、石灰和水泥	94 735 658
5	家具;床上用品、床垫和毛绒家居用品;灯具和照明装置;照明标志、照明铭牌等;预制建筑物	86 933 784

数据来源:联合国商品贸易统计数据库。

表 18—3　　2016 年马尔代夫进口市场结构

前五大进口国家	贸易价值(美元)
阿拉伯联合酋长国	333 572 447
新加坡	305 354 348
中国	285 640 657
印度	275 665 477
斯里兰卡	134 404 648

数据来源:联合国商品贸易统计数据库。

2. 出口情况

马尔代夫的渔业资源相当丰富,盛产金枪鱼、鲣鱼、鲛鱼、龙虾、海参、石斑鱼、鲨鱼、海龟等。马尔代夫主要出口动物类产品,包括各种海鲜鱼类产品,而其中以黄鳍金枪鱼和鲣鱼为主,这类产品占马尔代夫出口总额的 86.48%。其次为食品类加工产品,这类产品占马尔代夫出口总额的 11.25%。其他出口产品包括金属、机电、塑料及橡胶、木制品等。在马尔代夫出口额排名中，动物类产品和加工类食品占比高达 97.73%，而其他出口产品仅占马尔代夫出口商品的 2.27%。由此可见，马尔代夫的出口产品高度集中。2016 年马尔代夫对外出口中，泰国是马尔代夫的第一大出口国，占马尔代夫出口市场份额的 34.42%，斯里兰卡和美国依次是马尔代夫的第二和第三大出口国，占比分别为 10.19%和 8.86%。从 2016 年的出口市场结构中看出，马尔代夫对中国的出口额较少，还存在发展空间。从空间分布上看，马尔代夫的主要出口市场是亚洲和欧洲地区。

三、社会文化环境

(一)宗教习俗

马尔代夫以伊斯兰教为国教，居民岛上不食猪肉、不饮酒，妇女出行必须穿遮体长裙，男士不能穿短裤。外国游客在度假酒店内不用遵守此规定，但到了马累等当地居民岛就必须入乡随俗了。马尔代夫居民大多是虔诚的穆斯林，讲礼貌、重礼节、淳朴好客，每天会进行 5 次祷告。而星期五的伊斯兰教主麻日则是他们每周的星期假日，商店、学校和公共场所都会在这一天关门歇业。在马尔代夫裸泳是违法的。

传统上，当地居民以鱼、椰子和木薯为主食，但随着经济发展，大米、面粉等进口食品已成为主食。

(二)教育

马尔代夫的文化教育实行从学前到高中毕业的免费教育。截至 2011 年底，马尔代夫成人识字率为 97%。2017 年，马尔代夫共有 376 所学校，在校学生87 788人，教师8 957人。马尔代夫国立大学是唯一大学。各环礁设有一个教育中心，主要向成年人提供非正规文化教育。

(三)医疗

马尔代夫医疗卫生较落后，全国有 23 家医院，最大的医院在马累。1998 年，世界卫生组织宣布马尔代夫为无疟疾国家。婴儿年出生率为 19‰，人均寿命男士为 73 岁，女士为 74.7 岁。据世界卫生组织统计，2011 年马尔代夫全国医疗卫生总支出占 GDP 的 8.1%，按照购买力平价计算，人均医疗健康支出 707 美元。

四、与中国的贸易关系

1972 年 10 月 14 日中马建交，中国驻斯里兰卡大使兼任驻马尔代夫大使。2011 年 11 月 8 日，中国驻马尔代夫使馆正式开馆。马尔代夫政府奉行一个中国政策，在涉藏、涉疆、南海等问题上支持中国立场。中马经贸合作关系始于 1981 年。当前双边经贸合作发展势头良好。中马建有经贸联委会机制，首次会议于 2014 年 12 月在北京举行，第二次会议于 2015 年 9 月在马尔代夫举行。中马自贸谈判于 2015 年 12 月正式启动，2017 年 9 月结束，12 月正式签署中马自贸协定。中国对马尔代夫出口商品主要包括建材、机械设备、交通工具、通信设备、家具、箱包、纺织品等，从马尔代夫进口商品主要为水产品。

从图 18－5 可以看出中国出口到马尔代夫的大致情况，中国对马尔代夫出口的总额波动性较强，但总体上呈现上升趋势，从 2005 年的 0.16 亿美元增加到 2016 年的 3.21 亿美元，增幅为1 906.25%。如表 18－4、表 18－5 所示，从出口产品结构上分析，2005 年与 2014 年中国对马尔代夫出口的产品种类大致相同，但结构有所变动。中国对马尔代夫出口的产品主要类别有机械器具及零件、电机电气设备及其零附件、车辆及其零附件、针织或钩编的服装及衣着附件、玻璃及其制品、皮革制品、精密仪器及附件、家具和灯具等。2005 年，中国出口马尔代夫

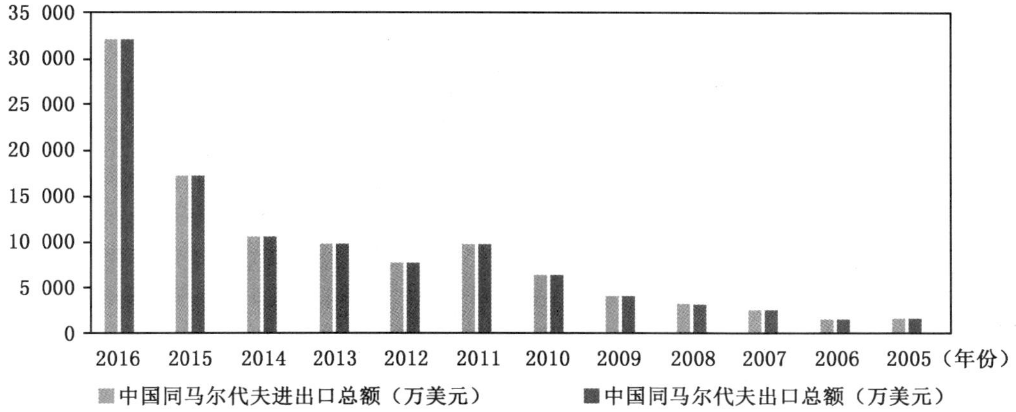

数据来源：中国统计局。

图 18—5　近几年中国与马尔代夫贸易情况（2005—2016 年）

排名前三的产品分别为电机电气设备等，核反应堆、锅炉、机械等，铁路、机车及其零件。这三类产品占出口总额的 60.92%。2014 年，出口排名前三的产品分别为电机电气设备等，核反应堆、锅炉、机械等，家具和灯具。这三类产品占出口总额的 40.64%。通过对比可知，2014 年中国出口到马尔代夫的产品相对于 2005 年更加分散。

表 18—4　　中国出口到马尔代夫的产品统计情况（2005 年）　　单位：千美元、%

产品名称	价值总量	排名	占比
电机电气设备等	8 023	1	47.38
核反应堆、锅炉、机械等	1 379	2	8.15
铁路、机车及其零件	912	3	5.39
肉及食用杂碎	862	4	5.09
家具和灯具	788	5	4.66
塑料及其制品	565	6	3.34
陶瓷制品	510	7	3.01
铁或钢制品	494	8	2.92
软体动物及其他水生无脊椎动物	415	9	2.46
木及木制品	277	10	1.64

数据来源：联合国商品贸易统计数据库。

表 18—5　　中国出口到马尔代夫的产品统计情况（2014 年）　　单位：千美元、%

产品名称	价值总量	排名	占比
电机电气设备等	18 892	1	18.17
核反应堆、锅炉、机械等	15 955	2	15.34
家具和灯具	7 418	3	7.13

续表

产品名称	价值总量	排名	占比
铁路、机车及其零件	5 511	4	5.3
铁或钢制品	5 259	5	5.06
木及木制品	5 168	6	4.97
塑料及其制品	4 949	7	4.76
船舶和浮动结构	4 199	8	4.04
陶瓷制品	4 194	9	4.03
钢铁	2 835	10	2.73

数据来源:联合国商品贸易统计数据库。

中国从马尔代夫的进口很少,且波动幅度较大,但总体上呈现上升趋势,从 2005 年的 3 万美元增加到 2016 年的 24 万美元,增长率为 700%。从产品结构上看,中国从马尔代夫进口的商品主要类别包括非针织或非钩编的服装及衣着附件,电机电气设备及其零附件,其他纺织制品、钢铁、铜及其制品等。2005 年,中国从马尔代夫进口的产品排名前三的分别是塑料及其制品、非针织服装和配件以及贱金属杂项制品。这三类产品占进口总额的 70.02%。2014 年,中国从马尔代夫进口的产品排名前三的分别是电机电气设备等、软体及其他水生无脊椎动物、印刷品和手稿等。这三类产品占进口总额的 96.61%。

2002 年,马尔代夫成为中国公民出国旅游目的地国。自 2010 年起,中国已连续 8 年成为马尔代夫第一大旅游客源国。2017 年,中国赴马尔代夫游客 30.6 万人次。目前,中国北京、上海、广州、昆明、成都、重庆、武汉、郑州、香港等地同马累间分别开通了直航或包机往来。

2017 年中马双边贸易额为2.963 6亿美元,同比下降 7.7%。其中中方出口约2.957 4亿美元,同比下降 7.9%;进口 62 万美元,同比增长 160.2%。中马大项目合作如中马友谊大桥、马累国际机场改扩建项目进展顺利,拉穆环礁连接公路项目于 2016 年 11 月竣工交付,住房二期项目于 2017 年 5 月基本竣工。

课后思考题

试分析马尔代夫旅游业发展的原因。